주변의 상실

방법으로서의 자기

글항아리

주변의 상실

방법으로서의 자기

샹뱌오項飆 **지음 우치**吳琦 **대담**

김유익 김명준 우자한 옮김

글항아리

추천사

—

혼돈과 살아가는 힘

조문영 연세대 문화인류학과 교수

"중국이 어떻게 될 것인가는 다음 세대의 사람들이 정하게 하면
됩니다. 우리가 꼭 그들을 대신해서 생각하고 청사진을 만들어줄
필요는 없습니다."

방담을 읽다가 샹뱌오의 이 말에 무릎을 쳤다. 지난 10여 년 동안
국내외 전문가들이 중국의 부상을 두고 한마디라도 보태고 싶어 안
달이지 않았던가. '슈퍼 차이나'에서 '중국 리스크'까지, 현대의 길목
에서 난파 지경이 됐다가 미국과 힘을 겨루는 대국으로 급성장한 나
라에 관해 모종의 '썰'을 푸는 게 중국학의 기본 임무가 된 지 오래다.
자국의 성장과 동행하는 중국 학자들은 더 과감하게 중국 담론에 몰
두하지 않았던가. 서구의 견제에 대한 수세적 방어를 넘어, 제 국가와

문명이 서구와 다른 '보편'이 되길 바라며 새로운 국제 규범과 이론을 만드는 데 몰입한 학자들은 정치적 분파에 상관없이 차고 넘쳤다. 그런데 샹뱌오는 안정된 '중국 서술'의 존재에 별 관심이 없다고 덤덤히 말한다. '중국'은 사람들의 실천인데, 실천은 본디 산발적이라 중국 개념도 개방적으로 남을 수밖에 없다고 덧붙인다. 그는 외려 반문한다. "왜 꼭 국가적 관점으로 세상을 봐야 하나요? 반드시 중국 담론이 필요하다고 느끼는 건, 어쩌면 자기 생활에 자신감이 없기 때문일지 모릅니다. 거대한 국가와 민족의 모자를 눌러써야만 안전하다고 느끼는 거죠."

인류학자 샹뱌오는, 중국인이라면 중국의 대변자가 돼야 한다는 강박적인 사명감에서 상대적으로 자유롭게 일했다. 문턱을 넘는 이주자로서, 이주를 연구하는 학자로서 횡단적 삶을 살았다. 저장성 원저우 출신으로 베이징대학 사회학과에서 수학했고, 이후 영국으로 건너가 옥스퍼드대학에서 사회인류학 박사학위를 받았다. 싱가포르에서 잠시 연구할 기회를 얻었을 때 일본인 아내를 만났고, 2004년에 모교인 옥스퍼드대학 인류학과 교수가 됐다. 이주 연구의 탁월한 성과를 인정받아 2021년부터 독일 막스플랑크 사회인류학 연구소에서 '경제 실험의 인류학' 팀을 이끌고 있다. 학부 시절부터 6년 동안 베이징 근교 저장촌浙江村에서 수행한 현지조사가 2000년 『跨越邊界的社區』, 2005년 *Transcending Boundaries*로 출간되었고, 영문판은 2018년 '현대 고전contemporary classic'으로 재출간되기도 했다. 원저우 출신 농민들의 동향촌이 1990년대 베이징에서 가장 큰 저가 의류 생산·판매

기지로 변모하는 과정에 관한 문화기술지ethnography는, 개혁개방 이후 중국의 국가와 사회, 중앙과 지방, 도시와 농촌, 통치와 저항의 역동적 관계를 살피는 고전이 됐다. 박사학위 논문을 토대로 한 두 번째 책 *Global "Body Shopping"*(2007)은 이주에 관한 관심을 인도와 호주를 잇는 IT 산업의 글로벌 정치경제로 확장한 결과로, 2008년 미국 인류학회의 앤서니 리즈상을 받았다. 바디 쇼핑body shopping은 글로벌 IT 기업이 컨설팅 회사를 통해 인도 출신의 소프트웨어 개발자를 프로젝트 중심으로 채용하는 노동 분업을 일컫는다. 샹뱌오는 이 '쇼핑'의 모빌리티를 글로벌 아웃소싱이나 노동유연화에 관한 신자유주의 분석에 한정하지 않고, 혼인 지참금을 둘러싼 인도의 친족 경제, IT 훈련센터 같은 중개 조직의 작동을 정교하게 따라가면서 제도적·정치경제적·문화적 분석을 효과적으로 결합했다.

샹뱌오의 인류학 연구 궤적을 간단하게나마 소개했지만, 중국에서 출간된 인터뷰집 『방법으로서의 자기把自己作爲方法』, 그의 미디어 인터뷰와 강연 원고, 번역자의 논평을 한데 묶은 이 책은 샹뱌오의 학문 세계를 알지 못해도 다가가는 데 큰 문제가 없다. 저자가 학계의 인정을 받기 위해 고려했을 계보와 스타일에서 해방되어 가장 평이한 언어로 제 생각을 표현했기 때문이다. 이주(학)자로서 무수한 연결을 관찰하고 감행했을 텐데, 모국인 중국과 다시 연결되는 순간의 긴장과 진심을 담았다. 대담을 중국 젊은이들과 대화할 기회로 삼고, 이들한테 "국가와 민족의 모자"를 새것으로 바꿔주는 대신 "(자신감이 사라진) 자기 생활"을 함께 들여다볼 것을 제안했다. 베이징, 옥스퍼드, 원저우로 이동하며 펼쳐지는 대담의 주제는 실로 변화무쌍하다. 학문의 의미, 지식인의 역할, 신자유주의, 일체화된 시장 경쟁, 플랫폼 경제, 빈곤과 노동, 로컬과 글로벌, 문명과 전쟁 등 다양한 주제를 '의미의 즉각성' '부근의 소실' '잔혹한 도덕주의' 같은 저자 자신의 언어로 깊이 있게 해석했다.

혼돈의 시대를 꿰뚫어보는 샹뱌오의 힘은 어디서 나왔을까? 방담을 보면 고향 원저우에서 길어올린 지혜가 풍성하다. 세계를 대하는 방법, 기질, 태도로 '향신'을 불러낸 것도 구체적·실용적 접근을 중시하는 원저우인에게서 받은 영감이 크다. 그가 기대하는 향신은 일상의 질감을 중시하고 디테일을 관찰하며 기록하는 사람, 중심에 동화되기보다 일정한 거리를 유지할 줄 아는 사람이다. 하지만 현대사회는 자기 자신에 대한 몰입과 거대 사건에 관한 거창한 논평만을 오갈 뿐 자신의 주변 세계를 돌아보지 않는 자아를 양산한다. 거래 과정의 마찰을 장애물로 보는 시장, 물리적 수고를 덜어낸 플랫폼이 '부근의 소실'을 추동하는 사이, 우리는 모두 (샹뱌오와의 대담에서 쉬즈위안이 지적했듯) 방관자가 된다.

두 발을 땅에 디딘 인류학자의 성실함과 겸손함도 논평 곳곳에서 돋보인다. 현지조사 과정에서 (소설 속 인물이 아닌) 살아 있는 인간과 오랜 시간 마주하는 인류학자라면 연구자와 연구 참여자의 비대칭성, 지식인의 담론 권력에 대한 반성적 사유를 피할 수 없다. 문화대혁명이 끝나고 1970년대 말 대입학력고사가 부활한 것을 두고 이성과 정상의 회복을 운운하는 목소리가 컸지만, 샹뱌오는 누구를 위한 정상이었는지, 농민들에게도 중요한 사건이었는지 되묻는다. "예전의 관료와 도시의 지식인들은 이 기회를 놓치지 않았죠. 사실은 공산당과 당시 사회주의 체제하의 엘리트들이 다시 뭉친 것입니다."

주류 세계에 정주하길 거부하는 디아스포라 학자의 삐딱함도 논평의 날을 곤추세웠다. 이동이 삶의 패턴이 되니, 자신이 거쳤던 시대와 장소에 대한 감상적인 노스탤지어도 잦아들었다. 수많은 중국 지식인이 1980년대의 '문화열'을 그리워하지만, 샹뱌오는 대중의 경험과 유리되지 않는 구체성을 회복하는 게 당시의 격정을 되찾는 것보다 시급하다고 역설한다. 그가 졸업한 베이징대학은 저항운동의 역사적 무대라는 자부심으로 충만하지만, 그는 이 대학의 반항정신에서 자기가 옳다는 위험한 확신, 자기가 중심이 돼야 한다는 영웅주의를 읽는다. 과장된 어법으로 공리공담을 떠드는 베이징의 엘리트들과 달리, 예컨대 그가 싱가포르에서 만난 연구자들은 큰일을 할수록 "한 땀 한 땀 손바느질을 하듯" 과정에 세심한 노력을 기울였다.

사실 원저우 출신, 인류학자, 이주자라는 낱개의 조건으로 샹뱌오의 역량을 설명하는 것은 충분하지 않다. 시대를 투시하는 그의 힘은 바로 그가 '자기'라는 점에서 비롯된다. 대담집의 원제이기도 한 '방법으로서의 자기'는 세계를 구체적으로 이해하는 출발점의 하나로 자기 자신의 경험을 문제로 삼자는 제안이다. 이때의 '자기'는 안과 밖의 경계가 뚜렷한 개인이 아니라, 다른 존재와의 관계를 통해 매번 새로워지는 네트워크다. 책을 읽으면서, 나는 샹뱌오라는 인류학자가 원저우, 베이징, 옥스퍼드, 싱가포르를 거치는 동안 다양한 인물, 제도, 담론, 환경과 상호작용하면서 '자기'라는 네트워크를 어떻게 수선하고, 반성하고, 갱신했는지 즐겁게 따라갔다. 동시에 그가 혼돈 바깥에서 멀찍이 상황을 관조하는 대신 우리처럼 혼돈 한가운데 살아가므로 자연스럽게 갖게 된 불안에 공감했다. 너무 이른 나이에 받은 인정에 대한 부담, 현지의 자질구레한 일상을 관찰하느라 이론적 기초를 닦지 못했다는 초조함, 고전을 읽지 못해 "지식인들의 우주에 입장권을 얻지 못했다"는 균열 감각, 자신의 연구에서 감정이 느껴지지 않는다는 여성 동료의 비판에 대한 숙고, 좋은 책을 쓰고 싶은데 자료가 충분하지 않아 겪는 슬럼프까지, 깡마른 몸에서 솔직하게 삐져나오는 말들에 나는 동료 인류학자로서 우애를 느꼈다. 샹뱌오의 탁월함은, 그가 혼돈의 시대를 꿰뚫어보는 힘, 더 나아가 혼돈과 함께 살아가는 힘을 주변 세계와 호흡하면서 부단히 연마했다는 데 있다.

요컨대, 이 책은 인류학자 샹뱌오가 자신의 경험에서 출발하여 여러 대화자를 만나면서 '자기'라는 네트워크를 부단히 세공하는 동안, 독자 역시 이 시대의 여러 모순에 대해, 중국에 대해, 나아가 저 자신에 대해 돌아보고 이해의 밀도를 높이는 기이한 경험을 선사한다. 이 과정에서 세계를 투시하는 모종의 원리나 비전을 만드는 작업을 샹뱌오는 세계에 도경圖景을 하나 내놓는 것으로 봤다. 도경은 자기와 세계를 선험적으로 규정하는 게 아니라, 구체적인 관찰, 참여, 숙고를 통해 빚어내는 작품과도 같다. 대국으로 부상한 자아를 증명해 보이겠다는 '중국 담론'이 그한테 패러독스로 비친 이유다. "자기를 증명하겠다는 것은 사실 자기가 없다는 뜻입니다. 무슨 말이냐면 이미 설정한 원칙과 표준을 통해서 다른 사람들의 논리와 프로세스로 자기 존재를 증명하겠다는 것입니다. 사실은 다른 사람을 기쁘게 하겠다는 뜻이죠. 자기 자신은 없애버리고요."

오늘날 한국의 공론장에서 중국 청년 세대는 이러한 '중국 담론'의 몽매한 추종자로, 21세기의 "홍위병"으로 곧잘 언급되나, 이들이야 말로 샹뱌오의 글과 대담에 가장 호응한 집단이다. 『방법으로서의 자기』는 중국에서 20만 부가 팔렸고, 샹뱌오가 출현하는 팟캐스트 방송의 조회 수가 일주일 만에 10만 회를 훌쩍 넘기도 했다. 이들이 겪는 불안과 혼란, 피로와 탈진이 샹뱌오를 움직였고, 그가 자기를 방법으로 삼아 그려낸 도경이 청년들에게 자극과 위로가 됐다. 이 책은 번역을 거쳐 당도한 한국에서 (중국과 마찬가지로) 혼돈의 시대를 살아가는 한국 독자들과 어떻게 만날까? 어떤 이들은 분명 다른 '중국'을 만드는 샹뱌오의 실천에 화답하거나, '자기'라는 네트워크를 진중히 돌아볼 테다. 내가 그런 독자가 될 수 있어서 샹뱌오와 그의 대화자, 번역자, 출판자들한테 감사하다.

1부

일러두기

· 본문 하단 각주는 옮긴이 주다.

베이징 방담

베이징에서의 대담은 가장 처음 이뤄졌고, 일회성으로는 가장 긴 시간을 소모했다. 샹뱌오 선생의 어린 시절, 청년, 대학 시절을 따라가며 과거 많이 언급되지 않았던 그의 개인 생활사를 이해하기 위해 노력했다. 그의 설명, 특히 설명하는 방식으로부터 지속 가능한 추진력을 점차 얻을 수 있었다. 한편으로는 상대적으로 일관된 메인 스토리라인을 유지하기 위해 노력하면서, 다른 한편으로는 언제든지 상황에 맞게 속도를 조절했다. 이것은 두 대담자가 서로 익숙해지기 시작하는 과정이었다. 또, 그가 자신의 과거 40여 년간의 기억을 반추하기도 하고, 그러면서 그 기간의 중국과 세계정세의 변화가 교직됐다. 이 시간들은 우리에게 서로에 대한 낯선 감정을 느끼게 하는 동시에 공감을 허락해주었다. 그리하여 향신, 글로벌라이제이션, 1980년대의 사상적 유산, 지식인의 사회적 역할의 전환 등에 대해서 이야기를 나눴고 후반부에 가서는 끊임없이 이 주제들을 되새겼다.

사고와 탐색을 도울 도구

우치(이하 W):　우선 여쭤보고 싶은 것이, 이번 대담을 왜 수락하셨는지요? 중국 내 학자들은 전반적으로 이런 대담을 통해서 자기를 드러내는 것에 서툴다고 할 수 있는 데다 이런 대담이 학술 성과로 인정되지도 않잖아요. 더구나 최근에는 레거시미디어가 쇠락함에 따라서, 읽어볼 만한 가치가 있는 학자와의 대담이 줄고 있습니다.

샹뱌오(이하 X):　중국어로 생각을 정리하는 것이 제게는 일종의 학습 과정이 됩니다. 가장 중요한 점은, 대담할 때 학술 용어는 쓸 수 없고, 실제적인 언어를 사용할 수밖에 없다는 것이죠. 한마디로 말에 거품이 끼지 않습니다. 그리고 명료해진 생각만을 말로 표현할 수 있습니다. 뜻을 명확하게 하기 위해선 평이한 말로만 설명할 수 있습니다. 모호한 생각을 뚜렷하게 만들기 위해 직접적인 언어로 표현하려면 높은 수준에 도달해야 하므로, 대담은 스스로를 단련하는 과정입니다.

　더 중요한 가치는 상호작용입니다. 대담을 통해서 지금의 청년들과 교류할 수 있습니다. 이건 아주 중요합니다. 사람들의 의견을 들을 수 있고, 현재 일어나는 변화도 관찰할 수 있습니다. 혁명적인 큰 변화일 필요도 없습니다. 여기저기 매순간 역사의 변곡점들이 다양한 변화의 가능성 안에 들어 있습니다. 이게 대단히 중요한 문제가 됩니다.

저는 젊은 친구들이 그들의 사고와 탐색을 도울 만한 어떤 도구를 갈망하고 있다고 느낍니다. 이런 기대가 엄청나게 크죠. 그리고 오늘날 그들이 필요로 하는 도구는 예전과 다를 것입니다. 예전에는 도구를 사용해서 분석하고 경제 운용 방법을 설계하고, 사회 자원을 재분배하고, 도시계획을 하는 정도로 충분했습니다. 이런 것들은 전형적인 실증 연구와 정책 연구의 도구들입니다. 이런 전문가형 도구는 예전에 변화를 이끄는 경로가 됐습니다. 지금의 사회는 다릅니다. 우리에게는 소셜미디어, 플랫폼 경제가 있고 청년들이 역대급으로 높은 교육 수준을 자랑합니다. 우리에게 필요한 것은 대중의 사고를 돕는 도구입니다. 이런 도구는 바깥에 있지 않습니다. 한 대의 컴퓨터, 스마트폰처럼 제가 상대방에게 건네줄 수 있는 물건 같은 것이 아닙니다. 대신 그들의 머릿속에 집어넣는 것입니다. 아니면, 스스로 처리하고 발휘하는 능력 같은 것입니다. 그들은 또 반드시 이 도구를 개조할 것입니다. 혹은 필요 없어질 때 폐기하고 새로운 것을 만들어내겠죠. 사회 연구자로서 저는 제일이 이런 사고 도구의 부화기를 만드는 것이라고 생각합니다. 제가 뭔가를 줄 수는 없지만, 그들을 일깨우고 자극을 줄 수 있습니다. 전문가가 대중에게 이야기하는 모델이 바뀌어야 합니다.

W: 상호작용에 대해서 말씀하셨으니, 저는 대담에서 선생님의 인생 경험과 학문적 이력에 대해 말씀을 나누고 싶습니다. 어떻게 성장해서 지금에 이르렀는지, 삶의 궤적과 학문 이력 간의 관계 같은 것이죠. 한편 제 자신의 문제도 집어넣을까 합니다. 제가 일을 하면서 품게 된 질문들이죠. 특히 주위의 젊은이들에 대한 관찰을 통해서요. 여기서 다이진화戴錦華(1959~)● 선생의 예를 들고 싶은데요. 제가 학교에서 다이 선생님 강의를 들으면서 깊은 영향을 받았고요, 나중에 미디어에서 일하면서 직접 그분을 인터뷰했습니다. 그제야 강단의 이념과 진짜 사회 현실 사이의 간극을 느끼게 됐죠. 그리고 그 간극을 넘어서고 싶다는 절박한 바람을 갖게 됐습니다. 제가 기억하는 다이 선생의 말씀은 오늘날의 문제에 대해서, 그분 세대의 지식인들도 책임을 면하기 어렵다는 것이었습니다.

X: 책임을 면하기 어렵다니요?

W: 제가 이해하는 바로는, 그런 정확하다고 생각되는 이념들이, 막상 현실에 적용될 때, 어떤 문제를 발생시키게 되는지 제대로 예측하지 못했다는 것이죠. 이분들이 뭔가 제대로 일을 처리하지 못한 것인지, 아니면 다른 곳에서 훨씬 더 일을 잘 처리한 것인지는 분명치 않습니다. 그래서 진짜 정리된 결론이 필요한 부분은 실천을 할 때의 지혜 같은 것이라고 생각합니다. 이게 오늘날의 청년들에게 더 도움이 될 것입니다. 그래서 저는 우리 스승이나 선배 지식인

● 베이징대학 교수이자 비교문학가. 저명한 문화·영화평론가, 페미니스트.

　　　　　　　　　　　　　　　　　　주변의 상실

들, 그들의 인생은 어떻게 형성된 것일까가 궁금합니다. 어떤 부분이 소위 시대와 환경에 의해서 결정되는 것이고, 어떤 부분이 개인의 특성에 해당될까? 이런 경험에서 나누고 활용할 수 있는 부분은 무엇일까? 이런 식으로 더 쉽게, 독자들과 더 밀접한 관계를 맺을 수 있겠지요. 영원히 도달할 수 없는 오래되고 멀게 느껴지는 이상 같은 것으로 방치하는 게 아니라.

X: 네. 꼭 우치 씨의 경험을 녹였으면 좋겠습니다. 그러지 않으면 우리 대화는 공중에 붕 떠버릴 겁니다. 반드시 자신의 경험을 통해서 세계를 이해해야 합니다. 오늘날의 문제 중 하나는 지식인이 현실과 유리되는 경향이죠. 매우 구체적인 생활 현실로부터 출발해서 이야기할 수 없으면, 그 지식인의 발언은 유기적일 수 없고, 안갯속의 풍경처럼 흐릿해져버립니다. 질문을 받아 성심껏 답할 수 있다면 제게도 아주 좋은 기회가 될 겁니다. 하지만 여기에 한계도 있는데요, 저 역시 비교적 젊은 편이라는 것입니다. 만약 앞으로 20~25년 후에 인생을 회고할 기회가 주어진다면, 그때는 생각이나 느낌이 달라지겠죠. 예를 들어 어린 시절, 청소년 시기가 제게 어떤 영향을 줬는지, 이런 것들은 지금 얘기하기가 좀 어려운 것 같습니다. 궁리해보고 싶긴 합니다만, 아직 인생 전반을 회고할 자연스러운 단계는 아닌 듯해요. 그러니 지금은 생각과 현재 상태에 대한 평론 위주로 진행했으면 합니다. 중간에 개인 경험도 집어넣도록 하고요. 주요하게는 사상에 대한 대담이 됐으면 합니다. 저는 특별히 이 대담이 청년들과의 사회적 대화가 되기를 기대합니다.

따라서 그들의 관점에서 문제를 제기해주셨으면 합니다.

W: 그럼 청년 시절 이야기부터 해볼까요? 중간에 별도의 설명이 필요한 의제가 나오면 그때 다시 다루도록 하죠.

X: 구체적인 문제를 들어서 혹은 제 개인 경력에서 시작해보도록 하죠. 모두 가능합니다. 그런 후 다시 정리해보죠.

W: 맞습니다. 어쨌든 긴 과정이 될 것 같습니다.

어린 시절의 기억과 도경圖景

W: 선생님의 개인 이력을 저는 잘 알지 못합니다. 「회응과 반성回應與 反省, 어떻게 현재를 서술하고 역사를 파악할 것인가: 인류학의 공적 역할에 대해 논함」(2015)이라는 글에서 자신의 성장기에 대해 언급하셨는데요. 1980~1990년대에 해당되죠. '개인의 자유, 자주적인 사회, 민주화된 정치, 경제의 개방은 당시 청년 학생들의 강렬한 요구였다. 일찌감치 과거의 사회주의 체계는 내다 버려야 할 역사의 부담으로 간주됐다.' 이렇게 말하셨죠. 그렇다면 자신의 청년 시기 사상은 어떤 것이었습니까? 아니면 더 일찍, 어린 시절 어떤 문제들을 생각하고 있었습니까?

X: 우리의 인생 과정은 여러 사회적 힘에 의해 밀려오거나 말려들기도 하죠. 이런 힘들은 대단히 우연한 것일 수도 있습니다. 저도 당

연히 관심을 가질 때가 있었고, 흥분되는 지점도 있었습니다. 하지만 제가 유년기에 무슨 생각을 했고, 지금은 뭘 하는지 사이에 반드시 필연적 관계가 있는 건 아닙니다. 저는 원래 제 어린 시절이 몹시 재미없는 시기였다고 생각했습니다. 그런데 지금 돌이켜보면 그래도 흥미로운 부분이 있습니다. 1980년대 초의 원저우温州는 이미 개혁개방에 따른 상업화 분위기가 아주 짙었습니다. 하지만 우리 집안은 좀 이상했죠. 저는 어머니가 근무하던 중학교 기숙사에서 살았는데, 교실을 개조한 건물이었습니다. 주방은 처음에는 세 가정이 함께 사용하다가 나중에는 두 가족이 나눠 사용했습니다. 10평방미터 정도의 면적이었죠. 주방 벽에는 '혁명을 다잡고, 생산을 늘리자!'라는 표어와 지도자 사진이 붙어 있었습니다. 아주 어릴 때, 저는 늘 어머니께 묻곤 했습니다. '혁명을 다잡자'라는 말이 무슨 뜻인지. 왜냐하면 그때 저에게 '잡아야' 하는 것은 나쁜 사람이었는데, 혁명은 좋은 것이고, 그렇다면 어떻게 혁명을 잡는다는 것인지 이해되지 않아서 오랜 기간 생각해야 했습니다.

초등학교에 입학하기 전, 저는 대부분 외할아버지 댁에서 시간을 보냈습니다. 우리 외할아버지도 좀 재미있는 분이었습니다. 외증조부는 청말 전국 시험에 응시해 합격한, 정부가 국비로 일본에 보내준 1세대 유학생 중 한 명이었습니다. 1900년대에 일본에 갔죠. 선흥례沈鴻烈(1882~1969) 같은 사람들과 같은 기수였습니다. 선흥례는 나중에 국민당 정부의 저장성 주석이 됩니다. 제 외증조부는 일본 해군병학교에 다녔습니다. 돌아와서 베이양北洋 군벌의 상하이 함대에 들어갑니다. 그때 원저우 러칭樂清에 있던 가정을 버리고, 상하이에서 첩을 들입니다. 아편도 피우죠. 해방 후에는 반동분자로 처벌받고 몰락했습니다. 외할아버지는 이렇게 몰락한 지주 집안에서 자랐습니다. 이런 배경이 중요합니다. 나중에 평범한 노동자가 되는데요, 한 친척이 운영하는 공장에서 일합니다. 1950년대에 이 공장이 공사합영公私合營 체제●로 전환되면서 이 집체集體 기업의 중간 관리자가 됐습니다. 외증조부와 외할아버지는 아주 서먹한 관계였죠. 지금 생각해보면 서로에게 별다른 정이 없었을 겁니다. 다른 한편 자신의 아버지를 자랑스럽게 생각하는 부분도 있고, 큰 인물이라고 여기기도 했던 것 같습니다. 그러니까, 외할아버지는 몰락한 귀족의 기질을 가진 분이었습니다. 이웃들과 잘 어울리지 못하고, 그들에 대해서 평하기를 즐겼습니다. 이를테면 이웃과의 관계를 어떻게 처리하는지, 개념이나 도리를 따지실 줄 알았죠. 매사에 의미를 부여하고 가치 판단을 했습니다. 외할아버지와 새로운 사회의 관계는 좀 복잡했습니다. 일방적으로 배척하거나 찬양하는 것이 아니었습니다. 비교적 독립적으로 판단했고, 내적 일관성과 거리감을 유지할 줄 알았습니다. 저에 대한 외할아버지의 영향은 꽤 큽니다. 제가 어렸을 때부터 외할아버지를 많이 따랐거든요.

● 1954년 9월 '공사합영공업기업잠정조례公私合營工業企業暫行條例'가 통과되면서 정부와 기업의 합의에 의해, 사주였던 기업가들이 국가에 기업을 헌납하고 해당 기업의 간부 직원 신분으로 전환된다.

하지만 저와 외할아버지가 살던 곳 — 몰락한 가정 배경과 관계가 있습니다 — 은 아주 가난한 동네였습니다. 거주민들은 대개 부두 노동자였죠. 리어카를 끌고 부두에서 식량 부리는 일을 했습니다. 우리가 사는 곳은 판잣집들이 모인 지역이었는데, 판자를 덧대 커다란 틈새들이 있었습니다. 우리 옆집은 불법 사창가였습니다. 저보다 나이 많은 아이들이 매달려 나무 벽 틈새로 훔쳐보거나 소리를 엿들었습니다. 그때 저는 좀 어려서, 무슨 일인지 이해를 못 했습니다. 하지만 옆집에서 싸움이 벌어지면 이런 이야기들이 흘러나왔습니다. 즉 이 집에서 물이나 전기를 훔쳐 쓴다고 했습니다. 물론 공장에서 일하는 보통 노동자들의 가정도 있었지요. 한 가족에 대해 인상 깊은 기억이 있습니다. 주위 청소년들이 그 집 누나를 다 부러워했습니다. 우리보다 열 살 이상 연상이었는데 '부모 찬스로' 통조림 공장에 일자리를 얻었거든요. 그래서 설이나 명절마다 통조림을 많이 들고 왔죠.

제 어린 시절은 이런 삼중 생활에 둘러싸여 있었습니다. 첫째는 빈민가, 둘째는 외할아버지의 몰락한 귀족 정신세계, 학교에 들어간 후에는 부모님이 사는 학교 안. 여기서는 체제 내의 정통 담론을 들을 수 있었죠. 매일 아침 식사 때 꼭 송출되는 중앙인민라디오방송국의 '전국 뉴스新聞聯播'와 '금주의 노래每週一歌'가 있어서, 이걸 듣고 나서 많은 이야기를 이해할 수 있었습니다. 그렇게 뉴스 낭독에도 관심을 갖게 됐습니다. 이 삼중 세계는 서로 많이 다릅니다. 그래서 생활에 많은 차원이 존재한다는 걸 의식하게 된 것 같습니다. 당연히 어렸을 때부터 지식인 세계에 친숙했습니다. 부모님이 지식인에 속했으니까요. 그리고 당시에는 지식인이 매우 중요했습니다. 1970년대 말 1980년대 초에 개혁개방과 함께 덩샤오핑이 직접 강조한 것처럼, 『런민人民일보』 사설이 '지식과 인재를 존중해야 한다' '과학기술이야말로 최고의 생산력이다'와 같은 소위 '과학의 봄날'을 이야기했습니다. 학교 기숙사 이웃들은 하루 종일 지식인 정책의 실천에 대해서 떠들었습니다.

재미있는 점은 그때는 어떤 그룹이든 모두 강한 정치의식을 지녔다는 겁니다. 제가 인상 깊게 기억하는 게, 이웃들이 한번은 천원陳雲의 연설이 좋다면서 '공업 없이 부가 없고, 농업 없는 안정이 없으며, 상업 없는 생활이 없다無工不富, 無農不穩, 無商不活'고 얘기한 것입니다. 사실 그분들과 농업은 전혀 상관이 없습니다. 하지만 관심이 있었죠. 외할아버지의 그런 생활 환경은, 가족이 함께 밥을 먹는데 이웃들이 집집마다 마실 나와 탁자에 둘러서서, 남의 집이 어떻게 먹고사는지 신경 쓰는 것이었습니다. 나누는 대화도 모두 정치와 관련 있었죠. 시국에 대한 평가, 정치 지도자들에 대한 평가였습니다.

물론 아주 중요한 문제는 물가였습니다. 매일 무슨 식재료를 샀는지 묻고 가격을 확인합니다. 가격이 오르면 불평을 늘어놓습니다. 당시 중요한 변화는 농산물과 식품의 자유시장이 열린 것입니다. 그래서 다들 늘 묻곤 합니다. 이 생선은 공영시장에서 산 거야, 민영시장에서 산 거야. 공영시장의 가격이 비교적 쌌습니다.

하지만 오래 줄을 서야 했고요. 민영시장은 개방식이고 조금 비쌌지만 물건의 종류가 다양했습니다. 제가 느끼기에 모두에게 심적 갈등이 있었던 것 같습니다. 나중에 알게 된 점인데, 보통 사람들이 정치와 사회 변화에 관심을 갖는 이런 사회는 세계적으로 아주 드물다는 거죠. 일본 사람들은 식탁 앞에서 절대 정치 이야기를 하지 않습니다. 그들에게는 가족이나 친구 사이에서 정치 얘기를 꺼내는 것이 교양 없는 행동입니다. 아주 이상하게 느꼈는데, 아내에게 왜 아무도 정치 얘기를 하지 않느냐고 물어봤습니다. 아내 말이 일단 정치 얘기를 하면 사이가 나빠질 것이랍니다. 왜냐하면 정치관이 다 다를 수 있기 때문이죠. 부인은 남편이 어떤 당에 투표하는지 모르고, 아버지도 아들이 어떤 당을 찍을지 알 수 없습니다. 이런 토론을 하지 않습니다. 독일이나 프랑스 시민들은 비교적 정치의식이 강해서 중국인들과 좀더 비슷합니다.

W: 어린 시절 어떤 사람, 어떤 일의 영향을 많이 받았습니까?

X: 셋째 외삼촌은 머리가 꽤 좋은 분이었습니다. 주위 사정을 날카로운 시각으로 관찰했습니다. 농촌에서 현장 연구를 하면, 어떤 마을이든 그 마을 사정을 아주 잘 설명하는 사람이 있습니다. 이게 사실 쉽지 않은 일입니다. 요즘 학생들과 얘기를 나눌 때, 자기 반이나 학교의 사정에 대해서 이 시스템이 어떻게 돌아가는지 명확하게 이해하고, 기본 권력 구조가 어떤지, 누가 헤게모니를 쥐고 있는지, 각 사람의 동기가 뭔지, 이런 세세한 질문을 던져보면 대부분이 답을 잘 못 할 겁니다. 이런 게 실은 상당히 중요한 훈련입니

다. 모든 사람이 자기가 살아가는 작은 세계에 대해 흥미를 느끼고, 의식적으로 자기 언어를 사용해서 자기 생활에 대해 설명할 수 있습니다. 독립적인 서술을 하는 것이죠. 분석이 아니라 서술입니다.

셋째 외삼촌은 주위 사정에 대해 하나의 이미지를 그릴 수 있었습니다. 예를 들어 떡을 만든다고 합시다.● 쌀을 물에 담그고, 물기를 빼는 과정에서 시작해 쪄낼 때까지 전체 과정을 체계적으로 설명하고, 거기서 가장 핵심적인 원리를 뽑아내 설명할 수 있습니다. 여러 과정과 요소의 관계에 대해 분명하게 이해하고 있어서, 하나의 '도경圖景'으로 그려낼 수 있습니다. 이 '도경'이란 개념이 아주 중요합니다. '이론Theory'은 라틴어로 '도경, 즉 비전Vision'의 의미를 갖습니다. 이론을 하나 내놓는다는 것은, 세계의 도경을 하나 내놓는 것과 같습니다. 제가 「비전으로서의 이론Theory as vision, 作爲圖景的理論」이라는 글을 발표한 적이 있습니다. 이론이란 실은 판단을 내리는 것이 아니라, 세상에 대한 하나의 정확한 도경, 즉 현실에 대한 설명을 제시한다는 뜻입니다. 동시에 가능성 있는 미래에 대한 비전도 여기서 나옵니다. 초기의 사회주의 예술이 그랬습니다. 이 그림을 그린다 함은 기계적으로 세상을 반영하는 것이 아니라, 정확하게 세상을 반영하는 것입니다. 정확하다는 것의 진짜 의미는 뭘까요? 진짜 정확하다는 것은 관찰 대상의 내재적인

● 저장성의 떡年糕은 닝보寧波 지역을 중심으로 유명한데, 한국의 가래떡과 매우 흡사한 형태와 질감을 가지고 있다. 상하이 등지에서도 쉽게 구매할 수 있다.

미래 방향을 파악하는 것입니다. 기계적이라는 것과 정확하다는 것의 차이는 상당히 큽니다. 기계는 그냥 사진을 찍는 것과 같지만, 정확하다는 것은 현재가 무엇인가를 보는 것만이 아니라, 미래에 어떻게 될 것인지 그 내재적 모순이 무엇인지도 파악하는 것입니다.

첫째 외삼촌도 제게 많은 영향을 주셨습니다. 1958년인가 1959년에 대학에 합격했는데 받아들여지지 않았습니다. 외할아버지가 우파로 몰린 게 영향을 끼쳤죠. 1967~1968년경에는 적극적으로 각종 사회운동에 참여했습니다. 그런 뒤에 '세 종류의 사람三種人●'으로 분류된 것은 아니어도 꽤 많은 좌절을 겪었습니다. 가령 정부 공무원이 될 수 없었습니다. 이런 배경을 가진 분이었는데, 어느 날(제가 아직 초등학생이었을 때) 갑자기 말씀하시더군요. '문화대혁명'이 완전히 잘못된 것만은 아니다. 간부들을 좀 봐라. 1960년대부터 이미 자가용도 몰고, 가죽 구두를 신고, 날이 갈수록 배가 불렀다. 그래서 마오 주석이 이래서는 안 되겠다, 방법은 하나밖에 없다. 군중을 동원하면 된다고 생각한 것이다.

기억이 생생합니다. 저는 그 전에 정부가 '문혁'은 나쁜 거라고 말하는 것을 들었고, 외삼촌도 꽤 고생한 뒤에 한참 동안 침묵을 지키다가 문혁에 대해서 이렇게 한마디를 한 것이죠. 이것이 저로

● 문화대혁명을 통해서 각 계층에서 지도자의 위치로 올라선 젊은 간부들. 반역자, 분파주의자, 파괴자들을 일컫는다. 천원과 덩샤오핑은 1980년대 초반에 이들을 숙청할 것을 지시했고, 많은 사람이 강등되거나 당과 직위에서 축출됐다.

하여금 지금 많은 생각을 하게 만듭니다. 문혁에 대해 이처럼 간단하게 옳고 그름을 이야기하는 것이 적절치 않다고 생각했습니다. 제 외삼촌처럼 이렇게 문혁을 겪은 사람들에게 문혁은 전형적인 비극이었습니다. 소위 비극이라는 것이, 만일 고대 그리스의 의미대로라면 잠재적으로 숭고한 것이고, 붕괴할 뿐 아니라 거대한 파괴력을 만들어내게 합니다. 사실 그 배후에 파생되는 것은 일종의 내적 모순입니다. 사회주의 혁명은 확실히 끊임없이 군중을 자극함으로써 관료화를 방지합니다. 인민의 대표가 자가용을 몰고, 갈수록 배가 부르는 것을 막죠. 그게 아니면 다른 어떤 방법이 있겠습니까? 이 문제에는 아직 답이 없습니다. 만일 이런 관점으로 본다면 역사에 대해서도 새롭게 이해하게 됩니다.

W: 당시에 이렇게 정치화된 일과 사람의 문제에 대해서 듣게 된 것이 선생님의 성격에 어떤 구체적인 영향을 끼쳤나요?

X: 어렸을 때 이런 관점을 들을 수 있었던 것은 큰 행운이라고 생각합니다. 어린 시절의 환경이 아마도 제가 비교적 향신鄕紳 기질을 가진 사회 연구자가 되도록 해준 것 같습니다. 향신 기질이란 뭘까요? 향신은 우선 현대의 지식인을 좋아하지 않습니다. 집안사람들이 모두 지식인이 아주 좋은 직업이라고 이야기해서, 어려서부터 저는 직업 지식인이 될 거라고 자연스럽게 생각했습니다. 하지만 계몽주의적 지식인●은 좋아하지 않았습니다. 1980년대에 중고

● 중국 근현대사를 보면 5 · 4운동 당시 계몽주의적 지식인이 출현한 이래

등학교에 다니면서 잡학 서적들을 읽기 시작했습니다. 하지만 '미래를 향해 걷다走向未來' 총서●에 대해서는 별 관심이 없었습니다. 미래학자 허보촨何博傳이 쓴 『산허리山坳 위의 중국』(1989), 중국 문화를 부정적으로 논한 훈계조의 CCTV 다큐멘터리「하상河殤」(1989) 같은 것들 말이죠. 「하상」이 나왔을 때 저는 이미 고등학교 2학년이었습니다. 내용을 충분히 이해할 수 있었고, 당연히 큰 충격을 받았습니다. 이런 관점은 중시해야 한다고 생각했지만 동시에 상당한 위화감을 느꼈습니다. 이런 식의 약간 선정적인 내용을 별로 좋아하지 않습니다. 좀 과장되고, 강한 어조로 단언해서 말하는 것들 말입니다.

두 번째로 향신 기질의 연구자는 조사원과는 많이 다릅니다. 연구 방법이 조사의 색채를 띠지 않는 것은 아니지만 향신에게 굉장히 중요한 점은 자기 마을에 대해서 매우 익숙하다는 것이죠. 그래서 하나의 서술을 만들어낼 수 있습니다. 그리고 이 서술은 내재적입니다. 내재적이라는 게 무슨 의미일까요? 이 시스템 안에 사는 여러 사람의 삶의 디테일이 언어로 표현되게 하는 것입니다. 외재인 논리를 통해 분석하는 것이 아니라, 어떻게 구성원과 내부 사정들이 엮여 있는지에 근거해서 이 시스템에 대해 명확하게 설

1980년대에 두 번째로 이런 지식인들이 등장한다.
● 1984~1988년 쓰촨인민출판사에서 출간됨. 청년 독자들을 대상으로 주로 과학과 근대화 주제에 초점을 맞춘, 번역된 외국 서적과 중국 서적이 모두 있었다. '문혁' 시기에 끊겼던 바깥세상과의 지식 교류를 회복하고자 했다.

명할 수 있는 겁니다. 그래서 이들이 사용하는 언어도 기본적으로는 현지의 언어이고, 행위자들 자신이 묘사하는 자기 생활의 언어가 되는 것입니다.

작은 지역과 큰 지역, 중심과 주변부의 관계를 함께 처리할 수 있는 특성을 가지고 있던 터라, 우리 전통의 유가 문화는 이렇게 거대한 국가 체제를 지탱할 수 있었던 것입니다. 구체적인 비결은 각 지역의 내재적 서술을 만들도록 장려하는 것입니다. 이를테면 우리가 예전에 봤던, 각 지역의 인문, 자연, 사회, 경제, 역사를 기록한 지방지地方誌, 지리지地理誌가 있습니다. 이는 말하자면 지방의 매체와 출판물입니다. 내용을 보면 제국에 대한 상상을 만들어 내고 있습니다. 우리가 오늘날 마음속에서 그리는 도경과는 많이 다릅니다. 베이징이 우리보다 위에 있고, 우리가 사는 지방은 주변부이고, 제국에 종속돼 있다는 그런 관점이 아닙니다. 이 상상은 제국의 기본 원칙, 즉 유가의 윤리입니다. 이 원칙이 어느 곳에 있든 간에 모든 지역, 모든 이의 마음속에 내재화돼 있습니다. 그래서 황제만 물리적으로 한 곳에 있을 뿐 모든 '지방'이 하나의 제국을 이룹니다. 이 상상 속의 지방과 중심의 관계는 위계적으로 등급화된 높고 낮은 것이 아닙니다. 그보다는 달빛이 천 개의 호수를 비추고 있다는 비유가 더 적절합니다. 모든 호수에 자신만의 달빛이 담겨 있습니다. 이렇게 공동체 의식을 만들어냅니다. 그래서 내재화라고 부르는 겁니다. 향신이 수도에 가서 관직을 맡는 것이 꼭 기뻐서 좋아할 일만은 아닙니다. 왜냐하면 그에게는 고향이 가장 중요한 의미를 갖는 세계이기 때문입니다. 장원급제를 하고 재상이 되는 것은 물론 좋은 일입니다. 하지만 가족과 식솔은 대개 고향에 남아 있고 관직에서 물러나면 바로 낙향합니다. 그래서 어떤 이들은 중국이 현대화를 개시한 상징 중 하나가 관료가 은퇴 후에도 고향으로 돌아가지 않게 된 것이라고 말합니다. 은퇴 후에도 고향에 돌아가지 않는 풍조가, 현대에 접어들어 중국의 중앙과 주변 그리고 도시와 농촌, 지식인과 일반 군중(주로 농민)의 관계에 어떤 변화를 가져왔는지를 드러내고 있습니다.

지방에서 대부분의 지식인은 외부로 나가 관직을 맡지 않습니다. 향신이 되는 것입니다. 그들은 자기가 위치한 곳의 소우주 안에서 일종의 '완전체' 공간을 만들어냅니다. 그들은 외재한 시스템의 인정을 그다지 필요로 하지 않고, 갈망하지도 않습니다. 바깥 사람들이 그들에게 주의를 기울이는지, 그가 쓴 글이 널리 유포되는지 그에게는 별로 중요하지 않습니다. 중요한 건 그들이 자신의 작은 세계의 사정에 대해서 명확하게 말할 수 있다는 것입니다. 이건 일상 세계의 디테일에 신경을 쓴다는 의미입니다. 가령 누가 누구와 다툰다든가, 결혼, 장례, 부모와 자녀의 관계, 이런 게 매우 의미심장한 일로 느껴집니다. 하지만 향신은 방금 이야기한 현대적 의미의 연구자와는 다릅니다. 연구자는 전문적인 훈련을 받은 사람인데, 이를테면 인류학자도 디테일에 주의를 기울여야 하죠. 하지만 향신의 디테일에 대한 관찰은 하나의 도경을 만들어낼 수 있어야 합니다. 하나의 서술이 만들어지는 것이죠. 이러한 서술은 사실을 반영해야 합니다. 그리고 내부자에게 설명해줄 수 있어야 합니다. 그러니 한편으로는 매우 디테일해야 하고 또 실증적이어야 합니다. 또 한편으로는 전체 구조에 대해 주의를 기울여야 합니다. 이건 현대의 수많은 연구자가, 특히 통계를 활용하는 연구자들이 주의를 기울이지 못하는 부분입니다.

또 한 가지, 향신은 윤리적 판단을 할 수 있어야 합니다. 사회를 관찰할 때, 어떤 현상이 좋은지 나쁜지 말할 수 있어야 합니다. 연구자는 이런 일을 하지 않습니다. 연구자는 가치중립을 지켜야 하고 사실만 보면 됩니다. 사실의 사회적 의의는 그가 중시하는 지점이 아닙니다. 하지만 향신과 도덕군자는 또 다릅니다. 향신의 윤리적 판단은 책에 쓰인 것만을 따를 수는 없습니다. 향신의 윤리 판단은 백성의 경험적인 실천적 이성에 부합해야 합니다. 유가 향신의 윤리 판단에서 가장 중요하게 생각해야 할 지점은 조화와 협력입니다. 어떤 한 사람의 행동과 생각이 맞고 틀리고의 문제가 아니라 전체에 대한 관점이 중요합니다. 세상이 어떻게 함께 아래로부터 만들어져가는지를 볼 수 있어야 합니다. 그중에서도 정치경제 관계가 대단히 중요합니다. 마을의 어떤 노인이 마을과 각 집안에 대해서 계산이 분명한지, 사람들이 얼마나 버는지, 세금은 얼마나 내야 하는지, 결혼지참금은 어느 정도가 적절한지, 이런 걸 분명히 할 수 있어야 합니다. 하지만 이런 판단들은 여러 층의 의미가 쌓아올려진 결과로 내려지는 것입니다. 이자는 어떤 사람인지, 어떤 일이 존중받을 만한지, 어떤 것이 남 보기 부끄러운 것인지,

주변의 상실

의미는 이런 질문들과 동떨어져 있지 않습니다. 향신은 실증적입니다. 왜냐면 반드시 백성의 일상생활에 대해서 이야기해야 하기 때문입니다. 하지만 그들은 의미 있는 문제는 특별히 조심해서 다룹니다. 상당히 강한 윤리적 기준을 잣대로 사고하게 됩니다.

제가 지금 이런 일을 하고 있다는 건 아닙니다. 하지만 제가 흥미를 느끼는 것들은 어떤 현상이 재미있고, 어떤 이론의 해석이 재미있냐는 것입니다. 이는 비교적 향신의 사고에 가깝습니다.

W: 향신을 말씀하시니 바로 페이샤오퉁費孝通● 선생이 머릿속에 떠오릅니다. 페이 선생의 학술 전통을 계승하는 것으로 이해해도 될까요?

X: 하나의 학술 전통을 계승하거나 만들어나가야 한다고 생각한 적은 없습니다. 저는 기본적으로는 학술 전통의 개념을 갖고 연구하지 않습니다. 베이징대학에 있을 때 제가 늘 전통을 이야기하긴 했지만 아주 진지한 내용은 아닙니다. 저는 영국에 온 뒤에야 이곳 사람들이 전통을 매우 중시한다는 것을 발견했습니다. 저 개인적으로는, 전통이 지식인에게 어떤 위치를 정해준다는 생각을 해본 적이 없습니다. 하지만 페이샤오퉁은 아주 재미있는 학자입니다. 그분의 향신 기질을 저는 잘 이해합니다. 페이 선생의 사회에 대한 이해는 역시 안에서 밖으로 도경을 그려나가는 방식입니다.

● 페이샤오퉁(1910~2005)은 중국 사회학, 인류학의 비조로 런던정경대학에서 말리노프스키에게 사사했다.『강촌경제江村經濟』『향토중국鄕土中國』등을 비롯한 다수의 저작과 연구로 중국 사회와 문화를 설명했다.

외재적인 판단이 아닙니다. 즉 이분이 그려내는 도경은 이 시스템 안에 있는 사람에게 의의가 있습니다. 그리고 반드시 윤리적으로 파악합니다.

예를 들어 '차서격국差序格局●'이라는 개념은 모두가 인용하지만, 어떤 묘사를 위한 도구로만 사용될 뿐입니다. 저는 이 개념 자체는 별 의미 없다고 생각합니다. 왜냐하면 '차서격국'은 중국 고전 윤리철학을 실증적인 언어로 번역한 것일 뿐이니까요. 또 정확성에도 문제가 있습니다. 차서격국이 언제부터 중국 사회의 하나의 보편적 현상이 됐을까요? 처음부터 그러진 않았을 겁니다. 필연적으로 토지와 관계있습니다. 농업이 발전하고, 경제가 발전하고, 이에 따라 정치체제가 발전한 후에 형성된 것입니다. 역사상 어떤 변화를 겪은 것일까요? 지역적으로 모두 일관된 원칙이었을까요? 사실 정확한 것은 알 수 없습니다. 그런데 차서격국 자체가 일종의 이상적인 유형이 돼버렸습니다. 이상적인 유형이니 모든 사람이 이 개념을 서로 다른 실증 재료에 덮어씌웁니다.

저는 이렇게 이해합니다. 페이샤오퉁이 제안한 차서격국은 실

● 자신을 중심에 놓고 물결이 원형으로 퍼져나가듯 친소親疏에 따라 권리와 의무 관계의 프로토콜을 설정하는 중국식 인간관계 및 사회 구조. 이와 대비하여 서구인의 인간관계를 단체격국團體格局이라고 설명했다. 여기서는 중심이 따로 없이, 모든 개인이 동등한 단위로 묶여 조직을 이루고 조직 간의 경계가 분명하다. 서구인의 경우 공과 사가 분명한 반면, 중국인들은 공사 구분 없이 친소에 따라 판단한다. 개인의 권리가 인정되지 않고, 사회적 도덕의 판단 기준도 개인 간의 관계에 따라 정해진다. 『향토중국』(1947)에서 서술됐다.

은 당시의 커다란 정치적 논쟁에 대한 답변이었습니다. 중국에 과연 정당정치가 적합하냐는 질문에 대한 것입니다. 페이 선생은 량슈밍梁漱溟● 선생과 마찬가지로 이에 대해 부정적이었습니다.

그가 생각하기에, 정당정치는 반드시 문화적 기초를 필요로 합니다. 소위 공동체나 결사 같은 것입니다. 이것은 동질성을 가진 사람들이 공동의 정치 이념을 공유하여 단체를 만들고, 이념을 형성하고, 단체 내부 모든 이의 사회관계가 같은 거리를 유지해야 합니다. 그다음에 민주적인 선거를 통해서 리더를 뽑을 수 있습니다. 페이 선생은 중국인이 현대적 의의를 가진 정당을 만들 수 없다고 생각했습니다. 그래서 차서격국은 실은 민주주의 체제 요구에 대한 일종의 답변입니다. 이런 관점으로 보자면 차서격국은 대단히 강력한 내재적 의미를 갖습니다. 즉, 구체적인 맥락에서의 설명이 됩니다. 하지만 오늘날 모든 이가 이런 맥락을 고려하지 않고, 중국인들의 사회적 관계를 묘사하는 하나의 기계적 표준으로만 사용합니다. 페이샤오퉁은 포부가 큰 사람이었습니다. 중국 전체에 대해 설명을 해야 했고, 자신의 관찰이 반드시 정치와 윤리 문제에

● 량슈밍(1893~1988)은 중국의 사상가이자 사회운동가. 불교철학과 유학을 연구했다. 대표작인 「동서 문화와 그 철학東西文化及其哲學」은 서구, 인도와 중국의 3대 문명을 비교 분석하고 있으며, 중국의 근대화 문제를 심도 있게 모색하여, 5·4운동 시기에 열띤 토론의 대상이 됐다. 중국은 향촌의 나라이고 이곳이 바뀌어야 중국이 근대화될 수 있다고 믿었기에, 베이징대학 철학과 교수직을 사임하고 향촌으로 내려가 직접 실험을 주도했다. 향촌 마을을 학교 형태로 조직하려고 시도했는데, 그와 맥락을 같이하는 지식인들의 사회 참여를 향촌건설운동이라고 부른다.

대한 답변을 주는 것이어야 했습니다. 실증적인 도경을 제시해야 했습니다. 이는 전문화된 기술적인 학술 연구와는 거리가 있습니다. 우리가 그의 이론에 생명력을 부여하려면, 반드시 그가 이 문제를 고민하던 배경으로 되돌아가서 어떤 문제를 해결하기 위한 것이었는지 돌아봐야 합니다.

    제 향신 기질은 외할아버지가 몰락한 귀족이어서 '완전체自治 •로서 외부와는 거리를 유지하는 삶을 살아온 것과 관련이 있습니다. 이에 저는 지식인에 대해서 회의하는 마음을 품어왔습니다. 거리를 두고 회의를 품는 것이 매우 중요합니다. 그러지 않으면 대학에 진학해서 손쉽게 다른 이들의 담론 안으로 끌려들어갑니다.

W: 이런 회의하는 사고방식이 어렸을 때부터 뿌리내린 것이었군요. 대학 교육을 받거나 그 후에 학문적 훈련을 받으면서 지금은 이런 정신이 약화되지 않았을까요?

X: 오히려 더 강해졌습니다. 하지만 중간에 일정 기간, 특히 박사학위를 받을 때 느꼈던 이런 거리감은 제 능력이 부족해서 생겨난 것이었습니다. 뭔가를 봐도 이해하지 못해서 그 안으로 진입할 수가 없었습니다. 부족함을 느꼈고 쫓아가야 한다는 압력이 있었습니다. 오랫동안 고민했습니다. 지금은 조금 편안해졌습니다. 좋은 연구 결과를 만들어낼 때는 이런 거리감에 의지해서 생산해내는 것이죠.

• 자흡自治, self-consistent은 스스로 내부 정합적인 논리 구조를 갖는 것을 의미한다.

1980년대

W: 고등학교 시절은 주로 어떻게 지내셨습니까? 어떤 책을 읽으셨나요?

X: 제게는 고등학교 시절이 꽤 중요합니다. 모교인 원저우고등학교
에 감사해야 할 겁니다. 베이징대학에 입학하고 나서야 알게 된 사
실이 있습니다. 전국의 수많은 고등학교가 오전 7시부터 저녁 7시
까지 수업을 들어야 했고, 밤에는 자습 시간도 있었습니다. 하지만
우리는 오후 3~4시면 하교했습니다. 수업 시간이 끝나고 '야자'
를 하는 관례 따위는 없었습니다. 방과 후에 친구들은 영화를 보러
가기도 하고 쇼핑도 했습니다. 기본적으로 자유였고 대입학력고
사에 대한 부담도 그리 크지 않았습니다. 그때는 고등학교 교사들
에 대한 실적 평가가 대학 진학률과 깊이 연동되어 있지 않았던 것
같습니다. 그래서 선생님들도 정상적으로 수업을 했고, 다른 도시
의 분위기에 휩쓸리지 않았습니다. 당시에 각종 취미활동이 조직
됐습니다. 문학동아리, 연극동아리, 컴퓨터동아리, 생물실험동아
리 등등. 실은 이건 원저우고등학교의 전통입니다. 문화예술 축제
를 할 때 저도 열성적으로 참여했습니다.

　　제 고등학교 시절은 마침 중국 '문화열文化熱●' 시기의 후반부

● 문화대혁명 시기, 지식 습득과 문화 향유에 대한 탄압 및 금지에 대한 반작
용으로 서구 문화를 포함한 모든 문화적 요소에 탐닉하고 열광하던 1980년대
를 일컫는다. 톈안먼 사태의 비극으로 막을 내린다.

입니다. 제게 비교적 큰 영향을 준 것은 상하이작가협회의『문회文
匯월간』입니다. 편집부가 상하이 위안밍위안圓明園로 149호에 위
치한 것이 기억에 생생합니다. 저는 회차마다 정독했고 특히 장편
르포르타주를 즐겨 봤습니다. 중국 문학을 이야기할 때 혁명의 관
점에서 르포 문학이 매우 중요합니다. 몇 가지 중요한 특징이 있는
데요, 하나는 하층민들에 대한 이야기가 많다는 점, 또 하나는 표
현이 직접적이라는 것, 마지막으로 내용에 깊이가 있었다는 것입
니다. 샤옌夏衍의「노예계약 노동자包身工」●에서 시작해「거지떼
표류기丐幫漂流記」●●에 이르기까지.

올 설에 고향에 돌아갔을 때 저는 고등학교 시절의 노트를 발견
했습니다. 여러 생각을 적어놓은 것을 발견하고 깜짝 놀랐습니다.

또 제가 많이 봤던 간행물 중에『명작감상名作欣賞』이 있습니
다. 문예비평에 해당되는데요 아주 두껍고 내용도 '짱'이었습니
다. 상당히 사변적이기도 하고요. 재미있게 읽었지만 지금의 저에
게 얼마나 많은 영향을 줬는지 말하기는 좀 어렵습니다. '사상 계
몽'●●●에 관한 것도 좀 읽었는데요, 청년 마르크스주의가 '소외'

● 샤옌(1900~1995)은 중국 르포르타주 문학의 시조로 여겨진다. 그의 대표
작「노예계약 노동자」는 1930년대 상하이 지역 노동자들이 착취당하는 상황을
그렸다.
●● 작가가 직접 몇 달 동안 걸인들과 함께 생활하며 네 개 도시 400여 명의
걸인을 인터뷰했다.
●●● '신계몽'이라 불리는 일군의 지식인이 잡지『신계몽』을 발행했으며,
5·4운동의 구계몽주의자들이 중국 전통을 전면적으로 부정한 것과 같이, 사
회주의에 대해서 의문을 던지는 급진적인 의제를 논의했다.

주변의 상실

개념에 대해서 논하는 것을 접할 수 있었습니다. 정치경제학이 아니라 '인간의 해방'이라는 각도로 사회 발전을 논하는 것을 보고, 읽으면서 꽤나 흥분했습니다.

1980년대에 기억나는 일들 중 1986년의 스승의 날이 있습니다. 시 교육국에서 제 아버지가 일하던 학교에 컬러 텔레비전의 구매권 한 장을 배정했습니다. 제비뽑기를 했는데 아버지가 당첨됐습니다. 그때는 돈이 있어도 살 수 없는 물건이었습니다. 부모님은 여윳돈이 부족해서 포기해야 하나 고민하고 있었습니다. 한 친척이 이걸 포기하는 건 복을 남에게 넘겨주는 일이니 꼭 사야 한다고 설득했습니다. 그래서 빚을 내서 샀습니다. 이 일화는 사람들이 스스로를 설득할 때, 대단히 추상적인 개념과 원칙을 활용한다는 것을 보여줍니다. 복은 남에게 양보할 수 없다는 것과 같은. 1984년에 집에 선풍기가 들어왔는데, 우리 집의 두 번째 가전제품이었습니다. 첫째는 전등이었죠. 이건 아마 제가 태어날 때부터 있었던 것 같습니다.

W: 어떻게 이런 일을 지금까지 그리 생생히 기억하십니까?

X: 이건 지금은 하찮게 들려도 당시에는 큰일들이었습니다. 방과 후 집에 돌아왔는데 탁자 위에 선풍기가 돌아가고 있는 겁니다. 거기다 회전 기능까지 있었죠. 여름날 선풍기가 가져다준 쾌감은 거의 혁명적인 것이었습니다.

W: 1980년대가 선생님 개인에게도 일종의 계몽의 시기였던 걸까요?

X: 열여섯 살에서 열여덟 살이 될 때까지의 단계가 대단히 중요합니

다. 책을 읽기 시작하고 일종의 평론을 발표하기 시작했습니다. 제가 최초로 필드 조사를 한 것도 1980년대였습니다. 고등학교 시절로, 이 때문에 모교에 고마운 마음을 갖는 것이죠.

고등학교 1학년 때 정치 과목 선생님이 우리를 러칭樂淸현에 데리고 가서 필드 조사를 시켰습니다(지금은 러칭시 류시전柳市鎭입니다). 중국의 대표적인 가전제품 생산지죠. 어머니의 호적지이기도 합니다. 공장에 가서 공장장의 설명을 들었습니다. 모두 집중하지 않고 소란스러워서 공장장이 무척 화를 냈습니다. 사투리를 쓰면서 '이렇게 시끄러우면 내가 말을 할 수 없잖아'라고요. 저는 꽤 진지하게 듣고 있었는데, 공장장의 심정을 이해할 수 있었습니다. 그때 한 여관에 숙박했는데 리셉션 데스크의 직원이 전기회로판을 조립하고 있었습니다. 어디서 난 것이냐고 제가 물었더니, 친척이 운영하는 민영기업 공장에서 가져온 것이라더군요. 하나 조립하면 얼마나 버냐고 물어봐서, 이 부수입이 여관 월급보다 더 많다는 사실을 알게 됐습니다. 그런데 이런 질문에는 모호한 점이 있습니다. 문제가 분명해야 원인과 결과를 파악할 수 있고, 전체 도경을 그려낼 수 있습니다. 나중에 이 주제로 글을 썼습니다. 민영기업이 가족관계를 통해서 어떻게 비즈니스 기회를 마을 전체로 확산시키는가 하는 것이었습니다. 당시 사회에 논쟁거리가 하나 있었습니다. 사유재산 경제가 계급 분화를 초래하지 않겠냐는 것이었습니다. 저는 제 관찰 결과를 예로 들어 억측성 결론을 내렸습니다. 계급 분화는 발생하지 않을 것이다. 왜냐하면 친척들 간에 돈

　　　　　　　　　　　　　　　　　　　　　주변의 상실

벌이를 나누기 때문이고, 지역에 공동 부유를 가져올 수 있기 때문이라는 것이었습니다. 이 보고서에 대해서 상당한 자부심을 가졌습니다. 실은 이때의 관찰이 제가 나중에 석사논문을 쓴 '저장촌浙江村 연구'에도 영향을 줬습니다. 제가 본 것은 지역의 작은 소기업이 하나의 조직이라기보다는 네트워크라는 사실이었습니다. 혹은 그런 소기업이 친척관계에 기반한 조직이고, 일종의 사회조직이라는 사실이 먼저이며, 경제 조직은 나중이라는 것이었습니다.

저는 1980년대 문화열의 인문과 계몽의 분위기에 빨려들어가지는 않았습니다. 갈수록 이 분위기가 싫어졌죠. 아마 제 스타일과 관계있는 것 같습니다. 아주 뚜렷이 기억하는데요, 장자성張家聲(1935~)이 「하상」의 내레이션을 맡았죠. 전체 목소리와 성조 다 싫었습니다. 또 르포 문학가 첸강錢鋼(1953~)의 「탕산唐山대지진」● 후반부를 라디오에서 낭독하는 것도 듣자마자 별로였습니다. 마치 교회 목사님 설교처럼 들렸어요. 인류 공통의 어떤 염원에 대해 기도드린다는 느낌. 제가 느끼기에 저는 정상적인 사람이고, 대부분의 보통 사람은 이런 말투를 싫어할 것이라고 여겼어요. 특별히 훌륭한 학생, 일종의 좀 특수한 학교 분위기, 심지어 아주 몽환적인 환경에서만 이런 말투를 받아들일 수 있을 거라고 생각했습니다. 저는 다시 제 모교에 감사의 마음을 갖게 되는 것이, 그

● 1976년 7월 28일 허베이성 탕산시에서 발생한 지진으로 24만2000명의 사망자가 발생했다.

때 학교 분위기가 매우 자유롭고 한편으로는 실용적이었거든요. 제가 고등학교에 다닐 때 어머니는 중학교 교사였고, 다른 학교에서 수학을 가르치고 계셨습니다. 어느 날 귀가해서 이렇게 말씀하셨죠. 제자 한 명이 대학에 진학했는데 학생의 부모님이 한턱냈다는 겁니다. 그런데 그 식사 자리에서 참석자 한 명이 학생 면전에 대고, '지금 그까짓 대학에 가서 뭐할 건데'라고 말했답니다. 학생이 당황하고 기분도 나빠했겠죠. 겨우 열일곱이나 열여덟 나이에 술자리에서 어떻게 응대해야 할지도 몰랐을 테고요. 원저우는 이렇게 엄청난 실속파 분위기의 동네였어요. 당시의 서구, 일본을 따라 하며 속물스럽게 잘난 척하는 문화 풍조文化腔를 이상하게 생각했습니다.

W: 들어보니 원저우고등학교가 굉장히 특수한 곳이네요. 이곳이 계속 이런 전통을 유지해왔으니까, 개혁개방 이후에 딱 맞춤하게 조금 다른 생태 시스템으로 발전했겠군요?

X: 원저우고등학교는 역사가 좀 있는 학교입니다. 향신 한 분이 설립했는데, 성함은 쑨이랑孫詒讓(1848~1908)이고 갑골문 연구를 하시던 분입니다. 당시에 주쯔칭朱自淸(1898~1948), 정전둬鄭振鐸(1898~1958) 같은 교사가 있었습니다. 민국 전란 시기(1911~1949)에 베이징은 전쟁터였고, 상하이는 서양 세력이 머무는 곳, 부자들이 사는 동네인 반면, 많은 지식인이 저장성 일대에 흩어져 있었습니다. 원래 고등학교는 지방에서는 최고 학부였습니다. 로컬 성향이 아주 강합니다. 지금은 고등학교가 베이징, 상

하이에 있는 대학에 진학을 준비시키는 입시학원에 불과하죠. 지방의 대학도 바깥 세상만 바라보고요. 당시의 향신 문화 속에서 길러진 고등학교의 교풍과는 의미가 완전히 다릅니다. 초기에 고등학교는 혁명 상황에서도 중대한 역할을 맡았습니다. 당연히 저는 그때 제가 다니는 학교에 그런 역사성이 있는 줄 몰랐습니다. 그냥 원저우고등학교가 명문이고 교사들이 나이가 좀 많고, 아마도 외지에서 온 분이 많고 '문혁'을 경험했으며 진지하게 학생들을 가르친다는 느낌 정도였습니다. 당시에는 명문 대학에 몇 명 이상 진학시켜야 한다는 개념도 없었지만, 대입학력고사 점수도 괜찮은 편이었고, 다른 도시와 경쟁해야 할 필요도 없는 그런 상황이 비교적 자연스러웠습니다.

왜 선진국 문화에 대한 지식과 취향을 자랑하며 밥맛 떨어지게 만드는 이들(원화창文化腔)이 문화계의 주류가 되고, 실생활과 그렇게 큰 차이가 있었는지 생각해보면, 아마도 당시 학교들이 좀 이상하고 유기성이 떨어지는 조직이 됐기 때문이 아닌가 합니다. 여기 1980년대 전체에 대해 평가하고 토론해볼 만한 가치가 있는 문제가 있습니다. 1980년대에 왜 모두가 그리 흥분해 있었는지. 이런 분위기의 영향이 아마도 매우 중요할 겁니다. 그때 우리 모두 중국은 자기만의 사회 사상과 스스로의 담론이 필요하다고 이야기했습니다. 어디서 이런 이야기가 시작된 것일까요? 미국의 사회과학이 크게 발전한 역사를 살펴보면, 1968년이 아주 중요합니다. 바로 이때부터 새로운 이론들이 나타나서 사회의 모순을 이해하기 시작합니다. 프랑스는 말할 필요도 없지요. 이 사회운동들이 일체의 가짜 혁명들을 뒤바꿔놓습니다. 모두가 흥분된 상태였죠. 하지만 생활과도 관계가 있었습니다. 일군의 이론가를 탄생시켰습니다. 그들이 사상을 만들어나갔죠. 사회과학자들도 자기네끼리만 모여 이야기한 것이 아니라 철학자, 문예창작자들과 함께했습니다. 수많은 기업가, 엔지니어도 의기투합했습니다. 이 모든 것이 어우러져 하나의 생태계를 만들었습니다.

저는 중국의 1980년대가 분명히 뛰어난 사람을 많이 배출했다고 생각합니다. 그들이 있어서 사상가들의 자원이 됐습니다. 젊어서 일관된 교육을 받았고, 베이징대학에 와서 역사의 격랑 속에서 많은 일을 경험했습니다. 그 배후에는 모두 복잡한 문화와 역사의 요소들이 얽혀 있습니다. 그분들의 생각에는 상호 모순되는 부분도 있지만, 그 당시의 생각이 아주 이성적이기만 한 사고일 수는 없습니다. 오히려 격정에 이끌리며 순수한 생각이었을 것입니다. 그중 일부는 나중에 미국, 프랑스에 가서 장학금을 받으며 서구 세계의 상황을 살펴볼 수 있었습니다. 하지만 이 중에서 지금까지 아주 의미 있는 이론과 사상을 만들어낸 분은 없습니다. 물론 이분들의 책임만은 아닙니다. 청춘과 생명을 바쳐서 이상을 추구했는데 왜 대단한 사상은 만들어내지 못했을까요? 제 생각엔 아마 과도하게 흥분하고 쉽게 극단적이 됐기 때문일 겁니다. 저는 이런 생각에 대해서 왕후이汪暉● 선생님의 영향을 비교적 많이 받았는데요. 왕 선생님은 1990년대에 신자유주의적인 개혁이 왜 그렇게 중국에

　　　　　　　　　　　　　　　　　　　　주변의 상실

서 거침없이 진행됐을까 생각해보면, 1980년대가 우리에게 되돌아봐야 할 사상적 자원을 남기지 못했기 때문●●이라고 하십니다. 덩샤오핑의 남순강화南巡講話와 함께 1992년에 유행하던 말이 있죠. "동방에서 바람이 불어와 눈 속에 봄이 가득하다네東方風來滿眼春." 한 번에 변신해서 개방과 자유를 받아들이기만 하면 모든 문제가 해결될 것 같은 분위기였습니다. 하지만 빈부격차, 공정성 등의 구체적인 문제들에 대해서 충분히 인식하지 못했습니다. 지식인들은 당시 민간의 고통, 내부의 사회 모순, 이런 구체적인 사회문제들을 진지하게 돌아보지 않았고, 아래에서 위로 살펴보지 못했습니다.

W: 사회운동에 대해 말씀하신 것 중 각국의 다른 상황이 꽤 재미있습니다. 각 사회에 대해서, 비록 철저한 혁명은 아닐지 몰라도 그 나름의 전환기적 변화가 있었던 것이군요. 지식인들이 사회운동 이전과 그 중간에 역할이 비교적 많다는 것을 이야기하는 것도 중요한 것 같습니다. 그런데 사회운동이 끝나고 나서 어떻게 하는지에 대해서는 잘 이야기하지 않는데요, 미국, 프랑스 혹은 다른 나라와

● 왕후이(1959~)는 중국 신좌파의 대표적인 학자이자 지식인이다. 중국 사회주의의 역사적 의미, 세계와 지역에서 중국의 역할에 대해 천착하고 있다. 칭화대학 인문학원에 교수로 재직하고 있다. 1996~2007년 『뒤슈讀書』라는 서평지의 편집장을 역임했다.
●● 왕후이는 1994년 한국의 『창작과비평』에 「당대 중국의 사상 상황과 현대성 문제」라는 글을 발표했고, 1997년 뒤늦게 중국에서 공개돼 큰 반향을 일으켰다.

중국의 상황을 비교해가며 이야기할 수 있을까요?

X: 미국의 당시 문제는 꽤 실제적이었습니다. 전체 운동이 직접적으로 현실을 응시했고, 민중은 참전을 반대했습니다. 전쟁을 원하지 않았죠. 그리고 모두가 전체적인 국가의 성격에 대해서 되돌아보기 시작했습니다. 단지 지식인들만이 아니라 군중의 적극적인 참여가 있었습니다. 프랑스는 자유를 신봉하는 등 조금 이론적입니다. 하지만 이런 것이 젊은이들을 매료시켰습니다. 예술, 음악이 이를 이어받았습니다. 나중에 푸코가 이렇게 술회합니다. "68운동은 반정부가 아니라 일종의 반사상 운동이었다. 그 배후에서 깨달은 진실은, 거대한 관료와 시장 체계가 있고, 시스템 안의 관행적인 삶은 재미가 없다는 것이었다." 이론도 이런 현실 관계에서 보면 사르트르의 실존주의, 푸코의 권력 이론이 당시의 그런 태도에 근접합니다.

중국 지식인들의 경험은 명확합니다. 20세기 1960~1970년대를 겪었기 때문에 모두 자유가 필요하다고 느꼈고 인간성이 왜곡됐습니다. 그래서 인류의 보편적 가치를 다시 받아들여야 했습니다. 하지만 지식인의 인생 경험과 기층 민중의 그것은 차이가 상당합니다. 그래서 꼬인 부분이 있습니다. 보통 사람들은 관료의 부패와 인플레이션에 대해서 반감을 갖게 됐고, 사회주의 체제 자체에 대해서도 반감을 갖게 됐습니다. 서민들은 당연히 물가가 안정돼야 하고 부패를 용납할 수 없다고 말하지만, 개인의 자유를 요구하지는 않습니다.

중국의 지식인들과 비교적 비슷한 상황에 놓였던 곳은 1970∼1980년대의 헝가리, 폴란드, 루마니아, 유고슬라비아입니다. 저도 다시 한번 이 상황을 구체적으로 공부해보고 싶습니다. 유고슬라비아에서 벌어진 일들은 큰 비극이고 서방 세계에 책임이 많습니다. 현재의 역사 서술은 유고슬라비아의 해체가 필연적이었다고 합니다. 원래 다른 민족이었으니까요. 소련이 이들을 억지로 묶었다는 것입니다. 그렇다면 질문을 이렇게 바꿔서 던져야 합니다. 유고슬라비아는 복수의 민족이 함께 생활하고 있었지만, 당시 세계에서 가장 복지 수준이 높고 생활 수준도 높은 국가 중 하나였고 문화예술도 뛰어났습니다. 바로 이런 국가가 우리가 추구해야 할 목표 아닌가요? 소위 문화, 민족의 차이를 뛰어넘어 모두가 함께 살아갈 수 있다면 이것이 아름다운 이상적 실험 아니겠는가라고요.

여기서 서방 학자들을 존중해야 할 지점이 있습니다. 자기반성 능력이 아주 뛰어납니다. 서구 세계에서 가장 강력한 비판은 모두 스스로에게서 나옵니다. 우리도 유고슬라비아가 와해될 당시의 구체적 상황들은 서구 문헌을 통해서 이해합니다. 미국 정부와 독일은행이 해체에 큰 역할을 했습니다. 우선 일부 그룹과 지역이 떨어져나오도록 유도했는데, 유고슬라비아는 군사적 역량도 약해졌고 경제적으로도 많은 문제가 발생했습니다. 인플레이션이 심해졌는데 지금의 베네수엘라와 비슷합니다. 외부에선 적들이 호시탐탐 노리고 있었고, 안에서 작은 문제 하나만 일어나도 적대 세력들이 이를 이용해 해체를 노리고 있었습니다. 구유고슬라비아

지역의 상황을 제가 직접 관찰한 것은 아닙니다. 하지만 당시 서방 매체의 보도를 복기해보면 상황이 좋지 않았다는 것을 알 수 있습니다. 러시아를 비롯한 동유럽의 구사회주의 국가 중 상당수가 지금은 세계적으로도 매우 드문 소위 단일세율 소득세제를 실행하고 있습니다. 매달 200달러를 벌든 2만 달러를 벌든 같은 비율의 소득세를 냅니다. 반면 세계 대부분의 국가는 누진세제를 택하고 있습니다. 동유럽 국가들은 극단적인 신자유주의 정책을 펴고 있는 셈인데 서방 세계에서는 감히 이런 정책을 실행할 수 없습니다.

베이징 대학생이 느끼는 초조함

W: 과거의 생활 경험은 어떤 때는 그냥 우연히 우리에게 영향을 주므로 인과관계를 일대일 대응으로 찾아내는 것은 어렵습니다. 그런데 대학에 진학하면 더 질서 있고 명확한 시기에 진입하게 됩니다. 베이징대학 재학 시절에 앞서 말씀하신 거리감, 회의하는 마음 같은 것을 계속 가지고 계셨습니까? 어떻게 이것을 표현했습니까? 주위 친구들과 갈등이 있었습니까?

X: 대학에 다닐 때는 제 성격 탓에 조심스럽게 행동했습니다. 그래서 일상적 관계에서는 갈등을 빚지 않았습니다. 하지만 거리감을 느끼긴 했습니다. '완전체自洽'로서의 거리감입니다. 저 스스로도 잘

의식하지 못했던 것 같습니다. 그런데 어떻게 깨달았을까요? 한번
은 우리 반 담당 교수님과 반에서 벌어지는 일들이나 위원회, 학생
회 선거 등에 대해 많은 이야기를 했습니다. 사실 저는 거의 참여
하지 않았기 때문에 잘 알지 못했죠. 나중에 교수님 말씀이 제가
스스로의 작은 세계에 갇혀 사는 것 같다더군요. 베이징대학에서
는 전국 각지에서 온 열여덟, 열아홉 살 먹은 우수한 학생들을 만
나게 되는데요, 다들 인정욕구가 있죠. 특히 학교 당국의 인정을
원하는 건 일반적인 심리입니다. 근데 저는 왜 다른 친구들이 그
런 생각을 하는지 잘 이해하지 못했던 것 같습니다. 물론 개중에는
'현실 초탈형 소요파'도 적잖이 있었습니다만 저는 거기 속한 것도
아니었습니다. 왜냐하면 공부도 열심히 했고 활동이나 토론에 참
여하는 데 나름 적극적이었기 때문입니다. 다른 친구들이 보기에
진취적이고 목표도 분명한 학생이었던 터라 자기만의 고독과 즐
거움에 빠져 있는 부류로 여겨지지는 않은 것이죠.

　　베이징대학에서 1990년의 신입생들은 스자좡石家莊에 가서 일
년 동안 군사훈련●을 받았습니다. 이것은 꽤 중요한 경험입니다.
처음에는 몰랐는데 나중에 고학년 선배들과 이야기를 나누다 깨
달았습니다. 이게 우리에게 커다란 영향을 줬다는 사실을요. 개인

●　톈안먼 사태 직후인 1990년 당시 시위의 주도 세력이었던 베이징대학 신
입생들은 바로 학업을 시작하지 못하고 베이징이 위치한 허베이성 성도 스자좡
의 군사훈련 캠프로 보내졌다. 1년간 군사훈련을 통해 자유주의적인 사고를 억
제시키려는 것이 목적이었다.

적으로는 두 가지 영향이 있었습니다. 첫째는 제가 관찰한 것입니다. 이렇게 계급이 매우 엄격한 시스템 안에서는 인격의 왜곡이 일어납니다. 그 또래의 청소년들은 원래 친한 친구들을 찾게 마련입니다. 여러 천진난만한 생각이 있지요. 하지만 그런 환경에서는 모두 어떻게 스스로를 보호해야 하는가만 생각하면서 계산적으로 변합니다. 어떻게 반장의 환심을 살까? 부반장이나 취사병에 대해서도 마찬가지입니다. 사실 이런 식으로 얻어낼 수 있는 이익은 그리 크지 않습니다. 환심을 못 산다고 큰 리스크가 있는 것도 아닙니다. 그러니까 이건 이성을 초월하는 이성적 계산이 됩니다. 같은 계급 내의 전우관계도 물론 존재합니다. 어쨌든 모두 동급생이니 학교로 돌아온 후에는 다 좋은 친구가 됐지만 상하관계가 주도를 하게 됩니다. 분명히 심리적 스트레스를 받았습니다.

나중에 저는 영국에서 다양한 사람을 만나는데 그중에는 퇴역 노병도 있었습니다. 영국의 식민 역사상 군대, 교육과 사회적 지위의 유동관계는 사실 매우 밀접합니다. 중국도 마찬가지입니다. 이런 관점에 따르면 20세기에 전쟁과 군대가 한 가지 중요한 긍정적 역할을 한 것이 있습니다. 사회계급을 철저히 부순 것입니다. 만일 전쟁이 없었다면 일본과 영국은 중공업도 일으키지 못했을 겁니다. 사람들이 말하길, 일본이 전쟁의 폐허 위에서 현대화를 이뤘는데 이건 기적이라는 거죠. 하지만 거꾸로 생각해보면 전쟁 덕분에 전 국민에 대한 보통교육이 이뤄진 겁니다. 전쟁 기간에는 지주들이 재산을 내놓아야 하고 지주의 아들도 군 복무를 해야 합니다.

전후에는 잿더미만 남으니 더욱이 모든 사람이 평등해집니다. 전후에 고향에 돌아온 사병들을 잘 챙겨야 합니다. 원래 출신은 중요하지 않아집니다. 이렇게 전 국민 교육이 이뤄지고 전 국민 복지가 시행됩니다. 제 아내의 고향인 일본 히로시마 오노미치尾道의 고향집에서 본 것입니다. 저는 이 주택의 위치가 아주 좋다고 평했습니다. 한쪽은 초등학교이고 다른 한쪽은 중학교입니다. 사실은 원래 이 학교 부지들이 모두 이 집안 땅이었답니다. 그런데 할아버지가 폐병에 걸려서 참전할 수 없었고, 대신 집안 땅을 모두 국가에 기부 헌납했답니다. 일부만 집안에 남겨놓을 수 있었죠. 이렇게 모두가 참여하면서 현대화가 이뤄집니다. 제2차 세계대전 때의 현대화와 메이지 시대의 군국주의 현대화는 사실 질적으로 다릅니다. 전자가 오히려 비교적 민주적인 현대화라고 할 수 있습니다.

영국도 마찬가지였습니다. 만일 전쟁을 통해서 귀족 세력이 힘을 잃지 않았다면, 한때 사회복지 선진국이었던 영국의 대명사인 국민의료 서비스 체계National Health Service가 1948년에 시작될 수 없었을 겁니다. 1968년 당시 사회주의 성향의 사회는 더더욱 오지 않았겠죠. 제가 전쟁을 미화하려는 건 물론 아닙니다. 앙시앵레짐이 해체되지 않으면 새로운 세상이 오지 않는다는 말입니다. 이 과정이 군대의 영향을 받습니다. 그래서 체육운동이 영국 교육 안에서 매우 중요합니다. 미국에서는 더 중요했습니다. 제가 아는 영국인 친구가 해준 이야기입니다. 군대가 바로 학교 체육 훈련의 모델이라는 겁니다. 가장 중요한 내용은 어떻게 자기 팀원을 지켜주는

가입니다. 전쟁에서 5~6명이 하나의 분대를 이루는데 이들은 반드시 생사를 함께해야 합니다. 반드시 서로 엄호해줘야 살아남을수 있고 그래서 협조해야 합니다. 심정적으로 공생공멸해야 한다는 기대를 만들어줘야 합니다. 이런 태도로 전쟁에 임해야 함께 살아남을 확률이 높아지기 때문에 매일 이것을 훈련시킵니다. 예를들어 미식축구에서 아주 중요한 훈련이 이런 것입니다. 귀족 전통아래에선 이게 더 중요합니다. 이 점을 엘리트의 가장 중요한 기질이라고 여깁니다. 어떻게 서로 돌보고 단체정신을 만들 수 있는지알아야 합니다.

이게 꽤 재미있습니다. 왜냐하면 제 군사훈련 경험과는 완전히다른데, 굉장히 중요한 정치 의제로 연결됩니다. 군대의 성질과 기능이 아마 다를 거라는 거죠. 우리가 군사훈련을 받을 때, 군대는이미 전쟁을 하고 있지 않았습니다. 그러니까 주요 기능은 순치입니다. 원래 군대가 가진 좋은 전통을 잃은 겁니다. 그냥 굉장히 기계화된 조직이 돼버렸습니다. 그저 복종의 중요성만을 강조합니다. 사실 복종의 중요성은 변증적입니다. 전쟁할 때는 당연히 복종해야죠. 하지만 만일 이 복종이 잘 정리된 것이 아니고, 투쟁정신이 소집단 내에 내재화되지 못한다면, 천변만화하는 전쟁터에선 절대적 복종만으로는 승리를 가져오지 못합니다. 그래서 첫째로 제가 군사훈련 중에 관찰한 것은 그런 계급사회의 부조리함이었습니다. 학교로 돌아온 후 어떤 체제의 인정을 받는 것에 열정을느낄 수 없었습니다. 또 하나는 전체 군사훈련이 우리 동급생 모두에게 일종의 공리적이고 계산적인 성향을 만들어냈습니다. 공리심이라고까진 말하기 어렵습니다만, 모두가 시간에 대해 강박을 갖게 됐죠. 선생님들이 다 놀랐습니다. 군사훈련을 받고 왔는데 아침 일찍부터 도서관에 가서 자리를 잡고, 시간을 아끼려드는 것을 보니 예전의 '소요파'가 많이 줄어든 것 같다. 이런 소위 이성적이고 공리주의적인 행동이 실은 모두 등급과 관계있다는 거죠.

왜 소련과 동구권이 해체된 후 동유럽 사회가 그렇게 공리주의적이 되고, 다들 돈벌이에만 관심을 갖게 됐을까요? 이 시장경제는 고전적인 시장경제와는 다릅니다. 가령 독일은 가장 고전적인 자본주의 국가들 중 하나죠. 오랜 기간 '사회시장경제' 모델을 운용해왔습니다. 경쟁을 강조하고 개인 기업가 정신도 강조하지만, 동시에 국가의 시장질서에 대한 조절과 복지제도도 강조합니다. 또 매우 깊은 기독교 전통이 내재되어 있습니다. 사람은 무엇이고, 시장에서 어떻게 사람을 대해야 하고, 실패한 후에는 또 어떻게 해야 하고, 어떤 식으로 성공하는 것이 명예롭고, 어떤 성공은 수치스럽게 여겨지는지 등이요. 소련과 동유럽이 해체된 후 적나라한 자본주의가 들어섰습니다. 성공과 실패로 나뉠 뿐입니다. 수치스런 성공과 명예로운 성공을 구분하지 않습니다. 마지막에 손에 들어온 현금의 액수로 평가할 뿐입니다. 수치스런 방법으로 성공해도 자랑스럽게 생각합니다. 심지어는 정상적인 방법보다 더 자랑스러워합니다. 영리하고 대담하다는 것을 증명하기 때문입니다. 헝가리, 루마니아에서 우익이 나타났습니다. 원래 공리주의적인 시장경제, 도구주의의 재등장입니다. 가장 큰 원인은 원래의 집권 체제, 극단적인 등급제도하에서 사람들이 자기 인생 경험과 관련 있는 가장 중요한 문제들을 물어볼 수 없게 된 것입니다. 모든 자원이 위에서 아래로 분배됩니다. 군사훈련을 받으면서 알게 됐습니다. 간부들과의 관계가 다음 주의 기본적인 물자 보급을 결정하게 됩니다. 물자와 관계없는 상황에서도 심리적으로 복종하는 마음을 만들어냅니다. 이게 영예와 존엄의 근원이 됩니다. 그래서 어떻게 그들에게 잘 보일까가 가장 중요해집니다. 사람들이 굉장히 긴장하게 됩니다. 등급제도가 확실히 비교적 자연스러운 자기 인식을 파괴합니다. 이건 중국의 초기 개혁과도 좀 다릅니다. 중국의 초기 개혁은 농촌에서 시작됐습니다. 인민공사제도가 한 가지 긍정적인 역할을 했습니다. 마을 기업이라고 할 수 있는 향진鄕鎭 기업 안에 중국식 사회주의 농촌 공동체인 집체集體의 감각이 남아 있었습니다. 비록 모두 돈을 벌고 싶어했지만 변화가 그렇게 심하진 않았죠. 하지만 도시 개혁개방 후에는 사회의 모순이 훨씬 더 많아졌습니다. 원래 정부가 일자리로 지정한 회사인 단위單位 안에서 자기 몫을 챙기는 심리가 생겨난 건데, 동유럽과 비슷합니다.

이런 면에서 저는 17~18세 때의 공동체적 정서가 아직 남아 있습니다. 말씀하신 것처럼 예기치 않은 많은 일이 사람들이 충분히 주의를 기울이지 못한 상태에서 우연히 발생했습니다. 그런데 1년쯤 지나면서 규모가 커지고 고착되다보니, 나중에는 이 상황에서 벗어나기 어려워졌습니다. 벗어나고 싶어도 그럴 수 없었고 여기서 간신히 빠져나온 사람들은 엄청나게 고생한 후에야 그게 가능했습니다.

확실히 늘 긴장하는 게 제 문제 중 하나입니다. 제 연구의 큰 장애물이죠. 힘을 빼지 못하니까, 하나의 줄거리로만 생각을 수렴시키고 그래서 발산적인 사고가 강하지 못합니다. 창의적인 생각이 억제되죠. 필드 조사를 할 때 이런 문제가 있었습니다. 긴장하고 있으니까 우스갯소리나 남을 놀리는 걸 잘 하지 못합니다. 모두와 한 팀이 되는 능력이 좀 부족합니다. 스스로에 대해 불만인 지점입니다. 어렸을 때의 성장 환경과 아마 연관이 있을 겁니다. 외할아버지랑 함께 지낼 때 동년배와 잘 어울리지 못했습니다. 외할아버지가 허락하지 않으셨거든요. 이웃 아이들이 죄다 하층 노동자 자녀였으니까요. 이웃에서 저한테 먹을 것을 주면 겉으로는 고맙다고 하면서 받게 하는데, 돌아서서는 비위생적이라며 먹지 못하게 하셨어요. 그분도 이렇게 양면성이 있었습니다. 겉으로는 굉장히 예의 바른데 속으로는 상대방을 무시한 거죠. 이런 태도가 저한테 영향을 줬습니다. 한편으로는 제가 비교적 이지적인 사람이 됐지만, 다른 한편으로는 늘 긴장 상태를 유지하게 됐죠. 제가 친구 집에 놀러 간다고 하면 외할아버지의 첫마디가 안 된다는 것이었는데, 남의 집에 가면 폐를 끼친다는 게 이유였습니다. 친구들이 겉으로는 반기는 듯 초대하지만 마음속으로는 부담스러워할 거라고 말씀하셨습니다. 이런 의심하는 마음이 저한테 아주 큰 영향을 줬습니다. 아직까지도 그래요. 제 아내와는 완전히 반대입니다. 제

아내는 다른 사람이 저를 만나면 아주 기뻐하니까, 초대하신 분도 그럴 거라는 거죠. 그래서 제 아내는 뭔가 하고 싶은 일이 생기면 우선 실행하고 보는 편이고요, 반대로 저는 부정적인 면을 먼저 생각합니다.

W: 이런 성격을 극복하기 위해 노력해보셨나요?

X: 대학 시절에는 의식을 못 했습니다. 필드 스터디를 하면서 알게 됐고, 학술 연구를 하면서 제 성격의 문제점을 더 명확히 의식하게 됐습니다.

W: 보통은 대학 다닐 때 선택하느라 바쁘지 않습니까? 대체 나는 어떤 종류의 사람이 돼야 할까? 이미 완성된 단 하나의 선택지가 있는 것도 아니고요. 특히 베이징대학에 진학해서 이런 혼란스러움이 배가됐습니다. 주위 친구들이 다 달랐거든요. 어떤 친구는 공부벌레, 책벌레였고, 어떤 친구는 게임에 미쳐 있고, 어떤 친구는 문화예술에 탐닉하고, 어떤 친구는 학생회나 동아리 활동에 열중했습니다. 하지만 선생님 이야기를 들어보면 아주 자연스럽게 지식인이 되고자 했던 것 같습니다. 다른 선택지가 없었던 것처럼 느껴져요. 부모님 두 분 다 선생님이었기 때문일까요? 아니면 당시 대학이 보편적으로 이런 분위기를 떠었던 것일까요?

X: 저는 비교적 자연스럽게 그렇게 된 것 같습니다. 그냥 하고 싶었던 일을 하게 된 것이죠. 군사훈련 마치고 베이징대학에 들어와서, 전체적인 분위기가 일단 취업은 고려하지 않았습니다. 최소한 1, 2학년 때는 부모님도 취업 얘기를 꺼내지 않으셨습니다. 당연히 부

모님께서는 제 전공 선택에 대해 이해하지 못하셨습니다. 저는 학력고사를 치르지 않고 무시험전형保送●으로 들어왔기 때문에 전공을 마음대로 선택할 수 있었습니다. 저의 제1전공 선택은 정치학이었는데, 부모님은 절대로 안 된다고 하셨습니다. 정치학 빼곤 뭐든 괜찮다면서 경제, 법률 이런 순으로 권하셨습니다. 제가 말주변이 좋은 편이라고요. 왜냐면 제가 중고등학교 시절에 말하기를 좋아했거든요. 저는 둘 다 재미없게 들렸습니다. 다 천편일률적이라고 생각했어요. 이미 정해진 대로 따라가는 것일 뿐이라고. 물론 두 학문에 대한 아주 조야한 이해였죠. 저는 당시에 공부하기에 재미있을 만한 게 정치와 관련 있다고 생각해서 친구와 상의했습니다. 친구가 정치인은 모두 부패한 사람들인데 괜찮겠냐고 물었죠. 그래서 고심 끝에 사회학을 선택했습니다. 당시에 틀림없이 페이샤오퉁 선생의 이름은 들어봤을 겁니다. 그분의 연구를 이해한 것은 아니고요. 베이징대학에 들어오고 나서, 다른 친구들이 뭘 하는지에는 관심이 없었습니다. 왜냐면 제가 하고 싶은 것을 이미 알고 있었으니까요.

W: 그럼 당시에 초조함을 느끼거나 하지는 않았습니까?

X: 저는 베이징대학 사회학과 수업에 불만이 많았습니다. 일 년 듣고 나서 어머니께 편지를 쓴 적이 있습니다. 우리가 듣는 수업이 현실

● 바오쑹保送: 중국 명문 대학에는 각 지역에서 우수한 학생을 추천받아 무시험 전형으로 입학시키는 제도가 있다.

과는 별 관계가 없는 것 같다는 내용이었습니다. 당시에 막 개설된 강의 중에 '사회공작社會工作, Social work'에 대한 게 있었는데 홍콩에서 온 개념이었습니다. 몹시 지루하게 들렸습니다. 어머니가 답장을 보내셨습니다. 그게 인상 깊게 남아 있습니다. 당신이 젊었을 땐 뭐든 소련을 배워야 한다고 했는데, 지금은 뭐든 서방의 것을 배워야 한다고 하니 이건 문제라는 겁니다. 답장을 보고 나서 이론적 틀을 가지고 커리큘럼을 비판할 수 있게 됐습니다.

글을 한 편 쓰는데, 주말에 꼬박 이틀 밤을 샜습니다. 탁상 전등을 켜놓고(저는 비교적 돈을 벌어서 쓸 줄 알았는데, 첫해 베이징에 올 때 집에서 600위안을 받아오고 나서 한 번도 집에 손을 벌린 적이 없습니다. 주로 글을 쓰거나 다양한 일을 해서 돈을 벌었습니다. 그래서 경제적 조건이 나쁘지 않았고 제가 번 돈으로 탁상 전등을 샀습니다) 꽤 긴 글 한 편을 썼습니다. 제목이 「학과 커리큘럼에 대한 제안」이었는데, 당시 학과장인 왕쓰빈王思斌 선생님께 보냈습니다. 한 가지 제안드릴 내용이 있는데 꼭 제가 만든 방안으로 개혁을 해야 한다는 것은 아니지만, 이런 제안을 통해서 하나의 참고가 될 내용을 만들어볼 수 있지 않을까 싶고, 이에 비춰보면 문제가 드러날 수 있을 거라고 생각한다고 말씀드렸습니다. 왕 선생님은 몹시 흥분하셨고 학과 회의에서 한 학생이 1만 자 분량의 글로 제안했다며 다른 선생님들도 보시도록 권했습니다. 선생님들 모두 고무돼 우리 학생이 이런 생각을 했다고 했습니다. 그래서 저도 큰 격려를 받았습니다. 만일 그때 비판을 받았다면 두려워했을 겁니다. 그게 제가 최초로 불만족스러운 점을 글로 써낸 때입니다. 그때의 그런 반골 정신이 지금은 많이 줄어 아쉽기도 합니다.

W: 당시 선생님들의 강의에서 특히 어떤 점이 마음에 들지 않았나요?

X: 베이징대학 교수님들은 물론 아주 우수합니다. 우리가 입학했을 때 이미 문화대혁명의 상처에서 회복돼 제대로 된 교육을 받은 첫 세대의 선생님들이 학교에 남아 교편을 잡고 계셨습니다. 당시 신입생들을 가르쳤는데, 지식청년 세대라고 할 만한 그들 선생님 중에는 왕한성王漢生(1952~2015), 쑨리핑孫立平(1953~) 같은 분들이 계셨습니다. 쑨 선생님은 주로 대학원생들을 지도하셨고 우리와는 접촉이 적었습니다. 학부생들을 가르치는 분들은 학원파였는데 사회에 대한 이해가 부족했고, 당시 사회에서 벌어지는 일들에 대한 관심도 부족했습니다.

한 가지 더 놀라운 사실은 최근에 제가 중국에서 필드 조사를 할 때 깨달은 것입니다. 우선 지역의 학교를 찾아가 그곳 학교의 선생님들과 지역 상황에 대해 이야기하고, 그분들이 발표한 논문도 찾아봤습니다. 그런데 일단 이야기를 해보면 언론에 보도된 사실들 외에는 현지에서 어떤 일들이 벌어지고 있는지 잘 모르고 있는 것 같았습니다. 제게는 잘 이해되지 않는 일이었습니다. 여기서 줄곧 생활하고 있는데 어떻게 모를 수 있을까요? 그들은 이런 일에 대해 별 관심이 없는 것 같았습니다. 관심도 없는데 이런 일에 대해서 글을 쓰니, 내용이 공허할 수밖에 없습니다. 실제적인 관찰이 들어 있지 않습니다. 지금까지 발견한 사실은, 이런 일들에 관심이 있고, 현지 상황에 대해 잘 아는 분들을 찾으려면, 주로 베이징과 상하이의 비교적 크고 좋은, 오래된 학교에 가야 한다는 것입니다. 대부분의 지역 학교 선생님들은 사실 자기 주위의 생활에 대해 관심이 적은 대신 학술지에 논문을 쓰고 학계 울타리 안에 남아 있는 것에만 신경을 씁니다. 주요 목적이 학계의 권력 시스템 안에 진입하는 것이지 주위를 관찰하는 것이 아닙니다. 10여 년 전인데 그때 저는 이미 학위를 받아 일을 하고 있었습니다. 귀국해 조사하면서 이런 현실을 목도하고 꽤 놀랐습니다. 그분들도 큰 문제가 있다는 것을 인정했습니다. 하지만 여전히 관심은 없었죠. 얼마나 문제가 심각한지 알 수 있습니다. 이런 상황에서 만들어지는 학술 담론은 전혀 의미가 없습니다.

저는 당시에 베이징대학의 상황이 이와 비슷했다고 생각합니다. 제 생각에 당시 그분들이 말씀하시던 것은 전혀 유기적이지 않은 그냥 교과서 속 이야기였습니다. 상급생들과 이야기를 나누면서 어떻게 해야 할지 고민했습니다. 선배의 대답은 우선 잘 익은 감부터 따야 하지 않겠냐는 것이었습니다. 무슨 말이냐면 어떤 교수들은 성격이 좋지 않으니 건드리지 말고, 비교적 점잖은 분들의 강의를 '땡땡이'치라는 것입니다. 그래서 그렇게 했습니다. 한 분은 연세가 꽤 드셨는데 과목을 거의 맡지 않았습니다. 매번 강의에도 두세 명만 들어갔는데 선생님 스스로도 강의에 대해 자신없어했습니다. 학생들이 오지 않아서 꽤 불쾌했을 겁니다. 그래도 별수 없죠. 나중에 저도 수업에 안 들어갔습니다. 이 점에 대해서 베이

주변의 상실

징대학에 감사해야 하는데요, 당시에는 출석 점검도 없고 시험도 없었습니다. 대개의 과목에서 마지막에 글을 쓰는 게 전부였습니다. 2학년이 되고부터 저는 수학과 영어를 비교적 중시했습니다. 이 과목들은 도움이 될 거라고 생각했죠. 경제학과 강의도 들었습니다. 남는 시간에 '저장촌'을 조사하거나 동아리 활동에 참여했습니다.

보다시피 저 같은 사람이 청년에 대해서 논하기 시작하면 쉽사리 '라떼는 말이야'라고 하면서 자기의 청년 시절에 대한 향수에 빠집니다. 사실 별로 건강하지 않은 현상입니다. 청년은 아주 중요한데, 이게 자기 청년 시절에 대한 회상이 아니라 지금의 청년의 시선으로 스스로를 돌아볼 줄 알아야 합니다. 그들의 눈으로 우리를 판단해봐야 합니다. 이렇게 해야 진짜를 만날 수 있고, 스스로에 대해서 반성해볼 기회를 얻게 됩니다. 예를 들어 저는 「방화芳華」● 같은 영화는 그다지 사회적 의미가 없다고 생각합니다. 이렇게 청년 시절을 회상하면서, 과거를 이상화·낭만화하면 그게 일종의 순결한 것이 돼버리고, 반대로 지금의 우리는 뭔가 타락해버린 것 같죠. 순정하다 그렇지 않다는 식으로 문제를 판단해서는 안 됩니다.

W: 당시에는 수업에 안 들어가도 무사했으니 전체 환경은 비교적 느

● 중국 출신 재미 작가인 옌거링嚴歌苓의 소설을 펑샤오강馮小剛이 영화화한 작품. 문화대혁명 시기 청소년으로서 입대했던 옌거링의 중월中越전쟁 참전 경험 등이 묘사된다.

슨했다고 말할 수 있겠군요.

X: 정말 그랬습니다. 중요한 배경이 하나 있는데요. 제가 대학에 입학한 1990년 첫해는 스자좡육군학원에서 지내고 1991년에야 학교에 들어갔습니다. 그때 전체적인 정치 분위기가 상당히 애매하고 밝지 않았습니다. 대학 1학년의 유일한 강의는 영어 4급 교과서의 편저자가 영어 독해에 대해서 가르치는 것이었습니다. 대강당에서 진행하다가 나중에는 '백주년기념강당'으로 자리를 옮겼습니다. 아주 냉랭한 분위가 감돌고 있었는데, 모두 군용 외투를 입고 강의를 들었습니다. 수많은 학생이 조용히 강의를 들었고 다들 성적에만 관심이 있었습니다. 그렇게 1학년 학창 시절은 그리 유쾌한 분위기가 아니었습니다.

1992년이 되면서, 지금도 뚜렷이 기억하는데요, 그날 아침 저는 기숙사인 28동에서 걸어 나왔는데 오전 7시에 스피커를 통해 교내 전체로 중앙인민라디오방송국의 뉴스가 흘러나왔습니다. 저는 학교 식당에서 아침을 먹고 있었고요 여자 아나운서가 「동방의 바람이 불어와 눈 속에 봄이 가득하네東方風來滿眼春」를 낭독했습니다. 덩샤오핑의 남순강화에 대한 『선전특구신문深圳特區報』의 보도였습니다. 원래는 위에서 보도를 막았는데 이 신문이 보도하고 나서 방침이 바뀌었습니다. 그렇게 이 보도를 선전하게 됐습니다. 인상 깊었던 것은 이 제목입니다. 이런 이야기를 들어본 적이 없었으니까요. 하룻밤 사이에 분위기가 완전히 달라졌습니다.

재미있는 점은 갑자기 수많은 강의가 개설된 것입니다. 대부분

마케팅에 관한 것이었습니다. 사실 학생들이 학교 바깥에서 아르바이트를 하며 음성적으로 돈을 버는 풍조는 1991년부터 진즉에 있었습니다. 하지만 1992년부터 폭발적으로 증가하죠. 시장경제가 '정통'으로 인정받게 된 겁니다. 각종 문화 현상도 다시 나타났습니다. 이를테면 '국학 열풍'이 다시 등장했습니다. 당시에는 논쟁이 많지 않았습니다. 모두가 다양한 주제에 대해서 이야기했습니다. 가령 사민주의나 북유럽 사회 모델에 대한 토론 같은 것입니다. 저도 활약했고요. 사회학 학술 동아리 대표를 맡으면서 사람들을 불러 강연을 부탁했습니다. 모두 꽤나 흥분했습니다. 공간은 충분했고 선생님들도 개의치 않았습니다. 학교도 수익 사업을 시작했습니다. 학교 당서기가 베이징대학 자원resource동을 짓고, 전체 베이징대학 자원 그룹●을 설립했습니다. '자원'은 제가 베이징대학에서 배운 최초의 개념 중 하나입니다. 자원이 무슨 뜻이냐? 사유재산을 인정하는 시장이 생기고 나서, 원래 생존에 필요한 모든 물질이 이제는 자원으로 전환됩니다. 가치가 올라갑니다. 반드시 점유해야 하고 명확한 재산권이 요구됩니다. 베이징대학은 물론 기업법인이 아니라 학교입니다. 매일의 일상생활은 원래 그에 맞게 조직됩니다. 그런데 갑자기 그 안에 자원이 있는 것을 발견했습니다. 스터디를 하고 빌딩을 세웁니다. 그때부터 커다란 변화가

● 베이징대학이 운영하는 정부 기업. 대학 건물을 이용해서 임대 사업을 하고 수익을 올리려는 목적으로 만들어졌다.

시작됐습니다. 대학의 자원화입니다. '자원'이라는 개념이 생긴 게 저는 매우 재미있게 여겨집니다. 그때는 전혀 비판할 마음이 없었습니다. 당시에는 우리 모두 좋은 변화라고 생각했죠. 이론적으로도 많은 면에서 깨달음이 있었습니다. 왜냐하면 일상생활 속에서 어떻게 사람들이 자원을 운용하는지 관찰할 수 있었으니까요. 원저우 사람들은 어렸을 때부터 이런 부분에 아주 민감합니다.

W: 부친께서 선생님이 학교에 다닐 때 발표한 글들을 스크랩해서 보관해두셨다지요? 당시엔 인터넷이 없었으니 지금은 그 글들을 찾아볼 수 없는데 주로 어떤 글을 발표하셨습니까?

X: 베이징대학에 다닐 때 발표했던 첫 번째 글이 「제3의 선생第三位先生」이었습니다. 막 입학했을 때인데 사회학과 선배가 신문을 만들고 있었습니다. 신입생에게 원고를 받고 싶어했는데, 제가 나서기를 좋아해서 글을 한 편 썼습니다. 모두가 베이징대학의 5·4정신이 '사이Science 선생(과학)'과 '데democray 선생(민주)'●이라고 말하곤 했는데, 저는 제3의 이념, 즉 '모Morality 선생(도덕)'이 필요하다고 주장했습니다. 도덕, 즉 '신도덕'을 말합니다. 저는 이 도덕의 문제가 중요하고 절대 간과해서는 안 된다고 생각했습니다. 이렇게 한편으로 당시의 이야기들을 반복하고, 기술과 체제에서 문화 측면까지의 변화를 강조했습니다. 다른 한편으로 말하고 싶었던

● 5·4운동 당시 공산당 지도자 천두슈陳獨秀는 과학과 민주주의가 공자를 대신해야 한다는 의미로 의인화된 표현을 썼다. 여기서 '신도덕'은 1920년대 우즈후이吳稚暉라는 지식인이 주장한 내용이다.

것은, 도덕은 모자처럼 머리에 쓰고 다니는 게 아니라 우리 생활 전체를 덮어야 하는 것이니, 반드시 벗어서 손에 들고 관찰해야 한다는 것이었습니다. 만약 늘 머리에 쓰고 있다면 들여다볼 수 없어서, 의식은 하고 있을지 몰라도 어떤 모양, 어떤 색깔인지도 알 수 없고, 그게 어디서 온 것인지도 알 수 없고, 종잡을 수도 없는 상태로 맹목적으로 따르게 됩니다. 만일 다른 사람들이 이런 도덕을 존중하게 한다면 이야말로 부도덕하다는 것이었습니다. '모 선생'을 말할 때 도덕은 반드시 일종의 선택 가능한 것이어야 하고, 개개인의 자유를 기초로 해야 한다는 것이었습니다. 이런 생각을 어디에서 얻었냐면, 틀림없이 고등학교에 다닐 때 '문화열' 독서 중에 배운 것 같습니다. 그 밖에도 도덕에 대해서는 반드시 실증적 관찰과 분석이 필요하다고 생각했습니다. 교조적으로 받아들여서는 안 된다는 뜻입니다. 반교조, 반체계, 반지식인, 반엘리트주의적인 그런 태도가 어디에서 유래해 글로 쓰게 된 것인지, 그건 나중에 다시 이야기하겠습니다.

　마르크스가 맨 처음 절도의 문제에 대해서 얘기했을 때—실은 프루동이 먼저 얘기한 것입니다만—도둑질이 왜 부도덕하게 여겨지는지 질문을 던졌습니다. 우선 도둑질을 일종의 부도덕한 행위로 여기는 것은 사유재산을 전제로 해야 합니다. 만일 사유재산이 없다면 이 문제 자체가 발생하지 않습니다. 나중에 마르크스가 분석한 것은, 숲속에 떨어져 있는 나뭇가지를 줍거나 꺾으면 마찬가지로 도둑질로 여겨지리라는 이야기였습니다. 만일 토지가 당신

농장의 소유라면 수목은 당신 소유라고 할 수 있습니다. 나뭇가지는 이미 나무에서 떨어진 것인데도 여전히 당신 것이 되죠. 이렇게 소유권이 무한히 확대됩니다. 모두가 당신이 이걸 가져가는 건 부도덕한 행위라고 생각하게 됩니다. 이른바 도둑질은 언제, 어떤 조건하에서 부도덕해지는 것인가에 대해서 실은 역사적인 인식의 변화가 있었습니다. 예컨대 가정과 부패의 관계를 살펴봄으로써 도덕에 대해 실증적인 분석을 할 수 있습니다. 왜 자녀 교육과 관련된 부패에 대해서 사람들은 좀더 관용적일까요? 또, 우리는 부패 관원의 죄상을 공개할 때 상당히 많은 경우 남녀관계를 연관시켜서 들춰냅니다. 사실 그보다는 이 사람이 왜 부패했을까, 제도계에 무슨 문제가 있는 것일까, 이런 부패 행위가 구체적으로 사회에 미치는 영향은 무엇일까를 살펴야 하는데, 이런 피상적이고 붕 뜬 이야기만 합니다. 도덕 문제에는 다양한 측면이 있습니다. 왜 어떤 측면만 더 많이 강조되고 다른 측면은 가볍게 다뤄지는 것일까요? 베이징대학 총장이 어머니 앞에서 무릎을 꿇고● 이 사진이 밖으로 흘러나와 돌아다니며, 청소년들에게 나쁜 영향을 끼칩니다. 부자연스럽고 설명이 부족한 효행 도덕관의 모자를 갑작스럽게 머리에 쓰게 됩니다. 선택을 불가능하게 만들 뿐 아니라, 도대체 뭐가

● 베이징대학 총장 저우치펑周其鳳(1947~)은 전통주의와 민족주의 성향의 발언을 하곤 했는데, 자신의 모친 90세 생일에 5분간 무릎 꿇고 절하는 사진이 공개돼 사회적인 물의를 일으킨 적이 있다. 그의 행동은 진심어린 효행이라기보다는 보여주기식 '쇼'에 가깝다는 비판을 받았다.

도덕적이고 왜 부도덕한 건지 기본적인 판단 감각이 흐려집니다. 저는 당시에 이 글을 쓰고, '5·4운동'을 통해서 새로운 도덕을 제시해야 한다고 생각했습니다. 이성적으로 사고해야 하고, 개인의 자유가 있어야 합니다. 선택권이 없는 도덕이나 강제된 도덕은 부도덕합니다. 왜냐하면 내 도덕을 기준으로 남에게 강요하기 때문이지요. 내가 남의 인성을 잠재적으로 철저히 부정하는 것을 뜻합니다. 만일 내 도덕을 당신이 받아들이지 않는다면, 나는 당신을 사람으로 인정하지 않겠다는 것이죠.

'저장촌' 연구

W: 이번 방담에서 이미 많은 사람이 폭넓게 알고 있는 선생님의 연구와 관점에 대해서 자세히 얘기할 필요는 없을 것 같습니다. 예를 들어 베이징대학 재학 시절에 시작한 '저장촌' 연구, 박사 논문 『글로벌 '바디 쇼핑'Global 'Body Shopping'』 같은 것이죠. 그리고 중국어로 쓰인 논문과 평론들이 있습니다. 이런 글들을 우리 대화의 전제와 재료로 활용해, 이야기를 끌고 나가면서 대화 내용의 폭을 넓힐 수 있을 것 같습니다. 6년간 '저장촌' 연구를 지속하면서 학술 연구로든 개인적 의미로든 전환점이 됐을 것 같습니다. 당시에 이런 예감이나 자각이 있었습니까? 처음 생각과 가장 큰 동기는

어디에서 온 것입니까?

X: 전혀요. 당시에 저는 겨우 스무 살이었습니다. 이 조사 연구가 어 떤 결과를 가져올지 짐작도 못 했습니다. 아마 사람은 중년 이후에 야 그런 것들을 깨닫는 것 같습니다. 오늘 내가 하는 일이 이전에 스스로 했던 것들에 대한 총정리라든가, 동시에 새로운 방향을 열 어가게 된다든가 등등을 말이죠. 젊었을 때 뭔가를 하게 되는 이유 는, 다른 사람이 시켜서, 모두 그렇게 하니까 따라서, 아니면 그 반 대의 경우일 겁니다. 그러니까 혼자서 독립적으로 행동한다는 건, 고의로 또 충동적으로 그렇게 하게 되는 겁니다. 모든 사람에게는 충동이 있습니다. 관건은 충동적이냐 아니냐가 아니라, 그 일을 실 제로 저지를 수 있느냐는 거죠. 그렇게 진짜 임팩트가 있는 게 역 사가 됩니다. 거대한 역사든 개인의 삶 속 작은 역사든 보통은 충 동적으로 뭔가를 하게 됩니다. 그런 역사적 감각이나 깨달음과 관 련된 계획은 대개 별 영향을 끼치지 못합니다. 이게 인간사의 아름 답고 오묘한 면입니다. 아주 놀랍죠. 생활과 역사에 도약이 있음을 느끼게 되고, 이렇게 젊은이들에게 기회가 옵니다.

당시에 주요한 동력은 아마도 친구들과 달라야 한다는 생각이 었던 것 같습니다. 물론 이런 생각을 하게 된 데에는 제가 학업에 대해 갖고 있었던 불만도 직접 연관이 있을 겁니다. 강의만 듣는 건 의미 없다고 느껴졌습니다. 하지만 우리 사회학과의 필드 조사 를 중시하는 풍토도 제게 영향을 끼쳤습니다. 당시 선생님과 학생 모두 필드 조사를 일종의 바이블로 여겼습니다. 제게는 어렸을 때부터 길러온 관찰을 좋아하는 성향이 중요했을 겁니다. 실은 많은 학생이 필드 조사를 하고 싶어했습니다. 하지만 만일 현장에 가서 뭔가 재미있는 걸 찾아낼 수 없었다면, 다른 사람과 나눌 수도 없었겠지요. 당황했을 거고 계속 진행할 수 없었을 겁니다.

W: 당시 주위에 친구가 많았나요? 함께 토론하는 사람이 많았습니까?

X: 별로 없었습니다. 제가 발견한 사실을 꼭 누군가와 나눌 필요는 없었습니다. 그래도 저는 이야기하는 것을 꽤 좋아합니다. 학교로 돌아와서 친구들에게 발표를 했죠. 그때 성취감이 상당히 컸습니다.

W: 이렇게 독립적인 연구를 진행하는 것이 당시에 베이징대학의 환경에서 주위 사람들에게 어떤 평가를 받았습니까? 비판하는 이도 있었나요?

X: 저는 '저장촌' 조사를 계속했습니다. 학교에서도 격려해줬습니다. 모두 인정했습니다. 비판한다거나 비웃는 사람은 없었습니다. 다들 쉽지 않은 일을 한다고 생각했습니다. 선생님들도 좋아하시고, 나중에 학교 공청단共靑團위원회에서 이 연구 성과로 상을 받았습니다. 젊은 사람들은 이런 격려를 받으면 상당히 고무됩니다. 하면 할수록 기쁨을 얻고, 더 지속할 수 있게 됩니다. 그런 분위기와도 관련이 있습니다. 나중에 왕한성 선생님의 과제에 참여하게 됐고 지금 지원도 받았습니다. 학부생이 과제로 연구 비용을 지급받는다는 것은 드문 일이라서, 존재감과 커다란 만족감도 얻었습니다. 그때는 최종적으로 어떤 결과가 나올지 모르니까 저장촌에 가

서 그들이 매일 옷 만드는 것을 지켜봤습니다. 저는 뭘 해야 할지 모르니까 오다가다 한마디 물어보고, 대답도 비슷비슷하고, 그래서 저는 오랫동안 이론적인 건 전혀 써내지 못했습니다. 나중에 꽤 많은 후배가 제가 출국한 후에 이 주제를 이어받았지만 지속하지는 못했습니다. 엄밀한 학술 연구로 다룬다면 학부생이 계속하기 어렵습니다. 하지만 그때 제게는 그게 가능했죠. 왜냐하면 이 조사를 일종의 사회적 활동으로 삼았기 때문입니다. 자금도 있고 격려와 관심도 받고 있고 존재감도 있었으니까요. 주민들의 마을 만들기에 참여하려고 베이징대학 학생들 중심으로 자원봉사 지원 조직인 아이신서愛心社●를 만들었습니다. 조사 결과에 대해서 에세이를 쓰기도 했는데, 특별히 틀은 없었던 터라 온갖 문제를 다뤘습니다. 그중 일부는 중국농업은행이 발간하는 『중국농민』 지에도 칼럼으로 실었습니다. 독자가 많지는 않았겠지만 최소한 에디터는 좋아했습니다.

저는 계속 자문했습니다. 왜 나는 이론적인 기초가 약한 걸까? 베이징대학에서는 사실 이론 훈련을 받아본 적이 없고 책도 많이 읽지 못했습니다. 저는 열독閱讀 능력이 약합니다. 이렇게 말하면 이상하게 들릴 겁니다. 어쨌든 제가 대학 다닐 때 이런 느낌이 있었습니다. 정말 충격받은 것은 외국에 나와서 그들 학계의 문헌 처리 능력을 확인했을 때였습니다. 이건 대단히 중요한 능력입니다.

● 1993년에 꾸려졌으며 베이징대학 최초의 자원봉사 조직이다.

주변의 상실

왜냐면 연구자들에게는 대량의 정보와 사고를 반드시 문자로 표현해서 쌓아가는 것이 분명 아주 중요하기 때문입니다. 솔직히 말씀드리자면, 저는 박사과정생의 평균 수준에도 못 미칩니다. 선생님들과 비교하면 더 말할 나위도 없죠. 저는 평균보다 많이 떨어집니다. 보통 사람이 대학이나 연구소에서 훈련받을 때, 이건 출발점이고 가장 기본적인 자질입니다. 반드시 그 문턱을 넘어야 합니다. 저는 사실 이걸 우회했습니다. 그래서 제가 옥스퍼드에 머물 수 있게 됐습니다. 만일 다른 학교였다면 저는 교수직을 얻지 못했을 수도 있습니다.

제 짐작으로는, 옥스퍼드대학에선 이런 능력은 물어볼 필요도 없었던 것 같습니다. 그냥 당연히 가능한 것으로 생각합니다. 지금도 어떤 사람들이 저한테 이렇게 묻습니다. 당신 논문은 고의로 어떤 이론을 비껴간 것이냐고요. 제가 그 이론을 알고 있지만 필요 없다고 생각해서 일부러 언급하지 않았다고 생각한 것이죠. 그래서 한 단계 더 높은 결론을 낸 것으로. 사실 저는 전혀 몰라서 그 이론을 검토하지 않은 것입니다. 그분들 관점에선 제가 새바람을 불러일으킨 것과 마찬가지입니다. 만일 제가 옥스퍼드대학 대신 다른 학교, 특히 비교적 역사가 짧은 곳에 갔다면, 여러 지표로 점검을 했을 거고 저는 첫 관문을 통과하지 못했을 겁니다.

이건 제 오래된 약점입니다. 지금도 고군분투 중입니다. 반드시 따라잡아야 합니다. 그렇다고 제 장점을 포기해서도 안 됩니다. 저를 그런 사람으로 만들어야 합니다. 어떻게 하는 게 좋을지 아직 결론은 없습니다. 계속 따라잡는 중입니다. 아마 20년 후쯤 이 문제를 다시 토론해보면 좋을 것 같습니다.

저는 제가 대학 때 책을 별로 보지 않고, '저장촌'에서 오랜 시간을 보낸 것이 당시의 교육과 관련이 있었던 것으로 생각합니다. 고등학교 다닐 때는 책읽기를 아주 좋아했습니다. 복잡한 이론과 논증을 따져보는 것도 즐겨했습니다. 계속 그렇게 하고 좋은 학부 교육을 받았다면 이 방면에서도 진전이 있었을 겁니다. 하지만 환경이 받쳐주지 못했습니다. 저는 사람들이 어떻게 장사하는지 이런 일상적인 것들에 자연스럽게 흥미를 갖게 됐습니다. 그래서 마을로 갔습니다. 독서 능력은 나이와도 관련 있습니다. 특정한 나이에는 반드시 일정한 정도의 독서량이 필요합니다. 그래야 상응하는 능력을 얻을 수 있습니다. 저는 그런 나이에 밀도 있는 학술적 공부를 하지 못했습니다. 그래서 대뇌의 이런 영역도 충분히 훈련받지 못한 것이죠. 지금도 마찬가지입니다. 저는 텍스트를 대할 때 거리감이 좀 있습니다. 글을 읽으면서 흥분이 잘 되지 않습니다.

W: 그래서 지식인들과 거리를 좀 두게 된 것일 수도 있겠군요.

X: 맞습니다. 한편으로 저는 지식인들에게 약간 심리적 장벽이 있습니다. 모두가 읽어본 것을 저는 모를 때가 있습니다. 다른 한편으로 어떤 지식인들이 한 담론과 다른 담론 사이에서 논리를 전개하는 것이, 현실과는 상당히 거리가 있는 것 같습니다. 제게는 이런 글들의 담론 자체가 별 의미가 없습니다. 저는 어쨌든 이 이야기에 대응하는 사실이 무엇인지를 생각합니다. 이렇듯 꽤 까다로운 독

자입니다. 아마 이게 제 강점일 것입니다. 만일 뭔가 진짜 알맹이가 없다면 저를 속일 수 없습니다. 저는 말을 꽉 쥐어짜서 그 아래 도대체 무슨 영양가 있는 것이 숨어 있는지 살펴봅니다. 그래서 저는 중국의 클래식한 르포르타주 작법을 좋아합니다. 아주 직접적이어서 외재적 이론을 사용한 화법이나 은유, 유비 등이 없습니다. 이론의 결함은 큰 문제를 가져올 수 있습니다. 저는 수많은 고전을 전거로 넣은 글을 쉽게 읽지 못합니다. 어떤 고전인지 모르면 무슨 원리를 이야기하는지 알아듣지 못합니다. 물론 이렇게 고전을 인용하는 것은 지식인과 문인들의 중요한 작법이긴 합니다.

W: 그게 이런 작법의 재미를 찾는 곳이기도 하고, 지식인들이 스스로 자랑스럽게 생각하는 부분이기도 하죠.

X: 네. 고전을 활용하면 담긴 뜻이 모호해지고, 미묘해지고, 고전과 대화를 나눌 수 있게 되죠. 지식인들의 우주가 거기 있습니다. 저는 거기 들어갈 수가 없습니다. 입장권을 얻지 못했습니다. 싱가포르에 있을 때 저한테 많은 영향을 준 바니라는 인도인 친구가 있었습니다. 제가 존 바에즈를 좋아한다고 했습니다. 포크송 가수인데 음악에 대해 거의 아무것도 몰랐지만 존 바에즈만큼은 좋아했습니다. 바니가 웃으면서 저를 잘 이해할 수 있다고 했는데, 존 바에즈의 음악은 좀 약하다고 했습니다. 제 짐작으로는 바에즈의 음악이 리듬과 멜로디가 좀 단조로운 편이라는 뜻인 듯했습니다. 하지만 또 이렇게 흥미로운 코멘트를 하더군요. 아마 존 바에즈의 노래에는 레퍼런스가 없어서 네가 좋아하는 것 같다. 그의 노래 가사는

그 자체로 의미를 가지고, 배경이 되는 다른 지식을 동원해야 이해할 수 있는 것이 아니라는 거죠. 저는 이런 직접성에서 힘을 얻습니다. 요 몇 년간 학생들에게 그의 노래를 듣게 했습니다. 특히 「해 뜨는 집House of the Rising Sun」●을 골랐습니다. 글을 쓸 때 이 노래 가사처럼 쓰라고 했죠. 가사 내용이 아주 직설적입니다. "내 어머니는 재봉사인데, 내게 새 청바지를 만들어줬어요. 내 아버지는 도박사이고…… 오, 어머니, 아이들에게 이야기해주세요, 나의 자매들아, 절대로 내가 했던 실수를 반복하지 말거라……. 이 태양이 떠오르는 집안에서……." 이렇게 직접적이어서 아주 감동적입니다.

대학에 다닐 때 저는 확실히 보통 사람들과 달랐습니다. 모두들 베이징대학은 사상, 이론, 학술을 도야하는 곳이라고 생각하죠. 제게 베이징대학의 의미는 자유였습니다. 제가 '저장촌'에 머물면서 연구할 수 있게 해줬죠. 저도 사회활동 하는 걸 좋아하고 많은 사람을 찾아서 편지를 보냈습니다.

W: 무슨 편지를 쓰셨나요?

X: 퉁다린童大林(1918~2010), 둥푸렁董輔礽(1927~2004)●● 그리고 제

● 이 곡은 작사, 작곡 등 그 기원이 분명치 않다. 영국 전통민요에서 유래한 것으로 추정하는 연구자들이 많고 미국에서는 1905년 광부들에 의해서 처음 불린 것으로 알려져 있다. 존 바에즈, 밥 딜런 등이 자신의 데뷔 앨범에 수록했으며 가장 성공한 것은 영국의 록밴드 애니멀스The Animals의 버전이다.
●● 두 혁명가는 초기에 공산당에 가입했으며, 중화인민공화국의 대표적인 연구자 관료다. 둥푸렁은 '원저우 모델'을 경제개발 모범으로 제시하기도 했다.

고향 원저우의 정책 연구자들에게 편지를 쓰고 그들을 만났습니다. 1992년 이후, 2년 전에 출국했던 지식인들에게도 연락을 했습니다. 저는 그들을 '올드 엘리트'라고 부릅니다만. 가장 유명한 분이 저우치런周其仁, 왕샤오창王小强, 두잉杜鷹…… 나중에 린이푸林毅夫는 돌아와서 중국경제연구센터를 만들었죠. 저는 그들과 약간의 교류를 했습니다. 그리고 천웨광陳越光이 있습니다. 원래 '미래를 향해 가다走向未來' 총서의 부편집자였죠.

W: 학생 신분으로 그들과 교류했다는 말입니까? 당시에는 드문 일인데요. 뭔가 중요한 깨달음이 있었나요?

X: 그렇습니다. 부분적인 이유는 제 지도교수인 왕한성, 쑨리핑 선생의 소개 때문이었습니다. 사제관계는 대단히 중요합니다. 물론 제 쪽에서 적극적인 편이었습니다. 이분들을 만나고 싶었죠. 덕분에 저는 중요한 자질을 키웠습니다. 이분들은 이론을 말하는 대신 이야기나 경험을 나눕니다. 말하고 보는 것이 매우 직접적입니다. 정문일침을 던지곤 다시 빠져나옵니다. 어떤 일이 돌아가는 사정에 대해서 이야기하는데, 한 '지점'을 찾아서 설명하기 시작합니다. 이렇게 어떤 현상의 가장 중요한 원인을 짚어냅니다. 이 원인이라는 게 이전에는 의식 못 하던 것들입니다. 그런데 이분들은 이 '지점'을 체계적인 논증으로 발전시킬 만큼 인내심을 갖지 못했습니다. 대화를 나누면서 언급하는 데 그칩니다. 그러곤 다른 '지점'으로 건너뜁니다. 사실은 이분들이 내놓는 가설이 사람들이 듣기만 해도 흥분할 법한 것인데, 학술적으로 검증하진 않은 것이죠. 제가

쓴 지식청년에 관한 글 「중국의 사회과학 '지식청년시대知識青年時代'의 종언」(2015)●이 바로 이에 대한 설명입니다. 쑨리핑 선생은 이분들보다는 학술적이었습니다. 통찰력도 있었고요. 이 통찰을 발전시킬 수 있었죠. 하지만 (쑨 선생을 포함해서) 이분들은 모두 이 '지점'에만 관심이 있었습니다. 이분들과 교류하면서 그들의 경력이 매우 부러웠습니다. 진짜 세상 속에서 정책 문제를 토론할 수 있고, 전심전력으로 자기가 옳다고 믿는 방향으로 사업을 추진하고 있었습니다. 하지만 1980년대를 통틀어 우리에게 의미 있고 체계적인 사상적 자원을 남겨주지는 못했습니다. 주로 일종의 정신 자원을 남겼을 뿐이죠.

W: 1980년대의 문제는 뒤에 다시 토론하기로 하죠. 말씀하신 직접성의 문제로 돌아가볼까요? 그리고 이론 능력 결핍의 문제. 당시 베이징대학의 스승들은 학술적으로 선생님의 문헌 독해 능력, 레퍼런스를 다는 능력을 점검하지 않은 겁니까? 사회학과에서 이런 것들을 따지지 않나요?

X: 이런 메커니즘이 없었습니다. 하지만 왕한성 선생님은 제 이런 문제를 알고 계셨습니다. 저한테 한번은 이런 말씀을 했습니다. 1995년 여름 선생님 댁이었는데, 대학원에 진학하면 스트레스를 좀 받을 거라고 하셨습니다. 그때 제가 좀 자신만만했기에 무슨 문제가 있냐고 물었죠. 말씀하시길 리멍李猛, 저우페이저우周飛舟,

● '다른백년' 웹사이트에 한역본이 공개돼 있다.

리캉李康 같은 선배들과 함께 공부하면 이론에 대한 지식에서 뒤처져 있다는 것을 알게 될 거라고 했죠. 제가 더 노력해야 한다는 뜻이었습니다. 류스딩劉世定 선생님도 격려를 많이 해주셨습니다. 대단히 온화한 성격을 가진 분이라서 결함을 직접 지적하지는 않으셨어요. 하지만 이 문제는 분명히 알고 계셨죠. 저를 비판하진 않았지만 한번은 같이 식사하면서 명확히 말씀해주셨습니다. 생각이 아주 유연하긴 한데 더 큰 차원으로 펼쳐지는 것 같지 않고, 문헌과의 대화도 부족하다는 것이었습니다.

이걸 관찰한 베이징대학 사람들의 반응이 재미있습니다. 저는 젊은 학자인 위창장於長江 선생님과 곧잘 대화를 나눴는데, 이런 말씀을 하신 적이 있습니다. "베이징대학이 자네에게 중요한 선물을 하나 줄 텐데, 그건 어디 가서도 위축되지 않는 자신감이라네." 아마 맞는 말씀 같습니다.

제 조사 경력은 초기의 업적입니다. 이게 사실 독이 되기도 했습니다. 이 조사를 수행한 건 학부 시절이었는데, 이런 경험을 가진 사람은 매우 적습니다. 대신 저는 대부분의 사람이 그 시절에 해야 할 일을 못 했습니다. 문헌을 많이 읽는 일 같은 것이죠. 순서가 거꾸로 돼버린 것입니다. 저는 꽤 이른 시기에 인정을 받았습니다. 학교에서뿐만 아니라 국제적으로도 인정받았죠. 하지만 기초를 제대로 닦지 못했습니다. 그래서 지금까지도 스트레스가 됩니다. 어떤 때는 마음이 아주 초조해집니다. 지난 몇 년 동안 저 스스로에게 굉장히 많은 스트레스를 줬습니다.

지난해에 상하이에 갔을 때, 제 박사학위 지도교수님과도 이
문제를 논했습니다. 피케Frank N. Pieke 선생님인데요, 격려를 많이
해주셨습니다. 말을 꺼냈더니 금세 이해하고 말씀해주시더군요.
"아마 자네는 과거 자신의 업적을 뛰어넘을 수 없을 거라고 느끼
는 모양이군." 한번은 싱가포르에서 제가 발표하는데 타이완의 천
광싱陳光興(1957~) 선생이 사회를 맡아주셨습니다. 2003년경인
데 '저장촌' 연구에 대해 이야기하면서 아마 제가 평생 이보다 더
뛰어난 성과는 내지 못할 거라고 말했습니다. 칭찬의 의미이긴 합
니다만 당시 저는 서른한 살이었습니다. 그런데 정말 그렇게 될지
도 모릅니다. 갈수록 스트레스를 받습니다. 왜냐하면 저는 기초도
제대로 닦지 못한 상황에서 권위자들조차 인정하는 뛰어난 성과
를 냈기 때문입니다. 그런데 어떻게 계속 이 기세를 이어갈 수 있
겠습니까?

W: '저장촌' 연구를 할 때 뒷일도 생각했습니까? 연구자가 될 마음을
품으셨습니까?

X: 당시에는 전력투구했습니다. 연구 자금 지원도 받았으니까요. 일
에 대한 압력도 없었습니다. 당시에 정력적으로 일했기 때문에, 대
학원생이 되고 나서는 별로 힘들이지 않아도 됐습니다. 대학원 졸
업하고 직장 구하는 것도 별문제 없었을 겁니다. 석사를 받을 즈음
고민을 시작했는데, 일하는 건 별 재미가 없을 듯했습니다. 베이징
대학에서 다시 박사 공부를 계속 하는 것도 좀 지겹게 느껴졌고요.
그런데 유학을 가려면 토플 시험을 봐야 했죠. 당시에 저우페이저

우 선배가 홍콩과학기술대학에 가 있었습니다. 왕한성 선생님은 저우 선배한테 부탁해서 홍콩과기대 박사과정을 신청해보라고 권유했습니다. 장학금도 꽤 많아 저랑 기숙사 룸메이트가 함께 신청했습니다.

그때 저는 이미 제 컴퓨터와 프린터도 갖고 있었고, 팩스, 휴대폰도 있었습니다. 대학 안에서도 저처럼 이렇게 전용 업무 환경을 갖춘 사람은 극소수였을 겁니다. 1996년, 1997년경에 이미 모두 갖고 있었죠. 나중에 노트북도 생겼습니다. 주로 원고료를 받아서 산 것들입니다. 기업에 컨설팅도 해줬습니다. 당시에 일자리 찾는 게 전혀 문제 되지 않은 또 다른 이유는 경제적 상황이 좋았기 때문입니다.

이 말씀을 드린 이유는, 그때 신청서들을 다 제 침대 머리맡에 놓인 프린터로 찍어냈던 것이 기억나기 때문입니다. 인쇄지 색깔이 다 달랐어요. 일주일 지나고 거절 답신을 받았습니다. 제가 토플 성적을 첨부하지 않았기 때문입니다. 서류 심사에서 떨어졌습니다. 그런 뒤 행운이 찾아왔습니다. 사실 저도 다른 생각이 없었고, 아마 별일 없었다면 그냥 베이징에 남아서 계속 박사 공부를 했을 겁니다. 그때 옥스퍼드대학의 피케 선생님이 찾아왔습니다. 네덜란드인인데 중국 학자들이 중국 내에서 발표하는 연구 성과에 관심을 보였습니다. 제 논문을 보고 '대박'이라고 생각하신 거죠. 그래서 옥스퍼드대학으로 초청하면서 장학금까지 주셨습니다. 지금 제가 물어보면 별거 아니라고 답하시지만, 사실 옥스퍼드 장학금은 정말 받기 어렵습니다. 과에서 한 명밖에 받지 못합니다. 다른 선생님들과 경쟁해서 따내신 겁니다. 제가 옥스퍼드에 간 다음 영어를 한마디도 못 했습니다. 수업에 들어가도 전혀 알아듣지 못했죠. 박사 논문의 필드 조사 직전 문답 시간이 있었습니다. 그때 한 교수님이 두 번이나 outrageous라고 말씀하셨는데 '못 참겠다'는 뜻입니다. 영국의 옥스퍼드에서 이런 말을 했다는 건 아마 역사적인 일일 겁니다. 그때는 무슨 뜻인지 못 알아들었습니다. 그냥 형편없다는 뜻 정도로 알고 있었기 때문에, 사전도 찾아보고 다른 학생들에게도 물어본 후에 정확히 이해했습니다. 그날 밤 한숨도 못 잤습니다. 잔디밭에서 무작정 걸었죠. 지금 제가 살고 있는 그 정원입니다. 저는 제 지도교수께 정말 감사를 드립니다. 저를 위해서 장학금을 따냈는데, 아마 제가 영국에 간 첫해에 굉장히 스트레스를 많이 받으셨을 겁니다. 그때 저 대신 다른 학생이 장학금을 받았다면 분명히 더 잘했을 테니까요. 그때 큰 충격을 받았습니다.

W: 『글로벌 '바디 쇼핑'』 중국어판 서문에서 유학 시절의 이런 상황에 대해 쓰셨는데요, "구름이 잔뜩 끼어 흐린 하늘 아래 고개를 떨구고, 이것이 옥스퍼드에서 보낸 첫해에 내가 가진 모든 기억이다." 당시 어떤 심경이었습니까? 베이징대학에서 그렇게 자유를 만끽하고, 자신감에 넘쳐 있다가 갑자기 충격을 받은 셈입니다.

X: 수업을 알아듣지 못하고, 방과 후에 친구들과 이야기를 나눴습니다. 더 실망했죠. 옥스퍼드대학 학생들은 베이징대학 학생들만큼 흥미로운 사람들이 아니었습니다. 지금 생각해보면 언어 문제였

을 겁니다. 제가 이해를 못 하니 별로라고 생각한 거죠. 한편으로는 겁에 질려 있었던 것이고, 다른 한편으로는 깊이 고민해볼 수가 없었던 겁니다. 이게 아마 다케우치 요시미●가 말하는 중국과 일본의 차이인지도 모릅니다. 새로운 문화 충격을 받아들일 때 '회심回心'(중국)과 '전향轉向'(일본)의 문제입니다. '회심'은 옛 자아를 철저히 부수고 철저히 스스로를 반성해서 왜 남과 다를까를 반성해보는 겁니다. 그냥 단순히 차이가 어디 있는지 살펴보는 게 아니라 차이는 대체 무엇이고, 이 차이를 일종의 기정사실로 여기는 것이지 그걸 보충해야 하는 대상으로 보는 것은 아닙니다. 이것이 동시에 사고와 창조의 출발점이 됩니다. 혁명적이죠. 다른 방법은 '전향'인데 그가 말한 일본의 방식입니다.

당시에 저도 그랬습니다. 내가 왜 이렇게 다른지 철저하게 사유해보지 못하고, 그냥 내가 뒤떨어진 것이구나 여겼습니다. 책을 충분히 읽지 못했으니 분발해서 쫓아가야지. 그렇게 많이 읽긴 하는데 철저히 이해하는 것도 아니고, 읽었던 것도 상당수는 좀 얄팍한 내용이지 핵심적인 것이 아니었습니다. 근본을 건드리는 내용이 아니었죠. 당시에 많은 인류학 연구가 사실은 깊이가 좀 없었습니다. 이런저런 현상이 있는데, 그걸 두세 문장으로 설명하고 어떤

● 다케우치 요시미竹内好(1910~1977)는 일본의 사상가로 중국과 루쉰 연구자다. 일본과 중국을 포함한 동아시아의 근대화 문제에 천착했다. 그의 저작 『방법으로서의 아시아』는 후대 연구자들에게 큰 영향을 끼쳤다. 『방법으로서의 자기』라는 이 책의 원제도 이로부터 영감을 받고 있다.

큰 이론이나 원리를 제시하지는 못했죠. 그래서 필드 조사 전에 크게 도움 되는 글을 읽은 게 없어요. 그냥 머릿속에 모아놓기만 했죠. 조사하고 돌아와서 「가상Virtualism」이라는 논문집을 읽게 됐는데 그 서문이 제가 옥스퍼드에 와서 처음으로 완전히 이해한 글입니다. 그때쯤 돼서 영어 실력이 많이 나아졌으니까요. 그 글 자체는 대단한 게 아니었지만, 제대로 이해한 덕에 생각이 명료해졌습니다. 이론은 새로움, 깊이, 정확함 같은 것이 그리 중요하지 않습니다. 소통할 수 있느냐가 관건이죠. 소통 가능성이 대단히 중요합니다. 아주 가벼운 이론이라 해도, 만일 상대방의 사고에 영향을 끼칠 수 있으면, 수용자가 새로운 주체가 되고 이 이론은 혁명적인 게 됩니다. 독자에게 공명을 일으킬 언어를 찾아내는 것은 쉬운 일이 아닙니다. 정태적 구조, 형세, 미래의 발전 방향을 정확하게 파악해야 간단명료하게 설명할 수 있고, 모든 사람의 공감을 얻어낼 수 있습니다. 생각이 명확해지고 나니 박사 논문은 금세 쓸 수 있었습니다. 물론 문제도 많았지만 그 정도 언어 수준으로 그만큼 이뤄낸 터라 저는 비교적 만족했습니다.

W: 그러니까, 옥스퍼드대학에서 박사 논문을 쓸 때 겪은 곤란이, 요 몇 년간 연구의 지지부진함과 비교한다면 그리 큰 좌절감은 아니라는 말씀이죠?

X: 맞습니다. 지금 와서 생각해보면 심리적으로 그리 크게 상처가 되진 않았습니다. 총력전 같은 거라서요. 박사 논문을 완성하는 한 가지 일만 신경 쓰면 되는 것이었습니다. 일정한 시간 내에 완성해

야 하고 모든 스트레스가 그 일 년 내에 집중된 것이었습니다. 그런 상황에서 너무 많은 생각을 할 필요는 없었습니다. 전심전력으로 그 임무에 집중할 수 있었기에 어떤 감정적·심리적인 문제가 생길 틈이 없었습니다. 혼자서 아이들 키우는 어머니들이 그런 것 같습니다. 이혼했는데 부양할 아이가 둘이나 있다면, 오히려 그렇게 힘들다고 생각하지 않습니다. 나중에 가서야 심리적인 스트레스를 느낍니다. 그때는 생존만 생각하니까 그렇게 일 년을 버틸 수 있었습니다. 물론 쉽다는 얘기는 아닙니다. 매일 긴장했습니다. 오히려 문제는 나중에 좀 안정된 다음에 나타나기 시작했습니다. 일의 의미를 찾아야 하는데 마음이 힘들어지더군요.

청년들의 '상喪 문화'

W: 중국식 교육의 결과 아닐까요? 선생님도 이런 교육을 받고 자라셨고요. 1990년대 이후에 중국 내에서 이 문제를 토론할 때 주요 프레임은 소질素質 교육●과 입시應試 교육을 나누는 것입니다. 그런데 나중에 보니 소질 교육도 변형되더군요. 취미활동 자체도 부담

● 예체능이나 취미활동 등 상급 학교 입시 과목으로 포함되지 않는 다양한 교육을 의미한다.

이 되는 것입니다. 공부 부담은 공부 부담대로 남고요.

X: 저는 전형적인 중국식 교육을 받고 자랐죠. 수업을 들어야 하는데 관심이 없어도 계속 들어야 합니다. 학습의 즐거움 같은 것은 상상해본 적이 없습니다. 우리 선생님들도 교육이 일종의 즐거움이 된다는 것을 상상해본 적이 없죠. 예를 들어보겠습니다. 저는 문과 출신이지만 여러 분야에 호기심이 있었습니다. 그런데 역사 과목은 별로였죠. 저같이 역사에 손톱만큼도 관심 없는 학생에게 가르칠 수 있으면, 이런 선생님은 엄청 고수일 겁니다. 선생님들이 역사를 가르치는데 현실 개념과 문제의식이 전혀 없었습니다. 현재와 전혀 관련 없어 보이는 내용을 왜 이야기해야 할까? 이런 역사가 오늘날의 학생에게 대체 무슨 의미나 의의가 있을까? 이런 질문에 답할 수 없으면 역사의 사실들이 살아나지 못합니다. 하지만 역사에 생명을 불어넣기 위한 두 가지 방법이 있습니다. 하나는 역사의 내부로 들어가는 겁니다. 삼국에 대해서 얘기하는 것은 삼국 내부의 이야기를 하는 것입니다. 이건 좀 조야하긴 하지만 재미있는 방법입니다. 더 중요한 것은 관계를 만드는 것입니다. 예를 들면 삼국 간의 권력 투쟁, 영토의 변화, 사람들의 영토의식을 이야기하는데 지금 우리의 상황은 전혀 다릅니다. 가령 이런 면을 드러낼 수 있는 거죠.

솔직히 말해 서구의 교육이 더 매력적이죠. 우리는 어떻게든 이를 악물고 버티는 능력이 강합니다. 서양 학생들이 배우지 않은 것을 배웁니다. 하지만 평균적으로 보자면 서구인들의 일에 대한 열정, 규율성은 우리 학생들보다 강합니다. 제가 박사, 석사 학생들을 직접 지도해보니 비교적 명확합니다. 학부생들이 공부를 즐기는 분위기도 아주 강합니다. 저는 학부생은 가르치지 않습니다. 하지만 한번은 학부생이 논문을 작성하는 것을 지도한 일이 있습니다. '인도와 독일의 쓰레기 처리 방식의 비교'라는 주제였습니다. 주요 내용은 사람들이 어떻게 청결함과 불결함을 구분하는지 그 관계에 대한 것이었습니다. 인도에서 쓰레기 줍는 사람들의 집에 가봤는데요, 쓰레기 처리장 옆에 임시로 임대한 집이었습니다. 그런데 굉장히 깨끗하더라는 것이죠. 학생은 거기 가서 그들의 생활 관념을 이해하려고 했습니다. 한편 독일에 가봤더니 쓰레기가 이미 더러움과는 관계가 없더라는 것입니다. 사실은 대부분 깨끗한 플라스틱 포장이었습니다. 끊임없이 버려야 하고 순환경제를 형성하고 있었습니다. 그렇게 되면 뭘 버리고 뭘 버리지 말아야 하는지가 문제가 됩니다. 이게 하나의 예인데, 굉장한 상상력을 요구합니다. 여기서 이 친구가 연구를 즐기고 있는 것을 볼 수 있습니다. 이 학생은 남들이 하는 대로 따라서 연구를 설계하는 게 아닙니다. 오히려 쓰레기 집하장에 가서 거기서 일하는 사람들 집이 뜻밖에도 꽤 깨끗하네, 이렇게 관찰하는 식으로 굉장히 구체적인 문제를 제기하는 겁니다.

또 다른 학생은 캄보디아의 고아원에서 입양하는 정책을 연구했습니다. 이 고아원은 왜 아이들이 다른 가정에 입양되는 것을 원하지 않을까 조사했습니다. 여기서 발견한 것은 고아원에 일정한 수의 고아들이 남아 있어야 국제 기관의 자원과 원조를 따낼 수 있다는 사실입니다. 이건 인도적인 목적으로 설립된 조직이 상업화됐음을 의미합니다. 글로벌 인도적 지원 사업의 산업화 배경 아래서 이런 전략이 나오는 것이죠. 여기서 차이를 볼 수 있습니다. 중국에서 학부생들이 열아홉, 스무 살 때 관심 갖는 일들은 어떤 겁니까?

W: 지금 중국의 젊은이들이 인터넷에서 가장 공감하는 내용은 소위 '상喪 문화'●입니다. 조건이 변하고 자유도 변했죠. 자신의 취미도 있고요, 자기만의 즐거움fun을 추구하게 됐습니다. 그런데 결과적으로 일종의 보편적인 우울함에 빠진 것이죠. 아무것도 의미가 없고, 생활의 변화도 발견할 수 없습니다.

X: 경제 전반이 성장하고 이 호황에 의존해 모두가 지속 가능해졌습니다. 치링허우(1970년대생)와 일부 파링허우(1980년대생)는 이 상황에 맞게 10년이고 20년이고 먹고살 수 있게 됐습니다. 하지만 이 과정에도 반드시 끝이 있습니다. 즐거움의 의미는 그 일 자체에 대해서 큰 흥미와 열정을 갖는 것입니다. 외부에서 주어지는 보상으로 열정을 자극할 필요가 없습니다. 예술이나 수학이 그 좋은 예가 됩니다. 아마도 사람의 본성이겠죠. 가정과 학교 교육에서는 우

● 1990년대, 2000년대에 출생한 청년들을 중심으로 쉽게 상실감, 좌절감을 느끼는 정서를 일컫는다. 극심한 경쟁이 초래한 일종의 '번아웃' 증상으로 볼 수도 있고 한국의 'n포 세대 정서'와도 통하는 부분이 있다. 2021년부터는 체제에 착취당하지 않기 위해 아무것도 하고 싶지 않다든가 다운시프팅을 추구하는 탕핑躺平 문화로 나아간다.

리가 반드시 보상을 기대하게 만듭니다. 개인적으로 흥미 있어하는 것들은 절대로 직업이 될 수 없습니다. 선택하는 방향이 아주 다릅니다. 예술적인 열정은 그래도 비교적 자연스럽습니다. 그림 그리기 좋아하는 사람은 어쨌든 그림 그리는 걸 좋아하죠. 하지만 다른 직업들, 가령 연구를 한다든가 NGO 일을 한다든가 하면 굉장히 번거로운 디테일을 다뤄야 합니다. 확실히 일종의 지속 가능한 열정이 요구됩니다. 완전한 자발성만으로는 불가능합니다. 교육이 필요한 거죠.

W: 경제발전의 배당금을 타먹는 시대가 아직 완전히 끝난 것 같지는 않습니다. 이런 '상實실감'에 빠진 젊은이들이 헤어나오지 못하고 있습니다. 주관적으로 더 이상 주류에 편승하는 진보와 발전을 대단한 일로 여기지 않고 있습니다. 예를 들어 이제는 후커우戶口● 같은 것에 대한 집착이 점점 줄어들고 있습니다. 전 지구적으로 혹은 전국적으로 인구 유동이 늘고 있습니다. 꼭 베이상광北京·上海·廣州 같은 1선 도시뿐 아니라 더 많은 2, 3선 도시 혹은 고향으로 선택 범위가 늘어났습니다. 이런 구체적인 측면에서는 사실 예전보다 나아지고 있는 점도 있습니다.

X: 재미있군요. 이제 새로운 생활의 의미를 발견할 수 있어야 합니다.

● 중국인은 출신 지역에 따라서 후커우를 부여받는데, 자신의 후커우가 있는 곳에서만 의료나 자녀 교육 혜택 등의 복리를 누릴 수 있다. 특히 도시와 농촌의 후커우가 2원제로 운영되며 큰 차이를 보인다. 후커우를 옮기기 위해서는 여러 조건을 만족시켜야 하는데, 특히 대도시의 후커우를 얻는 것은 쉽지 않다. 중국은 점차 후커우 이전 조건을 완화하고 있다.

일본의 사례가 경종을 울립니다. 오타쿠족이 출현하고 생활은 극도로 안정되며 고착화됐죠. 일본도 교육이 문제입니다. 집착과 집중을 강조하고, 즐거움은 중시하지 않습니다. 또 다른 사례인데요, 제 외조카딸이 그림을 배웁니다. 아이를 따라서 학원에 가봤어요. 선생님이 아이에게 그림은 반드시 아름다워야 한다면서, 사람을 그릴 때 모델의 손이 보기 싫으면 손은 등 뒤로 보내서 안 보이게 하라더군요. 재미있는 이야기입니다. 그런데 만일 예술의 가치를 시각적 아름다움을 보여주는 것으로만 제한한다면 아이는 금세 흥미를 잃을 겁니다. 아름다움이 형식화되니까 다음 단계로 나갈 수 없지요. 미술의 진정한 매력은 일종의 시각 효과를 만들어내는 것일 텐데요, 수용자가 스스로 생각하고 되돌아보게 하는 거죠. 그걸 유도하는 겁니다. 이런 측면에서 예술을 이해하면 재미의 공간이 확대됩니다. 아이들이 더 많은 문제에 대해서 생각하죠. 만일 보기 싫은 손을 정확하게 그려내면 이런 감정이 전달되니까 사람들을 감동시킬 수 있습니다.

여기서 원래 문제로 돌아가서, 우리는 공부를 통해 인류사회의 규율을 이해하게 되는데, 이게 자기 스스로와 관계를 맺어야 합니다. 아니면 그냥 아름다움을 추구하는 예술이 되니까, 그저 남들을 기쁘게 하는 서비스 업무가 되어버립니다. 모두 반대로 생각해야 해요. 어떻게 남에게 기쁨을 줄까가 아니라 자기가 즐길 수 있어야죠. 사실 일반적인 서비스업도 잘 관찰해보면 즐거움을 추구할 수 있습니다. 호텔 같은 곳이 좋은 예입니다. 작가가 된 것처럼 다양한 사람을 관찰해보는 거죠. 프런트 데스크에 오는 사람은 저마다 다양합니다. 의사소통하는 방법도 다 다르고요. 담당자에게 상당한 자율성을 준다고 생각해보세요. 로봇이 아니라 한 명의 사회인으로서 다른 사람과 교류하는 거죠. 그러면 꽤 많은 혁신이 일어날 겁니다.

지금 모든 사람이 걱정하는 문제가 있죠. 인공지능이 일자리를 빼앗아 '잉여 인간'들이 늘어날 거라고요. 제가 둥베이東北 지역에 대해 연구한 과제가 '사회상의 인간'이라는 주제였습니다. 이건 비교적 중국 특색의 개념입니다. 이 사람들은 정식으로 소속된 회사나 조직이 없고, 안정된 일도 없습니다. 국가나 관과의 관계가 매우 적습니다. 이런 사람이 갈수록 많아집니다. 그들이 어떤 위치에 놓여 있다고 봐야 할까요? 이건 글로벌라이제이션의 도전입니다. 확실히, 정치경제적으로 큰 변화가 있을 겁니다. 사람들이 시간을 많이 들여 물질적인 일을 하고 돈을 벌어야 하는 일이 불필요해집니다. 적게 투입하고 생존에는 충분한 자원을 얻습니다. 이런 상황에서 경제활동은 한 명의 사회인의 위치로 볼 때 갈수록 중요성이 줄어듭니다. 그래서 새로운 상상이 요구됩니다. 이를테면 기본소득 같은 것이죠. 시민들이 매달 일을 하든 안 하든 일정한 금액의 돈을 받는다는 뜻입니다. 극단적으로 상상하자면 대량의 인공지능이 출현합니다. 많은 일이 자동화되며, 남는 건 분배의 문제일 뿐입니다. 중국은 물론 금방 이렇게 될 수 없습니다. 하지만 새로운 상상이 필요합니다. 만일 입에 풀칠하는 게 주목적이 아니라면,

사람들에게 생활의 의미는 뭘까요? 사회와 어떻게 관계를 형성해야 할까요?

반드시 사람에게 주의를 기울여야 합니다. 1980년대에 우리가 사람들에 대해 토론할 때는 마르크스주의를 출발점으로 삼았습니다. 지금은 이 문제가 더 중요합니다. 그 후에 개혁개방을 했죠. 서민들의 생활 속에서 실은 하나의 생명의 의미와 생활의 의미가 전이되는 과정입니다. 공부를 잘하고, 시험을 잘 보고, 좋은 직장을 얻고, 집을 사고, 계속 의미가 외재적인 것으로 전이되고 있습니다. 마지막에는 전이할 필요가 없습니다. 사람에게로 돌아와야 합니다. 국가도 마찬가지입니다. 과거에는 경제 문제를 가장 우선시했습니다. 경제가 발전하면 다른 문제는 모두 해결될 것으로 기대했습니다. 그런데 지금 민족 정책을 보세요. 대륙과 홍콩의 관계, 청년 문제는 경제발전으로 해결할 수 없습니다. 게다가 경제는 무한히 발전할 수도 없습니다. 모든 사람이 자가용 비행기를 모는 세상이 올 수는 없습니다. 그러니까 본래의 의의로 돌아와야 합니다. 의미란 하늘에 붕 뜬 인문정신 같은 것이 아니라 사람과 사람의 관계를 어떻게 조직할 것인가 하는 데서 출발해야 합니다. 이건 경제와 관계가 깊습니다. 물질 자원을 어떻게 분배할 것인가, 사회관계는 어떻게 이 문제를 조정할 것인가와 같은 문제들 말입니다. 하지만 반드시 물질생산 노동의 기초 위에 이런 사고를 구축할 필요는 없습니다.

주변과 중심

W: 선생님의 성장 과정 설명과 또 구체적으로 제안하시는 것들은, 상호 간에 인증이 되고 피차 서로의 재료가 되는 것 같습니다. 다시 말해 이처럼 뚜렷이 자기인식을 형성하는 것이 우리가 외부에서 주어진 명제를 사고하는 도구와 무기가 된다, 이렇게 이해해도 되겠습니까?

X: 이렇게 말로 표현하고 나면 아마 모두 동의할 겁니다. 관건은 일종의 의식을 어떻게 형성하느냐는 것이고, 자기 역사의 기원과 자기 현재의 행동 사이에 균형을 취하는 것입니다. 이것이 진정한 영웅이죠. 진짜 영웅은 세상을 바꾸는 사람이 아닙니다. 자기 생활의 매일매일을 바꿔나가는 사람입니다. 매우 유감스러운 것이, 근대성을 중심으로 사고하면 주변과 중심이 하나의 대립관계로 나타난다는 겁니다. 중국인에게는 아주 강한 중심주의 정서가 있어서, 흔히 주변부에서의 생활은 가치 없다고 생각하며 극심한 초조함을 느낍니다. 권력과 자원이 과도하게 집중되는 것입니다. 사람들이 흔히 '혁명 영웅의 자녀紅二代'들은 부패하지 않고, 평범한 가정에서 비교적 좋은 조건으로 자라나 금전에 집착하지 않는다고 말하는데 제 생각엔 일리 있는 이야기입니다. 우리가 일상생활에서나 혹은 언론 보도를 보면, 적잖은 부패 인사가 사회 밑바닥 출신입니다. 학술 기관에서도 하층에서 올라온 사람들이 더 쉽게 '악

당'이 되는 것을 볼 수 있습니다. 왜냐하면 자신의 주변부적 위상 때문입니다. 그들은 자신의 운명을 받아들일 수가 없습니다. 그런 탓에 주변에서 중심부로 진입하기 위해 수단을 가리지 않습니다. 중심부에 일단 들어서면 원래 주변부에 있을 때 그나마 배웠던 사람다운 도리나 원칙도 저버리게 되지요.

주변부에 있는 사람들은 중심부로 진입하려는 욕망이 아주 강합니다. 당연히 이런 욕망은 능동성을 극대화하기에 좋습니다. 하지만 뒤틀린 욕망이 되기 십상이죠. 그리고 일단 중심부에 들어서면 많은 사람이 부패합니다. 왜냐하면 스스로 어떤 사람인지 한 번도 제대로 생각해본 적이 없기 때문입니다. 존재 이유가 오로지 중심에 진입하기 위한 것일 뿐, 자기를 키워온 지역과 주변 사람과의 관계는 모두 목표를 이루기 위한 수단에 그칩니다. 그렇게 원칙과 도리가 없는 사람이 됩니다. 사람들이 생활 속에서 갖게 되는 원칙은 추상적인 이념에서 나오는 것이 아니라, 구체적인 사회관계에서 만들어지는 것입니다. 이건 물론 유가의 사상이긴 합니다만, 나름 일리가 있습니다. 만일 주위 사람과의 관계나 생활세계와의 관계가 명확하지 않으면, 기회주의자가 되기 십상입니다. 타인은 모두 이용하기 위한 도구에 불과하게 되죠. 학계에서는 그렇습니다. 관료사회에서는 더 명확하고요, 비즈니스에서도 마찬가지입니다. 어떤 회사의 직원으로서 어떤 학교의 학생으로서 모두 그 성의 수도省會로 가기를 열망하고, 마침내는 베이징으로 진입하고 싶어합니다. 뿌리내린다는 개념이 없으면 자신의 위치도 찾지 못합니다.

주변의 상실

주체성이 없으니 모두 도구가 되고 맙니다. 중심부가 지나치게 강한 것은 사실 매우 위험합니다.

중국 역사상 강대한 중심부는 상당 부분 이런 중심주의의 내면화 과정에 의존해왔습니다. 모든 지역이 자기가 작은 중심이라 생각하고, 그런 까닭에 비교적 안정적입니다. 그리고 상징적 의미로 이걸 모아서 만든 것이 바로 '대일통' 사상입니다. 하지만 다시 이런 생각에 골몰해서 죽자고 위로 기어오르려고 하지는 않습니다. 이런 태도가 자기 삶에는 이로움이 전혀 없다고 느낍니다. 사실 중심부는 주변부의 일에 관여하려 하지 않습니다. 지방은 상당히 강한 자주권을 부여받고 이런 부드러운 개방적 관계를 유지합니다. 오늘날 '지방'의 문화적 의미는 정말로 퇴색해버렸습니다. 지방에 박물관을 만들고 지역으로 여행하는 일들은 실은 형식적인 지역 살리기에 불과하다는 사실을 다들 압니다. 그래서 '주변'과 '중심'의 관계를 잘 설정하는 것이 아주 중요합니다.

W: 다시 개인의 이야기에서 굉장히 큰 주제로 돌아온 것 같습니다. 최근 중국 전반의 상황으로 볼 때, '주변'에서 '중심'으로 쏠리는 이런 새로운 변화는 언제부터 시작된 것 같습니까? 신중국 성립 시기로 거슬러가야 할까요? 그때부터 새로운 중심의 감각을 만들기 시작했다는 생각이 듭니다.

X: 당연히 현대 국가 건설이 시작됐을 때부터입니다. 왜 현대 국가의 건설이 그렇게 어려운 것일까요? (신해)혁명 후 바로 군벌 간의 내전이 벌어졌습니다. 부분적인 원인은 과거의 중심과 주변의 평형

이 깨진 데 있습니다. 청나라의 중심적 상징 의미가 사라졌고 각 지방은 더 이상 중심을 인정하지 않기 시작했습니다. 각자 독립하겠다고 나섰죠. 물론 각 성의 자치와 같은 어젠다가 초기 헌법 제정 시기에는 주류적 선택이었습니다. 그래서 연방제에 대해 토의했죠. 장기적 시각으로 보자면, 소위 봉건제와 군현제 같은 설명이 중국에는 늘 존재했습니다. 페이샤오퉁은 마지막에 중국의 가장 중요한 미래는 지방자치라고 말했습니다. 이것은 그가 이야기한 '차서격국'과 연관돼 있습니다. 여기서 차서격국에 대해 다시 말하자면, 이게 간단한 실증 개념은 아닙니다. 일종의 구조이고, 정치적 비전에 대한 배치라고도 할 수 있습니다. 정치적 배치는 당연히 전쟁의 영향을 크게 받을 수밖에 없습니다. 북벌, 대혁명, 내전 등등. 일본인의 침략은 대단히 중요한 1차 전쟁이었고 민족의식을 사상 유례 없이 강화시켰습니다. 그래서 구제강顧頡剛(1893~1980)과 페이샤오퉁의 논쟁●에서 구제강은 중화민족이 유일하고 대가족 안에 약간의 차이가 있는 내부 사정일 뿐이라고 이야기한 반면, 페이샤오퉁은 이 생각에 동의하지 않았습니다.

　　방금 제기하신 문제가 아주 좋습니다. 신중국 성립 후에 '중심'

　● 원래 일본 학자들의 영향으로 역사실증주의를 강조하는 구제강은 초기에 삼황오제 기원을 비롯해 중국의 민족주의를 부정하는 입장이었다(의고파). 하지만 일본의 침략이 본격화되면서 '중화민족은 하나'라는 민족주의적 입장으로 전환한다. 청년 학자 페이샤오퉁이 이를 반박했으나, 당시의 분위기 탓에 논쟁이 이어지지 못한다. 페이샤오퉁은 구제강 사후 1988년 '중화민족 다원일체설'을 발표해, 중국 지식인들이 보편적으로 지지하는 합리적인 설명을 내놓는다.

　　　　　　　　　　　　　　　　　　　　　　　주변의 상실

을 어떻게 분석할 것인가죠. 단지 하나의 중심이 아니라 계층이 있는 중심입니다. 지역별로 계층화돼 있습니다. 이건 당시의 계획경제와 관련 있습니다. 전체 식량의 수매 시스템과 재분배 시스템으로, 재분배는 모든 자원을 우선 중심으로 모으고 다시 여기서 분배해나가는 것입니다. 그래서 겹겹이 계층화된 중심이 필요합니다. 개혁개방 이후에 가장 중요한 구호가 '횡적 관계의 강화'입니다. 당시의 의미는 각 성 간에 자유롭게 거래할 수 있고 상품 유통과 시장을 강화하여 다시 중심을 거칠 필요가 없다는 뜻이었습니다. 쓰촨의 돼지를 광둥으로 팔기 시작했을 때 전쟁 같은 상황이 벌어졌습니다. 쓰촨성 정부가 성 간 경계로 사람을 보내서 이런 거래를 저지합니다. 농민들은 당연히 돼지를 광둥 지역에 팔고 싶어하죠. 가능하면 높은 가격으로요. 하지만 쓰촨성 공산당은 쓰촨의 돼지고기가 광둥으로 팔려나갈 때 성내 돼지고기 가격의 상승을 격정하게 됩니다. 그래서 이를 저지한 것입니다. 당시에 이런 갈등이 많았습니다. 돼지 외에도 석탄이라든가, 잠사라든가, 면화라든가 등등.

상품이 고도로 유통되는 지금도 이러한 중심의식은 바뀌지 않았습니다. 상당히 흥미로운 현상이죠. 어떻게 주변의 생활을 더 풍요롭게 할 것인가, 이것은 상당 부분 문화 건설과 이념의 문제입니다. 만약 지역에 지식인들이 있다면 자신의 문화에 대해 언어를 만들고 천천히 글로 표현하기 시작해야 합니다. 지금처럼 향토 문화라는 것이 그저 사람을 붙잡아놓기 위한 것이라면 안 됩니다. 왜냐하면 오늘날의 중국은 이미 각 지역 간에 긴밀하게 연계가 형성돼 있고, 심지어는 전 세계와도 연결돼 있기 때문입니다. 향토 의식이 발전한다고 해도 고립된 향토, 폐쇄적인 향토여서는 안 됩니다. 반드시 전 지구, 전국의 큰 지역 아래에서의 일종의 향토 의식이어야 합니다. 그래서 지식인과 작가들에게는 뛰어난 안목이 있어야 합니다. 큰 그림 안에서 자신의 위치를 볼 수 있어야 하죠.

갑자기 일본의 후쿠오카가 떠오릅니다. 여기가 이런 일을 잘하는 것 같습니다. 후쿠오카는 도쿄의 관계를 통해 자신의 위치를 설정하지 않습니다. 한국, 중국, 특히 칭다오와의 관계에서 자기를 정립합니다. 스스로를 동아시아의 허브로 생각하는 것이죠. 중국이라면 광시가 동남아시아로의 게이트웨이 역할을 할 수 있는 것과 마찬가지입니다. 일상에서 광시 지역은 동남아와의 교류가 많습니다. 이런 방면에서의 문화적 의미를 발굴해내야 합니다. 그래서 시민들이 일상의 사소한 일들의 의미를 발견할 수 있게 만들어야 합니다. 그렇지 않으면 모두 자기 자녀들은 베이징으로 가기를 원하게 되죠.

이런 면에서 학자들의 책임이 큽니다. 항상 국가와 관련된 큰 일만 논해서는 안 됩니다. 구체적인 작은 일에 대해 명확하게 이야기할 수 있어야 합니다. 지금 전국에 수천 수만 명의 향신이 필요합니다. 만일 그들이 체계적으로 지역의 목소리를 만들어낼 수 있다면 매우 의미 있는 일이 될 것입니다. 지방의 목소리는 다원성을 강조하고, 이를 통해 중국의 장기적인 안정의 기초를 다질 수 있습니다. 중국과 같은 거대한 국가는 장기적인 안정을 원합니다. 그런데 이런 안정은 하나의 거대하고 단단한 강철판이 아니라, 서로 강철 현수교로 이어진 여러 개의 판으로 얻을 수 있습니다. 한쪽이 느슨해지면, 다른 한쪽이 솟아오릅니다. 이렇게 유연하게 반응하는 일종의 유기체가 됩니다. 그런 연후에야 지방의 사회 문화가 자주성을 갖추게 됩니다. 경제와 상층 설계의 통일성을 기할 수 있고 그래야만 결합이 가능합니다. 만일 지방사회가 문화적인 자치를 갖추지 못하면 모두 중심으로 모여들어 미어터지게 됩니다. 이는 굉장히 위험한 상황입니다.

W: 선생님은 스스로 하나의 학술 전통 안에 있다고 생각하시지 않지만, 이 구체적인 문제와 관점에 있어서, 특히 '주변'과 '중심'에 대한 관점에 있어서는 페이샤오퉁 선생과 같은 맥락 안에 있다고 할 수 있을까요?

X: 재미있는 질문이네요. 답은 '그렇다'입니다. 왜냐하면 지역에 대한 제 인식은 상당 부분 페이 선생의 영향을 받고 있기 때문입니다. 그분은 중국의 실증 연구에 큰 공헌을 했습니다. 중국에서 왜 대일통이 가능했는지 설명한 것입니다. 대일통은 단단한 강괴형 구조의 결합이 아닙니다. 하지만 지금은 환경이 변했습니다. 오늘날 중국은 강대한 통일국가를 이뤘죠. 확실히 강한 중심부가 필요합니다. 자원의 재분배 문제 때문에 그렇습니다. 예를 들면 상하이와 티베트의 관계에서 서로 도울 수 있는 정신이 필요합니다. 그래서 저는 문화와 사회의 자주성을 강조하는 것입니다. 하지만 경제

와 시장이 통일되려면 자원 문제에 있어서 행정의 역량을 통해 2차 분배를 해야 합니다. 또 군대 세수입 문제가 있고, 그런 까닭에 느슨하게 처리할 수 없습니다. 두 번째 변화는 글로벌라이제이션입니다. 자치는 폐쇄형 자치가 아닙니다. 모든 지역에 작은 중심을 형성하고 자원을 모을 수 있어야 합니다. 온몸에 분포된 혈자리가 있고 이게 모두 연결된 것과 같습니다. 이런 방식으로 사고해야 합니다.

W: 듣고 보니 최근 갈수록 더 논의되는 '중국의식'이 떠오르는데요, 마치 정부의 구호가 실제 문제로 바뀐 것 같습니다. 중국이 더 깊숙이 글로벌라이제이션 과정에 참여할수록 중국 학자들이 자기 지역의 문제를 해설할 뿐 아니라 중국과 글로벌라이제이션의 전체 구조와의 관계를 설명해야 하는 것 같습니다. 어떤 사람은 이게 학자들의 새로운 책임이라고도 하고 새로운 초조함이라고 말하기도 합니다. 어떻게 보시나요?

X: 저도 물론 동의합니다. 거시적으로 말하자면 지금 세계는 중국에 대해 갈수록 더 많은 이야기를 합니다. 하지만 20세기의 관점으로 보자면 지금이 가장 중요한 시기는 아닙니다. 중국이 가장 중요했던 때는 사실 1960~1970년대였습니다. 신마르크스주의를 대표하는 이집트 출신의 경제학자 사미르 아민이 회고하기를, 1949년 인민해방군이 베이징으로 진군할 때 18세였던 그는 인류사가 새로운 단계로 진입하는 중이라고 느꼈다고 합니다. 당시 기념식에서 후펑胡風이 쓴 서정시가 『런민일보』에 발표됐는데 제목은 「시

간이 시작되다時間開始了」였습니다. 중국인 모두 감개무량하게 이 시를 읽었습니다. 하지만 이집트 청년도 마찬가지로 느꼈을 거라 고는 상상하지 못했습니다. 1950년대에 스탈린이 죽고 소련공산 당 20차 대회, 중소 양국 공산당의 쟁의가 1960년대의 중심 의제 였습니다. 전 세계의 지식인과 청년들에게 엄청난 영향을 끼쳤습 니다. 당시 우리가 직면한 문제는 사회주의 실험이 갈수록 관료화 된다는 것이었습니다. 자본주의와 다를 바가 없었죠. 그래서 모두 '문화대혁명'은 사상적으로 반관료주의라고 느끼는 것입니다. 모 두 농촌으로 들어갔습니다. 문화비평가 존 버거가 저술한 『행운의 남자A Fortunate Man : The Story of a Country Doctor』(1967)에는 농촌 벽 지로 들어간 한 이상주의자 영국 의사의 이야기가 나옵니다. 이 의 사는 나중에 중국에서 사망합니다. 중국으로 와서 '향촌 의사赤腳 醫生'가 된 것이지요. 당시 세계에 대한 중국의 영향은 이토록 컸습 니다. 제 생각엔 지금보다 더 컸습니다. 오늘날 우리가 명확한 사 상을 제시하는 것이 있습니까? 거대한 이상을 제공하는 것이 있나 요?

오늘의 상황은 과거와 또 다릅니다. 지금은 중국이 세계로 향 하고 있습니다. 새로운 이념을 수출하는 것이 아니라 물자를 수출 하고 있습니다. 매년 8퍼센트가량의 중국인이 외국으로 여행 가거 나, 공부하러 가거나, 사업하러 갑니다. 물론 '일대일로一帶一路'도 중요합니다. 이렇게 경제 규모가 크니 언젠가 인민폐가 아마 국제 통화 중 하나가 될 것입니다. 중국의 국운이 상승하는 현상은 알리바바와 같은 기업의 성공을 포함해, 인구가 지나치게 많아서 생긴 일입니다. 이것도 재미있는 현상입니다. 원래 우리는 인구가 너무 많아서 부담된다고 생각했는데 지금은 그 덕을 보고 있습니다. 예를 들어 전자상 거래, 모바일 결제, 플랫폼 경제 등 지금은 중국 최대의 강점이 사람이 많다는 사실에 기반합니다. 이런 상황에서 저는 지금의 중국 굴기가 어떤 대단히 특수한 사례라고 보지 않습니다.

한편 다른 문제는 학자들의 신분에 대한 것입니다. 스스로에 대해 생각해도 하나의 크고 복잡한 문제입니다. 앞서 이야기했던 문제로 돌아가게 됩니다. 매일의 생활과 고민해야 할 문제 간의 괴리입니다. 제 가르침, 저에 대한 학생들의 기대, 제 커리어, 관심을 갖는 사안 사이에 계속 긴장이 존재합니다. 이건 제가 영국 정치에 참여하는 데 상당히 한계가 있다는 것을 의미합니다. 저는 확실히 영국 정치 역사의 유래에 대해서 잘 알지 못합니다. 문제가 어떻게 제기된 것인지 모르죠. 중국 문제에 대해 깊이 들어갈 때도 저는 거리나 벽을 느낍니다. 굉장히 고통스러운 지점으로, 인생 자체가 불완전해진다는 느낌입니다. 물론 장점도 있는데, 새로운 시각을 갖게 된다는 겁니다. 그래서 제가 지금 해야 하는 것은 새로운 트랜스내셔널 생활세계를 만들어내는 것입니다. 하지만 아직까진 성공하지 못했는데, 그 이유는 지난 몇 년간 제가 자신감을 갖지 못했기 때문입니다. 세계 속에서 제 자리를 찾지 못했습니다. 여전히 주류의 인정이 필요하고, 이게 제 임무라고 생각해서 불안과 초조를 떨치지 못했습니다.

중국 학자가 세계에 큰 공헌을 해야 하느냐 말아야 하느냐 하는 것은 우리가 계획할 수 있는 게 아닙니다. 학자에게 가장 중요한 것은 자기가 관심 갖는 문제를 자신의 위치에서 명확히 설명하는 일입니다. 이런 일은, 아마 다른 요소들이 세계에 큰 영향을 끼치기 때문에, 한 세대 사람들의 노력이 더 누적된 후에야 이 세상에 보편성을 가진 기여를 할 수 있을 것입니다. 저도 원래는 '중국학파' 같은 의제를 논했습니다만 지금에 와서는 계획할 수 없는 일이라고 생각합니다. 중요한 이유는 중국이 이런 글로벌라이제이션 상황에서 굴기해 중국의 특수성을 들어 세계에 보편성을 말하는 것이 견강부회로 들릴 수 있기 때문입니다. 차라리 자신의 구체적인 문제를 먼저 분명하게 하는 것이 낫습니다. 그렇더라도 거시적 세계관은 여전히 중요합니다. 자신의 위치를 지구의 한구석 먼 주변부에 위치시키고 그 자리를 명확하게 합니다. 이게 사실은 전 세계의 담론입니다. 전체적으로 봤을 때 저는 현재 '중국학파'라는 말에 다소 의문을 품고 있습니다.

W: 우리가 큰 틀에서 중국 혹은 '중국학파'를 논할 때, 사실은 사람들의 사상적 기원은 매우 다른 듯합니다. 이 안에는 최소한 두 가지 전통이 있습니다. 하나는 전통 중국 즉 '천하'에 대한 상상입니다. 이런 과거의 개념에서 영감을 얻습니다. 또 하나는 붉은 중국(공산주의)의 전통입니다. 많은 학자가 이 두 방향으로부터 중국과 세계에 대한 새로운 판단을 전개합니다. 이 두 전통은 어떤 관계를 갖고 있을까요? 선생님이 말씀하신 중심과 주변의 관계가 실은 역사

의 깊은 곳에 있는 시야로부터 온 것이고, 그래서 문화대혁명을 논할 때 다시 역사와 군중의 관계를 깊이 있게 모색하게 되는 것 같습니다. 왜 21세기인 오늘에 이르러서 이 두 서사가 연계되는 것처럼 보일까요. 아니 어떻게 연계되는 것일까요? 만약 우리가 역사의 판도 안에서 스스로를 인식해야 한다면, 중국은 누구이고, 우리는 어떤 위치에 있는 것인지, 현대 국가의 서사는 도대체 어떻게 되는 것인지에 대해 지금은 합의되는 바가 없는 것 같습니다. 이런 기초 위에서 개인의 작은 서사를 논하는 것은 사실 우리의 일상생활이 대체 현재의 중국 서사와 어떤 관계가 있느냐라는 곤란한 문제를 드러나게 합니다. 이 문제에 대한 해답은 어디에서 찾기 시작해야 할까요?

X: 흥미있는 문제입니다. 많은 사람이 이 대답을 얻기 위해 노력하고 있죠. 간양甘陽의 『통삼통通三統』● 같은 책처럼 말이죠. 단지 고대 문명과 현대 사회주의 혁명뿐 아니라 개혁개방 전과 후에도 수많은 단절이 있었습니다. 이것을 어떻게 다시 이을 것인가는 역사철학의 문제입니다. 우선 우리가 오늘날 소중히 여기며 마음에 두는 문제는 무엇일까요? 그것을 파악하고 난 뒤에 우리가 어떤 방식으로 중국 서사를 통해 이 문제를 해석할 것이냐에 대해서 생각해야합니다. 거칠게 말하자면, 어떤 사람들은 공산주의 중국의 경험을

● 간양(1953~). 청화대학 교수. 2005년 강연에서 중국의 세 가지 전통이 중국 굴기의 배경이라고 주장했다. 공자의 도덕, 마오쩌둥의 정의, 덩샤오핑의 시장의 효율성이 그것이다.

들어 오늘의 상황을 반추해보려고 합니다. 또 다른 사람들은 전근대 중국의 경험을 토대로 현재 상황을 분석하려 합니다. 실은 이런 경험들과 '중국'과 '중국'이 아닌 것 사이의 관계는 그리 밀접하지 않습니다. 그분들이 이야기하고 싶은 바는 사실 우리가 지금 일을 처리하는 것과 같은 방식을 꼭 따를 필요는 없다는 것이죠. 하지만 1960년대에 우리는 이렇게 했다거나 16세기에는 저렇게 했다는 것은 일종의 시공을 초월한 비교입니다. 그렇지만 우리 문제는 꼭 그렇게 일관된 하나의 문제가 아닙니다. 비교적 안정된 중국 서사가 있다고 칩시다. 이런 중국 서사가 오늘날의 상황에 대해서 일종의 해석력을 생산할 수 있거나 참고 가능한 것일까요? 제 생각엔 물론 가능할 것입니다. 왜냐하면 순수하게 역사 편찬의 관점으로 보기 때문이죠. 영토 범위도 바뀌지 않았고, 인적 구성도 기본적으로 크게 다르지 않습니다. 하지만 만일 실제 문제의 차원에서 본다면, 직관적으로 대답하건대, 저는 이런 하나의 일관성 있는 서술이 필요하다고 생각하지 않습니다.

영국을 한번 볼까요? 영국도 상황이 매우 혼란스럽죠. 프랑스와는 다릅니다. 영국은 중앙집권제가 실행된 역사가 길지 않습니다. 지금도 중앙의 권력 집중이 그리 강하지 않죠. 아직도 성문헌법이 없습니다. 하지만 한때 세계 제국을 이룬 적이 있습니다. 제 관찰에 따르면 영국인들은 반드시 하나의 역사 서술을 만들어야 할 필요성을 느끼지 못하는 것 같습니다. 그래서 아주 좋은 역사 서술이 없습니다. 하지만 이 나라는 실천을 통해 많은 원칙을 만들어왔습니다. 일관성이 아주 강합니다. 중국은 정반대입니다. 중국은 사실事實의 일관성이 약합니다. 그런 탓에 수많은 단절이 존재하지요. 하지만 모든 왕조는 과거 왕조의 역사를 고쳐 쓰기에 역사책에 담기는 내용은 강한 일관성을 갖게 됩니다. 우리에게는 '중국인' '중국'이라는 구분 단위가 있습니다. 하지만 실제 생활 논리에는 커다란 단절이 존재합니다. 영국인 중 엘리트들은 강한 국가 정체성을 지니고 있는 편입니다만, 중산층에게는 모호한 개념일 뿐입니다. 그들은 영국인이 누구인지도 모르고 관심도 없습니다.

제가 막 옥스퍼드대학에 왔을 때, 여기서 가장 오래된 머튼칼리지의 원장이고 이전엔 대영박물관 동방부 주임이었던 제시카 로슨(1943~)이 제게 무슨 연구를 할지 물었습니다. 저는 인구 이동을 연구하겠다고 했는데, 그분은 고고학자로서 서주시대의 청동기를 연구했습니다. 그래서 이민은 굉장히 긴 역사 속에 이뤄진 일이라고 하더군요. 저는 역사에 대해서는 별 관심이 없다고 대답했습니다. 그녀가 역사를 잘 모르면서 어떻게 현재를 설명할 수 있냐고 반문했습니다. 이런 생각은 옥스퍼드대학 사람들에게는 좀 뜻밖인 것이죠. 왜냐하면 오래된 학과에서는 역사가 매우 중요하기 때문입니다. 모두 역사에 대해 이야기하면서 시작되지요. 아직도 그때 논쟁이 기억납니다. 저는 잔머리를 굴리면서 이렇게 비유했죠. 영화와 연극의 차이 같은 것이라고. 연극은 하나의 무대 위에서 이뤄집니다. 간단한 배치입니다. 공간이 대단히 한정적입니다. 극도로 제한된 시간 안에 공연을 합니다. 영화는 무한대로 늘

일 수 있죠. 5년간 찍은 것을 두 시간으로 편집할 수 있습니다. 전세계, 전 우주를 모두 찍어 담을 수도 있습니다. 수많은 역사 서술을 수용할 수 있습니다. 연극은 다른 것들이 관여하지 않기 때문에 자기가 설정한 제한 속에서 깊이 들어갈 수 있습니다. 임팩트도 더 강하지요. 역사를 모두 집어넣으면 오히려 일반적인 서술이 되어버립니다. 소설이나 시의 관계와 마찬가지입니다. 시는 제한이 많기 때문에 강한 자극을 불러일으킬 수 있습니다. 로슨은 물론 동의하지 않았습니다. 저는 분명히 소수 의견을 낸 셈입니다.

인식론, 방법론으로 보자면 제 설명은 설득력이 부족합니다. 하지만 저에겐 원래 그런 성향이 있습니다. 직관적으로 볼 때, 역사에 대해서 너무 많이 이야기하면 아마 어떤 모순은 설명이 불가능해질 겁니다. 그래서 어떤 때는 한쪽 단면을 더 크게 비추게 됩니다. 이런 식으로 생각을 벼릴 수 있습니다. 이런 방법은 (정통) 학계에서는 인정받을 수 없습니다. 혹은 두 가지 전혀 다른 학술적 방법이라고 할 수도 있습니다. 긴 역사적 관점은 확실히 지금의 모순이 어떻게 출현했는지 설명하는 데 유리합니다. 하지만 이런 해석이 반드시 새로운 아이디어를 끌어내는 데 도움이 되지는 않습니다. 혹은 이 모순 안으로 들어가서 어떤 때는 스스로를 더욱 제한하고 연극처럼 개입하면서, 즉 장기적인 역사적 해석에 주의하지 않으면서 반대로 모순을 격렬하게 묘사하는 방법이 제 사고를 자극합니다.

연관성 있는 역사 서술을 짜내는 것이 전통 역사학자들의 방법입니다. 하지만 역사로 들어가려면 반드시 현재로부터 뛰어들어가야 합니다. 현재의 모순을 부여잡고 이 모순에서 출발해 과거의 모순으로 거슬러 올라가야 역사로 들어갈 수 있고 역사관을 만들 수 있습니다. 이런 방식으로 들어가면 일종의 연관되고, 안정되고, 중국이라는 국가를 단위로 하는 역사는 필요 없어집니다. 중국의 역사는 아마 단절된 것처럼 보일 겁니다. 예컨대 하이난海南성의 문제는 아마 말레이시아와 타이에 더 가까워질 겁니다. 왜냐하면 원래 역사적으로 관계가 밀접했기 때문이지요. 그들은 지금 하나의 사회가 아니지만 역사적으로는 그렇지 않았습니다. 그렇지만 사회 공간의 전개와 우리가 현재 보고 있는 새롭게 정의된 행정 공간은 전혀 다를 수 있습니다. 그래서 저는 하나의 안정된 '중국 서술'의 존재에 대해서 별 관심이 없습니다. 하나의 안정된 서술이 없는 것이 더 재미있고, 더 많은 것을 보게 해줍니다.

하나의 통일된 서술을 만들어야 한다면, 철학적으로 '중국'이라는 하나의 단위를 설정해야 합니다. 우리가 인류학과 사회학을 비교하게 되면 혹은 일반적인 사회과학의 눈으로 보면, '중국'은 사람들의 실천입니다. 사람들의 실천은 산발적입니다. 여러 방향으로 뻗어나가죠. 이처럼 다른 수많은 실천이 하나의 땅 위에서 일어나고, 일군의 혈연관계가 있는 사람들 사이에서 일어납니다. 물론 객관적으로 필연적이고 실제적인 관계가 있습니다. 하지만 모종의 분석적 의미의 관계도 있다고 할 수 있습니까? 이건 단정하기 어려운 문제입니다. 제 생각으로는 대단히 개방적인 개념입니다. 중국이 어떻게 될 것인가는 다음 세대의 사람들이 정하게 하면 됩니다. 우리가 꼭 그들을 대신해서 생각하고 청사진을 만들어줄 필요는 없습니다. 사실 오늘날의 우리는 청나라 베이징에 살던 사람들과 전혀 다릅니다. 저는 이것이 그리 문제라고 느끼지 않습니다.

저는 개인적으로 역사 자원을 활용할 때, 이것이 모종의 필연적 연속성을 갖는다고 강조하지 않습니다. 중국 역사는 어떤 면에서 보면 꼭 다른 민족의 이야기처럼 느껴집니다. 중국 고대의 예가 그렇고 인도나 영국의 예가 그렇습니다. 저는 중국인입니다. 이건 특별히 자랑스럽다거나 자랑스럽지 않다는 차원의 문제가 아닙니다. 저는 이 문화권 안에서 태어났고, 제가 원저우 사람인 것과 마찬가지로 제가 중국에서 1970~1980년대 남방의 중소 도시에서 태어난 것처럼 그저 운명입니다. 저는 이 사실을 십분 받아들여야 합니다. 그리고 잘 씹어 삼켜야 합니다. 이런 의미에서 제 정체성은 매우 분명합니다. 지금 사람들이 많이 이야기하는 정체성과는 다른 차원의 것입니다. 아마도 이런 정체성을 인정한다면 반드시 지켜야 할 어떤 가치들이 있고, 어떤 일정한 행위 규칙을 준수해야 하고, 일정한 문화적 기질을 계승해야 한다는 식의 이야기들 말입니다. 제게는 이런 인과관계가 존재하지 않습니다.

W: 전에 말씀하신, 학술 작업 중 직면하게 된다는 장애물이 떠오릅니다. 말하자면, 이 장애물을 뛰어넘거나 이에 대응하기 위해 사실은 중국의 명제로 돌아와야 한다, 이렇게 말할 수 있을까요?

X: 그렇습니다. 하지만 꼭 중국의 명제로 돌아올 필요는 없습니다. 자

기 스스로를 주변인으로 삼고 내가 누구인가라는 문제로 돌아와야 합니다. 도대체 내가 무엇을 할 수 있는지, 나와 세계의 관계는 무엇인지 명확히 해야 합니다. 저는 세상 모든 사람이 이런 문제를 안고 있다고 생각합니다. 모두 자기가 누구인지 분명히 알아야 합니다. 그렇지 않으면 이런 위기를 맞게 됩니다. 맹목적으로 주류적 사고에 휩쓸려 들어갈 수 있습니다.

개인적인 위기

W: 이제 그 장애물 얘기를 해야 할 것 같은데요. 이미 여러 번 언급하셨죠. 하지만 그때 다른 문제를 얘기하느라 더 깊이 들어가지 못했습니다. 이 장애물 문제가 선생님의 일과 생활에 있어 수많은 선택에 영향을 미친 것 같습니다. 어떻게 이런 슬럼프가 시작된 겁니까? 일하면서 어떤 식으로 드러났습니까?

X: 글을 쓸 수 없었습니다. 오랫동안 과제를 수행했는데, 스스로의 글에 만족할 수 없었습니다. 뭔가 '임팩트'가 있고 깊이 있는 생각이 떠오르지 않아서 스스로의 목소리를 낼 수 없었습니다. 써놓고 나면 피곤하기만 했죠. 이렇게 해봤다가 저렇게 해봤다가, 이 프레임 저 프레임을 사용했다가, 이 이론 저 이론을 써봤다가 진퇴양난에 빠졌습니다. 이미 에너지를 많이 사용했고 생각도 많이 했기 때

문에 포기할 수도 없었습니다. 다른 글을 써도 마찬가지였습니다. 놓을 수도 없고, 자연스럽지도 않았습니다. 이게 제가 느낀 위기의 실체입니다.

그래서 한번 벗어나보기로 했죠. 우선 중국어로 글을 쓰기 시작했습니다. 당시의 문제에 대해서 썼습니다. 홍콩 문제나, 지식 청년의 문제 등등. 사실은 부지불식간에 자기 위치를 다시 설정했습니다. 그리고 인터뷰 요청을 받았습니다. 이를테면 논픽션 작가 궈위제郭玉潔 씨와의 인터뷰가 있습니다. 「중국인은 벌새와 같다, 날개를 파닥여 공중부양을 한다中國人像蜂鳥, 振動翅膀懸在空中」라는 제목으로 글이 나갔죠. 실은 별생각 없이 응한 것입니다. 기사가 나가고 동창생이 이메일을 보내왔습니다. 많은 사람이 봤던 모양입니다. 인터넷에서 많은 청년이 공감을 했다고 합니다. 그들을 고무시켰고, 결과적으로 그저 글 한 편의 의의를 넘어섰던 것이죠. 확실히 상당히 많은 토론과 생각을 불러일으켰습니다. 아주 기뻤고 동시에 감각을 회복했습니다. 저한테는 매우 귀한 경험이었습니다. 이렇게 혼자 고민하고 있을 때는 별다른 의의를 찾을 수 없었는데, 말하는 것만으로 공감을 얻었으니까요. 제가 영어로 글을 써서 대중과 그런 관계를 맺기는 어렵습니다. 그래서 당시 여러 중국 미디어가 저를 찾아준 것을 매우 감사하게 생각합니다. 제게는 의미가 깊었습니다. 상당한 자신감을 불어넣어줬고요, 제 생각과 글쓰기가 이로써 약간의 의의를 얻게 됐습니다.

W: 구체적으로는 어떤 주제의 연구였습니까?

X: 둥베이 지역에 관한 것이었습니다. 당시에 이 과제를 통해 훌륭한 연구를 하고 싶다는 욕심이 있었습니다. 여기서 '훌륭하다'는 건 무슨 의미일까요? 누가 기준을 정합니까? 둥베이 사람들의 기준이 아니죠. 제가 원저우 사람으로서 만드는 기준도 아닙니다. 서구의 전문화된 학술업계의 기준을 따르는 것이죠. 이런 일은 제가 잘 할 수 있는 게 아닙니다. 이런 목적으로 연구하면 제가 정말로 둥베이 사람들의 생활 속으로 걸어 들어갈 수 없습니다. 표면적인 것밖에 관찰할 수 없죠. 이런저런 결론을 내고 평론할 수는 있습니다. 학계의 규범을 따르는 것이죠. 하지만 별 의미는 없습니다. 원래 지역의 작은 향신이 가진 스타일을 포기할 수밖에 없습니다. 그냥 인정받기를 원하는 것뿐이죠. 왜 그런 외부의 인정이 필요한 것일까요? 그건 자신의 작은 세계가 없기 때문입니다. 만일 제게 자신의 진짜 작은 세계가 있다면, 설사 주변부에 위치한다 해도 실은 매우 강하고 큰 것입니다. 밖에 나가서 인정받을 필요가 없습니다.

W: 어떤 의미에서는 『글로벌 '바디 쇼핑'』도 이런 서양의 학술 규범을 통한 연구일 텐데요, 왜 그때는 이런 위기감을 느끼지 않았나요?

X: 그때도 시작하면서는 오랜 기간 곤혹스러워했습니다. 어떤 의도적인 학술 문제를 가지고 이른바 디아스포라의 자의식 연구를 해야 했으니까요. 오스트레일리아에 가서 연구하는데, 결과가 그리 좋지 않았습니다. 하지만 그 과정에서 '바디 쇼핑'의 이런 노동 경영 방식을 보고 아이디어가 떠올랐습니다. 사실 당시에도 지금의 이런 위기를 이미 감지하고 있었습니다. 하지만 그때는 필드 연구

에 몰두할 수 있었습니다. 박사 논문에 대한 요구 수준도 아주 높진 않았죠. 주로 수집한 자료를 봤고, 자료 안에서 알아낼 수 있는 것들이 있었습니다. 지금은 머릿속에 문제가 더 많고, 프레임도 더 많습니다. 필드에서 몰두한 시간도 많지 않습니다. 자료도 충분히 익숙하지가 않습니다. 그래서 자신감이 부족한 거죠.

W: 그 때문에 시종일관 '저장촌' 연구 당시의 상태로 돌아가고 싶은 강렬한 욕구가 있었던 것이군요.

X: 맞습니다. 제가 그런 상태를 꽤 즐깁니다. 하지만 이렇게 말하면서도 마음 한구석이 허전합니다. 아마 그 상태로 돌아가지는 못할 것이기 때문입니다. 우선 이 바람을 글로 써서 기록을 남겨놓으면 후대에는 교훈이 되겠죠. 향신의 관점으로 돌아가자! 이런 강렬한 바람이 있습니다. 제 생각에 제가 쓰는 모든 글 중에, 그들의 행위와 생각에 대해 묘사하는 것, 그것만이 정말 생명력과 힘이 있고 재미도 있습니다. 평론을 좀 많이 할 수도 있고 적게 할 수도 있지만, 모두 윤활제에 불과합니다. 만일 제가 조사하는 현장에 충분히 몰입하지 못한다면, 모든 것은 빈말에 불과합니다. 유일하게 내실 있고 짭짤한 내용은 모두 인민 군중에게서 나오는 것입니다. 정말 그렇습니다. 하지만 이렇게 하려면 자신감이 강해야 합니다. 혼란스러운 상황에서도 안정감 있게 해낼 수 있어야 합니다. 아주 오랜 기간 해야 하기 때문에 아마 관심을 끌지는 못할 겁니다.

W: 우리 눈으로 보면, 성과를 발표하고 옥스퍼드대학에서 가르치는 것만으로도 이미 인정을 받은 것입니다. 더군다나 서구 사회의 인

정을 받는다는 것은 중국인 입장에서는 더 높은 수준의 인정인데요. 이런 사실들이 그런 초조함을 덜어주지는 않나요? 이런 상황이 대체 어떤 영향을 끼치는 것일까요?

X: 참 설명하기 어려운 부분입니다. 제가 이런 초조함을 느끼는 이유 중 하나는, 이런 위치와 영예를 누리고 있기 때문입니다. 이런 위치가 아니고 그리 유명하지 않은 학교에서 정교수직을 얻기 위해 고민하고 있다면 아마 초조함조차 느끼지 못할 겁니다. 말씀하시는 게 맞지만 반대로 바로 이 위치 때문에 이런 문제를 고려할 능력도 생깁니다. 그런 의미로 따지면 옥스퍼드에 감사해야겠죠.

주제에선 벗어나지만 좀 구체적인 얘기 한 가지를 해드리죠. 올해 학생 모집을 관리하고 있는데요, 굉장히 많은 중국 학생이 지원합니다. 박사, 석사 모두 지원서를 봤습니다. 수많은 지원자가 유명인에게 간단한 추천서를 받았더군요. 또 다른 방법은 자기 지도교수에게 추천서를 받는 것이죠. 우리는 사실 이 추천인이 누구인지 전혀 모릅니다. 하지만 추천서 내용이 대단히 구체적이고 실질적입니다. 이런 상황에서, 후자가 압도적으로 더 효과가 있습니다. 제가 지원서 자료들을 볼 때 드는 생각은, 유명한 사람에게 추천서를 받는 것은 자신이 없어서 그들을 동원하는 것이 아닐까 하는 것입니다. 추천서를 봐도 아무런 정보를 얻을 수 없습니다. 지나치게 간략하기 때문입니다. 아주 형식적이죠. 지도교수에게 추천서를 받으면 내용이 구체적이고 실질적이라서 우리는 아, 이 사람은 진실한 사람이구나라는 느낌을 받습니다. 진실한 느낌은 대단히 중요합니다.

옥스퍼드가 초조감을 갖게 만든 것 중 하나는 제가 겪은 일종의 '문화 충격'에서 비롯됐습니다. 제가 막 옥스퍼드에 도착했을 때 연구 계획을 써야 했는데요, 첫 번째 버전을 보고 지도교수님이 깜짝 놀라셨습니다. 실행 불가능한 계획이라고 잘라 말씀하셨죠. 어떻게 이렇게 쓸 수 있냐고 물어보시더군요. 돌아와서 다른 사람이 쓴 계획을 살펴봤습니다. 저도 놀라 자빠졌습니다. 굉장히 솔직하고 소박하더군요. 마치 부모님과 토론하는 것 같았습니다. 이런 계획에 대한 평가가 저의 웅대하고 야심찬, 격식에 딱 맞는 계획보다 훨씬 더 높습니다. 중국에서 보고서를 쓰면, 일상생활보다 뭔가 수준 높은 것이어야 합니다. 격식을 차린 것이어서 생활과는 동떨어집니다. 만일 평범한 생활과 관련된 '먹고 마시고 자고 싸는' 일에 대해서 모두 쓴다면 비정상적으로 느껴질 것입니다. 나중에 제가 다른 사람들의 프로젝트 신청서를 평가했을 때인데요, 그중 하나가 굉장히 인상 깊었습니다. 부부가 함께 프로젝트를 신청하면서 함께 수행한다는 것을 크게 강조했습니다. 그래야 가정을 돌볼 수 있고 동시에 시간을 유효하게 분배할 수 있습니다. 굉장히 구체적으로 쓸 수 있죠. 중국에선 이런 개인적인 사정을 말하는 걸 회피하려 합니다. 반면 서구인들은 이렇게 씁니다. 저는 신청서를 다 보고 난 후에 추가점을 줬습니다. 계획이 매우 명확하고, 직접적이며 자신감에 넘친다고 생각했습니다. 이런 점은 중국인들이 배워야 합니다.

다시 본주제로 돌아가지요. 주변부로 밀려나거나 지식이 부족하다는 사실에 대해서 두려워할 필요가 없습니다. 자신이 부족하다는 점에 대해서 솔직히 표현하는 것은 사실 꽤 귀여워 보입니다. 허세를 부려서는 안 됩니다. 연구 주제 신청도 마찬가지입니다. 아주 구체적이어야 합니다. 만일 주제에 대한 신청인의 진심어린 관심을 제가 느낄 수 있다면, 저는 신청인이 왜 이 주제를 연구해야 하는지 더 잘 이해할 수 있습니다. 신청인을 더 신뢰하게 됩니다. 이 연구를 제대로 해나갈 수 있다는 점을 믿게 됩니다. 어떤 주제를 보면, 다른 사람 것을 베껴왔다는 점을 금방 알 수 있습니다. 앞의 경우와 전혀 다른 느낌을 받죠. 서구인들은 개인성을 대단히 강조하는데, 일리 있다고 생각합니다. 정치가도 마찬가지죠. 모든 사람이 이 사람의 생활습관을 알고 싶어합니다. 아침으로 뭘 챙겨 먹는지, 무슨 술을 즐겨 마시는지, 그 사람의 진실성을 제대로 알고 난 후에야 그를 믿습니다. 물론 동아시아의 (옛) 문화에서는 정치에 대해 상반된 경향을 보입니다. 이런 것은 모두 감춰져야 합니다. 지도자는 개인이 아니라 권력의 화신입니다. 완전히 다른 이해죠.

W: 선생님은 중국의 현실과 역사 문제에 대해서 말씀하실 때 비교적 담담한 것 같습니다. 중국 내의 학자들처럼 절박하거나 조바심 내지 않습니다. 이건 일종의 거리감 때문일까요? 외국에서 오래 사셨으니까요. 아니면 중심과 주변의 대응관계 같은 것일까요?

X: 일상생활 태도의 의의로 보자면 아마 관계가 있을 겁니다. 만일 중국에서 생활한다면 매일 스트레스나 근심이 아주 직접적이겠죠.

당연히 더 쉽게 감정적이 되고, 더 쉽게 판단을 내리게 될 겁니다. 저는 끊임없이 안으로 비집고 들어가야 한다고 강조합니다. 그런데 조급한 마음을 품으면, 들어가질 못하고 바깥에서 판단할 수밖에 없죠. '거리감'이라는 것은 분석상, 방법상의 개념입니다. 거리감과 '비집고 들어가기'는 일종의 변증법적 관계죠. 거리를 둔다는 것은 문제에 대한 관심의 정도를 의미하는 것이 아닙니다. 사실에 대해서 익숙해지는 정도를 말하자면, 이건 거리를 느껴서는 안됩니다. 가까울수록 더 좋죠. 자기를 밀어넣어서 융화하는 겁니다. 하지만 분석할 때는 산이나 언덕에 올라가서 평원을 바라보는 마음가짐이 필요합니다. 이렇게 더 객관적이 되고, 유연해지고, 전일적이 됩니다.

W: 중국에 머무는 시간이 짧은 편인데요. 국내 문제를 주로 어떻게 관찰하십니까.

X: 제가 논픽션 글쓰기를 좋아하는 이유는 이런 정보 수집 채널이 되기 때문입니다. 중국의 미디어 보도 중에는 좋은 글이 꽤 많습니다. 굉장히 자세히 조사하고 이에 대해 설명합니다. 하나의 사건에 대해서 맥락을 명확히 해줍니다. 제게는 도움이 많이 됩니다. 지식인과 비지식인의 경계가 갈수록 흐려지고 있습니다. 연구자와 피연구자 사이의 협력도 늘어나고 있죠. 게다가 피연구자들의 많은 생각이 분석 수준으로 볼 때 연구자들을 뛰어넘고 있습니다. 갈수록 연구자들의 역할은 기록자라든가 발굴자로 변하고 있는 것 같아요. 제게는 좋은 일입니다. 만일 청년들에 대해서 연구해야 한다

면 인터넷을 이용하는 것이 손쉬운 방법입니다. 제가 마을까지 들어가서 관찰할 필요가 없지요. 인터넷 사용자들의 피드백과 들이는 시간이나 에너지 자체가 연구의 일부가 됩니다. 연구자는 더 체계적인 자료 정리를 해야 하고 정확한 역사 서술을 해야 합니다. 이게 간단한 일은 아닙니다. 아마 꽤 지루하게 느껴질 겁니다. 하지만 창조적 관점으로 한마디 하는 걸로 끝날 수는 없습니다. 관점은 보통 사람들에게 속하는 것이고, 이걸 다시 정리하는 건 연구자들의 일입니다. 이미 많은 사람이 이 일을 하고 있습니다. 중국 사회 안에 엄청나게 많은 담론이 만들어지고, 스스로를 분석하는 것은 대단히 좋은 소재가 됩니다. 동시에 우리에게 영감을 줍니다. 심지어는 이론의 원천이 되지요. 원래 소재는 마을 속에서 발견할 수 있었고, 이론은 도서관이나 책 속에 있었습니다. 지금은 이게 완전히 뒤집혔습니다.

글로벌라이제이션과 역글로벌라이제이션

W: 최근 몇 년 중국 지식계도 미국의 선거나 영국의 브렉시트 등 일련의 국제 뉴스를 외국의 지식인들처럼 중시합니다. 감정상의 기복도 크죠. 글로벌라이제이션이 위기를 맞고 있다고 느끼고 있습니다. 이런 변화에 대해 어떻게 생각하시는지요? 선생님의 글로벌라

이제이션에 대한 판단에 영향이 있습니까?

X: 저는 좀 멀게 느껴집니다. 미국에서 어떤 사람은 이게 1차 위기일 뿐이고, 앞으로 인류의 가장 큰 위기가 닥칠 거라고 말합니다. 중국에서 '위기'라는 말은 1980년대에 대단히 중요한 개념이었습니다. 당시엔 모두 위기의식이 고조됐습니다. 중국이 어쩌면 지구상에서 추방될지도 모른다고 생각했습니다. 「하상河殤」에서 문명의 위기를 말했습니다. 하지만 이것도 지식인들이 만들어낸 개념입니다. 과연 무엇이 위기일까요? 보통 사람들의 생활 속에서는 젊은이들이 친구끼리 다투면 이게 위기일 겁니다. 혼자서 주식 투기를 하다가 손해를 본다면, 이건 꼭 위기는 아닙니다. 하지만 다른 사람에게 돈 벌 수 있다고 허풍 치다가 실제로는 돈을 잃으면 이건 위기입니다. 위기는 그냥 뭔가 잃어버리는 게 아니라, 이 손실에 대해서 설명할 수 없는 것을 의미합니다.

트럼프가 당선되면 세계 발전에 위기가 오지 않을까? 이건 지식인들이 스스로 만들어낸 문제입니다. 저는 이런 말에 민감한 편입니다. 아까 말한 대로 거리를 두는 동시에 안으로 비집고 들어가 연구합니다. 이게 아마 예가 될 겁니다. 트럼프가 당선된 것은 하나의 사실입니다. 우선 원인을 분석해야겠죠. 주로 민주당이 위스콘신 등의 몇 개 주에서 열심히 선거운동을 하지 않았기 때문입니다. 이 결과가 갑자기 부정적으로 나타났죠. 하지만 이것도 다 이유가 있습니다. 이들 중공업 지대가 쇠락했기 때문입니다. 사실 어느 정도 우연도 있습니다. 이게 전체 미국의 대전환을 의미하지는 않습니다. 비례 분석을 하고 경중을 가려야 합니다. 필경 여전히 대부분의 사람은 민주당에 투표했을 겁니다. 지금은 러시아의 개입 때문이라고 합니다. 좀 우스운 이야기죠. 러시아에도 색깔혁명이 일어나야 한다고 이야기합니다. 미국은 매일매일 이런 혁명을 하고 있지 않나요?

두 번째로 러시아가 간섭을 했다고 칩시다. 사람들의 감정에 영향을 미칠 수 있겠죠. 하지만 진짜 투표를 할 때는 사람들도 머리가 좀더 맑아집니다. 기본적인 정책도 이해하고, 후보들이 어떤 사람인지 알게 됩니다. 저는 이런 소란이, 미국의 중산층이 현실을 제대로 설명할 수 없게 됐을 때, 엉뚱한 이유를 들이대며 위기감을 과장하는 거라고 생각합니다. 그래서 조금 거리를 두고 지나치게 달궈진 현실을 냉정히 분석해서 대체 진짜 원인이 무엇일까 생각해봐야 합니다. 제가 우선 분석해본다면, 이런 현상은 두 개의 미국 사이의 관계 조정 과정이라고 여겨집니다. 첫 번째 미국은 물론 글로벌 미국, 엘리트 미국입니다. 두 번째 미국은 지방의 미국, 보통 사람들의 미국이죠. 트럼프는 보통 사람들, 평민의 미국을 대표해서 엘리트 미국에 반대하는 일종의 반동입니다. 장기적으로 보자면 트럼프가 과연 현재 전 세계의 정치 구도에 어떤 영향을 미쳤는지, 아직은 명백한 증거를 들어 재난에 가까운 결과를 가져왔다고 증명할 수준은 아닙니다. 도대체 종잡을 수 없는 사람이죠. 그럼 (중국 입장에서는) 아주 좋은 거 아닌가요? 상대방이 문제가 많은 사람이라면 우리 쪽이 (현명하게 대처한다면) 더 유리한 위치에 놓인 거라고도 할 수 있죠.

'거리를 둔다'는 말은 사실은 '역사적 감각'에 해당되기도 합니다. 어떤 사건이 발생했는데, 이걸 상징적인 기호로 삼아 너무 크게 전면적인 해석을 하려드는 태도, 저는 이런 흐름에 반대합니다. 사람의 일생은 그리 길지 않습니다. 그래도 70~80년쯤은 되죠. 만일 2~3일 사이에 무슨 일이 벌어진다면 더 긴 시간 프레임을 두고 경중을 살펴야 합니다. 역사라는 게 원래 이렇게 아래위로 변화하게 마련이죠. 이런 것도 거리를 두고 보는 시각이라고 생각합니다. 저는 아이제이아 벌린●에 대해서 거리를 느낍니다. 그분이 제 정신적 스승이라고 생각하진 않아요. 하지만 세계 역사에 대한 거리를 두는 분석은 대단히 좋아합니다. 즉자적으로 판단하지 않습니다. 역사에서 이런 일이 지금 벌어지는 것이 (장기적으로) 좋은 것인지 나쁜 것인지 알 수 없다고 늘 일깨워줍니다. 동시에 아마 위기는 이런 것일지 모른다고 말해주죠. 지식인의 관점에서 조심스레 반론을 제기하면서 모든 사람이 휩쓸려 들어가는 흐름으로부터 거리를 두고 바라봅니다. 큰 흐름을 꿰뚫어보면서 작은 경보를 울려주는 거죠. 이런 깨달음은 굉장히 섬세한 분석과 관찰에서 나오는 것입니다. 상상력을 통해 일반 원칙을 되뇌는 것이 아닙니다. 그저 단순한 지적도 아니고요. 너무 빨리 달리다보면 벽에

● 아이제이아 벌린(1909~1997)은 영국의 자유주의 정치철학자다. 소극적 자유와 적극적 자유라는 자유의 두 가지 개념을 제시한 것으로 유명하다. 연구자로서뿐 아니라 현실 국제정치에 적극적으로 개입하는 로비스트로도 활약했다.

정면충돌하게 마련입니다. 이런 게 '거리두기의 감각'이라고 생각합니다.

1950년대에 옥스퍼드에서 굉장히 중요한 '역사란 무엇인가?'라는 논쟁이 있었습니다. 벌린과 좌파 역사학자 E. H. 카*가 소련의 성공을 어떻게 이해할 것인가를 놓고 대립했습니다. 저는 원래 카를 지지하는 입장입니다만 나중에 벌린의 관점이 매우 중요하다는 것을 깨달았습니다. 간단히 이야기하자면, 카는 소련이 이미 성공했고 역사학자의 임무는 왜 성공했는지를 해석하는 것이라고 생각했습니다. 왜 이렇게 됐는지 알아야 한다는 거죠. 이건 물론 일리 있는 말이에요. 지금 자유주의자들은 트럼프의 당선이 재난적인 상황이라고 말합니다. 하지만 왜 이런 결과를 가져왔는지 그 배후에 놓인 이유와 나름의 합리성을 살펴보지 못합니다. 벌린의 관점은 소련 성공의 배후에 어떤 필연성이 있는지 우리는 알지 못한다는 것이었습니다. 어떤 역사적 사실이 어쩌면 수많은 우연적 요소가 겹쳐서 벌어진 일일 수도 있고, 최후의 결과가 어떻게 될지도 알 수 없다고 했죠. 오늘날 할 수 있는 건 일찍이 보유한 역사적 경험과 우리 자신의 도덕 원칙에 근거해서 사람들에게 경고하는 것입니다. 모두에게 위험이 어디에 있는지 일깨워주는 것이죠. 어

● E. H. 카(1892~1982)의 『역사란 무엇인가?』는 케임브리지대학 강연록을 바탕으로 한 책으로 세계적인 고전의 반열에 드는 저작이다. 특히 한국에서는 영화 「변호인」에서 송강호가 법정 변론을 할 때, 이를 인용함으로써 대중적으로도 널리 알려졌다.

주변의 상실

쩌면 새로운 영향을 미칠 수도 있기 때문에 준비를 잘 해둬야 합니다. 그냥 이미 벌어진 일을 해석하는 것만으로는 부족합니다. 이런 두 가지 사고방식은 모두 중요합니다.

W: 트럼프는 지금 본토가 중심이 되는 보호주의로 전환하는 일종의 반글로벌라이제이션 과정을 대표한다고 볼 수도 있습니다. 모든 국가가 자기 자신의 입장으로 후퇴하고 있습니다. 젊은 엘리트들은 더욱 직접적·보편적으로 글로벌라이제이션의 혜택을 입었습니다. 개중에는 유럽에서 공부하고 생활한 사람들도 있죠. (트럼프 지지자들이) 이들에 대해 가진 반감이 여기서 나옵니다. 글로벌라이제이션을 연구하는 경험 속에서 글로벌라이제이션 조류가 전환되는 것을 감지하고 계십니까?

X: 저는 반대로 그 젊은 엘리트들이 어떻게 이 과정에 대해서 느끼고 있을지 궁금합니다. 지금 이른바 반글로벌라이제이션에 대한 대부분의 이야기는 담론 차원에 그치고 있을 뿐입니다. 트럼프가 말하는 관세나 환경 보호 정책에 대해 우리는 아직 결과를 알 수 없습니다. 이런 담론 자체가 중요합니다. 반글로벌라이제이션을 이야기하고 있지요. 하지만 이 또한 하나의 글로벌한 현상입니다. 각각의 지역에서 비슷한 이야기들을 하고 있지요. 이건 또 다른 글로벌라이제이션 아닐까요? 20세기인 1940~1960년대에 민족국가들이 수립되고, 원래 식민주의 아래에서 통일돼 있던 시장이 각각의 독립된 국가로 나뉩니다. 이것도 아주 중요한 글로벌라이제이션 과정입니다. 민족의 독립은 하나의 글로벌한 운동이었죠. 아시

아, 아프리카와 라틴아메리카를 포함해 글로벌한 대화와 교류가 이루어졌습니다. 이렇게 본다면, 반글로벌라이제이션의 목소리가 청년들의 행위나 사고에 정말로 어떤 영향을 끼칠지 저는 좀 모호하게 여겨집니다. 만일 영향이 없다면 이런 담론 자체가 필요 없어지죠. 중국은 대국입니다. 한 가지 큰 장점은 굳이 글로벌라이제이션을 하지 않아도 자국 내에 굉장히 거대한 공간을 가지고 있다는 것입니다. 글로벌라이제이션이나 반글로벌라이제이션과 같은 이야기는 아마 어느 정도 거품이 끼어 있을 겁니다. 이런 거품은 사람들을 뉴스 속에 포함된 수많은 말에 묻혀 길을 잃게 만들죠.

W: 이 토론에 대해서는 중국 내에서 또 다른 반응도 있습니다. 애국주의 정서가 과도하게 고조되는 것입니다. 어떤 사람들은 글로벌라이제이션으로부터 앞서 이야기한 '상喪의 감정'을 느끼는 동시에 또 다른 쪽 청년들은 더 지역적인 것들, 심지어는 더 민족주의적인 중국 서사를 받아들이고 있습니다. 중국 내의 이러한 현상과 유사하게 소위 포퓰리즘이 미국이나 유럽에서 기세를 올리고 있습니다. 어떻게 보시는지요?

X: 한번 이야기해보지요. 첫째로, 역글로벌라이제이션을 어떻게 정의해야 할까요? 우리는 일반적으로 소련과 동유럽이 해체된 후, 전체 공산주의 세계가 서방이 주도하는 국제 시장으로 딸려 들어간 것으로 알고 있습니다. 기술이 발전하고 교통수단도 발전했습니다. 프랜시스 후쿠야마가 말한 소위 '역사의 종언'이 왔습니다. 역사는 더 이상 모순과 대립의 변증법적 운동에 의존하는 것이 아

주변의 상실

니라, 모든 사람이 하나의 이념에 동의하면서 순항하게 됐다는 거죠. 지금 브렉시트와 트럼프가 의미하는 것은 이 과정에 대한 반동으로 보입니다. 국제 무역, 국제 교류도 감소하고, 모순과 대립이 이런 흐름을 촉진합니다. 하지만 저는 아직 결론을 내리기엔 이르다고 생각합니다.

브렉시트는 사실 상황이 꽤 복잡합니다. 브렉시트에 찬성한 많은 이가 작금의 영국 사회에서 별로 혜택을 입지 못한 농촌 사람들입니다. 생활은 더 어려워졌죠. 하지만 브렉시트를 주도한 이들은 보리스 존슨 같은 엘리트들입니다. 소위 블루칼라에 보라색 양말이 더해졌죠. 블루칼라는 노동자, 보라색 양말은 귀족입니다. 보라색 양말이 왜 브렉시트를 택했을까요? 이 사람들은 원래 민족주의 개념이 없습니다. 한 인도 작가가 이렇게 쓴 적이 있습니다. 영국에는 황족이 있고, 공화파도 있고, 인종주의도 있다. 하지만 민족주의는 없다. 왜냐하면 영국인은 원래부터 세계를 문자 그대로 세계로 보기 때문이다. 영국이 하나의 국가로 성립됐을 때, 영국은 이미 제국의 형식을 갖게 됐다. 보리스 존슨의 주장은 영국이 예전의 대영제국으로 돌아가야 한다는 것이고, 원래 영국은 글로벌 파워라는 것입니다. 그런데 우리가 왜 브뤼셀의 EU 관료들과 거래를 해야 하냐는 것이죠. 이렇게 이 사람들의 전 지구에 대한 이해는 우리의 것과 다릅니다. 그래서 유권자들에게도 이렇게 얘기했습니다. 브렉시트를 한 후에 우리가 인도나 중국과도 더 좋은 관계를 만들 수 있다. 물론 미국과도 직접적인 무역을 해서 브렉시트의 비용을 낮추겠다는 희망에 기대게 됩니다. 이런 논리를 우리가 흔히 생각하는 민족국가 단위의 구도로 돌아간다고 말하기는 좀 어렵습니다. 미국 입장에서 보자면, 탈글로벌라이제이션은 상상하기 어려운 일이죠. 왜냐하면 미국의 주요 경제 영역은 모두 글로벌 속성을 갖고 있거든요. 중국과 무역전쟁을 벌이는 것도 중국과 글로벌 통제권에 대한 쟁탈전을 벌이는 것이죠. 5G 같은 기술 표준에 대해 다투면서요. 이건 두 나라 사이의 다툼이 아닙니다. 두 개의 글로벌 세력이 쟁패를 벌이는 것이죠. 그래서 글로벌 속성은 줄어들 수가 없습니다. 반대로 우리가 앞으로 목도하게 될 문제들의 글로벌 시각이 반드시 더 민감해질 것이라는 의미입니다. 줄어드는 게 아니라요. 이게 첫 번째고요.

두 번째로는 당연히 글로벌 구도의 구체적 형태가 확실히 변화할 것입니다. 원래 우리는 중국이 글로벌라이제이션을 하나의 출구로 삼을 수 있을 거라고 생각해왔습니다. 중국이 개혁개방을 하고, 개방이 개혁에 비해서 더 중요합니다. 개방할수록 개혁이 가속화되는 거죠. 덩샤오핑이 이야기합니다. 외국에서 배우고, 시장을 이용해서 기술을 전환하고, 내부 개혁을 촉진해야 한다고. 하지만 오늘날 글로벌라이제이션은 우리의 각종 문제에 대해 해결 방안을 제시해주지 못합니다. 새로운 문제를 불러오죠.

중국 담론을 말씀하셨는데요. 보통 중국 사람의 심정으로 말하자면 아마 반드시 중국 담론이 필요하다고 느낄 겁니다. 우리에겐 이런 이야기가 있고, 재료들이 있고, 자신감과 바탕이 있어서 이

주변의 상실

중국 담론을 이야기해야 한다는 거죠. 반면 제 생각엔, 중국의 이 야기를 잘 해야 한다는 이런 심리적 요구 자체에 문제가 있다는 것 입니다. '일대일로'가 정말 중국의 이야기냐는 거죠. 만약 파키스 탄, 에티오피아 사람들을 이 서사 안으로 끌고 들어오면 그들은 어 떻게 말해야 하는 겁니까? 이야기가 복잡해집니다. 외교관이라든 가 무역하는 사람들, 엔지니어들과 이야기하면 어떤 때는 제대로 말하기 힘들어집니다. 왜냐하면 그분들은 '일대일로'를 중국 이야 기로 만들고 싶어하지 않거든요. 그런 식으로 전 지구적 주목을 한 몸에 받게 되면, 그 사람들의 투자는 모두 배후에 베이징의 전략적 고려가 도사리고 있는 것으로 간주됩니다. 하지만 실제로는 중국 내에서 신발을 다 팔지 못하니까 아프리카에 가서 파는 겁니다. 그 런데 막상 외국에 나가면, 외국 사람들 눈에는 쓰촨四川 사람이 나 와서 노동하고, 허난河南 사람이 와서 농사짓고, 원저우 사람이 라 이터를 파는 게 죄다 똑같은 '일대일로' 계획의 일부로 보입니다. 중국 경제의 규모가 이렇게 크니, 바깥으로 나가는 건 굉장히 자연 스럽습니다. 위에서 고무하지 않아도 알아서 그렇게 합니다. 하지 만 이렇게 다양하고 풍부한 이야기를 하나로 뭉뚱그려버리면, 불 필요하게 다른 나라 사람들이 경계심을 품도록 만듭니다.

그래서 중국 담론에 대한 요구는 제가 보기엔 상당히 협소한 시각의 산물인 것 같습니다. 일종의 제도적 프레임으로 스스로의 경계를 만드는 것입니다. 너는 중국인이고, 중국에서 태어났고, 중 국에서 자랐다. 이건 사실이죠. 하지만 문제를 볼 때는 한 사람의 어머니일 수도 있고, 딸일 수도 있고, 60세에 은퇴한 교사일 수도 있습니다. 이게 문제를 보는 시각입니다. 타이에 여행을 갔다고 생각해보세요. 타이 사람들의 은퇴 후 생활에 눈길이 갈 겁니다. 유럽에 여행을 간다면 아마 유럽의 어머니가 친근하게 느껴질 수 있겠죠. 더 중요한 사실은 우리 모두 보통 사람이라는 겁니다. 국가권력과는 관계가 없어요. 국가의 정책에 대해서도 익숙하지 않죠. 그런데 왜 꼭 국가적 관점으로 세상을 봐야 하나요? 중국 담론이 꼭 필요하다고 느끼는 건, 어쩌면 자기 생활에 자신감이 없기 때문일지 모릅니다. 거대한 국가와 민족의 모자를 눌러써야만 안전하다고 느끼는 거죠.

W: 중국 담론은 아래로 계속 내려가며 분석할 수도 있는 것 아닌가요? 인류학적 의의로 보건대, 오늘날 많은 사람이 그중에서 향토철학이나 일상생활의 내용을 더 자세히 들여다보고 있는 것 같은데요. 정치적 실천으로 봐도 인민의 철학이란 것들이 있었습니다. 고대에도 이런 사상이 있었고요. 심지어 지금에 와서 봐도 굉장히 구체적이고 뚜렷이 드러나는 성취들이 있습니다. 어떤 부분들이 더 건강하고 더 참고할 만한 의의를 가지고 있을까요?

X: 중국 담론을 해결하기 위한 구체적인 문제들은 확실히 더 의의가 있습니다. 예를 들어 경제, 수명의 수준을 인도와 비교하면 최소한 1990년대에 이르러 중국이 더 좋은 성과를 거뒀죠. 하지만 중국의 전체 위생, 교육 상태에는 새로운 위기가 등장합니다. 학교에 다니지 않는 어린이가 상당히 많습니다. 농촌 교육이 문제에 봉착했죠.

주변의 상실

물론 성공의 경험도 있습니다. 이걸 사회과학적 방법으로 분석해야 합니다. 성공의 경험이 있다고 해서 이게 중국의 경험이고 중국 특색이라고 한다면, 과거 4000년간의 경험은 뭐라고 설명할 수 있습니까? 어째서 문명대국이 순식간에 그렇게 낙후한 곳이 된 것일까요? 지금 성공의 배후 원인은 무엇일까요? 왜 교육이 다시 위기를 맞고 있을까요? 등등 모두 역사를 들여다봐야 합니다. 물론 중국 안에서 발생한 일들은 많은 중국적 요소를 갖고 있습니다. 하지만 중국이라서 이런 결과를 얻었다는 식으로 귀결시킬 수는 없습니다. 사실은 많은 요소가 중국이라는 배경 안에서 함께 작용해서 특정한 결과를 가져오게 합니다. 그래서 사회과학은 이런 요소들을 쪼개서 분석disentangle할 수 있어야 합니다. 하나하나 쪼개서 보고, 가장 핵심적인 요소가 뭔지 알아차릴 수 있어야 합니다.

중국 담론을 쪼개서 구체적인 문제로 분석하려고 하면 비교 방법을 택할 수 있습니다. 중국과 한국을 들어서 원래 '아시아의 네 마리 용'과 비교하고 유럽과도 비교합니다. 유럽은 아마 단기적인 문제 해결능력 면에서는 뛰어나지 못할 겁니다. 중국은 반대로 모든 성의 역량을 동원하고, 전국의 역량을 동원해서 한 가지 일을 처리합니다. 당연히 굉장히 잘 처리합니다. 하지만 문제는 그 이듬해도 봐야 한다는 거죠. 이 일을 처리하고 나서, 10년 후에는 어떤 효과가 있을까요? 이런 식으로 문제를 해결하는 능력에서 유럽은 매우 성숙합니다. 매일 항의 시위가 있고 허구한 날 불만을 토로합니다. 이런 상태가 정상입니다. 일종의 정치적 지혜로 볼 수도 있습니다. 중국인은 아마 영국에서 수상을 하고 싶어하지 않을 겁니다. 하루 종일 욕을 먹습니다. 그냥 보통 상처받는 게 아닙니다. 한 명도 칭찬해주는 사람이 없습니다. 하지만 이건 피할 수 없는 도전입니다. 어떻게 정적의 이견을 처리할 것인가가 정치적 지혜를 시험하는 순간입니다. 꽤 재미있습니다. 중국인들의 문화로는 받아들이기 힘들 겁니다. 하지만 원래 사는 게 그런 거 아닐까요? 가정을 이루고 나면 매일매일 할 일이 있지요. 성취도 있습니다. 아침에 뭘 먹을지 가족끼리 상의해야 합니다. 호떡을 먹을 수도 있고, 기름꽈배기油條를 먹을 수도 있습니다.

문제를 구체화하기 위한 두 번째 고려 사항은 평가의 방법입니다. 성공을 어떤 측면에서 봐야 할까요? 누구의 잣대로 봐야 할까요? 어떤 시점으로 봐야 할까요? 예를 들어 친후이秦暉(1953~)와 뤼신위呂新雨(1965~)●가 벌인 빈민굴에 대한 논쟁은 들여다볼 만한 가치가 있습니다. 중국의 도시에는 빈민굴이 없습니다. 중국의 큰 성과 중 하나죠. 그렇지만 농민의 관점에서 보자면, 빈민굴의 존재는 하나의 생계 수단을 마련해줍니다. 빈민굴은 농민이 도시에 들어올 수 있는 진입로입니다. 빈민굴이 없으면 진입 자체가

● 자유주의 역사학자 친후이는 도시 빈민굴을 허용하지 않는 중국의 정책이 농민(공)들이 더 나은 삶을 추구할 기회 자체를 봉쇄한다고 비판했다. 반면, 신좌파 미디어학자인 뤼신위는 농촌의 환경을 개선하여 농민이 농촌에 남도록 하는 것이 더 나은 방법이라고 주장했다. 2010년경에 이루어진 이 논쟁은 실은 후커우戶口 제도를 통해 이뤄지던 도농이원제의 정당성에 대해 질문을 던진 것이기도 했다.

주변의 상실

힘들어집니다. 물론 이 사례에서 친후이가 빈민굴의 존재를 긍정하는 것이 완전한 설득력을 갖지는 못합니다. 왜냐하면 실증 자료를 볼 때, 빈민굴이 아주 많은 기회를 제공해주는 것은 아니기 때문입니다. 반대로 인도와 필리핀의 상황을 보면 확실히 빈민굴이 하나의 거대한 정치적 역량을 형성합니다. 하지만 중국에서는 철거를 하면 그냥 철거당합니다. 생활 비용은 끊임없이 올라가고 농민공의 삶에 큰 압력이 됩니다. 이것도 지식인들에게는 생각할 거리가 됩니다. 한 가지 사실을 발견했다고 너무 쉽게 흥분해서는 안 됩니다. 만일 우리 도시화가 잘 진행됐다고 자평한다면, 다른 질문도 던질 줄 알아야 합니다. 원래 여기 살던 사람들은 어디로 갔을까? 그들은 이 도시화를 어떻게 생각할까? 왜 다른 나라에서는 그런 사람들이 정리되지 않았을까? 끊임없이 물어봐야 합니다. 계속 묻는 게 고의적으로 문제를 찾아내려는 의도를 가진 건 아닙니다. 그냥 일종의 즐거움입니다. 제 생각에는 이런 것이 반성적 사유입니다. 반성적 사유가 꼭 이를 악물고 해야 하는 것은 아닙니다. 어떤 때는 앞서 비유적으로 말했던 신도덕, 모Mo 선생과 같습니다. 머리에서 모자를 벗어들고 손바닥 위에서 이렇게 저렇게 뒤집어 봐야 사정을 제대로 파악할 수 있습니다.

1980년대를 들어 1980년대를 비판하다

W: 글로벌라이제이션의 배경에는 국내의 맥락도 있습니다. 모든 사람이 글로벌라이제이션이나 개방적인 현대의 담론을 큰 기대를 가지고 뜨겁게 환영합니다. 이게 아마 앞서 말한 1980년대의 문제와 연관이 있을 듯합니다. 가장 가까운 출발점이라고 할 수도 있겠죠. 1980년대 이래 중국 사회와 지식인 세계의 변화를 묘사함에 있어 선생님의 관점은 국내의 주류 의견과 좀 다른 것 같습니다. 많은 사람이 그 시절에 대해 향수 어린 기억과 시각을 지니고 있습니다. '아름다운 시절'로 묘사하는 거죠. 21세기로 진입한 지금 인문정신도 사라졌습니다. 계몽의 분위기도 찾을 수 없습니다. 지식인은 중심에서 변두리로 밀려났고 왕좌에서 실족했습니다. 이게 지식인들이 이야기하는 역사죠. 그런데 한편에선 대중 여론 측면에서, 인터넷 기술 도구의 보급과 함께 여전히 사회적 논쟁이 가능해졌습니다. 더 많은 사람이 논쟁에 참여해 의견을 표명하기도 합니다. 그러니까 지식인들의 주장에 도전하는 것 같습니다. 트럼프를 포함한 포퓰리즘의 흥기와 비슷합니다. 1980년대에 대한 선생님의 인식은 어떻게 만들어진 걸까요?

X: 저도 원래는 1980년대를 좀 감성적인 태도로 바라봤습니다. 루쉰이 이야기한 '마음속에 의심이 생기는 것을 두려워하지 마라心理不禁起疑'와 같은 느낌이죠. '의심이 생기다起疑'라는 재미난 말이 저

는 참 마음에 듭니다. 저는 루쉰의 글 스타일을 좋아합니다. 사용하는 동사나 심리 상태를 묘사하는 방식이 참으로 적실합니다. 후스胡適의 글도 좋아합니다. 후스는 영국식 실용주의, 실증주의자이고 글의 스타일도 좋습니다. 한번은 중국 현대 천문학의 태두인 가오핑즈高平子의 손자가 후스에게, 성리학의 핵심 이론을 만든 장재張載(1020~1077)의 '위천지입심, 위생민입명, 위왕성계절학, 위만세개태평爲天地立心, 爲生民立命, 爲往聖繼絶學, 爲萬世開太平'을 계승해야 한다고 말했습니다. 그러자 후스가 반문했습니다. '천지에 마음을 세우다爲天地立心'라는 말이 대체 무슨 뜻입니까? 설명을 부탁드리겠습니다. 당신의 조부는 천문학자가 아닙니까? 이렇게 의미가 분명치 않은 말을 인용하지 마시길 바랍니다. 실증적 기반이 없는 현학적인 이야기를 하지 마라는 뜻입니다. 실제 생활과는 관계없고 막연한 정서만 표현할 뿐이니까요. 후스의 관점에서는 전혀 가치가 없는 이야기입니다. 이런 점에서 저는 왕후이 선생에게 감사해야 합니다. 저는 (1980년대의 말과 생각에 대해) 스스로 반성하면서 거리를 두는 습관을 들였는데, 상당 부분 왕 선생님의 영향을 받았습니다. 그분도 그 시절을 거쳤지만, 원래부터 엘리트주의자가 아닙니다. 지식인은 반드시 농민, 노동자와 연대한 군중 노선을 걸어야 한다고 생각하시죠.

저는 지금 이런 논쟁이 있다는 것을 알고 매우 기뻤습니다. 원래 군중 노선은 좀 과도하게 낭만화한 경향이 있다고 느껴왔습니다. 그리고 실천하기도 어렵죠. 아직까지도 성공한 사례가 없습니다. 하지만 지금 사상적·문화예술적으로 군중 노선은 반드시 실행돼야 합니다. 사회가 매체화해서 많은 정보를 얻을 수 있고 교육 수준이 높아진 것을 생각해보세요. 지금의 군중은 이미 예전의 군중이 아닙니다. 현재 지식인들은 제 역할을 못 하고 있습니다. 만일 군중의 자발성에 전적으로 기대야 한다면, 그건 불가능할 것입니다. 여전히 도구가 필요하고, 가이드가 필요합니다. 우리가 가서 지도자 노릇을 해야 한다는 말이 아닙니다. 그렇더라도 조직화는 필요합니다. 반 미팅을 하는 것과 마찬가지입니다. 팀을 나누고 여기서 함께 토론하도록 주제를 정해줍니다.

W: '문화열'이 생활의 실천과 어떻게 동떨어지게 됐는지 설명해주시겠습니까?

X: 좀 이상하게 들릴 텐데요. 1980년대에 엄청나게 많은 사상적 논쟁과 사유가 있었기 때문인지, 수많은 지식인이 1980년대의 열정을 그리워합니다. 저도 그 중요성을 부정하는 것은 아닌데요. 동시에 말씀드리고 싶은 것은, 지금 우리가 그때의 격정을 되찾을 필요는 없다는 겁니다. 지금은 더 지역적인, 더 구체적인 반성적 사유를 해야 합니다. 대중의 경험과 직접적인 상관이 있어야 하고요, 정치경제학적 분석이 필요합니다. 기술의 이해와도 상관이 있어야 하고요. 1990년대 초에 왕위안화王元化●는 "사상이 퇴조하고, 학술이 부흥한다"고 했지만, 지금 와서 보면 소위 학술과 사상은 실은 완전히 통합될 수 있습니다. 오늘날의 사상은 반드시 학술 조사와 연구, 상세하고 엄밀한 사고를 필요로 합니다. 결국 무슨 일이 일

어났는지 명확하게 말할 수 있어야 합니다. 어떠해야 한다는 당위가 아니라요. 소위 상부 설계라 불리는 이런 주장에 대해서 저는 그다지 동의하지 않습니다. 이게 어렵기 때문에, 정치가라면 중대한 결정을 내릴 때 반드시 판단을 해야 합니다. 방향성도 있어야 하고요. 하지만 이걸 상부 설계라고 부르지는 않습니다. 그냥 일종의 전략적인 파악이죠. 왕후이 선생은 1980년대의 지식인들 간의 논쟁에서 사용하는 말을 '자태성姿態性(gesture)'이라고 설명합니다. 물론 1980년대뿐 아니라 중국의 지식인들은 항상 '자세와 태도를 앞세우는 (폼을 잡는) 성향'이 강했습니다. 저는 왕후이 선생의 이런 설명이 매우 정확하다고 생각합니다. 이렇게 많은 사람이 늘 '폼을 잡는데' 구체적으로 명확한 설명은 못 하죠. 그냥 단정적인 주장을 늘어놓는 겁니다.

W: 이렇게 겉돌게 된 원인이 뭘까요?

X: 1980년대에 이분들은 지청知靑과 비슷했습니다. 제가 「지식청년 시대의 종언」에 쓴 것처럼요. 이게 문자 그대로의 '지식청년'은 아니고요, 주로 대도시나 중간 규모의 도시에서 교육을 받은 청년이고, 끝으로 이들은 고급 간부의 자제들과 관계있습니다. 지청을 이야기하면 다들 상하이 지청, 베이징 지청부터 떠올리는데요, 사정이 좀 있습니다. 당시에 여성 지청들이 농촌 마을 간부에게 성폭행

● 왕위안화(1920~2008)는 공산당원으로서 평생 헌신한 존경받는 학자다. 마오 시기에는 '자유주의적'이라고 인식되기도 했다. 1980년대에 많은 영향을 끼쳤다.

을 당했다는 식의 이야기가 많이 돌았습니다. 실은 극소수의 이야기일 뿐이죠. 성폭행은 물론 범죄이고요. 하지만 이런 이야기가 돌았던 진짜 이유랄까, 의미는 농민과 도시의 관계에 있습니다. 일종의 지청 수난기 서사죠. 여성 지청은 가장 순결한 대상이고, 결과적으로 농촌의 마을 간부에게 더럽혀졌다, 가장 아름다운 보물이 가장 추한 존재에게 짓밟힌다, 이런 문학적 서사입니다. 전형적인 그리스 비극의 구조이기도 할 텐데 그 효과는 명백했죠.

1980년대에 대한 반성에서 많은 문제가 중요합니다. 그런 역사적 단계에서 이런 격정을 갖게 되는 것은 매우 정상적입니다. 굉장히 귀한 감정입니다. 역사의 일부분이기도 하죠. 당시에 '지식계'라는 말이 있었습니다. 저는 이 표현을 이렇게 해석합니다. 당시에 국가와 지식계, 즉 지식인 사회의 구분이 없었습니다. 결국 중요한 건 엘리트 내부의 분화입니다. 나뉜 이유는 당시 엘리트들이 갈수록 '자태화'됐기 때문입니다. 예를 들어 상하이의 『세계경제도보世界經濟導報』●에서 전체적으로 공유제를 폐지해야 하지 않느냐는 논쟁의 불을 지폈는데요, 실제 운영 측면에서 비현실적인 이야기였습니다.

W: 오늘날의 상황과도 비슷하군요. 모두가 포퓰리즘이 대중이 일어서는 것이라고 느끼더군요. 하지만 포퓰리즘의 배후는 여전히 엘

● 이 매체는 한때 공산당 일부 지도자의 지지를 받아서 상당히 과감한 주장을 펼칠 수 있었다.

주변의 상실

리트입니다. 엘리트 내부에서 새로운 투쟁이 벌어지는 것이죠. 만일 그런 엘리트적 자태와 선을 분명히 그어야 한다면, 기존의 지식계나 문화권에서 벗어나 우리는 어떻게 스스로의 위치를 정의해야 합니까?

X: 그건 조금 다릅니다. 물론 그때와 달라져야 하지만 비슷한 부분도 있죠. 1980년대에는 모두가 지식인이 '민간의 지혜民智'를 대표한다고 생각했습니다. 대단히 강한 도덕적 색채가 있고, 국가의 담론을 대리한다는 인상이 있었습니다. 지금의 지식인은 스스로를 사회의 일개 직군으로 생각합니다. 돈도 벌고 생활도 윤택해야죠. 누군가를 대표하고 싶다는 생각도 없습니다. 지식인이 나서서 누군가를 대표하지 않습니다. 1990년대 이후의 중요한 흐름은 지식인의 주변화입니다. 더 이상 지식인을 '사회에 가르침을 주는 존재'로 삼지 않습니다. 당시에 우리가 갓 대학에 입학했을 때 '세속화'라는 말을 배웠습니다. 원래 모두 정신적 열정을 논했지만, 지금은 모두 실질을 이야기합니다. 현대화의 전체적인 방향이라고 생각합니다. 비교적 전형적인 이가 류짜이푸劉再復(1941~)입니다. 그는 미국에서는 사람들이 NBA 농구 선수가 대학교수보다 더 대단하다고 생각한다고 합니다. 공항에 가보면 사람들이 프로 농구 선수나 스타들의 사인을 받고 싶어한답니다. 그는 이게 좋은 일이고 이런 상업화가 민주적 참여도 촉진한다고 말합니다. 저는 당시에 이런 말에 꽤 공감했습니다. 왜냐하면 지식계의 그런 지나친 자태화에 반감을 품었기 때문입니다.

하지만 지금 상황을 보자면 주변화하는 수준을 넘어서 고립되고 있습니다. 대학교수가 직업군이 돼버렸고 이 그룹은 직업윤리를 잘 따지지 않는 편입니다. 사실은 지식인이나 정신적 스승 이런 얘기까지 할 필요도 없습니다. 주점의 바텐더에게도 직업윤리는 있습니다. 당시에 저는 지식인이 주변화한 후에 오히려 사회와의 관계가 더 유기적이 될 것이라고 생각했습니다. 순수하고 추상적인 지식인이라는 건 존재하지 않게 되죠. 구체적인 정체성이 있고, 교사는 우선 가르쳐야 합니다. 깊이도 있어야 하고 전문가 정신도 필요합니다. 연구 성과를 내야 하고 이 성과에는 유기성이 요구됩니다. 유기성은 사실 유한성을 뜻합니다. 사회와 모종의 관계가 만들어져야 합니다. 총체적인 사상의 개괄을 여기서 논할 수는 없습니다. 지금 이게 안 되고 있습니다. 시야를 좁히고 전문성은 확보했는데 유기적이지는 않습니다. 저는 이제 지식인들에게 이런 역할을 별로 기대하지 않습니다. 안토니오 그람시가 이야기한 진짜 유기적인 지식인은 기능공, 농업기술지도원, 농촌 마을 의사 같은 사람들입니다. 기층과 함께 일하는 사람들입니다. 이들의 작용은 사실 대단합니다. 오늘날 저를 포함해서 대학교수가 사회생활에 대해 엄청나게 실질적인 이해와 묘사를 하는 것은 쉽지 않습니다. '뼈때리는' 문제를 제기하고 분석하려면 현장의 유기적 지식인에게 의지해야 합니다. 택배라이더도 자신이 놓인 상황에 대해서 사고하고 싶어합니다. 이런 사람들을 찾을 수 있습니다. 채널도 있습니다. 이분들이 자신을 더 많이 표현할 수 있도록 격려해야 합니다.

W: 그럼 선생님께 1980년대의 정신적 유산은 무엇입니까?

X: 제게 1980년대의 구호는 대담하게 질문을 던지는 태도와 기질입니다. 제도와 구조의 개혁을 요구하는 것이 1980년대의 정신적 유산입니다. 정신적인 것이고 강한 원칙에서 출발합니다. 현실을 초월해야 하고, 바꿔어야 합니다. 마오쩌둥이 「창사長沙」라는 시에 썼듯이 "글을 통해 국가의 대사를 논함에, 아름다움을 찬미하고 불의를 비판한다指點江山, 激揚文字"는 것과 같은 기분이겠죠. 이런 세례조차 없었다면, 그리고 이렇게 글로 표현된 정신적 자산마저 없었다면, 저는 이런 대서사에 대해서 별다른 느낌이 없었을 겁니다. 우리는 이런 이야기에 쉽게 흥분합니다. 하지만 양면성이 있습니다. 사실 좋은 것인지 나쁜 것인지 말하기 힘듭니다. 특히 서구 학자들과 비교하자면, 장점은 좀 큰 것들을 볼 수 있고 또 많이 볼 수 있습니다. 그래서 간단한 현상 해석에는 영원히 만족할 수가 없습니다. 반드시 시스템과 구조에 대한 비판을 해야 합니다. 하지만 단점도 있습니다. 현실의 구체성에 대한 세밀한 관찰을 놓칩니다. 성급하게 너무 추상적인 측면에 대해 서술을 내놓습니다.

더 큰 문제는 이런 정신적 유산이 축적되지 않는다는 것입니다. 하나의 좋은 생태계를 만들어내지 못합니다. 1980년대의 그런 흐름, 그런 기질이 지나치게 단일화돼 있고, 다른 기질과 결합되지 못했습니다. 아니 다른 기질은 모두 소멸됐습니다. 앞서 이야기 나눴던 주제, 베이징대학의 영웅주의와 마찬가지입니다. 그런 영웅주의도 좋죠. 하지만 다른 사람들과 대화하면서 풍부한 생태계를 만들어야 합니다. 모두가 달려가서 격문을 내걸고 사기를 북돋운 激揚 후에야 무엇을 만들어낼 수 있습니까? 금세 공허해질 따름입니다. 지금은 이걸 한 방에 해결하려 하거나 완전히 부정해서는 안 됩니다. 이런 흐름들도 필경 객관적인 역사적 존재 이유가 있겠죠. '문혁'이든 '상산하향上山下鄕'이든 이런 경험 속에서 1980년대가 키워낸 총아들이 있습니다. 그들이 가진 자아, 자신, 자기 책임 모두 좋은 전통입니다. 관건은 어떻게 이런 분위기를 키워내느냐 하는 것입니다.

W: 선생님의 연구는 시종일관 1980년대의 주류적 분위기와 거리를 두고 있었다고 말할 수 있을까요?

X: 구체적인 관점으로는 그렇습니다. 다른 한편으로는 1980년대에 당시의 글들을 읽지 않았다면 저도 대학 2학년부터 한겨울에 버스를 타고 멀디먼 무시위안木樨園 정거장까지 가서 '저장촌'에 들어갈 생각을 하지 못했을 겁니다. 낭만적인 이야기죠. 현실적인 고려만 했다면 불가능한 일입니다. 1980년대가 제게 끼친 영향이 큽니다. 그런 충동, 현실에 대한 불만, 뭔가 남들을 놀래줄 만한 일을 하고 싶다는 생각은 일종의 정서이자 시대적 정신입니다. 방법론이나 이론적인 가치가 있는 게 아니죠.

W: 선생님의 반엘리트주의 주장을 보충하는 이야기인 것 같습니다. 엘리트주의를 전면 부정하는 것이 아니라는 뜻이겠죠?

X: 그런 초월성 혹은 초월적인 감각이랄까요, 감히 스승을 비판할 수 있는 정신, 모두 1980년대의 정신입니다. 아니라면 불가능합니다.

돈벌이에나 몰두하겠죠. 사람들은 1980년대를 일종의 이상주의의 시대로 봅니다. 정확한 표현이라고 생각됩니다. 이른바 이상주의는 일단 일종의 초월입니다. 존재의 가치는 현상에 대해서 초월하는 것이죠. 현재 존재하지 않는 것을 추구하는 것입니다. 사실 서구 학자들 중에도 적잖은 이가 이런 경향을 보입니다. 강렬한 불만입니다. 지난번에 『파우스트』를 읽었는데 이런 기분을 느낄 수 있었습니다. 하지만 1980년대와 서구의 이상주의는 또 다릅니다. 사람들의 기질 차이라고 할까요? 일종의 이상인데, 자신의 전통과 생존 방식에 대해서 비판적인 사고를 하는 겁니다. 이로써 새롭게 시작하려는 것이죠. 이런 정신이 여전히 중요합니다. 이렇게 보면, 저는 1980년대의 정신으로 1980년대의 이상을 비판하는 셈입니다. 일종의 반역적, 초월과 이상입니다. 구체적으로 말하자면 대담하게 권위에 불복종하는 것입니다. 이건 1980년대의 것이기도 하고, 베이징대학의 전통과 문화의 영향을 받은 것이라고 볼 수도 있습니다.

비판이란 무엇인가?

W: 왕후이 선생의 영향은 구체적으로 어떻게 드러납니까? 그 외에 어떤 학자들의 영향을 많이 받으셨나요?

X: 구체적인 문제에 있어서, 1980년대의 관점을 예로 들자면, 조금 넓은 의미로 왕 선생님의 시야, 새로운 생각들이 저를 자극했습니다. 왕 선생님은 입장이 일관되고 선명한 학자입니다. 그리고 그분 입장은 그저 간단하게 자태화된 것이 아닙니다. 그래서 뭐라고 딱지를 붙일 수 있는 것이 아니죠. 구체적인 문제를 분석할 때 개방적인 태도를 유지하고, 앞서간 학자들의 판단만을 따르지 않습니다. 또 한 가지, 왕후이 선생은 역사 내부로 들어가볼 것을 강조합니다. 이런 역사와의 대화 방법은 대단히 섬세하면서도 생생합니다. 왕후이 선생이 어떻게 하고 어떻게 생각하는지 살펴보는 것이 제게도 영감을 줍니다.

　　제게 영향을 준 또 다른 인물은 프라센지트 두아라(1950~)● 입니다. 두아라는 처음에 혁명가 펑파이澎湃(1896~1929)에게 관심이 있었다고 합니다. 왜 지주 가정 출신의 인물이 자기 계급에 반역을 꾀하며 전답을 소작인에게 나눠주고 토지개혁을 실행했을까? 두아라는 학부에서 경영학을 전공했습니다. 좋은 가문에서 태어났고 어려서부터 음악을 좋아했는데, 서서히 전환을 했습니다. 이 과정이 제게는 배움이 될 만합니다.

　　세 번째 인물은 싱가포르에서 만난 바니라는 친구입니다. 저보다 나이가 많았는데 이미 60세가 넘었었죠. 일종의 프리랜서로 잡지 편집 일을 하는 분이었는데, 다른 친구가 소개해 제 영어 글쓰

● 인도 출신의 재미 역사학자. 저명한 중국사 전문가.

기에 도움을 줬습니다. 이분을 통해 저는 일종의 사상과 지식의 유기성을 볼 수 있게 됐습니다. 이분은 전업 학자가 아닙니다. 하지만 구체적인 지리, 식물, 의학, 철학, 예술에 모두 관심이 있고, 당대의 정치나 경제 문제를 아주 자연스럽고 적실하게 분석할 수 있었습니다. 세상에 대해 비판적 호기심으로 충만한 분이었죠. 모든 일에 관심을 갖고 분석하는데 관점을 계속 전환했습니다. 이렇게 봤다가 뒤집어봤다가 아주 흥미롭습니다. 대단히 특이한 분입니다. 집안 배경이 좋은 편인데요, 어렸을 때 훌륭한 교육을 받았습니다. 원래 싱가포르 외교부에서 일했습니다. 그런데 정치적 입장이 너무 왼쪽이라서, 냉전 시기에 싱가포르 외교가 제3세계의 관점에서 출발해야 한다고 주장했다가 고위층에게 미움을 샀습니다. 그래서 그만두고 문화예술계 일을 하게 됐죠. 물질적 추구도 완전히 포기했습니다. 하지만 매우 재미있는 생활을 하고 계십니다. 각종 예술을 감상할 능력이 있는 분이어서 제게 예술의 중요성을 깨닫게 해줬습니다.

W: 예술의 중요성을 어떻게 이야기합니까?

X: 저는 운이 좋은 편이어서 그림을 좀 배웠고 약간의 기초는 있습니다. 하지만 음악에 대해선 정말 무지했죠. 제 약점입니다. 성인이 되고 나서 다시 훈련할 기회가 없었습니다. 지식과학의 관점에서 보자면, 음악은 수학과 밀접한 연관이 있습니다. 또 음악은 문화와 언어를 초월하기 때문에, 쇼펜하우어와 같은 사람들은 음악이 인간 대뇌의 어떤 구조를 체현한다고 말하죠. 왜 우리는 어떤 음악

이 매우 조화롭다고 느낄까요. 이를테면 쇼팽의 피아노곡을요. 이 것은 다른 어떤 말로도 설명하기 어렵습니다. 그냥 뇌의 내재적 구 조가 그런 것 같습니다. 음악 훈련은 아마 대뇌의 평형이나 심리적 평형에 중요한 것 같습니다. 폴란드 출신의 유대계 작가인 에바 호 프만은 어렸을 때 피아노를 배워서 피아노 연주를 매우 중시했답 니다. 그 이유가 정확성 때문이었다고 하더군요. 만일 연주하다가 작은 실수라도 하면 어물쩍 넘어갈 수가 없다고 합니다. 반음절 틀 려도 틀린 건 틀린 거죠. 이건 가르치는 것과 마찬가지입니다. 하 지만 엄격성과 정확성을 추구한다 해도, 여전히 재량을 발휘할 공 간은 있습니다. 지나치게 긴장하지 않아도 되고 언어를 초월하는 아름다움이 있죠. 저는 이런 식의 정확성과 엄격함을 강조하는 편 입니다. 우리 사회과학 연구자들이나 창조적 글쓰기, 논픽션 글쓰 기를 하는 모든 이에게 중요합니다. 정확성을 갖추지 못한 기술은 예술성 있고 창조적인 작품을 만들어낼 수 없습니다. 뭐든 조금씩 조금씩 만들어내야 합니다. 그래서 저는 창조의 물질적 과정을 중 시합니다.

물질성이라는 것은 매우 구체적입니다. 우리가 어떤 공간에 앉 아서 차를 마시고, 어떤 종이에 글을 쓰는 것과 같은 사소한 행동 하나하나가 이런 물질성의 체현입니다. 아날학파 역사학자 페르 낭 브로델이 이렇게 말했습니다. 전 지구적 원거리 무역처럼 굉장 히 커 보이는 일이 실은 아주 작은 과정들로 구성된다고요. 정화鄭 和의 항해도 비슷합니다. 중국에서 동아프리카로 간다는 것은, 그저 지도상의 추상적인 중국과 동아프리카가 아닙니다. 이 배들은 반드시 수많은 연안을 거쳐야 합니다. 한 걸음 한 걸음 모든 물리적 과정을 거쳐야 합니다. 만일 이렇게 일과 사물을 볼 수 있다면, 비교적 좋은 일의 방식과 인생의 태도를 배울 수도 있습니다.

수많은 것이 모두 연결돼 있습니다. 이를테면 제가 이야기하는 예술과 법률과정, 법률제도도 모두 관계있습니다. 저는 어렸을 때 변호사 제도가 몹시 이상하다고 생각했습니다. 저 사람은 '나쁜 놈'이라는 게 이미 명확한데 왜 변호사가 변호를 해줘야 할까? 여기서 '변辯'이라는 개념이 아주 중요합니다. 만일 우리가 사실과정이 어떻게 돼 있는지 모른다면 이 변의 과정을 통해서 반드시 사실과정을 명확히 해야 한다는 것이죠. 이 과정이 명확해진 후 다시 보면, 어쩌면 자명해 보이던 결론이 틀릴 수도 있을 겁니다. 연구과정도 마찬가지예요. 직관에 의존해서 판단할 수는 없습니다. 반드시 증명이 필요합니다. 결론을 어떻게 도출하는지 보여줘야 합니다. 어떤 때는 결론이 명확할수록 증명이 더 어려울 수 있습니다. 하지만 일단 증명하고 나면 큰 학술적 공헌을 하는 것입니다. 가령 1 더하기 1이 2라는 것을 어떻게 증명할까요? 왜 증명이 필요할까요? 하지만 일단 증명하고 나서 그 과정을 명확히 보여줄 수 있다면, 상당히 많은 기초 이론에 영향을 끼칠 수도 있습니다.

물론 저는 절차적 정의의 중요성을 과도하게 강조하려는 것이 아닙니다. 실증 조사를 하면서 절차적 정의가 실은 법률 자원을 점유하고 있는 사람들에게 이용당하고, 조종당하고 있는 현실을 목격했습니다. 하지만 기본 개념으로서는 이를 받아들일 수 있지요. 결과를 받아들이는 것은 과정이 있기 때문입니다. 이런 방식으로 설사 의문이 남는다고 하더라도 결과와 과정의 일종의 실제적 관계를 만들어낼 수 있습니다. 연구와 인생 모두 이런 것 같습니다. 영원은 하나의 열려 있는 대화 과정입니다. 연구하기 위해서는 대화에 참여해야 합니다. 대화 방식을 바꾸고 새로운 대화의 문제를 제시하는 과정이 그 자체로 중요합니다.

W: 많은 좌파 학자와 그들의 개념을 인용하셨는데요. 이전의 인터뷰나 글을 보면, 정식으로 좌파라는 표현을 쓰신 적은 거의 없었던 듯합니다. 아마 말씀하시는 방식과도 연관이 있을 것 같은데, 자신의 정치적 입장에서 대해 설명하신 적이 없었던 듯합니다. 그저 기회가 없었을 뿐인지 아니면 원치 않으셨던 것인지 궁금합니다.

X: 저는 하나의 총체적 입장으로 스스로를 좌파라고 밝힐 필요는 없다고 생각합니다. 거대한 사상의 계보 안에서 자신의 좌표를 설정하는 것은 큰 의미도 없고, 제 능력 바깥의 일입니다. 제 장점은 구체적인 문제로 들어가는 것입니다. 그 연결되는 입구를 찾아내서 모순을 발견하는 것이죠. 그래서 제 관점이나 생각은 모두 구체적인 문제이고 대상과 관련 있습니다. 제 방법은 그 현상이 원래 가지고 있는 모순을 발견하는 것입니다. 이 모순이 어떤 당사자에게 중요하든, 그들 자신은 간단히 설명하지 못합니다. 그러면 제가 시험삼아 개입하는 거죠.

W: 그 사람들을 이해하거나 모순에 개입하려 할 때, 반드시 그중 한쪽

의 시각이나 입장을 택해야 한다면 혹은 부지불식간에 한쪽 편을 들게 된다면 어떻게 합니까?

X: 약자와 강자 사이에 갈등이 있다면, 대부분의 사람이 약자 편에 서게 마련이죠. 제가 주로 하는 일이 사회 조사와 분석입니다. 여기서 가장 중요한 개념은 '관계'입니다. 그래서 저는 약자만이 보호할 가치가 있다는 식으로 이야기할 수는 없습니다. 가장 중요한 것은 약자는 왜 약한가입니다. 바꿔 말하면 강자는 왜 강할까와 같은 문제입니다. 반드시 하나의 역사 형성 과정이 있습니다. 시민으로서 또는 한 명의 인간으로서 저는 약자의 편에 설 것입니다. 하지만 실제로 많은 시간을 들여 해야 하는 일이 특정 대열에 참여하는 것은 아닙니다. 가령 약자들은 많은 문제를 가지고 있습니다. 이들을 비판하고자 하는 의도에서 하는 말이 아닙니다. 역사과정 속에서 만들어진 한계들 때문입니다.

W: 연구자로서 비판 능력을 추구하지 않으십니까?

X: 프랑크푸르트학파가 아주 중요합니다. 이들의 비판 이론의 핵심은 해석을 통해 문제를 완전히 해체해버린 것이 아니라, 반대로 보통 사람들이 아무 의문도 품고 있지 않을 때, 해석을 통해서 모두가 여기 큰 문제가 있다는 것을 발견하도록 해주었습니다. 따라서 갈수록 제기되어야 하는 문제는 많아질 겁니다. 물론 복잡한 문제를 최대한 간단히 해석해서 모두가 이해할 수 있게 해줘야 합니다. 갈수록 더 복잡해지거나 모호해져서는 안 됩니다. 원래는 비교적 안정되어 보이는, 이미 평형상태에 도달한 것에 대한 해석으로부

터 다시 내재적 모순을 찾습니다. 이런 것은 잠재적인 문제입니다. 그래서 내부의 불합리한 부분을 지적해낼 수 있어야 합니다. 여기서 말하는 비판이, 어떤 그룹이 하는 행동이 옳지 않다고 비판하라는, 도의상의 책임을 말하는 것은 아닙니다. 현재 형성돼 있는 인지 구조에 도전해야 한다는 뜻입니다. 우리가 가진 생각은 필연적으로 주류의 것입니다. 그래서 비판 이론은 강한 자아 비판을 포함해야 합니다.

W: 저도 대학 재학 중에 비판이론의 영향을 깊이 받았습니다. 제 여러 선택에 영향을 끼쳤습니다. 하지만 최근 느끼는 점은 윗세대 비판 지식인들과 청년 그룹의 관계가 소원해졌다는 것입니다. 오늘날의 청년들은 이미 그들의 세계에 관심이 없습니다. 어떻게 이해할 수 있는지도 모르고요. 비판이론 지식인들의 자아 비판이 필요한 것 아닐까요?

X: 구체적인 문제가 뭘까요? 관심의 내용이 다른 겁니까 아니면 방식의 문제입니까?

W: 관심의 대상이 달라진 것 같습니다. 이를테면 학계에서 라틴아메리카나 중동에서 무슨 일이 벌어졌는지 토론을 합니다만 청년들은 왜 자신과 상관없는 그런 먼 나라 일에 관심을 가져야 하는지 알 수 없다고 하죠. 이런 전제에 대해서 제대로 설명해주는 사람이 없습니다. 다이진화 선생님을 인터뷰했을 때, 청년들과 처음으로 소통을 포기한 경험을 들려주시더군요. 그들과의 사이에 거대한 균열을 느꼈다고 합니다. 지금 젊은이들은 자아와 개성이 아주 강

합니다. 자신의 세계로 타인의 감정을 받아들이지 못하죠. 타인은 일종의 도구에 불과합니다. 물론 제 판단이 절대적인 것은 아니지만 제가 생각하기에도 확실히 문제의 프레임이 바뀐 것 같습니다. 제 주위에서도 이미 타인, 평등, 공정 이런 개념에 대해서 이야기하고 싶어하는 사람이 없습니다. 아니면, 이런 개념이 그리 자연스럽게 받아들여지지 않습니다. 아마 사랑에 대해서는 얘기하겠죠, 하지만 갈수록 자기만의 애정에 한정되고요, 가족 간의 정 같은 것은 전근대의 유산이나 부담스러운 것 정도로 여깁니다.

X: 이것도 제가 더 많이 알고 싶은 내용인데요, 청년들이 지금 이런 문제들을 어떻게 생각하느냐는 것이죠. 우선 개체성과 공공의식은 연결된 것입니다. 어떤 때는 그 관계가 분명치 않기 때문에 찾아봐야 합니다. '상喪 문화'에서 말하는 '루저屌絲'와 같은 개념을 예로 들자면요, 굉장히 개체적인 것이지만 다른 한편으로는 전적으로 평등 이념에 기반한다고 볼 수도 있습니다. 나는 실패자이고 루저인데, 내가 무능해서 이렇게 된 게 아니라 사회가 불공정하기 때문이고, 내 실패를 인정은 하지만 내게 너를 조소할 권리는 남아 있다, 이런 것이죠. 인도에서는 카스트 계급이 낮은 사람이라면 자기를 루저라고 부르지 않을 겁니다. 자기를 루저라고 부르는 행위는 사실 꽤 능동적인 겁니다. 에너지도 있고 비판적인 거죠. 그래서 사람이 자기를 어떤 개체로 정의하느냐 하는 행동에는 배후에 일정한 사회 공공의식이 숨어 있는 것입니다. 그 안에 긍정적인 힘도 들어 있죠. 저는 이런 긍정적인 에너지를 보고 싶습니다. 물론

인도의 하층민들도 현재 정치적인 목소리를 내고 있습니다. 범어의 '원주민Adivasis'과 '불가촉천민Dalit'을 사용해서 스스로를 지칭합니다. 이들은 고도로 조직화된 능동성을 가지고 있습니다. 이때는 반대로 생각해봐야 할 것 같은데요. 이렇게 그룹으로서 긍정적인 에너지를 이미 표현하고 있을 때, 개개인의 일상생활과 어떤 연관성이 있냐는 것이죠.

우리는 확실히 일반적인 의미의 평등과 사랑에 대해서 토론할 수 없습니다. 이런 것은 모두 구체적인 것이죠. 반드시 자기 경험에서 출발해 이야기되어야 합니다. 애정 문제는 원칙이 빠질 수 없지만, 원칙만 이야기하고 구체적인 상황에 대해서 이야기하지 않으면 혼란에 빠질 수 있습니다. 최근에 『쓰촨일보』에 한 객원 칼럼니스트의 글이 실렸습니다. '노처녀剩女'가 늘고 있다며 걱정하는 내용이었습니다. 여성들의 눈이 너무 높고 낭만적인 것만 좇는다는 불평이었습니다. 그러다가 평생 결혼 못 한다고 경고를 했죠. BBC 월드에서 이 기사에 대해 보도했습니다. 한편으로는 결혼 시장에 도구화 현상이 나타난 것도 사실이긴 합니다. 제 또래 사람들에게는 지금 20~30대 젊은이들이 지나치게 계산적으로 배우자를 찾는 현실이 걱정되기는 합니다. 제가 대학에 다닐 때, 남녀 간의 사랑에서 이런 행동은 거의 찾아볼 수 없었거든요. 지금 청년들은 애정 자체에 대해서는 너무 이상적으로 숭고하게 생각하면서 상대를 찾아다니죠. 하지만 현실적으로는 길을 잃기 마련입니다. 이것저것 생각해야 할 것도 많고, 그래서 애정은 취약합니다. 아름다운 유리구슬처럼 쉽게 깨질 수 있습니다. 만일 우리가 언어를 제공할 수 있다면, 그들의 생활의 복잡성을 파악하도록 도울 수 있다면, 주요 문제가 어디에 있는지 볼 수 있다면, 그들의 세계에 개입할 수 있다면, 어쩌면 그들에게 도움이 될지도 모릅니다.

플라톤이 말하길, 사랑은 사람을 본성으로 회귀하도록 돕는다고 했죠. 원래 우리 두 사람은 한 몸이다. 그렇게 완전한 삶을 구성한다. 그런데 둘로 나뉘었다. 사랑을 통해 다시 나의 반쪽을 찾을 수 있다. 몹시 낭만적으로 들리는 이야기입니다만, 실은 인류학의 관점과도 많은 면에서 일치합니다. 서방의 현대 개인주의는 생활의 출발점을 사람으로 보고, 후에 집단, 사회가 뒤따르죠. 뒤르켐 같은 사회학자나 마르셀 모스 같은 인류학자는 이런 관점이 굉장히 서구적이라고 봅니다. 세상의 다른 많은 사회에선 이렇게 생각하지 않는다는 거죠. 우선 토템이 있고, 토템은 집단의 우상입니다. 그 집단을 정의하는 역할을 합니다. 그렇게 집단을 먼저 정의하고 나서 개인을 이해하게 됩니다. 개체의식은 집단의식에서 비롯됩니다. 집단의식은 개체의식의 전제이지 결과가 아닙니다. 호주 원주민들은 기르는 소 마릿수를 한 마리씩 세지 않습니다. '하나'라고 하면 소떼나 하나의 부락을 뜻합니다. 부락 안의 사람은 작은 '하나'입니다. 플라톤의 애정 개념도 사람은 원래 혼자서는 불완전하니 반드시 다른 주체와 결합해야 한다고 보는 것이죠.

알랭 바디우도 우리에게 꽤 흥미로운 생각거리를 제공합니다. 그는 하나의 우연적인 사건이 일종의 지속 가능성을 가진 사실로 바뀌는 것이 사랑이라고 말합니다. 그래서 사랑은 매일매일의 일이 됩니다. 처음에는 한눈에 반하는 것으로 시작하지만, 이 불꽃을 잘 보호해야 합니다. 여기서 관건은 불이 꺼지지 않게 하는 것인데요, 이건 일상의 살림살이의 문제가 됩니다. 주택대출금이나 부모님을 어떻게 모실 것인가 등등, 정치경제학이나 사회학의 문제로 전환되고, 완전히 공공의 문제가 됩니다. 그래서 여기서 시작해 돌파구를 찾아나갑니다. 개인과 다른 그룹과의 관계에 대해서 얘기할 수 있는 것이죠.

공공 문제의 토론은 확실히 억지로 받아들이게 할 수 없습니다. 청년들이 의식하고 있지 않던 문제를 갑자기 들이대면, 반감을 가질 수밖에 없습니다. 청년들이 사회적 의제에 대해 정말로 무관심한 것일까요? 2000년에 중국에서 연극 「체 게바라」●의 열기가 뜨거웠던 것은, 청년들이 새로운 사회 현상과 이에 대한 새로운 담론에 목말라했기 때문입니다. 물론 일부 청년에게 해당되겠지만 그래도 이런 결과는 소중합니다. 하지만 이 극의 대사와 토론에도 문제가 많았습니다. 이를테면 포스트모더니즘, 페미니즘에 대해 언급하면서 이것이 서방의 반동 사상이라고 이야기하죠. 문제는 극작가가 페미니즘에 대해 오해하고 있다는 점이고, 이렇게 추상적으로 관객 앞에서 비판하면 더 큰 문제가 발생합니다. 우리가

● 2000년 4월 베이징에서 중국인들이 연출과 각본을 맡은 연극 「체 게바라」가 공연되어 큰 화제를 일으켰다.

주변의 상실

박해에 대해서 이야기를 하는데, 인류사회에서 가장 오래되고 보편적인 박해는 어떤 겁니까? 극작가 황지수黃紀蘇는 한번은 관객과의 대화에서 이렇게 설명합니다. "분명히 얘기합시다. 게바라가 당신이 남자인지 여자인지 신경 썼겠습니까?" 관객들이 박수를 칩니다. 저는 좀 소름이 끼쳤습니다. 많은 사람이 추상적인 '박해' 개념을 통해서 흥분합니다. 사실 속에서 박해는 구체적인 방식으로 실현됩니다. 성별이든, 연령이든……

　얼마 전에 재미있는 이야기를 들었습니다. 인도 농촌 마을에서 가난한 이들이 우물을 팝니다. 부자들도 우물을 팔 수 있죠. 겉으로 보면 박해 같은 건 없습니다. 하지만 여기 묵계가 있습니다. 부자들의 우물은 가난한 사람의 우물보다 두 배나 깊습니다. 그래서 한발이 들면 지하수는 모두 부자의 우물에 고입니다. 가난한 사람의 우물에서는 물이 풍부할 때만 물을 길을 수 있습니다. 우물의 깊이같이 구체적인 내용이 아주 중요합니다. 신화나 미신 같은 방식으로 이런 디테일을 감춰버리거나 혹은 의미를 부여하기도 합니다. 이런 것을 알려면 직접 현장에 가서 조사하는 수밖에 없습니다. 거기서 진짜 박해가 뭔지 알 수 있는 겁니다. 이런 이야기가 아주 많습니다. 가령 해방 전 원저우에서는 바다로 나가 고기를 잡는 어민이 특수한 집단이었습니다. 농민과 결혼할 수 없었죠. 정말로 가난한 농민들만 어민과 결혼합니다. 어민 여성들은 옷의 깃을 반대쪽으로 여밉니다. 길을 갈 때는 오른쪽으로만 걸을 수 있습니다. 사람들이 멀리서 보고도 어민, 즉 천민을 식별할 수 있게 했습니다. 이 정도로 구분과 차별이 심했습니다. 이렇게 구체적인 이야기를 해야 합니다. 왜 옷차림, 머리 모양까지 그렇게 절대적으로 계급을 구분해야 했을까요? 옛날이야기처럼 들리지만, 이런 구체적인 이야기를 해주면 대부분의 청중이 젊든 그렇지 않든 귀를 쫑긋 세우고 듣습니다. 왜냐하면 이런 내용은 이야기가 되기 때문이죠. 뜨거운 담론은 시간이 좀 지나면 열기가 식게 마련입니다. 하지만 이런 구체적인 이야기는 사람들의 머릿속에 남습니다. 천천히 일상생활의 느낌을 바꿉니다. 생활에 대한 일종의 새로운 감각이 생겨납니다.

공감하는 학문

W: '공감하는 학문'을 강조하시는데요. 사실상 우리는 일상생활과 학술 연구 속에서 늘 사람과 사람 사이의 경계를 넘어 공감하려 하지만, 실망하고 상실감을 겪을 때가 많습니다. 어떤 사람들은 타인에 대한 이해란 불가능하다고 단언하기도 합니다.

X: 제 답은 반대입니다. 이해는 자연스러운 것입니다. 어렵지 않습니다. 하지만 우리는 의식적으로든 무의식적으로든 이해를 거부합니다. 중요한 점은 어떻게 이해를 거부하지 않을까 하는 것입니다. 생각해보세요. 우리는 보통 친구들 사이에서 비교적 쉽게 서로 이

해를 하지 않습니까? 그런데 부모처럼 더 가까운 사람과는 그게 어려울 수도 있습니다. 정말로 이해를 못 하는 걸까요? 지금 자녀가 무슨 생각을 하는지 그분들은 진짜 모르는 걸까요? 아마 당연히 알 거라고 짐작할 수 있습니다. 이해를 못 하는 게 아니죠. 이해를 할 능력을 갖추고 있습니다. 다만 이해를 거부하는 것뿐이죠. 성 취향이나 결혼에 대한 결정이 전형적인 예입니다. 여성이 남성과 결혼하거나 그 반대이거나, 어려운 이야기가 아니죠. 하지만 재산 문제를 고려하기 시작하면 이웃의 시선, 사회에서의 지위 같은 각종 이유로 원래 쉽게 이해할 수 있는 문제도 이해하기 어려워집니다. 이해는 사람 본성의 일부입니다. 심리 기제이고 전혀 어려운 일이 아닙니다. 이해에 어려움이 있다면 사실은 입장의 문제일 가능성이 높습니다. 상대방의 입장이 되어보길 원하십니까, 그렇지 않습니까? 대부분의 사람은 이런 시도를 거부합니다. 왜냐하면 이익 문제가 걸려 있기 때문이죠.

이런 의미로, 제 생각에 학술 연구는 사실 별로 어렵지 않습니다. '공감의 학술'이라는 말은 반드시 상대방의 심리 기제에 대해서 심리분석가처럼 써낼 수 있어야 한다는 뜻이 아닙니다. 주로 입장의 문제입니다. 이 사회에서의 입장을 분명히 해야 합니다. 그 사람이 처한 모든 관계, 모든 작은 세계에 대한 묘사가 명확하면 자연스럽게 이해를 합니다. 이런 의미로 이해는 '상호주관성'•입

● 후설의 Intersubjectivity를 의미한다. 주체와 소통의 대상인 객체가 생활세

니다. 이해는 확실히 사정을 먼저 파악하는 기초가 중요합니다. 사정을 알기 위해서는 실증 조사가 필요합니다. 만일 정말로 당신을 이해하려면, 그냥 이야기나 나누는 정도로는 부족합니다. 당신의 어디에서 그런 감각이 나오는지 모르기 때문에, 저는 반드시 당신의 세계를 먼저 파악해야 합니다. 사정을 알아야 진짜 이해를 할 수 있습니다. 학술 임무는 이런 기초 위에 이해를 하는 것입니다. 이해를 통해 재해석할 수 있습니다. 이해를 하면 더 큰 세계가 어떤 구조 위에 서 있는지 알 수 있습니다. 그렇게 문제를 해석할 수 있습니다. 하지만 저는 설명은 배척하는 편입니다. 설명에는 스스로 상상적인 부분이 있습니다. 재료에 의미를 부여합니다. 제 생각에 실증 연구에서 비교적 중요한 것은 이해와 해석입니다.

W: 좀더 구체적인 연구과정에서 방담이나 관찰을 통해, 상대방에 대해 완전히 이해할 수 있습니까? 선생님의 연구를 사례로 들어 설명해주실 수 있습니까? 어떻게 한계를 돌파해야 합니까? 이를테면 언행 불일치 상황은 어떻게 처리합니까?

X: 원래 인류학에서는 비교적 간단히 대답할 수 있는 문제입니다. 왜냐하면 우리가 연구하는 집단은 자기 문자가 없는 민족일 때가 많기 때문입니다. 자기의 문자 역사가 없기 때문에 말할 때는 좀 이상하게 들립니다. 뭔가 비이성적인 것 같기도 하죠. 그래서 그냥 관찰하는 수밖에 없습니다. 하지만 오늘날의 상황에서는 언행 불

계 속에 통합되어 있다고 한다.

일치가 꼭 해결해야 할 문제가 아닐 수도 있습니다. 제 표현을 쓰자면 그냥 '품어 안아야 할 사실'인 것이죠. 우리 사회는 수많은 언행 불일치에 의지합니다. 우리가 관찰해야 하는 것은 구체적으로 어떻게 불일치하는가입니다. 그 불일치가 꼭 우리를 속이기 위한 것이라고 볼 수는 없습니다. 조사를 시작할 때, 조사 방법이 적절치 않다면 당연히 어떤 사람은 지적할 겁니다. 그건 우리가 원래 토론하기로 한 범위가 아니잖습니까라고요. 우리의 토론 범위는 그들이 어느 정도 편안하게 느낄 수 있는 정도를 가정합니다. 어떤 때는 스스로를 속입니다. 이런 상황이 많습니다. 특히 도박하거나 마약하는 사람들은 끊고 싶어도 끊지 못합니다. 이런 언행 불일치가 항상 있습니다. 또 부패한 관료가 있죠. 사실 그 사람이 하는 '말'이 완전히 거짓말인지 판단할 수 없습니다. 그 사람의 '행동'도 사전에 계획한 것이 아닐 수 있습니다. 그의 말과 행동을 모두 그의 행동으로 간주할 수도 있습니다.

가령 제가 지금 2017년 11월에 벌어진 베이징 다싱大興구 신젠新建촌 노동자 거주지 강제철거 문제를 연구하고 있는데요, 이 안에 언행 불일치가 너무나 많습니다. 베이징시 정부는 노동자들의 안전을 보호하기 위한 것이라는 이유를 들어 가건물 주거지역에서 이들을 내쫓았습니다. 결과적으로 이 노동자들은 노숙인이 됐습니다. 정부는 이렇게 안전하지 않은 건물의 철거를 명령한 후, 이 토지가 상업적으로 사용되지 못하게 했습니다. 공원처럼 공공의 목적으로만 쓰이도록 했죠. 그러면서 이 모든 것이 시민들을 위한 행위라고 했습니다. 정부는 그저 거짓말을 하고 있는 걸까요? 중요한 점은 구체적인 모순을 분석하는 겁니다. 그렇게 구체적으로 말과 행동 사이의 차이를 살펴야 합니다. 정부는 안전에 대해서 특히 강조합니다. 정부가 이 말에 대해 공을 들이고 있다는 뜻입니다. 그러면 우리는 이 언어를 사용해서 조금씩 실제적인 변화를 가져올 수 있습니다. 동시에 우리는 어떤 곳에서 제대로 (안전이) 실행되지 않는지 살펴봐야 합니다. 현실을 변화시켜야 한다면, 이런 불일치의 지점이 어쩌면 변화 가능한 곳일 수도 있습니다. 제 초기 분석 결과는 문제의 주요 원인이 지방 정부와 도시사회가 이주노동자(농민공)에게 가하는 차별과 배제에만 있지 않다는 것입니다. 대부분의 사람은 그렇게 생각하지만요. 모순은 정부 내부에서 부서 간, 계층 간 공공 토지 사용에 대해 일관되지 않은 태도를 가지고 있다는 것입니다. 중앙 정부의 철거 정책은, 군대가 상업적 목적으로 자신들의 토지를 세놓는 관행을 포함해서, 지방 정부가 상업적 목적으로 활용하던 토지에서 철거를 실행하는 것과 관계있습니다. 원래 이렇게 세놓은 땅에 이주노동자들이 임시 거주지를 얻게 됩니다. 하지만 시간이 지남에 따라 점차 인구 과밀이나 안전 문제가 발생합니다. 상하이와 베이징에서 차례로 철거가 진행된 것을 살펴보면, 이 사태는 갑자기 벌어진 게 아닙니다. 토지 사용권을 중앙집중화하려는 시도가 있었고, 그래서 예전부터 갈등이 생겨났습니다. 결과적으로 이주노동자들이 단속의 희생자가 됐다는 사실에는 변함이 없습니다. 하지만 단순히 인권 문제를 제기하는 것만으로는 불충분합니다. 문제는 그런 권력의 집중화가 지속 가능한가입니다. 이런 중앙집중화가 결과적으로 이주노동자들과 그 가족에게 어떤 영향을 끼칠까요?

W: 일반적으로 우리 혹은 매체가 이런 문제를 받아들이는 방식은 분노입니다. 우리는 이런 내부 모순에 대해서 분노합니다. 국가가 명백히 폭력을 사용해서 잘못을 저지른 것에 대해서요. (정부는) 그럴듯한 말로 진실을 호도합니다. 그러고 나서 (책임을 떠넘기고) 신속하게 선을 긋습니다. 이렇게 되면 이미 상호 간에 적대감이 생겨 문제 해결은 점점 더 어려워집니다.

X: 그래서 제 이야기는 안으로 들어가야 한다는 것입니다. 이 내부 모순이 대체 왜 나타났는지, 왜 당시에 그럴듯한 말로 사정을 둘러댔는지.

W: 말씀하신 이런 이해와 해석의 작업은 어떤 사회적 행동에 이르게 되나요? 아니면 사회적 행동을 유도할 필요가 있을까요?

X: 비교적 명확하게 말씀드리자면 저는 행동의 가능성을 일부러 배제하진 않습니다. 하지만 행동은 우리가 전적으로 계획할 수 있는 것이 아닙니다. 제 생각에 제 일은 아무래도 사람들을 '설득하는 작업思想工作'인 것 같습니다. 모두가 한번 들여다보고 생각할 수 있도록 돕는 것이죠. 특히 오늘날과 같은 상황에서는 행동을 취하기 위해 반드시 개인, 청년 자신이 결정해야 합니다. 우리가 행동의 방안을 제시하기는 어렵습니다. 모든 격렬한 사회 행동이 그러합니다. 물론 레닌은 우리가 전위라고 얘기했죠. 군중이 아직 의식

하고 있지 못할 때, 그들을 각성시켜야 한다. 하지만 일반적인 상황에서는 대개 군중이 먼저 일어섭니다. 저는 지금 젊은이들이 지나치게 서둘러서 행동에 나설 필요는 없다고 생각합니다. 더 중요한 건 매일매일의 생활 방식입니다. 선택과 방향성은 일정하게 어떤 목소리를 만들어낼 수 있습니다.

W: 목소리를 말씀하셨는데, 구체적으로 두 가지 목소리를 생각하게 됩니다. 하나는 선생님도 말씀하신 루쉰의 목소리, 이런 메시지가 인터넷에서 아직도 청년들 사이에 영향을 미치고 있는 것 같습니다. 또 하나는 시골 출신으로, 베이징에 올라와 노동자가 된 작가 판위쑤范雨素(1973~)가 있습니다. 결혼하고 가정폭력을 견디지 못해 싱글맘이 된 자신의 경험을 소설로 써서 유명해졌죠. 방금 말씀하신 철거촌처럼 베이징 교외에 위치한 피촌皮村의 '노동자의 집工友之家'에서 노동자 출신 작가들과 함께했습니다. 이제 그들의 목소리가 신속히 전달되고 공감을 얻습니다. 이런 두 가지 목소리에 대해서 어떻게 생각하시나요? 이들의 목소리와 앞서 말씀하신 그런 경계를 허무는, 그리고 대화를 찾는 학술 작업은 어떤 관계가 있습니까?

X: 좀 다릅니다. 제가 말하는 것은 발굴해내는 목소리입니다. 보통 젊은이들이 매일 일상생활 속에서 지혜를 제련해내는 것이죠. 그걸 목소리로 만들어내라는 이야기입니다. 루쉰의 목소리는 물론 우리를 격려하고 각성시킵니다. 우리 생활 바깥에서 오는 것이죠. 이런 목소리는 우리 생활 속에 흡수되고 소화될 수 있는 원천입니다.

그러니까 일종의 자원이 되는 목소리죠.

판위쑤의 목소리도 중요합니다. 앞서 말씀드린 중심과 주변의 문제입니다. 판위쑤의 글은 아주 훌륭합니다. 보편적인데 그다지 관심의 대상이 되지 못하는 인생의 경험을 사람들이 보게 만듭니다. 이런 글은 많을수록 좋습니다. 다만, 다른 한 가지 측면은 판위쑤의 글에 많은 사람이 공감한 이유가 사실은 중심과 주변의 관계와 관련 있다는 것입니다. 제 '뇌피셜'이긴 합니다만 판위쑤의 글과 이에 대한 평론을 살펴보세요. 가장 감동적인 부분은 판위쑤가 원래 매우 재능 있는 여성이어서 어렸을 때 당시 300수를 암송할 수 있고, 『홍루몽紅樓夢』을 읽어봤다는 것입니다. 이런 글을 써낼 수 있다는 것은 예상치 못한 어떤 배경이 있었기 때문이죠. 모두가 관심을 갖는 것은 이분이 보통의 노동자로서 보낸 삶이 아닙니다. 오히려 이 사람은 원래 중심에 있어야 하는데 결과적으로 주변부에 놓였고, 그걸 아쉽게 생각하는 비장함의 정서가 있는 겁니다. 많은 도시 청년이 판위쑤를 바라보는 시각이 견실하고, 현실적이고, 비옥한 검은 흙으로 뒤덮인 대지와 같은 생활, 내재적인 고통과 갈등 이런 것이 아닙니다. 비극의 화법도, 희극의 화법도 아닙니다. 중심으로부터 중심에 대한 욕망을 갖는 주변을 바라보는 시각이고, 그 안에는 비장감이 있습니다. 그래서 자아에 대해서 각성하고 자아를 강화합니다. 많은 사람이 약속이나 한 듯이 '운명'이라는 단어를 쓰지만 사실은 '운명을 받아들이지 않는' 태도인 것이죠.

W: 그런데 '이해'를 지나치게 강조하면 혹시 쉽게 '존재 자체가 합리'

라는 태도로 비화되지 않을까요?

X: 그렇지 않습니다. 굉장히 속이 좁고 흉악한 사람, 심지어 살인죄까지 저지른 사람을 관찰한다고 생각해봅시다. 우선 나쁜 사람이다, 악마다, 태어날 때부터 그렇다, 이런 반응들이 있을 수 있겠죠. 본질론입니다. 또 다른 반응은 왜 이렇게 됐을까 고민하는 것입니다. 어렸을 때 어떤 경험, 현재의 생활 속 어떤 환경과 관계있을까? 이렇듯 자연스럽게 사회의 더 큰 환경과 구조에 대해서 생각해보게 됩니다. 이 사람의 내적 심리를 상상해보는 겁니다. 어떤 생각을 하고 어떻게 느끼고 있을까? 이렇게 이해하는 겁니다. 이게 그의 뒤틀린 마음이나 흉악한 행동을 인정하는 것은 아니죠. 이런 이해를 통해서 우리가 사회의 병리적 상태에 대해 어떻게 대처할 것인지를 파악할 수 있습니다. 그냥 범죄자를 때려죽이면 끝나는 게 아닙니다. 어떻게 소통할지를 생각해봐야 합니다. 그러지 않으면 범죄에 대해서 방종하거나 소멸시켜야 한다는 두 가지 태도밖에 취할 수 없습니다. 교육을 통해서 개조할 수 없습니다. 동시에 우리가 이해를 했다면, 우리는 자연히 타인에게서 자신의 그림자를 발견하게 됩니다. 우리 자신도 갈수록 협애하고 인내심이 약해져가는 것은 아닌지.

W: 그렇다면 우리가 사회과학이 '깊이'를 가지고 있다고 할 때, 이건 무슨 의미입니까?

X: 깊이가 있다는 것은 상대적인 표현입니다. 우리가 제시하는 견해가 이 문제에 대한 유일한 견해가 아니라, 진짜 기준점reference point

은 사실 또 다른 하나의 견해인 것이죠. 관건은 내 견해와 그 밖의 견해 사이의 관계입니다. '깊이'가 있다 함은 정확하게 현실을 파악한다는 것이고, 동시에 다른 견해에 대해서 비판적인 재인식을 형성하는 것입니다. 이것은 다른 사람의 이해를 간단히 뒤집는 것이 아닙니다. 다른 사람에게는 그 나름의 논리가 있습니다. 특히 많은 견해가 그렇게 오래 존재해왔고 모두가 그럴듯하다고 느낀다면, 배후에 나름의 일리가 있는 것입니다. 그러니까 깊다는 것은 일종의 이해이고 하나의 현상에 대해 정확히 파악하는 것뿐 아니라, 동시에 다른 견해의 부족한 부분을 이해하는 것입니다. 나중에 다른 것들을 연구할 때, 어떤 방법을 사용해야 할지 배우게 됩니다. 그래서 '깊이'라 함은 다중적인 상호 주관성과 조사 대상과의 관계, 다른 사람이나 권력과의 관계, 이 모든 관계를 아우르는 하나의 네트워크적 생태계입니다. 자신을 지식 생산 체계 안에 들임으로써 이런 깊이를 갖게 됩니다. 깊이는 단순히 추론에서 나오는 것이 아니고 그 자체가 생태성이며, 다양성입니다. 반드시 깊이 뚫고 들어갈 수 있어야 합니다.

W: '투철通透'하다는 말이 있습니다. 누군가의 발언이 투철하다거나 사는 것이 전체적으로 투철하다고 할 때, 저는 이 개념의 배후에 어떤 경향이 있다고 생각합니다. 제가 본 것이 충분히 많고, 충분히 명확하다면 다른 것은 신경 쓰지 않아도 된다는 것이죠. 결과적으로 매우 방종하거나 철저하게 허무에 빠지게 됩니다. 제 관점에서는 혹은 제 나이대에서는 아직 완전히 이런 감각을 갖기 힘든데

요. 그래도 바꿔나갈 수 있다고 생각합니다. 선생님의 현재 태도는 무엇입니까?

X: 저는 그런 경지는 성립된다고 생각하지 않습니다. 만일 그렇게 된다면 세계는 변하지 않을 겁니다. 역사도 정지하겠죠. 사실상 세계는 계속 변하고 있습니다. 그렇게 득도한 사람이라면 어떻게 이런 세상의 변화를 해석하겠습니까? 만약 모든 것이 우연적이고 말로 설명할 수 없다면 그건 반역사적입니다. 깊이는 네트워크와 같은 지식 구조에서 나옵니다. 하지만 그런 견유大儒주의적인 투항의 자세로 자신의 작은 세계로 회귀해버린다면, 이미 장을 보고 밥도 지어버린 것이죠. 다른 건 신경 쓸 필요가 없어집니다. 그냥 소극적으로 최소한의 자원만 사용하면서 대응하게 됩니다. 그렇게 생명은 지속되겠죠. 하지만 사고가 정지됩니다. 그러면 생명의 살아 있는 네트워크가 죽어버리게 됩니다.

옥스퍼드 방담 ————————

옥스퍼드에서는 옥스퍼드, 영국, 싱가포르, 홍콩, 오스트레일리아 등의 생활과 일에 대해서 이야기를 나눴다. 그 자신도 끊임없이 유동하면서 유동하는 사람들에 대해서 연구한 것이다. 글로벌라이제이션 시대의 전형적인 사례다. 저 멀리 끝도 없이 펼쳐지는 세상과 무진장한 기회가 우리에게 열려 있는 것만 같다. 하지만 샹뱌오 선생은 그럴수록 견결하게 자기가 살고 있는 땅에 뿌리내리고, 구체적인 삶의 문제에 천착해야 한다고 권고한다. 여기서 우리는 '개인 경험을 문제 삼기'라는 사유 방식을 제시한다. 이 책의 제목은 바로 여기서 나온 것이다. 그는 지식인, 지식 대중과 계속 대화를 나누며 실증 연구를 강조한다. 학제 간 벽을 허물고 또 권력에 대한 미신과 복종을 극복하며 새로운 연대를 모색하기를 바란다.

자신을 분석하는 사회과학

W: 베이징 대화에 이어 많은 문제를 계속 펼쳐나갔으면 합니다. 그래야 이 대담이 완성되겠죠. 얼마 전 문화비평가 레이먼드 윌리엄스(1921~1988)의 대화록 『정치와 문학Politics and Letters: Interview with New Left Review』(1979)을 읽어봤습니다. 책의 내용 구분이 비교적 명확하더군요. 한 부분에서는 부모와 가정생활만 이야기하는데 완전히 서사적이고요, 또 다른 부분에서는 연구만 다루고요. 우리 대담은 성격이 좀 다른 것 같습니다. 말씀하시는 방식도 매번 개인 생활 이야기를 하다가 하나의 대담 주제로 뛰어 들어가는 방식인데요. 제 생각에는 이런 방식이 중요한 것 같습니다. 가령 지난번 원저우에서 대담할 때● 향신 문제를 자연스럽게 이야기하셨죠. 베이징대학 재학 시절을 회고하다가, 자아 형성기의 이야기를 하게 되고요. 모든 주제가 대화 중에서 자기 위치를 정하고 있습니다. 이번 방담은 보충적인 성격도 띠어, 지난번에 다룬 주제 각각에 대해 더 깊이 들어갔으면 합니다. 그러려면 새로운 주제를 논하기보다 지난번에 하던 이야기로 돌아갔으면 하는데요. 아마 그러면 제 질문이 한 문제에서 또 다른 문제로 조금 비약하는 것처럼 들릴 수 있을 듯해요. 지난번처럼 선생님의 인생 궤적을 따라가면서 자연

● 이 책의 제2부 '부근의 소실'에 실린 쉬즈위안과의 대담을 가리킨다.

스럽게 이야기를 풀어나가는 방식과는 다르게요. 그래도 괜찮을 까요?

X: 좋습니다. 단막극이 아니라 여러 개의 막으로 구성된 연극처럼 보이겠네요. 효과적일 것 같습니다. 이렇게 해서 마지막에 전체적인 이미지가 형성되게 하는 거죠. 단일한 흐름을 쫓아 이미 알고 있는 목적지에 다다르는 것이 아니라, 여러 개의 중첩된 이미지를 통과하는 거죠. 이렇게 하면 독자들이 다양한 경험 사이의 관계를 볼 수 있고, 문제나 주제를 더 잘 파악해서 더 쉽게 토론을 이끌어 낼 수 있습니다. 만일 책 전체가 이런 특징을 갖게 된다면 모두 회통하게 되니 저로서는 매우 기쁩니다. 개인의 경험을 문제화한다는 것은, 어떻게 경험으로부터 학술적 질문을 끌어낼 것인가가 관건이 되겠죠. 어떤 것이 재미있다고 할 때, 재미있다는 건 뭘까요? 생각해보면 답하기 쉽지 않습니다. 저게 이것보다 더 깊다, 이렇게 말할 때 어떻게 깊이라는 것을 이해해야 할까요? 결국 심화시키려면 끊임없이 문제화하는 수밖에 없습니다. 그러니 앞서 이야기한 것들을 보충하기로 하죠. 이미 적잖은 문제를 서술했습니다만, 개중에 심화할 만한 가치가 있고 흥미 있는 것들을 골라내서 다시 문제화하면, 이 안의 이론이 명확해질 겁니다.

사회과학은 보통 사람에게 세상에 대한 관찰을 제공합니다. 우리는 어떻게 세상을 살아가는가. 그런데 이 관찰은 단순한 도덕적 교화가 아니라 분석을 제공합니다. 자연과학과는 다릅니다. 과학은 자연의 규칙을 발견하면 이미 문제가 해결된 것이죠. 사회과학은 아마 정반대일 겁니다. 사회과학이 알려주는 진실은, 특별히 강한 규칙 따위는 존재하지 않는다는 것이죠. 자신이 어떻게 이 세계를 이해하느냐에 달려 있습니다. 이에 따라 어떻게 주도적으로 행동을 취할 것이냐를 결정하게 되죠. 거대한 도경圖景이 존재할 수 있을 뿐, 이른바 규칙이라는 건 없습니다. 과학적 태도를 통해 진위를 가리고, 재료를 수집하고, 상황을 명확하게 합니다. 하지만 이런 사회과학을 최후의 무기로 사용해서, 사람들은 새로운 현실을 창조하고 현실을 변화시키는 것입니다.

젊은층에게 필요한 태도는 이런 겁니다. 사회과학을 답을 찾는 과정으로 볼 게 아니라, 일종의 도구로 봐야 한다는 겁니다. 이 도구를 어떻게 사용할 것이냐는 전적으로 사용자에게 달려 있죠. 사회과학은 우선 자신에 대한 것이고, 그다음이 사회에 대한 것입니다. 이 책도 독자들이 이런 태도로 읽을 수 있게 해줘야 합니다. 일단 이런 태도를 갖게 되면, 기호화한 우상들이나 계급class을 따지는 것에는 관심이 없어집니다.

W: 최근 상황을 보자면, 청년들에게 선배의 도움과 가이드를 얻는 것이 절실합니다. 하지만 선생님이나 선배 지식인들이 점점 공공 담론 영역에서 빠져나가고 있죠. 심지어는 학술 영역이나 소규모 문화계에서조차 발기인, 중재인, 보호자, 리더가 되는 일이 갈수록 어려워지고 있습니다.

X: 그래서 기호화에 반대해야 하는 거죠. 상징적인 리더를 찾으면 안됩니다. 베이징대학을 생각해보세요. 날이 더워 죽을 지경인데,

(고풍스러운 베이징대학의 상징이자 마오쩌둥 친필 현판이 붙어 있고 관광객으로 붐비는) 서문 바깥은 '포토존'으로 시끌벅적하죠. 만일 동물을 베이징대학 부근에 풀어놓는다면 절대로 서문 쪽으로는 안 갈 겁니다. 대신 (학생들이 휴식터로 삼고 동물의 왕국이라고도 부르는) 웨이밍 호수 옆의 수풀로 숨겠죠. 거기가 시원하거든요. 하지만 사람들, 특히 중국인들은 문명과 상징을 하나로 엮기 좋아합니다. 글자 몇 개가 무척 중요하고, 그래서 반드시 거기서 사진을 찍어야 합니다. 거기 꼭 서봐야 하는 거죠. 반자연적입니다. 그리고 상징은 일종의 감옥이기도 합니다. 상징을 추구하는 것이 문명을 추구하는 것이 되며 그건 스스로 우리에 갇히는 꼴이 됩니다. 배후에는 일종의 야만적인 관계가 있습니다. 지도자의 권력에 대해서 이야기하자면, 중국을 포함해 수많은 아시아 국가가 모두 이 문제를 갖고 있습니다. 발기하고, 창의하고, 격려하고, 앞으로 밀고 나가는 지도자가 금세 상징이나 기호가 돼버립니다. 그래서 타인에게 이용당하기도 쉽죠. 기호는 물신화를 부릅니다. 금전과 마찬가지죠. 따라서 반드시 이런 물신화와 기호화를 억제해야 합니다. 자신의 리더십을 하나의 과정, 일종의 실천으로 만들어야죠.

이건 총체적인 체제와 관계있습니다. 방금 말씀하신 리더는 보호를 제공하는 것을 뜻할 수 있습니다. 하지만 이 배후에는 위험도 도사리고 있습니다. 패거리를 비호하는 역할에만 머물 수도 있습니다. 지금 대학 안의 사정을 봐도 자기 부하들만 보호합니다. 이런 식으로 자원을 확보하기도 하지요. 체제와 학자 사이에서 중개

인 역할을 하는 것과 마찬가지입니다. 우리가 이야기하는 중개인
과는 전혀 다릅니다. 우리는 학자와 학자 사이, 학자와 대중 사이
의 중개인을 말합니다. 이런 중개인은 다른 사상을 하나로 묶어서
공동의 토론을 만들어냅니다. 이것은 종적인 것이 아니라 횡적인
중개를 뜻합니다. 그래서 우리는 리더가 우리를 보호해줄 것을 기
대해서는 안 됩니다. 체제에 대해서도 마찬가지입니다. 가장 중요
한 일은 이런 공동체를 형성하는 것입니다. 자신의 공동체의 단결
성을 가져야 합니다. 중국에서 어떤 일을 지속할 수 있는지 여부는
이런 결기에 달려 있습니다. 만일 이런 작은 결사를 가지고 있다면
어떤 때는 풍선껌같이 사용할 수 있죠. 길게 늘여가면서 계속 대처
해나갈 수 있습니다. 누군가 한 사람이 도와줄 거라고 기대하지 마
세요. 어려움이 있으면 다 함께 대처하는 것입니다.

전체적인 사회 환경을 보자면, 사람을 기호화·상징화하려는
굉장히 강한 충동이 있습니다. 이 대학, 저 유명인, 수많은 사람이
다양한 면모를 선보이며 거품처럼 둥둥 떠다니죠. 청년들이 용기
있게 물어야 합니다. 이게 대체 뭐하는 겁니까, 이 대학은 어디가
좋은 겁니까, 나와 무슨 상관이 있습니까? 유명인이 그냥 유명인
이라서 중요한 게 아니고, 우선 무슨 얘기를 하는지 들어봐야 합니
다. 말하는 내용이 정말로 흥미 있는지 자신의 머리로 이해해야 합
니다. 기호라는 건 사람들의 관심에 의존하는 것입니다. 관심이 없
다면 기호도 사라지죠. 기호를 없애고 유기적인 소그룹을 만들어
내야 합니다. 횡적인 리더십은 부모 자식 사이처럼 누군가 보호를

제공하는 것이 아닙니다. 우리는 어려서부터 교육의 기호화를 심하게 합니다. 거기서 벗어나 비교적 자연스럽게 물어볼 수 있어야 합니다. 유기적인 언어로 이야기하고, 일정 기간 이런 능력을 배양해야 합니다.

옥스퍼드의 기억

W: 옥스퍼드가 선생님께 남긴 주요 기억에는 어떤 것들이 있습니까?

X: 옥스퍼드에 대해서 마음에 남는 기억은 별로 없습니다. 많은 사람이 이곳을 자신의 고향 같다고 여기고 꽤 애정을 갖습니다. 하지만 저는 그런 감정을 이해하기 좀 어렵습니다. 제게 이곳의 최대 장점은 자유와 매우 권력분산적인 환경입니다. 옥스퍼드대학은 사실 존재하지 않습니다. 많은 사람이 그렇게 이야기 하죠. 왜냐하면 여기에는 각종 칼리지와 학과가 있는데, 칼리지와 학과의 관계는 '막대'와 '뭉치'로 비유될 수 있거든요. 학과가 막대에 해당됩니다. 이건 직능별 분리라고 볼 수 있습니다. 예를 들어 (중국 중앙 정부 안의) 내무부, 재정부, 국방부 같은 거죠. 칼리지는 뭉치에 해당되는데, 가령 베이징시나 저장성 같은 겁니다. 각 칼리지 안에 여러 학과가 함께 존재합니다. 옥스퍼드 전체에서 각 학과의 교수들이 각자 다른 칼리지에 속합니다. 칼리지의 법률적 지위는 (인민)공사소

社와 같습니다. 칼리지의 모든 성원이 공동으로 공사를 소유합니다. 만일 우리 칼리지 교수들이 함께 앉아 담소를 나누다가 어느 날 갑자기 모두 '회까닥'해서 투표를 통해 칼리지를 팔아치우기로 한다면, 모두 판매 대금을 조금씩 나눠 들고 집으로 돌아가는 거죠. 그럼 그날부로 칼리지는 해산입니다.

칼리지는 주로 학부생들이 수업을 듣는 곳입니다. 만일 우리 칼리지에 두세 명의 경제학 교수가 있다면, 매년 대여섯 명의 경제학 전공생을 모집할 겁니다. 교수 대 학생 비율이 2:5나 3:6쯤 되는 것이죠. 일대일 토론을 하게 됩니다. 학부생에게 이 토론은 매우 중요합니다. 효과가 뛰어나죠. 제가 학생에게 물어봤습니다. 이렇게 일대일로 지도받으면 가장 큰 장점이 뭡니까? 적당히 넘어갈 수 없는 점이라고 답하더군요. 이해가 됐으면 이해를 한 것이고, 모르면 확실히 모르는 거라는 겁니다. 학생이 완전히 이해할 때까지 교수가 계속 물어봅니다. 만일 그래도 이해가 안 되면, 추가로 책과 자료를 읽어봐야 합니다. 개개인의 상황에 따라서 독서 목록과 교수 방법을 조정합니다. 매주 리포트를 써내야 하는데 아주 피곤한 일입니다. 이런 과정을 통해서 단순히 지식 정보를 늘리는 게 아니라, 어떻게 자기 논리를 발전시켜나가는지를 훈련하게 됩니다. 또 글을 어떻게 써야 하고, 어떤 어휘를 사용해야 하는지 배웁니다. 문장 구조 수준까지 내려가니 꼼꼼하게 지도가 되는 셈입니다. 어떤 때는 낭독해야 하기도 합니다. 교수와 학생이 함께 낭독합니다. 수렴convergent 하는 것이 아니라 발산divergent 하는 창의적

대화를 나누게 됩니다. 이런 훈련이 정말 좋습니다. 상황을 이해함에 있어 일종의 오리지널리티를 갖게 됩니다. 그냥 교과서 안의 지식을 배우고 끝나는 게 아니지요. 이런 설명의 배경과 맥락에 대해서 이해하게 됩니다. 당시에 왜 이런 이론이 나왔는지, 오늘날에는 어떻게 이해해야 하는지와 같은 것 말이죠. 이렇게 키워진 학생은 말하는 방식을 들으면 단번에 알아볼 수 있습니다. 이런 근본적인 이해와 역사의식을 가지고 있다는 사실을. 이렇게 지식의 역사를 알게 되면 지식은 생명력을 얻습니다. 생동감 있고 재미도 있습니다. 동시에 개방적입니다. 실제 상황에 맞게 대처하는 변화가 가능합니다.

칼리지의 나머지 기능 하나는 교류입니다. (칼리지.내 식당에서) 같이 밥을 먹게 됩니다. 칼리지 내에서는 여러 학과가 학제적으로 함께 있기 때문에, 식탁 왼쪽에 앉아 있는 학생은 수학 전공일 수도 있고, 오른쪽에 있는 학생은 생물 전공일 수도 있습니다. 맞은편에 앉은 학생은 역사 전공이죠. 함께 수다를 떨고, 각종 상황에 대해서 토론을 합니다. 이 과정이 굉장히 재미있습니다. 제가 문자와 관련된 작품을 주로 만드는 특징이 있는 중국의 당대 예술가 쉬빙徐冰(1955~)에 대해서 이해하게 된 계기는 우리 칼리지에 있는 동료들 덕분입니다. 한 분은 예술사 전공자이고, 또 한 분은 남아프리카 문학 전공자입니다. 남아프리카 문학 전공자가 제임스 조이스의 마지막 장편소설인 『피네건의 경야Finnegan's Wake』와 가상의 한자를 이용해서 만든 쉬빙의 '천서天書'를 비교했습니다. 그때 처음 쉬빙의 이름을 들었습니다. 예술사를 전공한 교수가 쉬빙을 옥스퍼드로 초청해서 전시회를 열어 저도 그를 제대로 알게 된 것이죠.

옥스퍼드의 환경은 아주 좋습니다. 하지만 옥스퍼드의 연구가 반드시 가장 전위적인 건 아닙니다. 저는 조금 느긋한 환경에서 자신의 작은 세계에 대해 생각하는 것을 좋아합니다. 하지만 미국이라면 아마 이렇게 느긋할 수 없을 겁니다. 왜냐하면 가장 전위적이어야 하기 때문입니다. 그러다가 주화입마走火入魔하는 거죠. 전위가 되기 위해 전위를 하는 겁니다. 사회생활에서 대부분의 문제는 사실 늘 있는 것입니다. 그래서 반드시 이런 오래된 문제를 잘 해결해야 합니다. 그런 상황에서 계속 새로운 말을 만들어내는 건 별 의미가 없습니다.

언어의 문제에 대해 이야기하자면 저는 더 심각하게 느끼는 편입니다. 중국 내에서도 많은 사람이 언어가 타락하는 문제를 논합니다. 보통 이야기되는 수많은 것이 일상생활 경험과 전혀 관계가 없습니다. 평범한 사람들은 이해할 수 없습니다. 뜻도 모른 채 말이 전달됩니다. 옥스퍼드의 분위기가 제게 상당히 영향을 미쳤는데요, (여기서는) 글쓰기나 대화 중에 너무 과장된 추상적 언어를 남발하면 속물적이라고 손가락질 받습니다. 품위가 없다고bad taste 합니다. 품위 있는 사람이라면 평범한 언어로 심오한 이야기를 할 수 있어야 합니다. 언어는 평범하면 평범할수록 좋습니다. 아주 구체적이어서 테이블은 테이블, 의자는 의자, 다기는 다기, 이렇게 하나하나 설명할 수 있어야 합니다. 이런 태도는 영국의 실증주의 철학과 관련 있습니다. 데이비드 흄이 옥스퍼드에서 시작한 언어철학, 정치철학이 있고 이게 전통이 됐습니다. 예를 들어 아이제이아 벌린이 쓴 글은 모두 학술 에세이에 해당됩니다. 이분들은 스테레오타입이 된 학술적 용어를 싫어합니다. 그들은 가장 수준 높은 학문이라면 평범한 언어로 기술돼야 한다고 믿습니다. 그래서 가능한 한 전문 용어의 사용을 피합니다. 쓰이는 개념들도 들어보면 아주 단순합니다. 다시 벌린의 '두 종류의 자유'에 대해서 살펴볼까요? 새로운 사회를 창조하려는 '적극적인 자유freedom to'가 있고, 개인의 권리를 강조하며 간섭받지 않겠다는 '소극적인 자유freedom from'가 있습니다. 각각 사회주의와 자본주의에 해당됩니다. 여기 어느 부분에서 추상적 개념이 보입니까? 모두 묘사를 하는 듯한 언어입니다. 어떤 때는 은유를 사용합니다. 이를테면 '생각이 일이관지一以貫之하는 고슴도치와 아는 게 많은 여우' 이야기 같은 것이죠. 머릿속에 이미지意象와 설계圖景가 있은 연후에야 이것들을 그리듯이 서술해나갑니다. 우리는 지금 많은 사람이 머리에 설계를 갖고 있지 않습니다. 그냥 기계적으로 데이터와 재료를 던져놓기만 하죠.

또 한 가지, 당연히 옥스퍼드의 자신감이 있습니다. 저는 아직 그 수준에 도달하진 못한 것 같습니다. 하지만 무척 흥미로워 보이긴 합니다. 영국에는 실질적으로 사립대학이 존재하지 않습니다. 옥스퍼드대학과 케임브리지대학 모두 공립학교죠. 베이징대학, 칭화대학과 마찬가지입니다. 표면적으로는 정부가 옥스퍼드를 운영하는 듯하지만, 실제로는 옥스퍼드가 정부를 운영합니다. 정부의 요직을 맡은 이들이 모두 옥스퍼드 출신이거든요. 정부는 계속 바뀌지만 학교는 바뀌지 않습니다. 예를 들어 옥스퍼드의 세인트휴스 칼리지는 여학교인데 미얀마의 아웅 산 수 치, 영국 수상을 지낸 테레사 메이가 이곳 출신입니다. 오래된 칼리지들은 주말에 런던에서 장관들이나 부수상이 내려와 학부생들과 정치에 대해 토론합니다.

벌린은 처음에 고전 철학을 연구했습니다. 나중에 그의 사상이 큰 영향력을 갖게 되는데요. 단순히 철학적 공헌에 그치는 것이 아니라, 세계 정치에 대해서 세심하고 직관적인 판단을 하게 되고, 다시 철학을 통해 이를 설명합니다. 왜 그는 '두 가지 자유' 개념을 만들어냈을까요? 실은 냉전 중에 서구와 공산권 사회의 대립을 설명하기 위해서였습니다. 소극적 자유란 나한테 신경 쓰지 말라는 겁니다. 적극적 자유는 내가 그걸 만들어내겠다는 것이죠. 그는 학창 시절 주말에 그런 식으로 국회의원이나 장관이 서로 논쟁하는 것을 들을 기회가 있었습니다. 상황을 좀 누그러뜨려야 하는 것 아닐까? 히틀러와 접촉해봐야 할까? 소련에 어떤 정책을 취해야 할까? 체임벌린에서 처칠에 이르기까지 모두 굉장히 실제적인 토론과 논쟁을 합니다. 이런 논쟁이 우선하고 그다음에 이론을 연계합니다. 이런 개념들은 그런 환경에서 숙성돼 나온 것입니다.

사실 대학의 역할은 안전한 환경을 제공하는 것입니다. 이런

주변의 상실

환경에서 사상적으로 다양한 방안이 나옵니다. 인생의 경험도 마찬가지입니다. 옥스퍼드대학 학부 출신들이 백화제방, 백가쟁명 식으로 이름을 날립니다. 가령 에드먼드 백하우스(1873~1944)는 아마 처음으로 청나라 황궁 내의 정치를 정확하게 묘사한 사람일 것입니다. 서태후의 초상을 처음으로 영국에 소개한 사람입니다. 그는 전형적인 옥스퍼드 출신 인재입니다. 대학이 이런 식으로 안전한 환경을 제공합니다. 괴짜 짓을 할 수 있고, 실험도 할 수 있게 합니다. 지식인이 이런 괴짜 짓을 할 수 있고 그런 것을 기대합니다. 저는 지식인이 도덕적인 모범을 보이고 인생을 시험 답안처럼 사는 것이 꼭 좋다고 생각하지 않습니다. 이건 지식인의 역할이 아닙니다. 특히 오늘날, 소위 지식인과 일반인 사이의 경계는 이미 모호해졌습니다. 다들 뒤섞여 살아가고 비슷비슷합니다. 그냥 직업이나 직능이 나뉘어 있을 뿐이지요. 상황이 이런데 대학 안에서 살면서 무슨 모범을 보이겠습니까? 제가 극단적으로 얘기하는 것처럼 들릴 수 있을 텐데요, 제가 느끼기엔 대학생들이 학교 안에서 해야 하는 일은 norm(규범)을 만드는 게 아니라 exceptions(예외)를 만드는 것입니다. 이제 사회는 예외들을 필요로 합니다. 이 사회를 대표해서 예외적인 일들을 벌여야 합니다. 그런데 지금 대학교수들은 모두 규칙대로만 살아갑니다. 제 생각에 이건 완전히 낡은 방식입니다. 오히려 대중의 반감을 사기 십상입니다. 왜냐면 첫째, 이미 (사회가) 대학교수에게 숭고함을 기대하지 않습니다. 둘째, 다른 사람들이 감히 할 수 없는 이야기를 해야 하는 게 대학교수의 특성입니다. 왜냐하면 대학에서 이런 안전한 위상과 분위기를 만들어줬기 때문입니다. 돈을 아주 많이 벌 수는 없겠지만 그래도 생활과 일의 방식이 비교적 안락합니다. 사회에서 어느 정도 존중도 받고요. 그러니까 대학교수의 임무는 대담해지는 것입니다. 물론 중국 대학 안에 이런 사람들이 있습니다. 예컨대 베이징대학에 괴짜 교수들이 좀 있었죠.

하지만 저는 정서적으로 옥스퍼드대학에 귀속감을 느끼진 않습니다. 저는 여전히 원저우 사람이죠.

W: 베이징대학에 대한 귀속감도 옅은 편인 거죠?

X: 네. 베이징대학에 특별한 감정을 갖고 있지 않습니다. 졸업하고 딱 한 번 가봤습니다. 졸업증을 잃어버려서 재발급하러 갔습니다. 웨이밍 호수까지 갔는데요, 나중에 회의 때문에 두 번 정도 다시 가보긴 했습니다. 동문으로 들어가서 동문으로 나왔습니다. 당시 뉴스레터를 받고 있었는데, 내용을 보고 더 가기가 싫어졌습니다. 앞부분에는 수준 낮은 통속 문학류의 글들이 실려 있더군요. '웨이밍 호수의 달빛' 같은 제목을 달고. 고등학생 작문 수준의 느낌이었습니다. 뒷부분은 누가 출세하고, 돈 많이 벌고 그런 얘기들입니다. 동문 아무개가 부성장副省長이 됐다는 식의. 저는 이런 내용을 좋아하지 않아서요. 지금의 부성장들이 과거 재학 중에 웨이밍 호숫가를 걸으며 달빛의 정기를 받았다는 이런 상상력이 발동하니까, 아주 '재수'없게 느껴지더군요. 저는 확실히 제가 베이징대학 사람이라는 생각이 들지 않습니다. 어쩌면 나이 예순쯤 먹으면 좀 달라

질지도 모르죠. 갑자기 청춘에 대한 추억이 '돋는군요'. 좋은 질문입니다. 저는 베이징대학에 고마움을 느끼긴 합니다. 객관적으로 매우 중요합니다. 하지만 소속감을 느끼진 않습니다. 물론 베이징대학과 옥스퍼드대학을 비교하자면, 베이징대학이 제게 훨씬 더 중요하긴 합니다.

옥스퍼드에서 많이 배우기도 했습니다. 민주적인 운영 같은 것이요. 권력이 고도로 분산돼 있습니다. 총장에게 별다른 힘이 없습니다. 과마다 자기 하고 싶은 대로 합니다. 개개인도 마찬가지이고요. 그리고 한 가지 재미있는 게 있습니다. 원래 옥스퍼드대학의 월급은 1970~1980년대 중국의 '단위제'와 방식이 똑같습니다. 연공서열식으로 올라갑니다. 해마다 조금씩 인상되는데, 근무연수에 따라서 계산이 되는 겁니다. 교수와 다른 교직원 사이의 월급 차이도 매우 적습니다. 이를테면 정원 관리인과 제 월급이 비슷합니다. 인민공사 같은 거죠. 이런 차등을 통해 동기 부여를 하지 않습니다. 평등을 더 강조하죠. 저는 이게 아주 마음에 들었습니다. 영국의 공립 교육, 의료 체계처럼 사회주의적이고 공동체주의적입니다. 의사도 돈을 많이 벌지 못하죠. 그런데도 우수한 인재들은 여전히 의사가 되고 싶어합니다. 이 직업을 인정하기 때문이죠. 의미가 있는 일이라고요. 지금은 바뀌고 있습니다. 사회적 압력이 증가하고 있으니까요. 월급이 오르지 않으면 미국으로 가버립니다. 실은 옥스퍼드가 800년간 이런 공동체주의적인 운영을 해왔지만, 사회적 역할은 결코 작지 않습니다. 굉장히 중요한 '역대급' 사상들을 만들어왔죠.

　제 생각에 전반적으로 수준이 높은 (이런 평등한) '공동체'는 더
좋은 것 같습니다. 아니면 기준이 없는 거라서요. 대학에서 장학금
을 주는데 운영이 불투명하다면, 돈을 받고도 더 받을 수 있지 않
을까 하는 마음이 생기겠죠. 못 받는다면 당연히 기분이 나쁠 것이
고요. 그냥 똑같이 하는 게 차라리 더 낫습니다. 제 아버지는 늘 이
점을 탐탁잖게 생각하셨습니다. 다 똑같이 주면 아무도 더 노력하
지 않을 거라면서요. 분명히 어떤 사람은 농땡이를 부리죠. 논문이
나 글을 쓰지 않습니다. 하지만 대학, 사회, 개인 생활은 하나의 생
태계입니다. 사람의 능력이 다 다르죠. 어떤 사람은 강의를 잘하는
데 대신 연구는 하지 않죠. 어떤 사람은 논문은 쓰지 못하는데 말
을 아주 잘합니다. 말을 잘하는 것도 뛰어난 재주입니다. 경쟁의 압력
이 덜할 때 모든 사람이 자기가 가진 특출한 재능을 발휘합니다.

　지금 생각해보면 옥스퍼드대학에 중대한 변화가 일어나고 있
습니다. 아마 중국 학생들은 이런 얘기를 들으면 많이 놀랄 텐데
요, 최근 20년에서 50년 사이에 옥스퍼드는 교육 위주의 대학에서
연구 중심 대학으로 변모했습니다. 800년의 역사를 보면 옥스퍼
드는 교육을 더 중시해왔습니다. 교수들은 자신의 가장 중요한 임
무가 일대일로 학생들을 지도하는 것이라고 생각해왔습니다. 연
구는 그다음이고요. 일이라기보다는 개인의 흥미에 따른 선택 사
항이었습니다. 그런데 최근 20년간 과제를 신청하고, 결과를 발표
하는 것이 갈수록 중요한 일이 되어왔습니다. 노교수들은 그래서

불만이 많습니다. 그들은 여전히 자신의 가장 중요한 임무가 인재 양성이라고 생각합니다. 개인이 얼마나 똑똑해서, 얼마나 많은 책을 써내느냐 하는 것이 과연 중요한 일이냐는 거죠. 관건은 어떤 사람을 길러낼 수 있느냐 하는 것입니다. 정말로 훌륭한 교수는 학생을 가르치고, 평생 두세 편의 글을 써서 인류의 역사를 바꾼 사람들이라는 거죠. 그렇게 연구 과제를 신청해서 이뤄낸 결과가 얼마나 가치 있느냐고 묻습니다. 확실히 의문의 여지는 있습니다. 하지만 지금은 연구 중심으로 변하는 것을 피할 수 없습니다. 기업화도 중요한데요, 대학이 재정 균형 문제를 염려하는 것입니다. 동시에 계속 업무 영역을 확장하죠. 그러려면 건물을 많이 지어야 하고 내부 관리도 기업 경영 관리와 같아집니다. (예전의 기준으로 보자면) 질적인 하락입니다.

W: 만일 베이징대학이나 옥스퍼드대학에 대해서 반성적으로 관찰하고 사유할 일종의 거리감을 만들 수 있다면, 왜 원저우 사람이라는 아이덴티티가 가장 강렬한 것입니까?

X: 솔직히 말씀드리자면, 이런 아이덴티티는 만들어진 것이지 자연스러운 것은 아닙니다. 매번 한 단계 한 단계 어렵게 과정을 거쳐 오면서 나온 결과입니다. 지금까지 제가 문제를 보는 방법은 사실 라이터 만드는 원저우 사람에 가장 가깝습니다(물론 진짜로 제가 작은 공장을 차려서 원저우 사람들과 함께 그렇게 일할 수 있을까 하는 건 의문의 여지가 있습니다만). 제가 '저장촌'에 가서 사람들과 어울릴 수 있었던 건 그래서 자연스럽습니다. 저는 베이징에서 그들과 대

부분의 시간을 보냈습니다. 그러니까 아마 제 아이덴티티는 그들과 가장 가까울 겁니다. 보통 중졸 학력 소유자들이고 지금은 쉰살이 좀 넘었으니까 저보다 약간 나이가 많습니다. 베이징에서 모두 친해졌습니다. 만일 우리 집안에 무슨 일이 생겼다면 아마 먼저 그분들을 찾았을 겁니다. 이분들이 제게 늘 하는 질문이 있습니다. 얼마나 돈을 버냐는 거죠. 그러고는 '아이고 그것밖에 못 벌어? 그냥 고향으로 돌아와라' 이렇게 말합니다. 늘 제가 너무 말랐다고 생각해 데리고 나가서 밥을 사주죠. 과일을 주고 데리고 나가서 옷을 사줍니다. 제 가죽 재킷은 모두 이분들이 준 겁니다. 형님 같은 존재들이죠. 동생이 공부를 잘해서 성적이 좋은데 대학에 다니다가 고향집으로 돌아왔습니다. 그러면 동생에게 잘해주고 싶죠. 하지만 동생이 구체적으로 뭘 하는지는 잘 모릅니다. 말하자면 이런 관계입니다. 이분들은 마작을 좋아합니다. 저는 잘 못합니다. 사실 좀 이게 문제가 좀 됩니다. 제가 마작을 할 줄 안다면 더 친밀한 관계를 맺었을 겁니다. 우리는 보통 밥을 함께 먹는데, 사업이 잘되는지 이야기하고 사람들 '뒷담화'를 합니다. 누구와 누구가 어쨌다더라, 누가 또 잘렸다더라, 누가 어디에 들어갔다더라, 누가 돈을 벌었다더라, 세상살이에 대해 이야기를 나눕니다. 이렇게 수다를 떨면서 필드 연구를 진행합니다.

W: 그러면 이런 수다와 연구 사이의 중간쯤 되는 대화가 가장 편안한 사교 방식입니까?

X: 꼭 그런 건 아닙니다. 좀 다른 면이 있지요. 완전히 '릴랙스'할 수

는 없습니다. 인터뷰를 하는 그런 기분이죠. 당연히 그분들이 제게 주도적으로 이야기를 해줍니다. 그래서 수다가 되는 거죠.

저는 지식인의 포퓰리즘에 호감이 좀 있습니다. 예를 들면 입헌군주제와 농노제 폐지를 주장하며 봉기를 일으켰던 19세기 러시아의 데카브리스트 같은 거죠. 왜 그렇게 된 건지는 모르겠고요. 아마 어렸을 때, 아버지의 권위주의로부터 영향을 받은 것 같습니다. 권위에 대한 반골 기질이 생겼습니다. 권력자나 권위를 독점하는 사람을 보면 마음이 편치 않습니다. 이런 심리는 좀 복잡합니다. 이 문제에 대해서는 스스로를 분석할 방법이 없습니다. 하지만 어린 시절 무의식적으로 마음속에 정서적인 동력을 만들 수 있었죠. 저는 혁명가 부류는 아닙니다. 겁이 많은 편이거든요. 이런 의미로 보자면, 비교적 전형적인 프티부르주아의 포퓰리즘입니다.

W: (웃음) 스스로에게 딱지를 붙이시는군요.

X: 그렇습니다. 만일 1930년대의 상하이라면 아마 그렇게 됐을 겁니다. 비교적 열광적인 프티부르주아의 포퓰리즘이죠, 소위 좌익 청년들. 하지만 실제로 혁명에 뛰어들지는 못합니다. 모든 권위를 무시하고, 분노하죠. 하지만 프티부르주아 감정에 빠지지는 않습니다. 어렸을 때부터 감상에 빠지고 싶지 않았습니다. 생일잔치를 해본 적도 없고, 카드 같은 것도 보낸 적이 없습니다. 반려동물을 키운 적도 없고, 물질적인 생존능력도 강합니다. 절약하고 낭비를 못합니다. 초등학교 때 기억이 아직도 있는데요, 어머니 동료분이 오셨죠. 아들에게 생일 선물을 사줘야 한다고 했는데, 인상이 깊어

아직도 기억에 남아 있습니다. 뭔가 서구적이라는 느낌이 들었고요. 영국에 와보니까 영국 사람들도 이런 감상주의를 싫어하더군요. 무슨 일이 있든 입술을 깨물고 자기감정에 빠지면 안 됩니다. 왜 이 이야기를 하느냐면, 이런 성향이 제 학술 스타일의 일부에 영향을 미쳤기 때문입니다. 저는 사람을 대할 때 개체로서의 정에 대해 그다지 민감하지 않습니다.

심리적 거리두기와 직접성

W: 『글로벌 '바디 쇼핑'』에서 설명하기를 인도의 엔지니어들이 해외로 이민 가는 이유를 정치경제 층위에서만 분석하고 종교, 문화, 개인의 정서 층위에서는 보지 못했다고 했습니다. 신판 서문에서 그들의 정서적 요소를 고려하지 못했다고 털어놓으셨는데요.

X: 오스트레일리아에 있을 때 한 여성 동료가 지적해줬습니다. 제가 쓰는 걸 보면 모두 도구이성으로 느껴진다는 거죠. 모두 계산만 하고 감정이 느껴지지 않는다고요. 지난주에 옥스퍼드의 철학자 A. J. 아이어(1910~1989)의 전기를 읽었는데, 전기의 작가가 자기는 아마 자폐증 환자일 거라고 이야기합니다. 왜냐하면 다른 사람의 정서에 대해서 백치에 가깝기 때문이라고요. 저도 그런 것 아닐까요? 굉장히 이상합니다. 아직도 잘 모르겠어요. 옥스퍼드에 와서

인류학을 공부하는데 동료들과 조금 다른 점이 있습니다. 왜냐하면 대부분의 인류학 전공자는 다른 문화에 대해서 조금씩 낭만적인 느낌을 갖습니다. 그래서 연구 대상 집단 사람들의 생존 상태와 감정에 대해서 이해하고 싶어합니다. 제게는 이런 감각이 전혀 없습니다. 인류학 연구자 중에 저 같은 사람은 극히 드뭅니다. 그래서 다른 이들이 제게 묻습니다. 어쩌다가 인류학을 공부하게 됐냐고. 아마 제가 원래 가진 반엘리트주의 정서와 연관이 좀 있는 것 같습니다. 어렸을 때부터 톱다운 식의 개혁 설계에 대한 이야기는 듣고 싶어하지 않았습니다. 향신처럼 지역 주민들이 어떻게 살아가는지를 돌아보는 것을 더 좋아했죠. 그냥 낭만적인 체험이 아니라요. 저는 모델을 만들고 목소리를 냅니다. 이 목소리는 비판적이어야 하고요. 그런데 엘리트주의적인 건 또 못 참습니다.

W: 학습하고, 독서하고, 글 쓰고, 연구하고, 가르치고, 특정 그룹이라든가 학파, 하나의 이데올로기에 완전히 동의하지 않는다, 이렇게 말할 수 있을까요?

X: 그렇게 말할 수도 있겠죠. 제가 어떤 학파 이론에 대해 둔감한 지점을 어떻게 설명해야 하는가 고민하고, 동시에 열심히 사고하는 것, 이게 작은 향신 기질이 아닌가 싶습니다. 왜냐하면 저는 늘 현실의 행위 양식을 보고 싶어하기 때문입니다. 안에서 실제로 무슨 일이 벌어지고 있나, 어떤 학파 이론은 왜 실제와 거리가 있나? 모든 학파의 이론에 대해서 저는 크게 매력을 느끼지 못합니다. 제가 엄청나게 독립적이어서 그런 건 아니고요. 이 학파 뒤에 있는 사람

들의 판단이나 결정이 현실 사회의 사람들과 다르기 때문이죠. 저는 그 사람들의 생각을 알지 못합니다. 거기에 민감하지도 않고요. 사유 방식이 그들과 같은 것도 아닙니다. 물론 이상적인 상황은 그렇게 사고하고 그런 위대한 학파와 연계되는 것입니다. 이론적으로 한 단계 높아지는 거죠.

W: 앞서 문헌 자료에 대한 지식이 부족하다는 말씀을 했습니다. 선생님의 저작을 들여다보면, 특히 책의 서문이나 나중에 쓰신 다른 글들을 보면, 여전히 일종의 자각이 있는 것 같습니다. 이론에 대해 거리를 두는 느낌들. 어떤 대가가 이렇게 말했다더라 하는 이야기가 비교적 적습니다. 이런 자각은 어떻게 형성된 겁니까?

X: 두 가지 측면이 있는 것 같습니다. 자발성과 자각. 이론에 대한 언급을 피하는 것은 더 직접적으로 표현하기 위함입니다. 이론을 빌려서 애기하는 대신 직접 설명하는 것입니다. 이렇게 하는 이유는 자발성, 즉 스스로에게서 비롯된 직접성에 대한 선호 때문입니다. 심미적인 거죠. 하지만 다르게 보자면 이런 경향은 전혀 특수한 것이 아닙니다. 95퍼센트의 사람은 직접적인 걸 선호합니다. 그러니까 문제는, 왜 어떤 사람들은 이렇게 하지 않느냐는 것이죠. 베이징대학에서 지내던 후반부와 옥스퍼드에서 지낸 시기에는 이런 직접성이 문제가 되지 않았습니다. 박사 논문도 이런 방식으로 썼습니다. 그런데 논문을 쓰고 난 후에, 그러니까 10년 전쯤 변화가 생겼습니다. 이론과의 대화가 깊이를 갖지 못하는 것을 깨달았습니다. 사람에 대한 감정이 메마르고, 수많은 철학적 문제와의 교감

주변의 상실

도 적어졌습니다. 은유적인 사고가 재미있게 느껴져서 시도해보기로 했습니다.

그러고 나서 새로운 자각이 생겨났습니다. 직접성이 더 좋다는 얘기가 아니라, 지금은 제가 다른 방식으로는 연구할 수 없다는 것을 깨달았습니다. 저도 직접성의 가치를 의식하고 있습니다. 직접성의 전제는 알맹이가 있어야 한다는 겁니다. 1960~1970년대의 유행 음악을 예로 들어보죠. 전에 얘기했던 존 바에즈나 비틀스의 음악을 들어보면 굉장히 직접적입니다. 하지만 강렬한 내용이 없다면 이런 직접성은 그냥 비속함에 지나지 않을 겁니다. 그래서 존 레논, 밥 딜런이 쓴 가사들은 모두 굉장히 직접적입니다. "왜 종교 때문에 죽음을 마다하지 않나요? 만일 어느 날 종교도 국가도 존재하지 않는다면……."「이매진」의 가사는 굉장히 혁명적입니다. 들어보면 힘이 느껴집니다. 존 버거나 쉬빙의 작품도 그렇죠.

쉬빙의 예술에 흥미가 있습니다. 특히 재미있는 것은 그의 서술 방식입니다. 그는 대단히 직접적인 언어로 자신의 예술세계 배후의 상당히 복잡한 생각을 표현합니다. 어떻게 「천서」라는 작품을 만들었는지 설명하는 게 제게 굉장히 깊은 인상을 남겼습니다. 그는 다양한 철학적 사고를 갖고 있습니다. 예를 들어 「천서」는 인공적으로 하늘과 땅이 회전하는 감각을 만들어냅니다. 이런 글자들은 아주 익숙해 보입니다. 하지만 막상 읽어보려 하면 무슨 뜻인지 이해할 수 없죠. 갑자기 글자와 나 사이에, 내가 살고 있는 문화 사이에 일종의 심리적 거리를 느끼게 됩니다. 그런데 이 느낌을 말로 표현할 수도 없습니다. 쉬빙은 사실 굉장히 직접적이고 소박한 생활 경험을 통해 이런 수준에 도달한 겁니다. 어렸을 때, 그의 어머니가 베이징대학 도서관에서 일하셨다고 합니다. 그도 하루 종일 거기 앉아서 책을 본 거죠. 북바인딩과 디자인, 새김인쇄에 대해서 관심을 갖게 됩니다. 「천서」는 모든 글자를 하나하나 새겨낸 겁니다. 가장 고전적인 송나라 시기의 인쇄 기술을 사용했습니다. 이런 방식이 농담이나 장난 같은 거라고 이야기합니다. 존재하지 않는 글자나 부호를 만들었습니다. 하지만 이런 농담이 어떻게 사람들을 생각하게 만드는 예술이 되는가 짚어보면, 그건 작가가 반드시 아주 진지하게 작업에 임했기 때문입니다. 여름 한철을 꼬박 여기 매달렸습니다. 딱 여기까지 설명했고 더 복잡한 이론 같은 것은 없었습니다. 왜 진지하게 하면 농담이 아닌 걸까요? 이 배후가 더 재미있습니다. 누군가 노동을 투입한 후에 결과물이 진짜냐 가짜냐, 실제냐 허구냐, 익숙하냐 그렇지 않냐 하는 것을 비교함으로써 상당히 엄숙한 문제에 직면하게 됩니다.

쉬빙의 다른 작품 중에 「봉황」이라는 조각품이 있습니다. 하나하나 공사장의 쓰레기를 주워서 만든 것이죠. 이런 재료로 두 마리 봉황을 만들었습니다. 이 작품은 중국 전체를 상징합니다. 봉황이 비상하는 장면이라 아주 아름답고 위엄이 넘칩니다. 하지만 그 내면에는 아픔이 있죠. 왜냐하면 공사장의 현실을 생각해보면, 사고로 사망한 노동자들이 있고 월급도 제때 지급되지 않았으니까요. 만일 이 재료들을 하나하나 주워오지 않았다면 그냥 두 마리 봉황

주변의 상실

에 불과합니다. 별 의미가 없습니다. 완전히 형식적인 측면만 주목한다면, 어떤 방법을 동원해서든 같은 시각적 효과를 연출할 수 있을 겁니다. 왜 굉장히 직접적이고 소박한 언어로 이런 것들을 표현할 수 있는 걸까요? 그건 그 뒤에 내용, 콘텐츠가 있기 때문입니다. 그리고 이 내용에는 노동과 중국 사회에 대한 쉬빙의 이해가 들어 있습니다. 이렇게 모든 요소가 갖춰진 겁니다. 그는 이런 방식으로 모두에게 자신의 목소리를 전달합니다. 내가 공사장에 가서 재료를 직접 주워왔고 이렇게 작품을 만들었습니다. 이게 바로 오늘의 중국입니다.

존 버거는 당연히 고전에 해당됩니다. 그의 직접성이 바로 그의 깊이입니다. 그의 '관찰'은 틀림없이 통찰하고 싶다는 그의 욕망일 겁니다. 그가 실제로 모든 것을 꿰뚫어봤다고 이야기할 수는 없습니다. 우리가 그의 작품에서 느끼는 힘은 그의 노력입니다. 그들이 가진 절실한 호기심과 공감의 마음이죠. 그게 직접적인 원인입니다. 존 바에즈도 마찬가지입니다. 가장 중요한 이유 중 하나는 물론 목소리가 좋고 음역대가 넓은 것입니다. 그리고 중요한 사회운동에 직접적으로 참여했죠.

W: 처음에 선생님 책을 읽을 때 일종의 강한 반골 기질을 느꼈습니다. 주류 이론서에 대한 반감이랄까요. 존 버거의 그런 노력과 비슷한 것 같습니다.

X: 이건 장기적으로 진화해온 결과입니다. 그런데 제가 쓴 글이 다른 사람의 글과 다르다는 뜻입니까? 아니면 제가 의식적으로 기존 담

론에 거역하려 했다는 뜻입니까?

W: 제가 느끼기론 선생님께서 기존의 권위 있는 연구와 자신이 다르다고 의식하고 있었던 것 같습니다.

X: 그럴지도 모릅니다. 하지만 제가 의식적으로 기존 담론에 반기를 든 것은 아닙니다. 그냥 전체적인 반골 기질이 발현된 것이겠지요. 자각성과 자주성이 필요합니다. 자기 목소리를 내야 하고요. 제가 수업 시간에 가장 강조하는 것입니다. 사회과학은 주체성을 키우는 것을 학습하는 것입니다. 주체성이라는 것은 '내가 잘났어' '나는 특별해' 이런 뜻이 전혀 아닙니다. 내가 이 세계에 한 사람으로서 존재하는데, 나와 세상 사이에 어떤 관계가 있고, 나는 무엇을 봤고, 내 시각에서 어떤 점이 옳지 않을까도 고민하고, 그렇지만 결국 자기가 어떻게 생각하는지를 명확하게 하는 것입니다.

지난 학기에 옥스퍼드 교수들이 파업을 했습니다. 학생들과 토론할 기회가 있었는데요, 학생들이 교수들의 파업을 지지해야 하는가에 대한 것이었습니다. 저는 『예루살렘의 아이히만』에서 '악의 평범성'을 논하기도 한 정치철학자 한나 아렌트(1906~1975)의 인터뷰 발언을 인용했어요. 1960년대에 독일 청년들이 베트남전 반대 시위를 한 것에 문제가 있다는 이야기였습니다. 그의 지적은 베트남전이 그들과 무슨 관계가 있는지 분명하게 이해해야 한다는 것이었습니다. 베트남전이 왜 미국에서 커다란 반향을 일으켰을까요? 핵심은 추첨에 의한 징병이었습니다. 많은 중산층 가족의 청년들이 전장으로 나갔습니다. 순식간에 전 국민이 논쟁에 참

여했습니다. 전쟁이 끝나고 자유주의 경제학자 밀턴 프리드먼이
의무병제를 모병제로 바꿀 것을 제안했습니다. 군역이 일종의 취
업이 된 것이죠. 겉보기엔 굉장히 간단한 기술적인 처리 방법입니
다만, 사실은 세계 정치에 굉장히 큰 영향을 미쳤습니다. 지원병은
월급을 받기 때문에 용병을 고용하는 것과 같습니다. 군대는 더 이
상 세상을 바꿀 수도 있는 혁명 역량을 가진 조직이 아닌 것이죠.
원래 의무병제의 참여자는 우선 시민이고 한편으로는 전사입니
다. 그들도 전체 전쟁의 의미에 대해서 토론할 수 있습니다. 그런
데 이제 그 문제가 사라져버렸습니다. 아렌트는 이런 변화가 일어
나기 전에 발언한 것입니다. 미국의 청년들이 거리로 나선 건, 자
기 자신도 전장으로 보내질 수 있다는 사실 때문이었습니다. 전쟁
의 의미를 생각할 때 자기 생명을 보호하기 위한 동기가 있었습니
다. 그런데 독일 청년들에게는 이 전쟁이 어떤 의미가 있는 것일까
요? 저는 이게 굉장히 대담한 질문이라고 생각합니다. 아무리 독
일 청년들이 진심으로 반전 구호를 외친다고 해도, 그들에게 질문
을 던져봐야 합니다. 이게 당신들의 실제 물리적 이익과 무슨 관련
이 있는 것이죠? 이걸 명확하게 해야 합니다. 그래야 그들의 행위
가 의미를 갖게 됩니다. 저는 이 예를 사용해서 연구도 이와 마찬
가지라고 말합니다. 꼭 보편적이고, 정확하고, 깊이 있는 이론을
얘기해야 한다는 뜻이 아닙니다. 자신과 세계와의 관계가 명확해
야 합니다. 이게 대단히 중요합니다. 그래서 저는 학생들에게 말해
줬습니다. 그들이 그냥 교수들의 원칙이 옳은 것 같다고 해서 파업

을 지지해서는 안 된다고요. 자신과 교수들의 관계, 교수들이 지지하는 원칙과의 관계를 명확히 해야 합니다.

물론 저는 이렇게 의식적으로 직접성의 관념을 만들었는데, 이건 비교적 최근의 일입니다. 자발성에서 자위自爲로 가는 과정이기도 합니다. 처음 시작할 때 '저장촌'과 같은 글쓰기는 대단히 자연스럽고 자기를 다른 사람처럼 상상할 필요가 없었습니다. 빠르게 써내려갔고요. 재미있었습니다. 그야말로 자발적인 직접성입니다. 나중에 학생들에게 이야기하기 시작하면서, 당연히 점점 (하층민의 목소리를 직접적으로 전달하려는) 탈식민주의의 영향을 받았습니다. 이렇게 직접적인 목소리를 방법으로 채택하면서 더 깊은 자각을 하게 됐습니다.

어떻게 '직접적'이 될 것인가의 방법론을 생각하면 '직접적'이라는 의미는 첫째, 내용이 있어야 하고 둘째, 부딪힘이 있어야 합니다. '임팩트'를 갖기 위한 것이죠. 셋째, 글을 솔직하게 써야 합니다. 우선 내용이 풍부하게 축적돼 있어야 하고 일에 직접 개입해야 합니다. 그냥 겉만 보고 전체적인 판단을 하는 것으로는 부족합니다. 직접 개입한다는 뜻은 사정을 명확히 이해한다는 것, 즉 그 사정이 어떻게 안에서 밖으로 발전해나가는지를 볼 수 있다는 것입니다. 저는 수업할 때 두 가지를 구분해서 설명합니다. explain(해석)과 explain away(적당히 설명하기)입니다. explain away는 자기폐쇄 논리를 만들어내는 것입니다. 이 사정을 settle(처리해버리는 것)하는 것이죠. 전형적인 예가 인구 유동 연구에서 push-pull 이론●이나 경제학에서의 수요-공급 관계 같은 것입니다. 공급이 있기 때문에 수요가 있고 그래서 그런 일이 발생한다는 것이죠. 이건 해석이라고 할 수 없습니다. 문제에 대한 해석이 주어진 것이 아닙니다. 진정한 해석은 개입을 필요로 합니다. 안으로 들어가서 물어봐야 합니다. 이 수요는 대체 어디서 나온 것입니까? 어떻게 만들어진 것입니까? 공급도 마찬가지입니다. 자원이 어떻게 조달된 것입니까? 반드시 안쪽의 내용이 어떻게 만들어진 것인지, 충돌하는 지점이 무엇인지 살펴야 합니다. 이렇게 벌어지는 일의 내재적 동력을 파악한 후에 쓰는 내용이 임팩트를 보입니다.

존 버거의 책 중에 『킹: 거리의 이야기King: A Street Story』는 홈리스에 관한 것입니다만, 그는 한 가지 사실을 깨닫죠. 홈리스들은 모두 개를 한 마리씩 데리고 다닌답니다. 킹도 한 마리 개의 이름입니다. 존 버거는 이 개를 통해서 홈리스에 대해 썼습니다. 홈리스 자신의 세계죠. 여기에 개와 사람 사이에 일종의 상호 의존이 있습니다. 온정, 사랑. 당연히 그 세계는 처참하기도 합니다. 하지

● Push and pull factor 이론은 사회학에서 주로 이민migration과 관련해 설명되는 이론으로, 미국의 인구학자 Lee(1966)가 인구 이동에 관한 연구에서 발표했다. 이 이론은 가난한 나라에서 부자 나라로의 이민 현상이나, 가난한 나라에서는 시골에서 도시로 사람들이 몰려들고, 부자 나라에서는 그와는 반대 현상을 보이는 것에 대하여 설명한다. 그는, 배출 요인push factor은 부족한 일자리, 가뭄과 기근, 정치적 위협이나 박해, 노예나 강제노동, 빈약한 의료 체계, 죽음의 위협, 공해, 열악한 주택 상황, 차별, 전쟁 등 자신이 살고 있는 나라나 지역에 대한 나쁜 조건들을 말하며, 유인 요인pull factor은 일자리 기회, 더 나은 거주 조건, 정치적·종교적 자유, 교육, 의료 시설, 좋은 기후 조건, 결혼 기회의 증가 등 다른 지역으로 이끄는 요인으로 개념을 정의하고 있다.

만 그들도 완전히 무력한 피해자이기만 한 것은 아닙니다. 자신의 한 세계를 만들어냅니다. 개는 여기서 중요한 부분이죠. 이렇게 세계를 관찰하는 방법이 제게는 매우 임팩트 있게 느껴집니다. 새로운 이해를 가져다주죠. 이건 대단히 직접적인 것입니다. 홈리스 자신의 가장 명확한 경험에서 출발합니다. 어떠한 이론도 사용하지 않지만 굉장히 힘이 있습니다.

솔직한 글쓰기가 필요한 것은 안에서 바깥으로 분출하기 때문입니다. 내재적인 감각이 명쾌하게 표현되어 나옵니다. 만일 이런 직접적이고 솔직한 표현을 하나의 스타일로만 이해한다면, 의약품 설명서도 직접적이고 간명하게 쓰는 것입니다. 하지만 그 힘은 다릅니다. 반드시 안에서 밖으로 나가는 임팩트가 있고, 정서의 축적이 있습니다.

———

인류학 학계

W: 말씀하신 '직접성'의 세 가지 층위가 인류학이 하나의 학과로서 반드시 갖추어야 하는 존재 의의 아닙니까? 원래 인류학이 사물의 내부를 깊이 있게 들여다보고, 그 무늬를 발견하고, 이해하는 것이겠죠. 선생님이 홍콩 문제에 관해서 홍콩의 학자들과 논쟁하면서 쓰신 글 「회응과 반성回應與反省, 어떻게 현재를 서술하고 역사

를 파악할 것인가: 인류학의 공적 역할에 대해 논함」에서 인류학이 가진 걱정거리를 언급하셨습니다. 인류학이 '동정' '이해' 이런 개념 안에 갇혀 있다. 왜 우리가 오늘날 아직도 이런 문제를 논해야 하는가라고요. 왜 인류학은 여전히 이런 고민에 빠져 있나? 모두가 개입하지 못하고, 문제를 직접 대면하지 못하는 것일까요?

X: 인류학의 문제는 설명하기 어렵지 않습니다. 하지만 지금 더 큰 문제를 제기하셨는데요, 왜 보편적인 학술 담론 안에서 직접성이 여전히 중요한가 하는 것입니다. 가령 문학이 있는데, 여기서 논픽션 문학에 대해 이야기해볼까 합니다. 제게는 이 문체의 발전이 매우 중요합니다. 저는 1980년대에 르포르타주 문학을 읽었습니다. 이 장르는 엘리트주의의 역사에 대한 심판관 역할을 했습니다. 지금의 논픽션 문학은 물론 역사를 심판하지 않습니다. 자기 걱정과 모순에 대해서 서술하죠. 저는 이런 직접성이 중요하다고 생각합니다. 앞으로 우리가 토론회를 열어서 문학, 미디어, 인류학, NGO 분야의 사람들이 모여 이런 걸 만들 수도 있을 것 같습니다.

인류학 문제는 말씀드린 대로 비교적 간단합니다. 왜냐하면 하나의 학과로서 볼 때 인류학의 출발점은 식민주의이기 때문입니다. 서구인들이 다른 문화를 해석할 필요가 있었고, 인류학에서 다시 사회학이 파생돼 나옵니다. 사람이 사회 속에서 이렇게 오래 살아왔는데 왜 갑자기 100여 년 전에 사회가 어떻게 구성된 것인지를 고려하기 시작한 걸까요? 왜냐하면 원래는 모두 신학이나 관습 같은 규칙을 통해서 자기를 규범화하기만 하면 됐지, 자기의 사회생활을 대상화한 적은 없었기 때문입니다. 자기 대상화를 자연스런 방법으로 여기지 않았습니다. 이런 자극이 식민주의, 인류학에서 나왔습니다. 그래서 최초의 사회학 교과서 중 하나는 제목이 『사회학: 민족지를 기초로 하여』(샤를 르투르노, 1881)입니다. 그 내용을 보면 각지의 사회를 이야기하고, 이런 관점을 통해 자신과 다른 사람들의 사회가 차이 난다는 것을 발견해, 서구 현대 문명이 어떻게 탄생했는지 해석합니다. 그 후 '전통에서 현대로'라는 사고방식이 형성됐습니다.

제2차 세계대전 이후에는 이것이 옳지 않다고 느껴서, 인류학이 하나의 중요한 자아성찰의 도구가 됩니다. 그렇게 서구 문명을 비판합니다. 원래 이런 소위 '고상한 야만인novel savages'의 이념이 있었습니다. 야만인은 우리보다 고귀하고, 산업화 문명에 오염되지 않은 순수한 사람들이라는 서구의 낭만적인 사고방식입니다. 1960년대에 이르러 이런 생각이 정치화됩니다. 자본주의는 옳지 않고, '야만인'이 자연과 인간성 본연에 더 가깝다는 생각을 하게 됩니다. 이런 생각은 지금도 생명력을 유지하고 있습니다. 그래서 인류학이 서구 사회에서 일종의 학과 내부의 토론거리가 됐습니다. 우리가 정말로 다른 문화를 이야기할 수 없는 것인가? '이해'는 어떻게 된 건가? 심리 분석과 철학이 결합하게 됩니다. 그래서 우리가 어떻게 이 사람들, 이 문화를 이해할 것인가 질문을 던지고, 동시에 자기 문화를 반성하면서 인류학은 더 깊이를 갖고 섬세해집니다.

하지만 이런 반성은 우리가 이야기한 '안으로 들어가기'와는 다릅니다. 들어가는 것의 출발점은 이 사람들의 당시의 희로애락을 이해하는 것이 아닙니다. 하나의 문제, 내부의 모순으로 돌입하는 것입니다. 예를 들어 베이징에서 쫓겨난 농민공 철거민과 유동인구 문제를 보자면, 그들이 어떻게 자기 자신들을 내몬 상황을 이해했는지, 자신들이 이 사회나 다른 도시민들과의 관계를 어떻게 이해했는지를 봐야 합니다. 이런 다양한 정보가 아마 그 이해를 더 풍부하게 할 것입니다. 구체적으로는 그들의 시간에 대한 감각, 어두운 밤 신체가 느끼는 추위에 대한 감각 같은 것이 있습니다. 하지만 이들 감각에 대한 이해 자체가 목적은 아닙니다. 그래서 저는 인류학이 원래는 비정치적이지만 나중에 이처럼 비교적 공허한 정치성을 품게 됐다고 생각합니다. 자신의 연구 실천을 포함해서 모든 것을 권력관계라고 보는 것이죠. 그런 까닭에 늘 연구 대상에 대해 미안한 마음을 품게 됩니다. 이런 관계 때문이죠. 사실상 정치는 비교적 간단한 것입니다. 주요하게는 서로 다른 그룹 간의 이익 분배 문제입니다. 하지만 만일 이익 분배 과정을 이야기하지 않고 그냥 일상생활 속의 권력관계로 뭉뚱그려서 설명해버리면 모든 곳이 불명확해집니다. 충분히 직접적이 되지 않습니다.

W: 현재 중국이나 혹은 전 세계에서 만나는 인류학 연구자들은 공동체의 감각을 갖고 있습니까?

X: 별로 그렇지 않습니다.

W: 하지만 선생님은 최근 몇 년간 논문이나 방담, 미디어 인터뷰 등을

통해 일종의 사회적 제안을 하고 있습니다. 가령 앞서 언급했던 홍콩 문제, 지식청년 시대의 사회학자들 이야기가 있습니다. 또 오늘날의 중국인들, 특히 유동하는 노동자와 청년들이 현실과 미래에 대한 명확한 감각과 인식 없이 불만족스러운 현재와 더 나은 미래라는 불투명한 기대 속에 살다보니 사회경제 역량을 주체적이고 안정된 사회적 변혁 역량으로 전환하지 못하는 문제를 '불안정하게 공중부양하는 상태'인 "현부懸浮"라고 표현하셨습니다. 한편으로는 그런 기대 때문에 노동자나 청년들이 '생활의 다른 요소를 모두 포기하고 자기만의 동굴에 들어가 일과 학업에만 열중하면서 결국 자본과 시스템에 이용당하거나 스스로를 그들의 요구에 걸맞게 길들이는 행태'를 "공작동工作洞"이라고 설명하기도 하셨고요. 이건 어떤 그룹에게 어떤 행동을 촉구하시는 것 같습니다. 말하자면 지식인 공동체라고 할까요?

X: 저는 사실 보통 사람들에게 이 제안을 하는 것입니다. 만일 보통 사람들과 대화할 수 없다면 우선 청년 학생들을 찾겠습니다. 이게 제 목적입니다. 저는 타인들과 그렇게 친하지는 않아서, 인류학 연구자들과 대화를 하기는 쉽지 않습니다. 이게 문제이긴 합니다. 학술 연구가 그냥 인류학자들 간의 대화가 되면 비판을 하기 위한 것이 될 겁니다. 제 친구 한 명이 이게 서구 인류학계 사람들이 빠진 곤경이라더군요. 한 인류학자가 한마디를 하면 다른 인류학자가 또 한마디를 보태는 수준입니다. 그래서 저는 공동체를 만들자는 제안을 하는 것이 아닙니다. 저는 그저 지식인들이 어떻게 해야

주변의 상실

할지를 말하는 겁니다. 직관적으로 말하자면, 가령 저는 회의하러 쫓아다니고 싶지 않습니다. 왜 회의를 하는지도 모르겠고요. 그럴 시간이 있으면 마을로 가서 조사를 하겠습니다. 그 편이 얻는 게 훨씬 더 많을 겁니다. 아니면 혼자 책을 읽는 게 더 낫습니다.

물론 객관적인 실증 분석을 해야 한다면 제 시간 분배를 고려합니다. 어떤 사람들과 교류가 더 많은지. 최후에는 분명히 지식인들이 다른 그룹보다 훨씬 더 많죠. 그래서 제가 실제로 커뮤니케이션을 하는 대상은 이 그룹 내에 있습니다. 하지만 이 그룹에 소속감을 느끼지는 못합니다. 다른 한편으로 저도 더 많은 여러 그룹에 들어가고 싶습니다. 저는 미디어나, 논픽션 문학 작가 그룹 같은 데 흥미가 있습니다.

W: 왜 학술 체제 안에 들어간 후에 여전히 학자들과 공동체 의식을 느끼지 못하는지 생각해보셨나요?

X: 좀 오만하게 들릴지도 모르겠습니다만, 저는 그런 학자 그룹이 지나치게 전문화돼 있다고 느낍니다. 제 강점이 그런 전문화에 있지 않기 때문일 겁니다. 개념을 더 정교하게 만들고 하나의 문제에 대해 끊임없이 파고드는 기술적인 능력이 제게는 부족합니다. 그리고 동시에 이렇게 깊이 들어가는 것의 의미도 느끼지 못합니다. 논리적으로 저는 사회과학의 깊이가 이런 식으로 만들어질 수 없다고 생각합니다. 깊이는 사실 속에 '몸을 푹 담글 때泡' 그리고 사실에 대해 철저히 이해할 때 제대로 만들어질 수 있습니다. 계속 질문을 던져야 하고, 당연히 논리적으로도 엄격하고 재료도 풍부해

야만 깊이 있게 평할 수 있습니다. 그냥 이론을 말로 쌓아가는 방식으로는 진짜 깊이를 만들어낼 수 없습니다.

W: 인류학계에서 이 문제 때문에 비판을 받으신 적은 없습니까?

X: 없습니다. 제가 누구를 실명 비판하지는 않았거든요. 저는 비판받을 자격을 갖추지 못한 것이죠. 이건 겸손의 말이 아닙니다. 객관적으로 그렇습니다. 그분들은 굳이 저를 비판할 필요나 가치를 느끼지 못하고, 더 중요한 사람들을 비판할 수 있는 거죠.

W: 기억나는 게 하나 있습니다. 선생님은 비판받는 것을 즐기시는 것 같습니다. 「회응과 반성」을 보면, 다른 학자가 구체적인 관점을 들어 비판하는 것을 꽤 반기셨습니다.

X: 그렇습니다. 저에 대한 피드백이었는데 저는 이런 비판을 좋아합니다. 어떤 학생이 저를 비판한 적이 있습니다. 문장 스타일에 단절이 있다는 것이었습니다. 전반부와 후반부가 단절돼 있다는 것이죠. 이유는 제가 매크로한 역사 관점으로 구체적인 사실을 보고, 구체적인 사실에서 출발하지 않았다는 것이었습니다. 여기에 전적으로 수긍했습니다. 또 한 명은 말씀하신 홍콩링난嶺南대학의 문화연구자 입양총葉蔭聰이었는데, 제 글이 '모든 것을 당 국가의 신화로 재단한다'는 것이었습니다. 일리 있는 주장입니다. 다들 구체적인 관점으로 비판하는 것이라서 흥미롭습니다. 지금까지는 마치 '무플' 상태처럼 아무도 제게 비판할 수 없었던 것 같습니다. 비판이 제기된다면 아주 좋습니다. 이거야말로 저에 대한 칭찬입니다.

W: 또 다른 관찰은 청년들이 좀 바보 같거나 유치한 질문을 한다는 겁니다. 그래도 기쁘게 답하시는데, 책임감 외에 다른 이유가 있나요?

X: 청년들과 적극적으로 소통하는 것은 전혀 책임감으로 하는 것이 아닙니다. 호기심 때문이죠. 그 질문들이 저는 하나도 유치하다고 생각하지 않습니다. 우리는 인생 경험, 가정 환경, 성별, 나이가 다 다릅니다. 당연히 문제를 보는 관점도 다르죠. 한 학생이 제게 편지를 보냈습니다. 제가 항상 '네 말이 맞아'라고 하는데, 자기 친구들끼리 말할 때는 그러지 않는다는 거죠. 저는 이런 이야기가 재미있었습니다. 이 학생은 나이가 어리고, 작은 일과 디테일에 대해서 민감합니다. 저는 이렇게 말하는 방식에 대해서 의식하지 못했습니다. 아마 제 직업이 이런 긍정의 기초 위에 토론하는 습관이 들어 있기 때문일지도 모릅니다. 학술토론장에서는 모두가 이렇게 이야기합니다. 상대방이 설사 틀렸어도 이렇게 말합니다. 청년들의 이런 관찰은 모두 흥미롭고 제게 자극이 됩니다.

———

논픽션 문학

W: 앞서 논픽션에 대해 말씀하셨고 젊었을 때는 르포 문학을 즐겨 읽으셨다고 했습니다. 이런 문체의 직접성과 강한 의제성이 선생님께 중요한 영향을, 상대적으로 긍정적인 영향을 끼친 것 같습니다.

사실 최근에 중국 청년들이 논픽션 문학에 관심을 많이 보입니다. 물론 변화도 있죠. 아마 그 직접성은 여전히 존재하지만, 문장이나 언어 측면에선 더 새롭습니다. 현대적 언어로 기술되죠. 한편 좀 가벼워진 면도 있습니다. 한 사람의 이야기를 하는데 완전히 그 사람의 시각으로 몰입합니다. 누구의 이야기를 선택하는지에 대해서도 말하지 않습니다. 이건 직접적으로 토론해볼 만한 주제인데요. 한 마을에서 벌어진 사건을 이야기하는데 기자가 사용하는 방법은, 여덟 명이든 열 명이든 수많은 정보원을 찾아 우선 크로스체크를 하는 것입니다. 그런 후 자기가 말하는 것이 객관적으로 존재하는 진실이라 더 이상 논증이 필요 없다는 식으로 이야기하죠. 말씀하셨던 그런 사회적 무게, 공동체의 미래를 걱정하는 향신의 마음, 윤리적 판단 같은 것은 더 이상 찾아볼 수 없습니다. 어쩌면 사회 전체가 그런 분위기 속에 있다고 할 수 있습니다.

X: 재미있군요. 제가 좀 보충해볼까요. 만일 여기에 자기 자신의 기대나 전망을 적어넣는다면, 깊이나 무게를 좀더 얻겠죠. 하지만 더 중요한 건 글에 영혼을 불어넣는 것입니다. 기계적인 기록이 아니라 영혼과 대상에 대한 공감과 돌봄의 마음이 글 속에 존재하는 것입니다. 말씀하신 그런 예로 본다면, 여덟 사람의 시각을 동시에 보여주는 그것만으로도 굉장히 어려운 일입니다. 그걸 하나의 글에 집어넣는 건 더 어렵죠. 그럼 어떻게 영혼을 집어넣을까요? 의식적으로 이 사람들의 입장에 대한 해석을 해야 합니다. 여덟 사람, 여덟 개의 입장, 그중 하나가 사건의 본질에 더 근접해 있을 수

도 있고, 또 하나는 비교적 외면적이고 이런 식으로 말이죠. 이런 작업은 이 입장에 대해서 이론적으로 판단하는 것이 아닙니다. 묘사적으로 서술하는 것이죠. 사회과학은 우선 제대로 묘사하고 서술하는 것입니다. 상상력은 보조적인 것이고요. 정확하게 묘사하는 데 가장 많은 공이 듭니다. 세상이 우리에게 요구하는 작업은 복잡한 사정을 명확하게 기술하는 것이거든요.

우리는 이런 토론을 많이 해야 합니다. 겉으로는 기술적인 측면처럼 보이지만, 대단히 중요합니다. 왜냐하면 실제 일은 이렇게 진행되기 때문입니다. 지금 모든 사람이 지식의 물질성을 강조하는데, 특히 장인에 대한 이야기가 아주 재미있습니다. 저도 동의합니다. 장인정신이 필요해요. 자신의 생활에 대한 구체적이고 물질적인 명확한 인식이 필요합니다. 매일 구체적인 사람들과 교류해야 하고, 이게 모두 중요합니다. 높이나 깊이를 강조하다가 추상적인 사변적 안드로메다로 날아가서는 안 됩니다.

W: 전에 비중에 대해서 말씀하셨는데요, 조금만 더 구체적으로 이야기할 수 있을까요? 아니면 구체적인 예를 들어 설명해주세요. 하나의 문제도 다른 층위가 있을 것 같습니다. 어떤 층위가 더 중요할까요? 실은 가치 판단은 나중이고요. 다른 비중을 부여할 때 어떻게 선택을 합니까?

X: 반드시 가치 판단의 영향을 받습니다. 하지만 자신의 이상적인 상태는, 실증 관찰을 통해서 결정해야 합니다. 농민이 상급 정부에 소원수리上訪를 하는 예를 들어보겠습니다. 마을에 있는 자기 토

지를 수용당해서 그냥 분노만 하고 있을까요? 가서 소란을 피우고 문제를 해결하고 싶을까요? 아니면 소원수리 후에 군청에서 나와 제시하는 보상 비용 액수를 놓고 협상을 하고 싶을까요? 여러 시나리오가 있겠죠. 저는 실증적 관찰을 한 후에 비중을 정해야 한다고 생각합니다. 도의적인 정치 행위가 중요할까요? 아니면 공리적인 셈속이 중요할까요? 예를 들어 '저장촌'은 지금 시장을 철거 중입니다. 이 과정이 굉장히 복잡합니다. 경중을 가리지 않는다면 이걸 어떻게 설명해야 할지 알 수 없습니다. 시장 안의 점포도 철거해야 하고 보상을 해야 합니다. 상인 대표와 정부가 협상을 합니다. 시작할 때는 민주적입니다. 대표가 정부와 조건을 따지는데, 나한테 우선 얼마를 주면 상인들을 잘 타이르겠다 이렇게 얘기를 합니다. 상인들도 이런 상황은 짐작하기 때문에 대표를 잘 제어할 방법을 찾습니다. 이 사람을 어떻게 봐야 할까요? 이 대표는 처음부터 이렇게 했을까요? 협상 과정에서 이렇게 변했을까요? 아니면 정부의 압력을 받았을까요? 제가 말하는 비중은 사회생활의 복잡성, 다면성을 중시해야 한다는 겁니다. 그런 뒤에 복잡성, 다면성 안에서 주요 모순과 덜 중요한 모순을 구분해야 합니다. 여기서 주로 경험에 의존해서 추리를 해야 합니다. 경험이 많아지면 천천히 능력이 생기죠. 하지만 여기에 작은 스킬도 있습니다. 논리적으로 추정해볼 수 있습니다. 어떤 때는 사람들의 동기를 판단해야 합니다. 이건 직접 물어볼 수 없습니다. 관찰할 방법도 없죠. 그냥 일련의 행위를 통해서 가설을 만들 수 있습니다. 아주 어렵진 않습니

주변의 상실

다. 많이 얘기해보면 속내를 감출 수가 없죠. 금방 들여다볼 수 있습니다.

W: 앞서 인류학 내부에서는 이 문제를 쉽게 해석할 수 있다고 하셨습니다. 하지만 보편적인 지식 생산 영역이라면 여전히 문제에 맞닥뜨립니다. 이를테면 기자들이 주로 토론하는 내용은 인터뷰 기술, 기사 분량 조정 같은 것입니다. 학자들이 어떻게 논문을 발표하고 어떻게 성과를 낼 것인가와 비슷합니다. 분명 기술과 실천 층위의 문제입니다. 하지만 이 문제만을 논한다면, 원래 이런 업들의 목적이나 본뜻과는 멀어집니다. 그냥 업에 통달한 기자와 학자가 생겨나는 것이죠. 그래서 그들이 무슨 문제를 발견하고 해결하든 의문이 남게 됩니다. 한편으로는 업계 내부에서는 이념, 가치관의 논쟁이 줄어들고, 다른 한편으로 공공 여론은 사실 이런 층위의 (기술적) 토론은 좋아하지 않을 겁니다.

X: 우리가 지금 토론한 내용과 일치합니다. 2009년경부터 공공 지식인에 대한 반감의 정서가 존재했는데, 이건 이해할 만합니다. 너무 가볍게 국가와 인민을 걱정한다는 식의 언어를 구사해서는 안 됩니다. 이런 설명에 경중의 판단이 필요합니다. 심판권을 독자에게 주는 것입니다. 일상생활 속에 예가 있습니다. 아내에게 상대적으로 복잡한 일상의 갈등을 설명하거나 혹은 같은 업계에 있는 사람들 사이에서 아는 이야기를 할 때는 자연스럽게 이렇게 비중을 집어넣을 수 있습니다. 누구누구가 무슨 얘기를 했다고 하면, 듣는 이는 바로 인용된 사람이 바지사장에 불과하고, 다른 사람이 실제

중요한 역할을 한다는 것을 알아차릴 수 있습니다. 이렇게 하나의 입체적인 논술이 됩니다. 만일 우리가 상황에 대해 익숙하고 깊게 이해하고 있다면 경중은 자연스럽게 드러납니다. 그런데 앞서 말씀하신 기술적 문제에 대해서는 제가 이해를 잘 못 했습니다. 다시 한번 말씀해주시죠.

W: 저는 이렇게 생각합니다. 미디어, 문학, 학술 등에 관심 있는 사람은, 원래 그 일을 순수하게 기술적인 것이라고만 생각하지 않습니다. 사람마다 서로 다른 감정, 윤리, 도덕 같은 요소를 덧붙이게 되죠. 아마 내재적인 동력과 관심, 이상 같은 것이 정말로 존재할 겁니다. 하지만 최근에는 이런 업계 종사자들의 진정성이 줄어들고 있는 것 같습니다. 그래서 이 직업군에 대한 논의가 그냥 순수하게 기술적인 측면에 머무르는 것이죠. 한 학자의 업적을 논하는 데 논문을 몇 편 발표했느냐만 이야기하는 것과 같습니다. 그냥 전문직의 직업적 성과를 논하는 것이 돼버립니다. 대중이 이런 부분을 소홀히 하게 되는 것도 모두 내재적인 관계가 있는 것 같습니다.

X: 알겠습니다. 맨 마지막에 말씀하신 정서적 공감과 관심은 절대적으로 관계가 있습니다. 하지만 이런 진정성의 결여는 아마 이런 공감과 관심을 구체화하는 수단이 없기 때문일 수도 있습니다. 지금 문제는 어떻게 이 공감과 관심을 만들어내는가 하는 것이죠. 제가 보기엔 1980년대의 부정적인 유산인 것 같습니다. 진정성 과잉의 시대였고, 서구 사회의 훈련과 기술적인 차이가 꽤 큽니다. 이런 식으로는 공감과 관심이 지속 가능하지 않습니다. 제게도 이런 문

제가 있습니다. 우리는 기술을 너무 중시하지 않습니다. 그리고 기술은 따분하고 중립적인 것으로만 취급하죠. 만약 진정성이 있다면 자연스럽게 이 기술이 살아난다고 생각하지요. 하지만 저는 이런 생각에 동의할 수 없습니다. 기술도 중요합니다. 왜냐하면 진짜로 진정성을 발휘하게 하고, 확실히 실행하게 하려면, 문화 생산의 실천과 구축이 필요하기 때문입니다. 향신은 비교적 자연스럽게 이 문제를 해결할 수 있습니다. 그건 향신의 관심과 공감이 그가 발 딛고 있는 '땅'에서 나오기 때문입니다.

이런 공감과 관심을 가지려면 자신이 먼저 릴랙스할 수 있어야 합니다. 이런 마음은 호기심과 결합하고, 일종의 모순과 갈등을 용인하는 태도와도 결합합니다. 갈등이나 모순이 있는 게 모두 나쁜 것은 아닙니다. 생활 속에는 늘 이런 일이 일어나죠. 그래서 갈등과 문제를 발견하면 더 흥분합니다. 저는 그렇습니다. 설명하기 힘든 일을 맞닥뜨리면 굉장히 흥분합니다. 왜냐면 이게 바로 진짜로 존재하는 것이기 때문이죠. 이렇게 어려운 문제가 있고, 분명히 할 수 없어 기분이 찜찜하다면 더 깊은 관심을 기울여야 합니다. 관심과 공감은 이렇게 한 걸음 한 걸음 실제화하는 것입니다. 커다란 관심과 공감은 물론 높은 이상의 경지에서 나오겠죠. 그러고 나서 구체적인 문제를 대면할 때, 이상세계만을 추구하는 게 아니라 이상적이지 않은 존재가 태어난 원인을 탐구하게 됩니다. 그래서 저는 조작화를 강조합니다. '홍콩01'이라는 인터넷 매체와 인터뷰한 적이 있습니다. 제목이 「'라이터 만드는 인류학자' 샹뱌오」였습니다. 제가 원저우 사람이라는 것을 소개하고, 원저우 사람들이 라이터 같은 물건을 만든다고 이야기했기 때문입니다. 원저우 사람들에게 중요한 것은 이렇게 뭔가 실체가 있는 물건을 만들어내는 것입니다. 모든 이론과 사고는 반드시 실천과 결합돼야 합니다. 실천은 물질적 조건에 구속됩니다. 능동성과 자유도 한계가 있죠. 우리가 노력해서 얻어낼 수 있는 것은 이런 물질적인 역량을 최대한 발휘하게 만드는 것입니다. 예를 들어 원저우 사람들은 처음에 플라스틱 식권을 만들었습니다. 문화대혁명이 끝나고 대입학력고사가 부활할 것을 알았기 때문에 이걸 만들기 시작했죠. 이걸 제조해야 하는데, 농민들 입장에서는 원료가 너무 비쌌습니다. 그래서 정식으로 조달할 수 없으니 상하이에 있는 국유기업에서 쓰고 남은 자투리 재료를 가져와서 이걸 활용하는 방법을 궁리했습니다. 이 사실에 대해서 깊이 있는 이론 분석을 할 수 있습니다. 국유기업과 시장, 농촌기업의 관계, 소유권혼합제 문제를 들여다볼 수 있습니다. 하지만 이런 이론의 함의는 실천 과정에서 드러납니다. 만약 그냥 진정성만 있고 개방적인 관찰이 없다면 이런 미묘한 것들, 그렇지만 실은 중요한 내용을 놓치게 됩니다.

W: 이런 '실천'의 방법을 확장한다면 인류학자에게 어떤 의미가 있습니까? 더 보편적으로 말하자면, 지금 지식인 그룹이 사회를 대하는 자세랄까 일하는 방식에서 이런 방법의 의미를 참고할 수 있을까요?

X: 저는 그렇다고 생각합니다. 중국은 지금 굉장히 중요한 변화를 겪

고 있습니다. 특히 1990년대 말에 대입 정원을 확대한 후 고등교육이 대중화되고 한자녀 정책과 맞물려서 가정의 교육 투자가 늘고 있습니다. 또 정보기술, 미디어의 변화에 따라서 지식인과 비지식인의 경계가 청년 그룹 안에서 대단히 흐릿해졌습니다. 실천과 생각의 경계도 거의 존재하지 않습니다. 각각의 실천 영역에서 행동하는 사람들이 직접 자기 행동을 사고할 수 있게 됐습니다. 굉장히 좋은 일이라고 생각합니다. 여기서 한 걸음 더 나아가서 이 경계를 깨고 모든 사람이 지식인이 돼야 합니다.

이런 상황에서 우리 같은 사람들이 무엇을 해야 할까요? 다른 사람들은 시간이 없어서 이런 상황을 체계적으로 정리할 수 없습니다. 우리가 정보를 정리해서 도경圖景을 만들어내야 합니다. 여기서 주의할 것은 소위 직업지식인 내부에서도 방금 말씀하신 것처럼 많은 이가 동시에 경영자처럼 일하는 멀티플레이어의 역할과 기능을 가지고 있다는 점입니다. 이미 '실천'하고 있는 것이죠. 만약 의미를 배워와야 한다면 이런 사람들 중 일부의 사례를 참고할 수 있겠죠. 이런 방식이 비교적 합리적이라고 생각한다면, 우리는 판단을 잠시 멈추고 이 사회 내부의 모순과 그 합리성을 많이 들여다봐야 한다는 것을 의미합니다.

또 한 가지 중요한 점은 모두의 행동에서 희망과 에너지를 발굴해내는 것입니다. 직업지식인은 사실 아무것도 할 수가 없습니다. 사회 변화는 필연적으로 하나의 사회 과정이고 반드시 사회로부터 출발해야 합니다. 지식인들이 할 수 있지만, 한계가 있는 것이 사회 동원입니다. 동원이라고 할 때, 역량은 여전히 다른 사람들이 가지고 있는 것입니다. 사람들이 자기 역량을 인식하도록 돕는 게 지식인의 역할이죠. 그래서 잠재적인 희망과 에너지를 발굴해야 합니다. 당의 선전식으로 말하자면, 잘 '지도'하는 것입니다. 여기서 에너지, 희망, 미래가 이미 생활 안에 존재하는 것을 가정합니다. 하지만 이걸 캐내야 합니다. 가서 이 역량을 찾아야 합니다. 그러면 문제를 보고 에너지를 찾아내는 것이 하나의 일이 됩니다. 문제를 본다는 것은 양면성을 보는 것입니다. 양면의 충돌이 바로 변화입니다. 물론 변화의 방향은 아마 다를 겁니다. 그래서 어떤 환경을 창조할지 어떤 변화를 유지할지 고려해야 합니다. 만약 동기 부여가 된다면 아마 학교 안의 지식인들에 대한 건의가 많아질 겁니다.

많은 청년 지식 대중에게 있어, 그들이 직업지식인은 아니지만 그들의 사고 대상은 자기의 실천이 됩니다. 자신과 사회의 관계를 명확하게 합니다. 이것이 '운명은 받아들이되 그래도 포기하지 않고 노력한다認命不認輸'는 말의 의미입니다. 존재가 본질에 우선한다는 사르트르의 말을 모두 알고 있죠. 우리의 본질은 처음부터 정해진 것이 아니라 어떤 행위를 하고 어떤 존재로 사는가에 따라서 정해진다는 뜻입니다. 날 때부터 '사회적 여성'인 사람은 없습니다. 사회에서 살아가면서 여성이 되는 것이죠. 이 말에 혁명적인 힘이 있습니다. 이런 정신을 가져야 합니다. 하지만 문제가 하나 있는데, 지금 같은 상황에서는 모든 사람이 자유롭다고 느끼고,

주변의 상실

성공하고, 가정을 꾸리고 돈을 벌어야 한다고 생각한다는 겁니다. 이때 한 가지 중요한 문제를 간과합니다. '나는 누구인가' 하는 것입니다. 모든 사람이 자기 자신의 역사와 가정·교육 배경이 있고 사회 구조 안에서 하나의 위치를 갖습니다. 이 위치를 바꾸는 것은 쉽지 않습니다. 자신이 누구인가를 명확히 해야 합니다. '운명을 받아들인다認命'는 것은 역사와 구조의 관점에서 내가 누구인지를 명확히 하는 것입니다. 여성은 물론 사회화 과정에서 여성으로 만들어집니다. 하지만 너무 가볍게 자신의 여성성을 제거하려 해서는 안 됩니다. 당신을 만들어낸 사회와 역사의 힘은 대단히 강합니다. 어떤 개인의 단기간의 노력으로 극복할 수 없습니다. 가난한 집에서 태어나서도 부자가 될 수 있습니다. 하지만 그냥 현실을 받아들이지 않는 것만으로 문제를 해결할 수는 없습니다. 그리고 이런 식으로 행동하면 굉장히 큰 심리적 사회 문제를 야기하게 됩니다. 관건은 자기가 놓인 사회적 위치를 철저히 인식하는 데 있습니다. 여성으로서의 현실, 가난한 사람으로서의 현실은 왜 이렇게 험난한 것일까? 이런 현실 속에서 어떻게 강고한 사회와 역사에 저항할 것인가? 노력을 지속할 것인가? 중국의 LGBT 운동이 좋은 모범이 됩니다. 이 운동에 참여하는 분들은 현실을 잘 이해하고 있습니다. 그래서 이 운명을 바꾸겠다고 기도를 올리는 게 아니라 계속 노력하고 현실에 맞섭니다.

학문은 천직이 아니다

W: 옥스퍼드에서 대담을 나눌 기회를 갖게 돼, 제가 선생님의 일과 생활 환경을 관찰하고 직접적인 느낌을 얻을 수 있었습니다. 전체적으로 생활은 아주 규칙적이고, 청정한 환경에 '번잡스런 중심'으로부터 멀리 떨어져 있는 것 같습니다. 방해할 사람도 없고요. 학교와 집이 이렇게 가까운데 또 몇 발짝만 벗어나면 야외에서 산책을 즐길 수도 있어 중국과는 환경이 많이 다른 것 같습니다. 이곳의 구체적인 일은 어떻게 진행됩니까?

X: 여기서 몇 명의 동료와 함께 이민 연구 석사과정을 운영하고 있습니다. 작은 제 공간이죠. 가르치는 업무는 비교적 가벼운 편이고 대부분 제 연구를 합니다. 그리고 석사과정생들을 지도합니다. 학부와 박사과정 학생 몇 명도 지도하고 있고요. 옥스퍼드에서는 시간을 많이 줍니다. 3년간 연구휴가도 쓸 수 있습니다. 그래서 과거 3년간 계속 일본에 있었습니다. 그런 자유 시간이 주어지지 않았다면, 갑자기 홍콩으로 날아가서 민족 문제를 생각할 기회도 없었을 겁니다. 제가 일하는 스타일은 대부분의 시간을 고민하는 데 사용하는 거죠. 하지만 이렇게 자유 시간이 많이 주어지지 않으면 이런 고민을 할 여유도 없겠죠. 아내는 늘 제가 너무 '널널하다'고 얘기해요. 아내는 매일 그날의 일을 끝내야 하니까 고민할 시간도 없거든요.

옥스퍼드는 성과 중심입니다. 사회적 영향력도 강조하고요. 중국 학자들이 '사회적 영향력'을 확보해야 한다는 개념과는 조금 다를 겁니다. 때로는 정부에 정책 제안도 하고, 학술적으로 너무 좁은 영역의 기술화, 전문화에 빠지지 말아야 한다는 것입니다. 사회적 영향력을 높인다는 것의 관건은 공공 담론을 만들어나가는 것입니다. 새로운 정의를 내릴 수 있어야 하죠. 그렇게 일반 독자의 마음을 사로잡고 그들의 사고방식을 바꿀 수 있어야 합니다. 새로운 운동이나 전략을 만들 수 있어야 하죠. 이걸 어떻게 해낼 수 있을까요? 시스템적인 자료와 엄격한 논증이 필요합니다.

W: 옥스퍼드에서 연구와 학생 지도는 어떤 형태입니까? 수업은 몇 과목이나 개설하나요? 학생들을 가르치면서 연구에도 도움을 받습니까?

X: 두 과목을 가르칩니다. 하나는 '키워드'입니다. 이를테면 '인구' 같은 개념을 분석하는 겁니다. 우리는 이민 연구를 하고 있고, '인구'는 모두가 사용하는 말입니다. 하지만 이 세계에 인구라는 건 없습니다. 한 명 한 명 사람이 있을 뿐이지요. 어떻게 인구와 같은 그룹을 총체적 개념으로 정의할 수 있을까요? 인구 안에는 사망률, 출생률과 같은 자기 구조도 있습니다. 이런 개념은 언제부터 사용됐고, 어떻게 나온 것일까요? 이 배경은 정치학과 직접 관련이 있습니다. 통계학, 수학의 발전과도 관련이 있지요. 이것을 한 통으로 놓고 보면, 사실은 사회에 대한 일종의 상상에 가깝습니다. 그리고 '시장' '인민' '안전'과 같은 개념도 있습니다. 지금의 중국은 늘 국

가 안전을 내세우는데요, 예전엔 이런 이야기를 별로 하지 않았죠. 무슨 일이 벌어진 것일까요? 지금 유럽에선 불법 이민이 안전 문제와 직결됩니다. 어떻게 이해해야 할까요? 이런 것들이 모두 미디어에서 꽤 많이 다뤄지는 키워드입니다. 그래서 그 역사를 살펴보는 것이죠.

두 번째는 선택과목입니다. 국가와 유동의 문제를 다룹니다. 유동은 재미있는 문제입니다. 우리는 흔히 유동과 권력 구조, 그리고 체제가 대립한다고 생각합니다. 하지만 유동은 모종의 권력 체계가 그 중요한 기초를 만듭니다. 예를 들어 천주교 시스템이 있습니다. 천주교는 교구 간의 유동이 매우 중요합니다. 대영제국이 식민지를 운영하던 시기에 식민지 간 식민 관료들의 유동도 아주 중요했습니다. 중국 역사를 보면, 원주민土著을 중앙 왕조의 통치 시스템에 복속시킨다는 개토귀류改土歸流 정책이 있습니다. 원래는 소수민족을 통치하기 위해 그들의 리더 토사土司를 활용했습니다. 지방사회의 자치성을 인정한 것이죠. 여기서 류관流官은 중앙에서 파견한 관료이고, 지역 리더십을 토사에서 류관으로 돌린다는 것은 중앙집권 강화를 의미합니다. 한편으로 페이샤오퉁은 자신의 박사학위 논문이기도 한 「강촌경제江村經濟: 중국 농민의 생활」에서 '사회 유실流失'을 이야기했는데, 장쑤江蘇성 사람들이 다 상하이로 나와서 공부하고 지역 향신들이 도시로 나간 것을 이렇게 표현했습니다. 이 유동이 중국 농촌사회가 와해되기 시작한 계기입니다. 그래서 량슈밍 역시 현대성을 크게 경계했죠. 이런 다양한 역사적 사실들을 '유동'의 각도로 볼 수 있습니다.

수업하는 것과 제 연구를 진행하는 것은 사회 개입의 과정이기도 합니다. 간단하지 않죠. 한편으로는 제 학생들 배경이 무척 다양합니다. 그리고 학생들이 흥미를 갖는 지점이나 배경이 아무래도 서구사회 위주입니다. 개발도상국을 연구하고 싶어하는 이들은 적습니다. 장학금이 충분치 않기 때문이죠. 상당히 큰 문제입니다. 그래서 싱가포르의 경험에 대해서 이야기하는 것이 더 재미있습니다. 제가 속한 인류학과는 상대적으로 막스 베버가 『직업으로서의 학문』에서 이야기한 전업 학자, 연구자 관점의 분위기가 지배적입니다. 당대 사회가 완전히 탈주술화돼 학술 연구를 천직으로 여겨야 한다는 그의 발언 말입니다. 하지만 저는 다릅니다. 제게는 학문을 하는 것이 천직이 아니라 도구에 가깝습니다. 사회에 개입하고 세계로 들어가는 하나의 경로입니다.

W: 두 개의 언어를 사용하는 연구 방식이 어떻게 느껴지십니까? 언제부터 그렇게 일하기 시작했나요?

X: 최근 2년간의 일입니다. 만일 한 가지 생각과 연구가 중국어에서 시작됐다면, 영어로 한 번 더 정리해서 발표합니다. 영어로 표현할 때, 원래 (중국어로 표현한) 많은 개념이 엄밀하지 않다는 것을 깨닫게 됩니다. 많은 것을 다시 해설해야 하죠. 이렇게 해설할 때, 사용하는 개념과 설명하는 현상들 간의 관계가 자명하지 않다는 것을 깨닫습니다. 좀 모호한 어휘를 써서 어떤 구체적인 현상에 대응시킬 때, 어떤 때는 대응이 안 됩니다. 반대로 영어로 사고한 것을

중국어로 표현하면, 마찬가지로 많은 문제를 발견하게 됩니다. 예를 들어 상당히 새로운 주장이라고 생각했던 것들이 중국어로 설명하면, 별로 대단한 게 아님을 깨닫습니다. 새로운 관점이 들어 있지 않거나 날카로움이 부족합니다. '임팩트'가 없는 거죠. 그래서 중국어로는 내용상 얼마나 새로운 뜻이 들어 있는지 검토할 수 있습니다. 영어로 검토할 때는 논증 과정에서 정의가 얼마나 명확한지 살피는 것이고요. 두 언어 모두에서 리뷰를 통과할 수 있으면, 비교적 자신을 얻게 됩니다.

외국인 학자에게 하나의 문제를 설명할 때 그 해설이 명확하지 않으면 그건 우리 자신의 이해가 명확하지 않다는 뜻입니다. 사회과학 연구는 반드시 뜻이 명확해야 합니다. 간단한 일이 아니죠. 이런 설명을 위해서는 두 가지 방법이 있습니다. 하나는 크게 간소화하는 것입니다. 이미 만들어진 모델 안에 들어갈 수 있을 정도로 내용을 줄입니다. 이렇게 내용을 단순화시켜서 상자 안에 집어넣습니다. 보기에는 아주 명확합니다. 또 다른 방법은 내부의 복잡성을 드러내는 겁니다. 이건 끝이 없습니다. 왜냐하면 시간과 공간의 제약이 있기 때문입니다. 청자는 들을수록 헷갈릴 겁니다. 디테일은 쉽게 꼬이기 때문이죠. 아예 상자를 테이블 위에서 뒤집어 엎어보면 체계가 서질 않습니다. 그래서 핵심을 파악해 단순화시켜야 합니다. 이야기를 할 때는 큰 문제에만 관심을 기울여야 합니다. 배후의 기본 문제가 어떤 방향을 가리키고 있는지 알고 나서야 복잡성을 끄집어낼 수 있습니다. 예를 들어 일상생활에는 수많은 모순이 존재합니다. 아주 번거롭죠. 이것은 단순히 돈이 많고 적음의 문제가 아닙니다. 자유로운가 그렇지 않은가의 문제만도 아닙니다. 얼마나 자유로워야 충분한가, 이게 분명하지 않을 수 있습니다. 정말 문제를 일으킨 원인은 구체적인 존엄성에 관한 것일 수 있습니다. 어떤 때는 체면 문제이고, 어떤 때는 소위 인격의 문제입니다. 이게 보통 사람들이 통상적으로 사용하는 말입니다. 이런 기본 방향을 제대로 잡고난 후에야 디테일이 의미를 갖습니다.

영어에 'about'(관하여)이라는 간단한 어휘가 있습니다. 제가 지도 학생에게 이야기할 때도 이 단어를 사용합니다. 이 연구가 'about(무엇)'인지 명확히 얘기해야 한다고 요구합니다. 그냥 농민공 연구나 대학생 연구라면 이것은 'on'입니다. 다른 얘기죠. 진짜 about은 일종의 문제의식입니다. 노동관계에 관해서, 공간 구성의 권력관계에 관해서, 젠더에 관해서 이렇게 끄집어내야 하는 겁니다. 제대로 끄집어내지 못하면, 다른 사람들은 연구자가 어디로 가려고 하는지 알 수 없습니다. 설명해도 효율이 낮아집니다. 제가 앞서 이야기한 '언어 사이를 넘나드는 자아'는 번역을 통해서 about을 명확하게 합니다. 친구 사이의 소통도 이 about에 대해 생각해볼 수 있게 만들어줍니다. 어떤 학술회의가 흥미를 끌지 못한다면, 이 about을 드러내지 못하기 때문입니다. 두 가지 이유가 있을 수 있는데요, 첫째는 참가자들의 동질성이 지나치게 강한 경우입니다. 어차피 서로 뻔히 다 잘 아니까 물어볼 필요가 없습니다. 내용을 더 디테일하게 구체화할 동력이 생기질 않습니다. 일종의 사교 모임이 돼버립니다. 둘째는, 주제를 미리 다 정해놓고 재료를 가져와서 이야기를 하기 때문입니다. about이 개방적이고 풍부한 재료의 기초 위에서 선명한 주제를 드러낼 수 있지만, 상당히 많은 회의는 정반대로 진행됩니다. 그래서 여기 세 가지 번역이 필요합니다. 하나는 언어 간의 번역, 친구나 동료들 간의 번역, 재료와 관점 간의 번역. 이런 번역이 이뤄지지 않거나 너무 평이하게, 무성의하게 이뤄지면 about이 드러나지 않습니다. 일상의 관찰도 마찬가지입니다.

민족과 포퓰리즘民粹

W: 싱가포르와 홍콩 생활 시절에 대해서 이야기를 많이 듣지 못했는데요, 여기서 보충을 좀 했으면 합니다. 어떤 계기로 싱가포르에 가시게 됐는지요?

X: 2003년 제가 박사 논문을 마무리할 무렵, 국제이민조직International Organization for Migration에서 마침 유럽으로의 중국 이민 연구 프로젝트가 생겨서 사람을 찾고 있었습니다. 당시 이 프로젝트는 중국의 둥베이 지역과 관련이 깊었습니다. 갑자기 수많은 둥베이 사람들이 유럽 이민을 떠난다는 사실을 알게 됐고요, 새로운 현상이었습니다. 불법 이민은 유사 이래 늘 있어왔던 것처럼 들리죠. 하

지만 이것을 정책적 관점으로 바라보는 것은 상당히 새로운 흐름입니다. 1990년대 이후에야 나타난 것이지요. '난민 신청자asylum seeker'와 마찬가지입니다. 냉전 시기에는 이런 개념이 없었습니다. 난민은 그냥 난민인 것이지요. 주로 사회주의 국가로부터 도피한 정치적 피박해자이고 대개는 지식인이었습니다. 서방세계는 그들을 잘 대우해줬습니다. 냉전이 끝나고, 사회주의 국가 시민들이 자유롭게 해외로 드나들기 시작하면서, 동시에 다량의 소규모 민족과 인종 충돌이 아프리카 등지에서 발생하기 시작합니다. 그야말로 난민이 생겨난 것입니다. 그들과 당초의 정치 난민은 상당히 다릅니다. 그리고 수적으로도 엄청나게 증가했죠. 서구사회에서는 더 이상 그들을 만족시킬 만한 조건을 제공할 수 없어 새롭게 이 단어를 만들었습니다. 굉장히 이상한 표현입니다. 난민이 아니라고 하지만 난민이 아닌 것도 아니라고 하지요. 그냥 지금 그 자격을 심사 중이라는 이야기입니다.

'인신매매human trafficking'도 냉전 후, 1990년대에 출현한 정책적 개념입니다. 이 개념의 출현은 서구사회가 동유럽에서 온 성노동자에 대해 일종의 공포심을 갖게 된 데서 비롯됐습니다. 베를린 장벽이 무너지고 서구에서는 동유럽에서 수많은 사람이 건너올 거라고 생각했습니다. 이에 공포감을 느껴 이 상황을 막아야 했습니다. 그리고 서구의 성산업에 대해서 대중은 뿌리 깊은 도덕적 공포감을 품고 있습니다. 하지만 이를 부정적으로만 말할 수 없었습니다. 왜냐면 페미니스트들의 발언권이 강했기 때문이죠. 성산업

종사자를 성노동자로 정의하고, 존중하며 보호해야 한다고 생각했습니다. 금지하거나 도덕적으로 질책해서는 안 되는 것이었습니다. 이에 정책적으로 성산업 문제를 인신매매로 전환시킨 것입니다. 무슨 이야기냐면, 동유럽에서 넘어와 성노동자가 된 사람들은 자원한 것이 아니라 납치당해서 팔려온 것이라는 설명입니다. 사실 이런 논리는 여성의 성적 자기결정권에 반하는 것입니다. 인신매매와 불법 이민은 밀접한 연관성이 있습니다. 그래서 인신매매에 대한 공포감은 실은 불법 이민에 대한 공포감과 많이 통하는 것입니다. 왜냐하면 불법 이민을 범죄화하기 어려웠기 때문입니다. 유럽의 법 논리 아래서는 불법 이민이 범죄가 아니고, 여권 없이 월경을 한 것일 뿐입니다. 하지만 인신매매가 돼버리면 범죄로 간주할 수 있죠. 대규모 인력을 동원해서 조사할 수 있습니다. 인신매매라는 개념은 사실 상당히 과장돼 있습니다. 냉전이 종식된 후에 이념을 잃고 많은 것이 껍데기 인도주의로 변했습니다. 세계와 중국 모두 그렇습니다.

이런 환경에서 유럽연합EU이 국제이민조직에 위탁해서 중국발 유럽향 이민에 대한 프로젝트를 진행하게 한 것입니다. 저는 마침 박사학위 연구 과제를 곧 끝마칠 터였기에 제네바로 갔습니다. 낮에는 거기서 프로젝트 연구원으로 일하고 밤에는 제 박사 논문을 썼습니다. 제가 갔을 때 중국은 국제이민조직의 옵서버 신분을 가진 상태였습니다. 그러다 2016년에 정식 회원국이 됐죠. 2017년에 국제이민조직은 정식으로 국제연합UN에 속하게 됩니다. 그래서 인구 유동은 국제사회에서 큰 주제가 됩니다. 하지만 누구의 관점으로 인구 유동을 정의하는 것일까요? 이에 맞게 예측해야 하고, 해결 방안과 도움을 제공해야 하는 문제입니다. 답은 부자 나라의 관점이라는 겁니다. 그래서 최대한 인권 개념을 통해서 이야기해야 합니다.

6개월가량 연구했는데, 고도로 프로세스화된 각종 언어를 사용하는 일이었습니다. 국제이민조직에서 일하는 대부분의 사람은 이민자들과 접해본 적이 없고, 순전히 문서 작업만 해본 경험뿐이었습니다. 이 상황에 자극을 받았습니다. 저는 현실 상황을 정확히 이해해야 하는 사람입니다. 문서만으로는 불가능하죠. 현장의 상황은 매우 복잡하기 때문입니다. 순서대로 목차를 작성해봤자 라벨에 불과하고 실제 상황은 알 수가 없습니다.

그 때문에 당시에 우리는 옥스퍼드로 센터를 옮기려고 했습니다. 저는 센터 설립을 신청한 사람 중 한 명이었고요. 당시 신청이 받아들여졌는데, 펀드는 1년 후에나 지급될 수 있었습니다. 그래서 이민 조직에서 나온 후 일자리는 생겼지만 월급을 받을 수가 없었습니다. 이 과도기를 넘기기 위해 싱가포르국립대학에 갔습니다. 아시아연구소에서 박사후과정을 수행했습니다. 이곳의 경험이 제 생활에 상당한 영향을 끼쳤습니다. 제 아내를 만나기도 했고요. 그녀도 같은 연구소에 있었습니다. 제가 갔을 때 아시아연구소 소장은 오스트레일리아 출신의 앤터니 라이드(1939~)였습니다. 유명한 동남아시아 역사 연구자인데요, 브로델식의 장기 경제사회사 연구를 했습니다. 그는 오늘날 우리가 알고 있는 나라 간 구분의 프레임을 뛰어넘어서 보려는 사람입니다. 국가를 넘어서는 관계가 오랜 기간 존재했다고 보고 있습니다. 300년 전에는 국제무역 네트워크가 아마 국가보다 더 중요할 수도 있었다는 것입니다. 저처럼 베이징대학 출신의 연구자는 이걸 잘 보지 못하죠. 왜냐하면 오늘날 중국에서 가장 중요한 프레임은 국가의 구분이기 때문입니다. 한참 후에야 이를 이해할 수 있었습니다. 이런 관점이 상당히 중요합니다. 현재 국가의 중요성을 부정하자는 뜻은 아닙니다. 그게 아니라 국가에 대해서 역사적 관점으로 돌아본다면, 상대화가 가능하고 거리를 두고 볼 수 있게 됩니다. 향신의 관점을 길어낼 수 있습니다. 향신은 왜 역사를 공부할까요? 서구 지식인들은 왜 고전을 연구할까요? 그리스, 로마 이런 이야기는 간단히 하나의 자아 중심적 서사를 만들어내는 것이 아닙니다. 비록 그렇게 이용될 수 있지만요. 반대로 민족주의는 한 갈래로 꿸 수 있는 단선적 역사 서술을 만들어내려 합니다. 그래서 이런 (탈민족주의적) 관점으로 우리가 새로운 시간 감각을 만드는 것을 도울 수 있습니다. '장기지속'에 대한 감각입니다. 이를 통해서 오늘날의 정치에 대해 비교적 잘 파악할 수 있고, 동시에 건강한 거리 감각을 유지할 수 있습니다.

싱가포르에서 박사후과정을 마친 후 저는 계속 방문학자로 남았습니다. 옥스퍼드로 돌아오긴 했지만 싱가포르에서 지낸 시간이 더 많습니다. 나중에 프라센지트 두아라 교수가 아시아연구소

소장 자리를 물려받았죠. 그분의 상상력과 당대의 중대 현안에 대한 이해가 제게 상당한 영향을 끼쳤습니다. 당시에 싱가포르에서 많은 국제 학술회의를 열었는데요, 싱가포르국립대학의 위상을 높이고 싶어했습니다. 덕분에 저도 시야를 넓힐 수 있었습니다. 하지만 싱가포르를 가장 상찬해야 할 지점은 두아라나 라이드 같은 사람들의 역할이 아닙니다. 그 뒤에서 땀 흘리며 손발이 돼 노력한 이들입니다. 아마 이분들의 노고에 대해 들어보신 적이 없을 겁니다. 대개 여성들입니다. 큰 생각을 품고 있는 분들도 아니지요. 무슨 천재적 창조성을 가진 분들이 아니라 열심히 노력하는 것이 일인 사람들입니다. 하지만 대단히 프로페셔널한 의식을 지니고 있고 팀을 만들어서 일합니다. 매우 관용적이고요, 공평무사하게 일을 처리합니다. 싱가포르엔 이런 사람들이 있습니다. 다들 리콴유가 대단하다고만 하지요. 물론 중요한 인물입니다. 하지만 커다란 계획이 필요할수록, 일은 한 땀 한 땀 손바느질하듯 정성껏 실천해나가야 합니다. 만약 오늘 실행하지 않고 실수도 범하지 않는다면, 내일 어디까지 갈 수 있을지 알 도리가 없습니다. 유일한 방법은 일단 실행하는 것이지요. 저는 이게 싱가포르 정신이라고 생각합니다. 옥스퍼드와 많이 다릅니다. 옥스퍼드에는 매뉴얼과 사례가 있습니다. 그래서 후발 주자인 아시아 국가들은 오히려 싱가포르를 본받을 필요가 있습니다.

저는 (허공에 떠 있는) 창조성이나 천재의 화법에 반대하는 편입니다. 어떤 일이든 (구체적인) 실천에 의존해야 합니다. 실행하지 않으면 아무것도 만들어지지 않습니다. 어릴 때 교과서를 보면 다빈치가 달걀을 그렸는데, 진짜 같았다고 합니다. 기술적인 것들은 상당히 중요합니다. 공리공담만 하는 것은 의미가 없습니다. 베이징대학이 대표적인 사례입니다. 우리 세대에 그런 어법이 많았습니다. '이곳이 바로 XXX의 성지다⋯⋯.' 정치학을 공부하던 동기가 제게 그런 이야기를 한 적이 있습니다. 네가 발 딛고 선 작은 땅이 바로 성지다. 의문이 들었습니다. 이런 말은 반감을 사지 않을까? 중국이 이렇게 큰데, 베이징대학 바깥의 사람들도 그 말에 동의할까? 이런 말이 젊은 베이징대학 학생들에게 어떤 마음을 불러일으킬까? 우리는 대개 이런 과장된 어법을 좋아하는 반면, 실제로 손에 흙과 먼지를 묻혀야 하는 지저분하고 귀찮은 일들, 세심하게 해내야 하는 과정의 체험은 기피합니다. 예술은 온전히 상상에만 의존하는 것이 아닙니다. 구체적입니다. 오늘 아침 쏟아지는 햇살을 바라보던 느낌은 구체적인 것입니다. 그런 감각을 포착해서 뭔가를 생산해내야 합니다. 조각이든 회화든 말이죠. 색채의 조합이 있고 물질성도 강합니다. 허풍만 떠는 것이야말로 삼가야 합니다. 뭔가 영감을 받아서 자가 발전하는 것 같지만, 지나고 나면 아무것도 남지 않습니다.

싱가포르의 연구 모델은 물론 고유한 특징이 있습니다. 굉장히 효율이 높고 빠르게 기술화합니다. 스스로 반복하고, 그 안에서 빠져나오지 못합니다. 그래서 사상적인 리더십이 필요합니다. 싱가포르 학자들은 기본적 지식, 기술, 문서 작성 능력 면에서 탁월합니다. 하지만 새로운 방법과 언어를 만들어내려고 하면, 우리가 아시아의 생활 경험과 갈등을 명확하게 이야기할 수 있어야 합니다. 그런 다음에야 깊이 있게 진행할 수 있습니다. 그러자면 분과를 넘어서는 협력이 필요합니다. 예술, 정치, 사회운동을 하는 활동가들이 함께해야 합니다. 사람들이 느끼는 것을 이야기할 수 있어야 합니다. 실수도 용납해야 합니다. 일부에서는 성과가 나오지 못하더라도 감내해야 합니다. 장기적인 안목으로 누적되는 경험을 살펴야 합니다. 이런 생태계가 만들어져야 합니다.

W: 싱가포르에도 이런 생태계가 없습니까?

X: 없습니다. 지금은 없습니다. 하지만 그들에게는 인프라가 있습니다. 규범과 프로세스가 아주 훌륭합니다. 자기네가 할 수 있는 것은 아주 잘해냅니다. 하지만 새로운 것을 모아내려고 하면 돌파구가 필요합니다. 다시 도약해야 합니다. 이건 아직 볼 수 없습니다.

W: 지금 장기지속 구조를 중시해야 한다고 말씀하셨는데요. 지난번에 말씀하신 내용에서, 옥스퍼드의 칼리지 원장과 논쟁하셨을 때, 선생님은 단기적 역사의 단면에서 더 구체적인 것들을 발견해낼 수 있고 그래서 자신의 연구는 단기 역사에 편중돼 있다고 한 것과 모순되지 않나요?

X: 장기 역사는 장편소설 같은 것이라고 말씀드렸죠. 아마도 충분히 긴 시간 속에서 스스로에 대한 해석을 해내는 것 같습니다. 제게 인류학 연구는 시나 연극 같은 것입니다. 대단히 제한된 역사의 무대 속에서 사정을 아주 명확하게 드러내 보이는 것이 더 좋지 않을

까 생각했습니다. 하지만 저는 그때의 발언을 나중에 좀 후회했습니다. 당시에는 무지했던 것이죠. 역사의 중요성을 체감하지 못했습니다. 원래 좋은 연극은 훌륭한 역사 감각을 지녀야 합니다. 그래야 어떤 것을 드러내는 것이 가치 있고 어떤 것은 아닌지, 어떤 이야기가 재미있는지, 어떤 이야기가 깊이 있는지 알 수 있습니다.

지금 여기서 말하는 장기 역사는 민족주의와 현재의 정치 상황에 대한 것이라 의미가 좀 다릅니다. 장기 역사에는 두 가지 방법이 있을 수 있습니다. 하나는 연관성을 만드는 것입니다. 역사가 길면 길수록 좋습니다. 더 일관된 것을 보여줄 수 있거든요. 그리고 원점이 더 명확합니다. 민족주의의 중요한 논리 중 하나는 어딘가에 출발점이 있다는 것입니다. 그리고 이렇게 계속 내려갑니다. 가장 전형적인 예가 리쓰광李四光(1889~1971)이 석유를 발견한 것에 대해 토론했던 때입니다. 수억 년의 시간을 통해 석유가 만들어졌는데, 이건 현대의 중화인민공화국을 위해서 준비된 것이다, 이런 식으로 역사에 대해서 이해를 합니다. 또 다른 이해 방법은 거슬러 올라가는 것입니다. 시간이 아주 길기 때문에 인간사의 온갖 일을 관찰하게 됩니다. 공공 영역에서 벌어지는 일들, 권력 투쟁, 이익이 어떻게 분배될 것인가, 현재의 국면이 왜 만들어졌는가, 전체의 긴 시간 속에서 보면 실은 아주 짧은 순간의 일이 됩니다. 이건 불교의 무상無常 개념을 말하는 것이 아닙니다. 현재의 상황은 결국 지나가고, 사람들은 현세를 살지만 민족은 개개인의 수명보다 길게 마련이기에 진지하게 들여다봐야 합니다. 하지

주변의 상실

만 그 과정에서 — 학술적 개념입니다만 — 이걸 본질화하지는 말아야 한다는 것입니다. 본질화란 이게 원래부터 이렇다고 생각하는 것입니다. 일관되게 그러하고, 반드시 그러해야 한다고 주장하는 것이죠. 반대로 탈본질화는 지금은 이렇지만, 상대적인 것일 뿐이고, 마르크스가 이야기한 바처럼, 역사적으로 그러하다는 것입니다. "역사적으로 그러하다"는 의미는 어떤 사물이든 그 역사, 즉 시작, 발전, 소멸이 있다는 것입니다. 모두 매우 구체적인 조건하에서 구체적인 과정이 반영된 결과라는 것입니다.

이렇게 보면, 지식인들 사이에서 저는 비교적 민족주의에 대해 동의하는 편이라고 할 수 있습니다. 인도 학자들은 이 점에 대해서 이해가 아주 명확합니다. 그들은 영국 귀족들이 민족주의를 갖고 있지 않다고 이야기합니다. 반식민주의를 주창하는 인도인들만 민족주의를 내세운다는 것이죠. 영국 귀족들은 인도인들이 대단히 지방주의적이라 국제적 시각은 갖고 있지 않다고 생각한답니다. 영국인 자신들이야말로 전 인류의 시각으로 전 인류의 문제를 바라본다는 것이지요. 저는 인도 학자들의 이런 민감한 시각을 배워야 한다고 생각합니다. 우선 소위 진정한 전 인류라는 말은 성립하지 않습니다. 전 인류도 하나의 시점일 뿐이지요. 그다음으로는 만약 우리가 그들의 전 인류라는 관점을 배운다면, 자신을 세계 역사상의 위치에서 배신하는 꼴이 됩니다. 우리가 피식민 지배를 당하고, 수탈당한 과정을 존중해야 합니다. 반드시 민족주의에 근거해서 이런 하나 마나 한 말이나 추상적 서술에 대항해야 합니다.

제 생각에 오늘날 민족주의는 중요합니다. 일종의 투쟁 도구로 사용할 수 있습니다. 하지만 민족주의가 고작 세계정세와 세계의 관계에 대한 중국인들의 본질화된 반응이라면 이건 정말 별로입니다. 왜냐하면 우리는 중국에서 민족주의가 청조 말 무렵에야 등장했다는 사실을 알기 때문입니다. 수많은 사람의 투쟁을 통해 생겨났습니다. 이걸 그렇게 유치하게 만드는 건 사실 매우 무책임한 일입니다.

장기 역사를 이용하는 두 가지 방법이 있습니다. 하나의 터널을 만든다고 생각합시다. 한 지점으로 들어와서 또 하나의 지점으로 나갑니다. 산속의 동굴 같은 것입니다. 다른 곳은 모두 막혀 있습니다. 또 다른 방법은, 이를 통해서 산과 계곡 전체의 풍경을 보는 것입니다. 이렇게 풍부한 광경을 볼 수 있습니다.

W: 민족주의에 대해 이야기하자면, 개념상 한 걸음 더 나아가, 민족주의와 포퓰리즘을 구별할 수 있을 듯합니다. 특히 오늘날 우리는 갈수록 더 많은 현상을 접하면서 이 두 관점 사이를 표류합니다. 아주 쉽게 혼동할 수 있습니다. 예컨대 유학생들의 애국주의나 인터넷의 샤오펀훙小粉紅 같은 현상입니다. 트럼프와 같은 포퓰리스트 리더를 지지하기도 합니다. 이것들을 어떻게 식별해야 합니까? 민족주의 안에서 어떻게 비교적 건강하고 합리적인 부분을 건져낼 수 있습니까? 포퓰리즘에 빠지지 않고, 일상의 실천 속에서 이런 균형 잡힌 중간지대를 만들어나갈 수 있습니까?

X: 굉장히 좋은 질문입니다. 아마 구체적인 사례를 돌아봐야 할 듯

합니다. 무엇이 옳고 무엇이 그르다는 하나의 표준은 존재하지 않습니다. 유럽의 역사학자들은 라인강 서안을 시민 민족주의civic nationalism라고 부르고, 라인강 동안은 종족 민족주의ethnic nationalism라고 구분합니다. 서안이라는 의미는 프랑스가 대표하는 공화주의로, 어떤 피부색을 띠든 어떤 종족 출신이든 공동의 정치 이념을 갖는다면, 즉 우리의 정치 이념과 헌법을 존중하면 모두가 동등한 시민이라고 보는 관점입니다. 동안은 동유럽, 발칸인데 무슨 성씨를 가졌고, 어떤 종교를 갖고 있고, 피부색은 어떠한가가 중요합니다. 후자는 종족이 중요하고 전자는 원칙이 중요합니다. 이런 구분이 계속 있어왔습니다. 이런 구분은 물론 지나치게 단순합니다. 하지만 민족주의 안에도 차이가 있다는 것을 이해할 수 있습니다.

민족주의 정서가 움직일 때, 우선 이게 절대적으로 부정적이거나 절대적으로 긍정적인 것이 아님을 알아야 합니다. 스스로 세계 정세나 권력관계에서 출발해 사고하는지 아니면 종족 아이덴티티로 사고하는지 볼 수 있어야 합니다. 만일 종족 아이덴티티를 들어 중국에 대해서 이야기한다면, 제 생각에는 문제가 있습니다. 반면 미국의 패권에 대항하기 위한 의도라면, 일정한 합리성이 있다고 생각합니다. 이것은 사실 매우 복잡한 문제입니다. 저는 중국의 사회주의 혁명이 실은 민족주의와 국제주의가 긴밀하게 결합된 결과라는 글을 쓴 적이 있습니다. 그렇지 않다면 사회주의가 아닙니다. 사회주의는 세계성을 내포합니다. 관방의 이런 규정에 마오쩌둥이 가장 큰 공헌을 했습니다. 그는 신중국을 수립한 것 때문이 아니라 '위대한 마르크스주의자'이기 때문에 존경받습니다. 그는 마르크스주의를 새로운 차원으로 승화시켰습니다. 세계성에 공헌했습니다. 현재 그를 민족주의자라고 부릅니다. 중국에는 수많은 민족주의자가 있습니다. 20세기 초의 대표적 사상가 장타이옌章太炎, 쑨원 등이 처음에는 만주족을 배척했습니다. 하지만 그 후에 공화주의, 사회주의의 길로 나아갔습니다. 모두가 세계 속에서 자신의 위치를 찾았습니다. 민족에 대해 어디에서 선을 그을 것인가는 매우 동적인 과정입니다. 하늘에서 주어진 범주가 아닙니다. 지금 대부분의 민족주의 정서는 민족주의 노선을 절대화하고 역사적으로 민족이 실제로 어떻게 형성됐는지는 돌아보지 않습니다. 하나의 출구를 찾기 위해 수많은 디테일을 살펴봐야 합니다. 오늘 마음이 편치 않은데, 뭔가 민족주의를 통해서 이야기하고 싶다면, 먼저 마주앉아 우리가 왜 기분이 나쁜지 철저히 따져봐야 하는 것 아닐까요? 민족주의는 대체 어느 정도로 당신의 이런 문제를 해석하고 해결해줄 수 있을까요.

싱가포르 계몽

W: 옥스퍼드에서 가르치고, 연구하고 사람들과 교류하면서 지적 자

양분을 흡수했는데, 싱가포르에서는 개인적으로 주로 무슨 일을 하셨습니까?

X: 회의에 참석하고 학술활동이 많았습니다. 싱가포르에서 지낸 1년 은 제 평생 가장 즐거웠던 시간 중 하나입니다. 전혀 부담이 없었 습니다. 저는 거기서 무명이었으니까요. 박사 논문을 다 쓰고 출 판을 준비하고 있었습니다. 동시에 동남아시아에 대한 새로운 정 보를 많이 얻었습니다. (싱가포르가) 그 지역에 속해 있었으니까요. 친밀감도 느끼고 이해하기도 쉬웠습니다. 물질적 조건도 꽤 좋았 어요. 수많은 학자를 초청했고, 그들 모두 친절했습니다. 자기가 소속된 공간에 있을 땐 다들 갈등이 많게 마련이죠. 밖으로 나와 손님 노릇을 하면 이해관계가 없으니 순수하게 사상적 교류만 해 도 됩니다. 특히 두아라가 있을 때 재미있는 토론이 많이 벌어졌습 니다. 생활과 조화를 잘 이뤘고요. 수영장에 갔다가 돌아와서 밥을 먹고 토론을 시작했습니다. 일종의 계몽 시기라는 느낌이 들 정도 였습니다. 학술과 정치 문제가 한 번에 통했죠. 싱가포르에서의 경 험이 없었다면 「세계, 학리와 자아世界, 學理與自我: 一個中國人類學 者的海外探險」라는 글을 쓰지 못했을 겁니다. 그때 학술 연구를 인 류의 실천의 의미로 이해하는 데 한 걸음 더 나아갈 수 있었습니 다. 이를테면 바니 같은 사람을 알게 돼 영화, 시, 예술, 포크음악 을 학술과 같은 의미로 이해하게 됐죠. 이것 참 부끄러운 일입니다 만, 저는 나이 서른이 돼서야 학술을 하나의 실천으로 이해하는 계 몽의 경험을 갖게 된 거예요. 옥스퍼드에 있을 때도 깨닫지 못했던

사실입니다. 어려서부터 공부가 천직이라고 생각했지만, 왜 공부해야 하는지 스스로에게 물어본 적은 없습니다. 학술과 우화, 노래 부르는 것이 사실은 같은 일이라는 것을 한 번도 생각해본 적이 없습니다.

W: 일종의 계몽 경험이라고 말씀하시니 듣는 제가 깜짝 놀랍니다. 베이징대학에서 옥스퍼드에 이르기까지, 세계 최고 수준의 교육을 받아오셨고, 계몽과 개방의 시대를 몸소 겪으셨는데, 졸업을 하고 싱가포르에 가서야, 그것도 상대적으로 작은 그룹 안에서 생활하면서 눈을 떴다고 말씀하시니까요.

X: 그렇습니다. 행운이라고 생각합니다. 박사후과정이 좀 수월했기 때문에 마침내 사람이 된 느낌이라고나 할까요. 이전엔 박사 논문을 마무리 짓기 위해 분투해야 했죠. 게다가 도시생활이고, 경제적으로도 싱가포르는 상당히 순위가 높지요. 교육 환경도 좋고요. 예술 영역에 대한 국민의 이해도 깊습니다. 바니의 아버지가 그해(2019)에 막 돌아가셨는데 93세였죠. 그분은 싱가포르국립대학 의학원의 초대 원장을 역임하셨습니다. 전염병 전문가이고, 셰익스피어 전집을 외울 만한 능력이 있었죠. 영국 식민지 교육을 받았기 때문입니다.

　우리가 중심과 주변부를 이야기할 때 큰 쪽, 즉 중심은 그 나름의 어려움이 있습니다. 작은 쪽과 주변부에서 볼 수 있는 것이 어떤 때는 더 많습니다. 이상하게 들릴지도 모르겠지만요. 중국에게는 왕왕 이런 복잡성을 줄이는 것이 중요한 일이 되죠. 단순화하고, 통일시키고, 이런 복잡성을 두려워합니다. 하지만 싱가포르같이 작은 지역에선 정치가 당연히 통일돼야 합니다. 그래도 문화는 생존을 위해서 부득불 다양성을 강조합니다.

싱가포르는 확정적인 자아를 갖기 힘든 나라입니다. 왜냐하면 이 나라의 자아는 계속 다른 사람들에 의해 정의됐기 때문이죠. 그래서 항상 전 세계의 동향을 주목해야 합니다. 지역별 상황도요. 그렇게 싱가포르가 중요한 중개 국가brokerage state가 될 수 있었습니다. 리콴유는 이렇게 작은 국가의(싱가포르 인구는 원저우보다 적습니다. 원저우가 900만 명이 넘는데 싱가포르 인구는 500만 명에 불과합니다) 지도자로서 국제적으로 이만큼 지위를 얻고 세계의 인정을 받았습니다. 당시 다른 국가 원수들과 대단히 긴밀한 관계를 맺었습니다. 리콴유의 부인이 죽은 후에 키신저가 매주 한 번씩 그와 통화를 했습니다. 리콴유는 싱가포르가 무엇인지 정확히 알았습니다. 이렇게 작은 국가를 아무도 상대하려 하지 않으니까 큰 세상을 관찰했습니다. 주변 세계에서 시작했습니다. 싱가포르와 말레이시아, 인도네시아는 어떤 관계를 맺어야 하는가. 그리고 싱가포르는 극동의 일부분이다. 영국의 시점과 미국의 시점에서 볼 때 싱가포르와 중국 대륙, 그리고 타이완의 관계는 어떠해야 하는가. 이렇게 끊임없이 브로커의 역할을 하고 조화를 이뤘습니다. 그냥 자기가 어떻다고 얘기해봤자 소용없습니다. 중요한 건 정세를 분석하는 것이죠. 싱가포르는 이렇게 작지만 굉장히 지혜롭게 행동한 겁니다. 즉 Small but smart. 끊임없이 남들을 관찰하고 자기를 그 상황에 잘 짜맞춰 넣은 것이죠. 늘 그들에게 버림받을까봐 걱정했거든요. 그런데 '큰 놈'은 늘 자기에게서 출발해야 합니다. 다른 사람들이 나를 정의할 수 없고, 내가 남을 정의해야 한다고 생각합니다. 직접 가서 관찰하는 게 아니라 정의하려고만 합니다. 그냥 이건 반대하고 저건 선전하고 그러다보면 점점 지혜가 줄어듭니다.

아주 좋은 질문을 하신 건데요, 왜 이렇게 작은 곳에 와서 계몽된 것일까요? 그건 제가 원래 가진 커다란 상징성과 기호, 고정된 사유 같은 데서 해방됐기 때문입니다. 바니가 늘 저를 보면서 웃으며 말했습니다. 한 번에 어떤 사람인지 알아봤다고요. 저 같은 사람을 많이 만나본 거죠. 저처럼 민족적 자아 서사에 매몰된 사람들이 뭐든 큰 이야기를 하려들고, 이해가 잘 안 가면 민족을 가장 높은 위치에 올려놓고 이야기하려든다는 거죠. 싱가포르는 애초에 그게 안 됩니다. 자기 역사가 없는 작은 섬나라니까요. 1899년에 항구가 생기고, 영국인이 와서 식민 지배를 시작했습니다. 나중에 일본인이 들어왔고요. 이렇게 짧은 역사 속에 통일된 언어나 문화가 없습니다. '존재하지 말아야 할 국가'인 것이죠. 지금까지도 이 사람들의 심리적인 출발점이 그렇습니다. 그래서 정부가 끊임없이 민중에게 일깨워줍니다. '우리의 존재는 실은 자연법칙을 위배하고 있다'라고. 그래서 계속 노력해야 한다는 거죠. 역사의 전위가 되기 위해서. 이 말은 상당히 깊은 의미를 담고 있습니다. 무슨 뜻이냐면 우리의 생존 의의가 어떤 것에도 영구불변하는 식으로 자연스럽게 고정될 수 없다는 거죠.

대부분의 보통 사람에게 싱가포르는 정부가 계속 뭔가를 바꾸기 때문에 꽤 피곤합니다. 싱가포르는 자기 나라가 '주변부' 국가라는 사실을 명확히 인식하고 있습니다. 그런데 이렇게 주변부라는 사실을 동력으로 삼습니다. 그걸 저주라고 생각하지 않습니다. 작은 지방에서 세계를 더 명징하게 이해합니다. 전체 동남아 지역도 재미있습니다. 나라도 작고 국력도 약하지만, 생활 상태는 아주 좋습니다. 세계의 중심이 아니면 그 나라나 지역은 의미가 없는 것일까요?

W: 대조적으로 보자면 홍콩은 굉장히 중심의식이 강한 도시죠.

X: 맞습니다. 우월감이 강하죠. 이게 문제가 됩니다. 홍콩도 정치적 성격이 모호한데요. 자신을 원래부터 자연환경이 부여한 세계의 항구로 여깁니다. 사실은 다른 사람이 이런 공간을 내줘서 그 상태를 즐기고 있는 것인데, 자기 자신에 대한 명확한 인식을 만들어내지 못했죠.

식물 뿌리가 뒤엉킨 '토양생태계'식의 공동체

W: 싱가포르에서의 일상생활은 어땠습니까?

X: 『오리엔탈리즘』의 저자 에드워드 사이드(1935~2000)가 재미있는 이야기를 한 적이 있습니다. 자신은 반전주의자이고, 미국이 중

동에서 벌인 군사행동에 대해서 반대하지만 군대생활만큼은 아주 좋아했다고요. 일상생활을 남이 잘 보살펴주거든요. 점심, 저녁으로 뭘 먹어야 할지 고민할 필요가 없고 자기 일에만 집중하면 됩니다. 옛날 중국의 단위제도가 딱 이랬습니다. 싱가포르에서 지내던 시절에 그런 느낌이 좀 있었습니다. 기숙사에서 지내고 일과 생활이 완전히 통합적으로 이뤄졌습니다. 박사후과정 연구원 생활을 하며 업무에 대한 스트레스가 전혀 없었습니다. 가르쳐야 하는 것도 아니고요. 행정 업무도 신경 쓰지 않아도 됩니다. 굉장히 유쾌한 생활이었습니다. 괜찮은 호텔에 가서 회의를 열고요, 듣는 내용도 재미있었습니다. 그래서 시간이 정말 빨리 가는 느낌이었어요. 제 생각엔 일이 가장 잘 되는 상태라는 것은 계획할 필요가 없을 때입니다. 뭔가 쓰고 싶을 때 바로 쓰고, 글을 쓰지 않을 때는 하루 이틀쯤 신경 쓰지 않아도 됩니다. 동시에 어떤 환경도 필요합니다. 그냥 어슬렁거리고 있는데, 옆에서 사상이 담긴 목소리들이 들려오는 거죠. 이게 저를 이끌고 가면서 모두가 함께 진보하는 겁니다. 당시에 아시아연구소가 이런 상태에 도달해 있었습니다. 굉장히 좋은 결합입니다. 앤터니 라이드, 두아라처럼 사상성과 이론성을 겸비한 고수들이 있고, 또 싱가포르 학자들이 뒤에서 열심히 수고를 다합니다. 행정적으로나 사무적으로나 깔끔하게 일을 처리했습니다.

이런 작은 세계를 만들기 위해서는 누군가의 수고가 들어가야 합니다. 그냥 하루 종일 술이나 마시고 수다나 떨면 되는 게 아닙니다. 구체적인 행동 계획, 목표, 자원이 필요하죠. 이게 너무 많아도 안 됩니다. 많은 준비 작업이 필요합니다. 예를 들어 작은 스터디 그룹을 조직해야 하고, 책을 빌려서 복사도 해야 합니다. 누군가 준비하지 않으면 이뤄질 수 없죠. 이게 일종의 생태계를 만드는 겁니다. 스타가 있어야 하지만, 무대 뒤에서 일할 사람도 필요하죠. 여기서 중요한 건 무대 위의 스타와 무대 뒤의 스태프들이 평등하다고 느껴야 한다는 점입니다. 상하관계가 아닌 거죠. 그래서 저는 대학이 인민공사식의 밥상 공동체가 되는 것이 일리 있다고 생각합니다. 어떤 사람이 글은 별로인데, 수업에서 가르치는 건 잘할 수 있습니다. 그렇다면 모두가 글과 논문을 쓸 필요는 없습니다. 그래서 생태계, 공동체가 중요합니다. 너무 개별화되면 지속 가능성이 떨어집니다.

여기서 명확히 해둘 것이 있습니다. 아시아연구소는 비교적 특수한 생태계라고 할 수 있습니다. 대부분이 방문학자, 박사후연구원입니다. 국제 교류를 특히 강조합니다. 싱가포르의 주류 사회를 대표하지는 않습니다. 싱가포르의 가장 큰 문제는 전체적으로는 다양성을 키워내지 못하는 것입니다. 모든 사람이 일정하게 논문을 발표해야 합니다. 반드시 정교수 자격도 받아야 합니다. 모든 학과의 주류는 그렇습니다. 그래서 일반 칼리지 안의 학과들이 하는 연구는 별로 재미가 없어집니다. 양적인 생산성은 높은데 어떤 혁신적인 관점이 나오지 않죠.

W: 당시에 함께 아시아연구소에 있던 박사후과정 연구원, 방문학자들은 현재 무슨 일을 하고 있습니까?

X: 그들과는 지금도 연락을 하고 지내는 개인적인 친구가 됐는데, 모두 다양한 아시아 연구를 합니다. 언젠가는 협력하길 바라고 있습니다. 재생산 유동과 생명경제에 대한 주제를 다룰 생각입니다. 이 주제의 배후에 있는 생각은 이런 겁니다. 지금 갈수록 많은 유동인구가 생겨나고 있는데, 더 이상 생산을 하는 노동력이 아닙니다. 생산성 노동은 공장이나 농장에서 일하는 걸 말합니다. 지금의 유동 인구는 보모, 간호 인력, 학생, 병자, 은퇴자들이 있고, 이들이 아이를 낳기도 합니다. 이런 것은 생명 본래의 유지와 연속을 위한 활동입니다. 우리는 이걸 한 통으로 세계에 어떤 변화가 일어나고 있는지 들여다볼 생각입니다. 왜 물건의 재생산 대신 '사람의 재생산'이 더 중요해지는 걸까요? 유동과정을 들여다보면 일종의 새로운 전 지구적 정치경제학적 관계가 드러나지 않을까요? 물질 생산의 중요성이 줄어들고 사람의 생산이 더 중요해지는 것 같은 사실 말이죠. 자동차를 얼마나 더 많이 만드는지, 신발을 얼마나 더 생산하는지 따져보면, 사실 돈을 많이 벌지는 못합니다. 좋은 대학이나 좋은 의료 기술, 좋은 양로 환경을 갖추는 것만 못하죠. '사람의 재생산'이 지금 중요한 부의 누적과 가치의 소스가 됐습니다. 이 이면의 뜻은, 국제 판도에서 중국이나 아시아의 부상을 논하면서 그저 물질의 생산만을 추구한다면 영원히 (서구사회를) 쫓아갈 수 없다는 것입니다. 중국에서 열심히 태양광판을 만들고 있을 때, 다른 나라에서는 새로운 '라이프스타일'을 고민하고 있는데, 라이프스타일이 수익률이 훨씬 더 높거든요.

W: 다 자기 나라로 돌아간 후에, 지속적으로 교류하는 작은 공동체를 형성했다고 이야기해도 될까요?

X: 그런 것 같습니다. 하지만 일부러 의도한 것이 아니라 자연스럽게 그리됐습니다. 이 유대감의 진짜 정체는 공동 연구에 대한 관심입니다. 그러고 나서 개인적인 친구관계가 있지요. 세 번째는 이질성입니다. 모두가 다르니까요. 내가 연구하는 게 범위가 큰 대신 빈 구석이 많다고 생각해보지요. 그런데 다른 이는 디테일을 본다면 서로 빈틈을 메워주게 됩니다. 나라가 달라서 생기는 이질성도 있고요. 누구는 타이를 연구하고, 누구는 일본을 연구하고, 어떤 사람은 중국을 연구합니다. 그룹 안에 반드시 이질성이 존재하는 데다 이질성이 제법 크죠. 만일 모두가 중국의 어떤 사안에 대해서 연구한다면, 함께 모여 무슨 얘기를 할 수 있겠습니까? 관계도 더 긴장될 겁니다. 최종적으로는 지식재산권이나 저작권을 따질 것이고요. 사례가 다르고, 시각이 다르고, 심지어 어떤 때는 바라보는 근본적인 문제가 조금 다를 수도 있습니다. 상관없습니다. 어떤 분이 보기엔 너무 속 빈 강정처럼 느껴질 수도 있습니다. 실현이 불가능한. 그래도 이야기를 나눠볼 수 있습니다. 이렇게 '비어 있는' 게 오히려 상대방에게 어떤 동기를 부여할 수도 있습니다. 상상력을 발휘하게 하는 거죠. 중국 내에서 다루는 주요한 문제들은 이질성이 너무 부족합니다. 동질성이 강한 협력관계는 오래갈 수 없습니다.

W: 이렇게 이상적인 학술 공동체는 한 국가로는 실현하기 힘들 것 같습

니다만. 국가, 민족, 기관의 경계를 넘어선 후에 구체적인 일이나 이해관계를 넘어설 때 이런 유대감을 형성할 수 있을 것 같은데요.

X: 당연합니다. 그래서 학술 기관이 체제 안으로 들어갈 때는 반드시 제한이 있어야 합니다. 서로 뿌리가 얽히고설킨 거대한 토양 시스템이 필요합니다. 개인이 자유롭게 파트너들을 찾고, 자기 학문의 사상에 생명을 불어넣을 수 있어야 합니다. 이걸 시스템 안으로 들이면 등급이 생깁니다. 탑 같은 거죠. 그럼 생명력을 잃게 됩니다. 얽히고설킨 뿌리와 토양이라는 비유가 아주 적절합니다. 횡적이고 개방적이고 뒤엉켜 있어서 사방으로 자랄 수 있습니다. 그런 까닭에 최종적으로는 서로 도울 수 있고 서로에게서 양분을 얻습니다.

W: 싱가포르, 홍콩, 베이징, 옥스퍼드에서 각각 다른 학술 조직의 일하는 방식이나 기구를 경험하셨는데요, 비교해볼 수 있나요?

X: 뭐가 좋다고 단정적으로 이야기할 수는 없습니다. 모든 사람의 경험과 배경이 다 다르죠. 누가 이 비교를 하느냐에 따라 달라집니다. 옥스퍼드 입장에서 보자면, 싱가포르에서 좀 배워야 합니다. 행정직의 효율을 싱가포르처럼 개선할 필요가 있습니다. 중국의 대학에서 왔다면, 싱가포르에서 배울 건 묵묵히 자기가 맡은 일에 열중하는, 건조하지만 또 매우 실용적인 인프라성 제도죠.

W: 만일 개인적으로 선택하신다면, 우선순위가 높은 요소는 무엇일까요? 학술 기관이나 시스템을 평가할 때 가장 중요한 판단 기준은 뭡니까?

X: 저라면 종합적인 생활 상태를 가장 중시할 것 같습니다. 매일매일

어떤 생활을 할 수 있을까를 생각합니다. 누구랑 이야기하고, 기본적인 임무를 수행하는가 하는 굉장히 구체적인 면들을 고려할 겁니다. 이런 구체적인 요소들이 총체적인 느낌을 갖게 합니다. 구체적인 것이 중요한 이유는, 구체적으로 들여다볼 때에만 단순히 머릿속이 아니라 가슴으로 판단할 수 있기 때문입니다. 구체적인 느낌은 당연히 제도 설계와 관련이 있습니다. 하지만 강한 일대일 인과관계가 존재하는 것은 아닙니다. 어떤 제도 설계는 매우 비합리적이고 말도 안 됩니다. 하지만 그 아래 숨 쉴 수 있는 공간이 아주 협소하지는 않습니다. 그 안에서도 생존은 가능합니다. 지혜롭게 파악해야 합니다. 예를 들어 중국의 연구 조직과 사회 현실 문제는 굉장히 밀접합니다. 늘 자극을 느끼죠. 반대로 옥스퍼드에서는 거리를 느낍니다. 그래서 더 생각하게 되기도 합니다. 하지만 지금 제게 가장 큰 문제는 저 자신에게 있습니다. 성과를 내지 못하고 있습니다. 커다란 긴장감을 느낍니다. 이것저것 바꿔봐도 의미 있는 성과를 생산해내지 못합니다.

연구자가 아닌 일반 독자들에게 말씀드리자면, '자기'를 중심으로 판단해야 합니다. 조직 내에서 자기 공간을 만들어낼 수 있는지가 중요합니다. 주위 동료 외의 다른 사람들과도 협력하고, 자기 자신만의 얽히고설킨 뿌리와 토양 환경을 만들어낼 수 있어야 합니다. 자신의 소우주, 작은 세계, 작은 생태계 같은 것이죠. 이게 가장 중요합니다.

W: 베이징에서 이야기를 나눌 때 공동체 감각이 약하다고 하셨습니

다. 한 명의 학자로서, 작든 크든 하나의 학술 공동체를 갖는다는 것은 어떤 의미입니까?

X: 제 생각에 학술 공동체는 대단히 중요합니다. 지금 중국의 학술 공동체는 상당히 약합니다. 학과제로 운영되고 기호화돼 있기 때문이죠. 한번 상상해보시죠. 예를 들어 교육부가 무슨 개혁을 하겠다고 할 때, 일종의 공공적인 반대 의견을 내기가 어렵습니다. 이렇게 보면 공동체가 있다고 말하기 힘들죠. 사상적으로는 부딪침이 있을 수 있지만 비교적 약하다는 느낌입니다. 1+1이 2보다 커질 수 있는 식의 협력도 비교적 적습니다. 전에 제가 공동체 의식이 약하다고 말씀드렸는데 그건 객관적인 사실입니다. 하지만 그래서는 안 됩니다. 우리는 공동체를 만들어야 합니다. 공동체는 영원히 건설되는 과정에 존재합니다. 원래 아주 합리적인 공동체라도 정체 상태에 들어가면 의미가 없습니다. 그저 무슨무슨 협회, 학회가 돼버리죠. 만들어나가는 과정에서 사회 현실, 학술 연구, 사상 이론과 방법의 현상에 대해서 반드시 토론이 벌어지고 컨센서스를 이뤄야 합니다. 그러고 나서 전략을 짤 수 있습니다. 중국에는 이런 분산적이고 고정된 형태를 가지고 있지 않은 학술 공동체가 꼭 필요합니다.

W: 선생님도 이런 과정에 참여하고 계십니까?

X: 네. 참여하지 않는다면 공동체 의식도 얻을 수 없겠죠. 그게 없으면 공동체 감각도 가짜가 돼버릴 것이고요. 그냥 일종의 기호에 동의하는 데 머물게 되죠. 학술의 구축 과정은 더 의미가 없어집니

다. 왜냐하면 수많은 진실의 문제는 공동의 가상적 기호 아래 소멸돼버리기 때문이죠.

W: 구체적으로 어떻게 참여하고 계신가요? 이미 시작됐습니까?

X: 네, 막 시작됐습니다. 우선 예술계 친구들과 관계가 많습니다. 앞서 얘기했지만, 공동체는 이질성을 필요로 합니다. 연구자와 문화예술계 인사가 아마 공동체를 형성하기 쉬울 겁니다. 서로 이질성을 갖고 있기 때문이죠. 서로 배울 수 있는 게 있고, 상호 간에 더 끌리기 쉽고, 부딪침을 만들어냅니다.

두 번째는 중앙민족대학과 베이징대학에서 해외 민족지 연구를 하고 있는 것입니다. 이 부분은 중국 인류학계의 커다란 약점입니다. 이 점을 보완하지 못한다면, 중국의 사회과학과 전체 중국의 사회적 역량이 충분히 발전할 수 없을 겁니다. 바깥 세상에 대한 이해가 무역, 군사, 국제관계의 정보 차원에만 머무는 것이죠. 이 방면으로 공동체를 만들었으면 합니다. 정부에 자문을 줄 수 있느냐 없느냐는 우리가 결정할 문제가 아닙니다. 그걸 너무 따져도 안 되고요. 우리 목표는 대중 사이에 세계성을 가진 공감능력을 키우는 겁니다. 예를 들어 청년들이 배낭여행을 떠나는데, 자기가 잘 적응하지 못하는 상황을 어떻게 볼 것이냐 하는 거죠. 타인에 대한 관찰을 통해 이해를 형성하고 자기 문제로 삼는 겁니다. 그래서 현재 사회 문제를 새롭게 정의하게 됩니다. 우리는 국내 연구에서는 국내 연구만 하고, 물어보는 문제는 이미 다 선이 그어져 있죠. 새로운 문제가 제기되는 경우가 적습니다. 오래된 문제들도 옛날 방식으로만 설명하고요. 여기서 빠져나올 때 자극이 될 겁니다. 그 외에도 외교 역량이 있는 인재를 키워낼 수도 있고요. 현지 문화 습관을 이해할 수 있고, 현지 언어 구사가 가능하며, 여기를 직접 가봤고, 거기서 대중교통 수단은 어떻게 이용하고, 그 지역의 교육 제도는 어떠하고, 이런 지식이 누적되는 것은 대단히 중요합니다. 대영제국의 실증주의는 아주 강하고 유럽 대륙과도 많이 다른데요, 다 이런 점들과 관계있습니다. 이런 실증 자료에 의존하는 것은 그 자체로 반드시 깊은 의미가 있는 것은 아닙니다. 하지만 자료와 경험이 누적되면 하나의 양식이 생겨납니다. 연역적인 게 아니라 귀납적인 겁니다. 이게 두 번째 공동체를 만들기 위한 노력에 해당됩니다.

———

트랜스내셔널한 '완전체'의 작은 세계

W: "트랜스내셔널한 '완전체'의 작은 세계"는 재미있는 표현입니다. 지금 다양한 업에 종사하는 청년들이 이런 기회를 얻고 있습니다만, 아마 이미 그렇게 하고 있는 것이겠죠. 이런 작은 세계를 어떻게 구축할 수 있을까요? 이게 의미하는 바는 뭡니까?

X: 막스 베버가 명확히 얘기했죠. 이성화理性化라는 것은 하나의 쇠우리나 마찬가지라고. 그래서 하나의 유기적이고 개인화된, 뿌리와

토양이 얽히고설킨 작은 세계를 만들어서 이 시스템에 저항하는 겁니다. 앞서 얘기한 대로, 이 소그룹은 이질성과 다양성이 높을수록 저항 능력이 강해집니다. 더 유기적이 되고요. 트랜스내셔널이라면 우선 이질성이 커질 수밖에 없습니다. 시스템은 원래 가장 중요한 특징이 폐쇄성입니다. 국가와도 밀접히 연관돼 있지요. 파이프라인 같습니다. 그래서 시스템 안에 있는 것들은 트랜스내셔널이 되기 어렵습니다. 우리는 물론 국가를 단위로 하는 국제 협력도 할 수 있습니다. 내가 이 국가를 대변하고, 너는 저 국가로부터 왔고 등인데 이건 '트랜스내셔널'이라고 할 수 없습니다. 트랜스내셔널의 의미는 이미 국가 간의 경계를 어디에 그어야 하는지 명확하지 않다는 뜻입니다. 트랜스내셔널의 논리는 국가와 민족 시스템의 경계를 부수고 대안적 공간을 만들어냅니다. 이런 다원적 시야가 서로 부딪칠 때 자기 사유에 대한 자극이 중요합니다.

작은 세계는 안락한 둥지가 아닙니다. 학자들에게 작은 세계란 우선 만들어져가는 과정입니다. 그다음은 끊임없이 소동을 일으키는 과정이죠. 누가 그걸 만들었다면 다음엔 그게 누군가를 강제하고 자극해서 스스로를 되돌아보게 만듭니다. 자기를 비판하고 끊임없이 원래의 이해를 갱신합니다. 활발할수록 소동도 늘어나고, 더 안전하게 느껴집니다. 생존이 바로 사고이기 때문이죠. 끊임없이 사고하고 있을 때 스스로 살아 있다는 것을 더 명확하게 느낍니다. 생존을 위해 두려움을 느낄 필요가 없습니다. 사상이 살아 있기 때문이죠. 트랜스내셔널의 과정은 자극이 비교적 크고, 바

로 이런 자극이라면 생존에 대한 안전한 감각을 느끼게 합니다. 의
미 있는 작은 세계는 필연적으로 스스로를 회의하게 만듭니다. 스
스로 반성하고, 자아를 변화시키고, 자아의 돌파구를 찾습니다. 또
비교적 자연스럽습니다.

W: 이런 트랜스내셔널 행위와 네트워크 안에서 대단히 유익하고 풍
부한 교류가 만들어질 수 있겠지만, 로컬 학술 생산에 대한 사고와
실천으로 보자면 실제로 어떤 도움이 될까요? 완전히 전환될 수
있습니까?

X: 지식을 생산한다는 관점에서는 지역에서 글로벌로 연결되면서 동
시에 그 흐름에 휩쓸려들어가지 않는 것은 어려운 문제입니다. 미
국의 인류학자 애나 칭이 글로벌 지식 체계의 형성에 대해 얘기한
적이 있습니다. 예를 들어 식물학 분류 체계는 스웨덴의 생물학자
린네가 라틴어를 사용해서 모든 종을 포함하도록, 글로벌 명명 체
계를 만든 것입니다. 하지만 이 체계가 의존하는 기초적 지식은 각
각의 지역에서 온 것이죠. 아프리카의 식물은 처음에는 물론 아프
리카의 언어로 묘사됐을 겁니다. 이름, 용법, 의미 등. 그런데 글로
벌 지식 체계가 이 정보를 흡수하고 라틴어로 분류를 했습니다. 아
프리카, 아시아의 수많은 지역 언어가 식물을 구분하고 정의했는
데 라틴어가 이것을 대체했습니다. 그렇게 글로벌한 지식 체계가
만들어진 겁니다. 동시에 지역의 지식들은 사라졌죠. 이렇게 하나
의 체계가 만들어지고 나서는 식물학을 배우려면 반드시 라틴어
를 공부해야 합니다. 그래서 첫째로 소위 현존하는 국제적이고 글

로벌한 성격의 시스템에 경고를 해야 합니다. 이건 인공적인 체계이고 진정한 전 지구성은 무수한 로컬에만 존재한다는 것이죠. 베토벤은 세계적인 작곡가입니다. 하지만 우선은 유럽의 것입니다. 아프리카나 라틴아메리카가 아닙니다. 왜 유럽의 음악가는 아프리카의 음악가보다 '글로벌'합니까? 이게 문제가 됩니다.

두 번째로 대체 무엇이 로컬인지 명확해야 합니다. 우리가 우간다나 스코틀랜드 사람을 만난다고 한다면 그들의 로컬을 이해할 수 있어야 합니다. 동시에 공통성도 만들 수 있어야 합니다. 여기서 '층위'를 잘 파악해야 합니다. '글로벌과 로컬의 층위'를 섬세하게 발라서 묻고자 하는 것은 이런 것입니다. 로컬이 어떻게 '트랜스로컬의 공통'으로 전환될 수 있지? 우리 사이에 처음에 겹쳐지는 곳은 어디일까? 우리가 함께 만들어나가는 공통 안에, 어떤 경험이 추상화되고, 어떤 것이 뽑혀나오며, 어떤 것은 지워질까? 이 과정이 명확해야 합니다. 그래서 로컬과 글로벌은 모두 인위적인 것입니다. 트랜스내셔널한 작은 세계를 만드는 것은 로컬 연구에, 플러스 알파로 외부의 어떤 것을 가져와서 더하는 것이 아닙니다. 반대로 로컬의 의미를 발굴해서 그 원래의 에너지를 격발시키는 것입니다.

W: 『글로벌 '바디 쇼핑'』의 연구가 로컬과 글로벌의 관계에서 구체적인 예를 보여줄 수 있는 것 아니었을까요?

X: 『글로벌 '바디 쇼핑'』은 경제의 전 지구적 확장이 이런 로컬의 기초 위에 만들어진 것임을 이야기하고 싶었던 겁니다. 왜냐하면 인

도에는 카스트 제도, 결혼제도가 있기 때문에 글로벌 시스템에 이런 인력을 공급한다는 것이죠. 글로벌 시스템은 사람이 만든 것입니다. 그러면 물어야겠죠, 누가 만든 것인지. 왜 이 사람들이 만들 수 있었는지. 급여가 이렇게 낮은데 사람은 어디에서 오는 것인지. 이 안에 무슨 원칙이 있는지. 또 이 안에 성격, 인종, 트레이닝 체계와 같은 요소들이 있습니다. 아마 비교적 좋은 예가 될 텐데요. 구체적인 지역에서 글로벌한 체계에 이를 때까지, 어떻게 연결되는지 한 발 한 발씩 연결해서 보여주는 것이지요.

W: 아시아 학자들과 소통이 더 잘 된다고 말씀하셨는데, 이게 의미하는 건 역시 트랜스내셔널이라고 해도 여전히 경계가 있다는 것 아닐까요? 이 경계는 무엇입니까?

X: 작은 세계에도 당연히 경계가 있습니다. 경계가 없다면 작은 세계라는 게 존재하지 않겠죠. 경계란 뭘까요? 경계의 의미는 너와 내가 다르다는 것을 정의하는 게 아닙니다. 우리에겐 반드시 코어가 있다는 것을 뜻합니다. 코어가 있기 때문에 더 쉽게 집결해서 공동체를 형성합니다. 동아시아 학자들이 자연스럽게 대화를 이어나갈 수 있는 것은 우리의 생활 경험, 특히 근심거리들이 비교적 일치하기 때문입니다. 객관적으로 경계는 존재합니다. 하지만 경계선을 긋는 것을 출발점으로 삼는 것은 아닙니다.

W: '동아시아의 근대성'은 어떻게 보십니까? 이런 일종의 학술 프레임은? 선험적으로 중국, 일본, 한국을 한 덩어리로 묶고 하나의 챕터로 토론하는 것은 선생님의 생각과는 다른 것 같습니다.

X: 좋은 말씀을 하셨습니다. 저는 동아시아 공동체 개념을 제창하려는 것이 아닙니다. 누군가 그렇게 한다고 해서 제가 좋다 나쁘다 평할 생각은 없습니다. 하지만 저는 이런 작업의 가치를 별로 발견할 수 없습니다. 어떤 유기적인 공동체를 만드는 것이 아니라, 그냥 하나의 라벨을 붙이는 것뿐이죠. 1980년대의 원저우 모델과 비슷합니다. 이런 개념은 제게 별 의미가 없습니다.

대학은 예외를 찾는 곳

W: 공동체 문제에 대해서 이야기를 이어나가고 싶습니다. 좀 더 구체적으로 오늘날의 대학에 어떤 기대를 하고 계십니까? 대학은 어떤 일을 해야 합니까? 옥스퍼드의 실천을 중국 내 현실과 연결시킨다면, 간극이 너무 클 것 같습니다.

X: 시대마다 대학의 기능은 다릅니다. 물질적으로 풍요로운 시대로 접어들었죠. 도시 교육 수준이 상대적으로 높은 시기이기도 하고요. 그래서 '사람을 키우는 것'이 갈수록 더 중요해집니다. 앞서 말씀드렸는데요. 많은 문제가 경제 재분배만으로는 해결될 수 없습니다. 사람들의 다양한 요구가 있는데, 시진핑도 이야기한 소위 '물질과 정신문화 생활 수요의 다양성'이지요. 이건 거품이 아닙니다. 이런 상황에서 우리 대학들이 어떤 사람을 키워야 할까요? 확

실히 매우 중요한 문제입니다. 앞서 한 이야기를 반복하겠습니다. 대학이 하나의 환경을 제공합니다. 인생에서 자신과 세상을 탐색할 수 있는 비교적 특수한 4~5년의 기간이 주어집니다. 실수해도 좋고, 길을 찾기 위해 조금 정신 나간 듯이 보이는 짓을 할 수도 있습니다. 이런 식으로 세상을 이해하도록 하는 겁니다. 물론 기본적인 지식과 기술도 배울 수 있습니다. 제게 대학은 이런 곳입니다. 대학은 연구 기능보다 교육 기능이 더 뛰어납니다. 앞으로의 연구는 더 발산적이어야 합니다. 산업과 결합돼야 하고요. 앞서 말씀드렸습니다만, 대학은 모범답안을 만드는 곳이 아니라 예외를 찾는 곳이어야 합니다.

W: 역사적으로 어느 시절의 대학 교육이 말씀하신 상태에 가까웠을까요?

X: 그런 시절은 존재한 적이 없습니다. 1960년대의 대학은 물론 비교적 그런 상태에 가깝지요. 유럽과 미국을 보면 버클리, 옥스퍼드에는 항상 괴짜들이 있었습니다. 하지만 그들이 귀족 출신이란 사실도 연관이 있습니다. 그래서 자연스럽게 예외를 만들어나갑니다. 가장 급진적인 좌파들은 모두 귀족 집안 출신입니다. 공부를 많이 한 결과로 자신의 계급을 배반하게 된 것이죠. 정신적 가치를 추구하기 위해 물질적으로 희생한 것입니다.

중국은 문화대혁명 시기에 실험을 했습니다. 학력고사를 없애고, 대학이 노동자, 농민, 군인들을 받아들였습니다. 좋은 아이디어입니다. 그런데 1970년대 말에 대입학력고사를 부활시킨 것은 어떻게 이해해야 할까요? 지금 개혁개방 40년을 회고해본다면 모두가 학력고사를 부활시킨 것이 중요한 기회라고 알고 있습니다. 이게 당연한 일이라는 것이죠. 이 사건을 통해 사회가 기본적인 이성을 회복하며 정상으로 돌아왔다고 보는 것입니다. 그런데 이건 누구를 위한 정상입니까? 농민들에게 이게 차지한 일이었을까요? 당시 인구의 90퍼센트를 차지하는 농민들에게는 별 영향이 없었을 겁니다. 하지만 예전의 관료와 도시의 지식인들은 이 기회를 놓치지 않았죠. 사실은 공산당과 당시 사회주의 체제하의 엘리트들이 다시 뭉친 것입니다. 대학은 당연히 엘리트주의 태도를 취합니다. 한번 생각해보십시오. 당시의 학력고사 재개를 기억하는 사람들은 대부분 간부의 자제입니다. 농촌에서 도시로 돌아와서 다시 원래의 비교적 우월한 자리를 차지했습니다. 그리고 이런 경로를 이용해 문화와 도덕자본상의 자신의 우월함을 정당화하고 합법화합니다. 이런 체제하의 대학은 이성, 정상, 합리성을 대표하기 때문에 총체적으로 비교적 평화로운 환경에서 모두가 정상을 추구합니다. 중국뿐 아니라 아시아 전체가 그랬습니다. 예외를 추구하는 정신은 찾아보기 힘들어집니다. 5·4운동 시기 같은 때에 베이징대학에는 구훙밍 같은 괴짜나 루쉰 같은 사람이 있고 공산당도 여기서 싹을 틔웁니다. 모두가 출구를 찾고 변화를 추구하는 시대였죠. 지금 우리 대학들은 주류 중의 주류이고 그걸 자랑스럽게 여깁니다.

W: 서구의 교육과 대학은 예외를 추구한다는 점에서 지금 여전히 성

공적입니까?

X: 일정하게는 그렇지만, 한편 허위라고 할 수도 있습니다. 왜냐하면 끝은 하나의 계급이 재생산되는 과정일 뿐이기 때문입니다. 그런 대표적인 예들이 있습니다. 현대예술을 보면 마르셀 뒤샹이 세상을 뒤흔들었지만 금세 정통 현대예술로 흡수됐죠. 결과적으로 모두가 추구하는 목표가 돼버렸습니다. 보리스 존슨이 과거에 런던시장과 외교부 장관을 역임했는데요. 아홉 권의 책을 쓰기도 했습니다. 아주 예외적인 사람이죠. 그런데 마지막엔 결국 당권파가 됐죠. 이런 식의 예외는 책임감이 부족하다고 볼 수 있습니다. 하지만 이런 예외를 통해서 전체적으로는 계속 기득권층에 활력을 불어넣고, 끊임없이 변화를 가져온다고 볼 수도 있습니다.

W: 지금 예를 들어주신 1960년대라든가 5·4운동 시기 등은 다 어떤 대치 상황에 있는 상대방이 있는 것 같습니다. 그에 대한 불만으로 비판도 하고 충돌과 도전과정에서 대학의 공기가 흔들리고 어떤 사조를 형성하는 것일까요?

X: 제가 이야기하는 예외와는 좀 다른 것 같습니다. 만일 강한 적이 존재하는 가운데 만들어진 컨센서스라면 이건 역사의 예외입니다. 예를 들어 1960년대에 도쿄대학에서 외친 구호가 '타도 제국주의, 해방 도쿄대학'이었습니다. 남학생들은 오줌 쌀 때 항상 미국 대사관 쪽을 향했습니다. 이런 자극적인 행동과 구호가 사람의 마음을 뒤흔들죠. 하지만 오래 지속되지는 않습니다. 지금 우리에게 직접적으로 참고할 만한 가치는 없습니다. 2018년이 1968년의

50주년이었습니다. 사람들이 함께 토론했습니다. 1968년은 과연 무엇을 남겼을까? 생활 방식을 얼마나 바꿔놓았을까? 이건 토론 해볼 만합니다. 중국의 1980년대도 사실 일종의 예외적인 시대라 고 할 수 있습니다. 하지만 마지막에 쌓인 것들이 무엇인지 정리도 해야 합니다. 굉장히 강력한 공동의 적이 있다 칩시다. 아마 사람 들이 반항적인 자세를 보이겠죠. 역사의 어떤 단계에서는 이런 저 항이 필요합니다. 하지만 역시 문제가 있습니다. 이런 태도가 문제 를 지나치게 단순하게 만들 수 있습니다. 사상적인 창조력도 제한 될 수밖에 없죠.

우리가 말하는 예외는 개인적인 것입니다. 대학 자체는 반드시 예외일 수는 없습니다. 하지만 대학이 그걸 허락하는 겁니다. 그리 고 모두가 예외를 찾도록 격려하는 거죠. 대학은 여전히 온건한 곳 입니다. 분노하는 장소는 아닙니다. 오늘날과 같은 상황에서라면 총체적으로는 온건한데 각각의 구성원은 예외를 찾아야 합니다. 공동의 적이 없는 상황에서 그런 예외를 찾는 것이 더 어렵고 깊은 생각을 요구할 수 있습니다. 적은 누구인가? 적은 자기 자신일 수 도 있습니다. 그래서 더 깊이 생각해야 합니다. 이런 반성의 대상 은 주변에 있는 아주 친밀한 사람입니다. 2년 전 베이징대학 학생 들이 교내 노동자들을 조사한 적이 있습니다. 기본 생활 상태를 이 해하려고 했습니다. 결과가 나온 이후에 이목을 끌었습니다. 이건 대학이 마땅히 해야 하는 일입니다. 이건 예외적인 일이라고 볼 수 없습니다. 그래도 주류적인 행동이나 사고에선 벗어난 것이죠. 한

두 발짝만 벗어나도 이미 효과가 있습니다.

W: 이런 예외성에 대한 감각이 바로 베이징대학이 5·4 이래 유지해
온 중심적인 감각의 근원 아닐까요? 그리고 전에 지식인과 엘리트
를 비판하셨을 때 지적한 문제이기도 하고요.

X: 베이징대학의 핵심 정신의 근원은 자신이 역사의 얼굴을 대표한
다고 생각하는 것입니다. 그 반항정신이 역사의 진보를 대표하고,
그게 올바른 방향이라고 생각하는 겁니다. 그래서 본질은 반항이
아니라 진보입니다. 저항과는 많이 다릅니다. 저항은 약자의 것입
니다. 농민이 편법으로 세금을 조금 덜 냅니다. 그렇게 자기 생활
방식을 유지하죠. 다른 사람이 간섭하지 못하게 합니다. 하지만 베
이징대학은 영웅주의에 기반합니다. 진보해야 하고, 구시대를 무
너뜨려야 합니다. 연구의 관점에서 보자면 저항과 관계되는 것은
회의정신입니다. 하지만 베이징대학은 회의하는 것이 아니죠. 자
기가 옳다고 굳게 믿고 있습니다. 그러니까 자기가 중심이 돼야 하
죠. 매 역사 단계에서는 완전히 합리적인 생각입니다. 하지만 계속
이렇게 나가면 위험합니다. 저는 자기가 역사 진보의 방향성을 장
악하고 있고 진리를 담지하고 있다는 그런 자신감에 도전하려는
것입니다.

W: 이면은 더 복잡한 상황이죠. 권력을 자원화하고 당초 가지고 있던
진보적 성격도 사라지고.

X: 반드시 그럴 겁니다. 그래서 기호화는 꽤 재미있는 주제입니다. 석
사과정에 있을 때 CCTV(중앙방송국)의 주변 환경에 대해서 연구

주변의 상실

하고 싶었습니다. 미디어 호텔은 그 당시에 경관도 좋고, 신비스럽고 풍류가 있는 곳이었습니다. 그 주변은 대단히 복잡하죠. 이게 하나의 기름진 고깃덩어리가 됩니다. CCTV가 하나의 독점적인 기호가 되고 대상화되어 도구로 사용됐습니다. 하나의 거대한 아우라를 갖는 것인데요, 얼마나 많은 사람이 이 기관에서 일하고 싶었겠습니까? 이런 도구화된 우리로 일단 들어가면, 이 기호가 오히려 들어온 사람들을 도구로 사용해서 이익을 취하는 겁니다.

W: 베이징대학을 도구화, 자원화하는 것을 관찰하는 이런 감수성과 판단은 재학 중에 생긴 겁니까? 아니면 학교를 떠난 후에 생긴 겁니까?

X: 물론 나중에 생긴 겁니다. 학교에 있을 때는 눈에 보이지 않습니다. 모든 게 좋아 보이죠. 주로 2008년 이후에 갑자기 엄청나게 많은 돈과 자원이 대학으로 들어오는데, 과거에는 그 정도로 돈이 많지 않았습니다. 다들 투덜거렸죠. 이런 징조가 많지 않았습니다. 당연히 철학적 의의로 따지자면, 사람들은 모두 서로 도구가 되어서 어떤 때는 이용당하고, 어떤 때는 다른 사람을 이용합니다. 단계마다 아주 복잡하기 때문에 이럴 때는 기본적인 원칙이 필요합니다. 구체적인 상황을 어떻게 분석해야 하는지 봐야 합니다.

W: 이런 기본 원칙은 어떤 것입니까?

X: 자기 가치를 파악하는 겁니다. 예를 들어 교사의 가치는 인재를 키우는 것이죠. 그럼 어떻게 키워야 하나요? 어떤 사람을 키워야 합니까? 단지 정책 연구만이 아니라 별 가치 없는 일이라는 것을 다

알면서도 한다면, 자기 원칙을 위배하는 것 아닌가요? 사실 그리 어려운 일도 아닙니다. 요즘 회의에 가보면, 제일 많이 듣는 얘기가 타협입니다. 타협이 일종의 지혜라고들 생각하죠. 그럴듯하게 들립니다. 하지만 타협을 위해 타협하면 타협은 사라집니다. 타협이 필요 없다는 것이 아니라 기본적인 입장이 명확하지 않으면 '묻지 마 타협'이 돼버립니다. 왜냐하면 타협은 일종의 주체적 행위이거든요.

W: 중국 학계와 접하면서 어떤 느낌을 받으셨습니까? 현재 문화, 교육, 예술계의 상태를 보면 저는 비관적이 되고 무력감을 느낍니다. 어떤 때는 이런 침묵과 부작위의 만연을 견딜 수가 없습니다. 이 대담을 기획하게 된 이유 중 하나일지도 모릅니다.

X: 전체적으로 좀 재미없는 건 확실합니다. 솔직히 말하자면 학계의 진보가 제가 원래 생각했던 것보다 느리긴 합니다. 사회적 변화가 많았고 이야기를 들어보면 재미있는 현상이 적지 않은데 그게 제대로 분석되지 않은 건 꽤 이상합니다.

개인의 경험을 문제로 삼기

W: '저장촌'과 『글로벌 '바디 쇼핑'』의 두 연구 결과를 발표한 이후에는 중국어로 단독 저술한 책이나 조사 연구는 거의 눈에 띄지 않습

니다. 반대로 이론과 연구 방향에 대해 쓰신 글은 자주 접하게 되는데요, 학술 연구의 방향에 전환이 있었기 때문인가요?

X: 어떤 의미에서 싱가포르를 하나의 결말이자 전환점으로 볼 수 있죠. 박사학위 논문인 『글로벌 '바디 쇼핑'』의 책 원고를 거기서 마무리지었습니다. 다른 한편으로는 새로운 계몽의 감각이 있었습니다. 새로운 단계의 출발점이라고도 볼 수 있겠죠. 학술 연구의 의미를 찾았습니다. 노래를 부르거나 춤추는 것과 마찬가지죠. 싱가포르 생활을 마무리하고 옥스퍼드로 돌아와서 일을 시작했는데, 둥베이 조사였습니다. 중국과 비교적 강한 연관성이 있는 작업을 다시 시작한 겁니다. 다시 사례 연구를 하는 건데 별로 흥미로는 일이라는 생각이 들지 않았습니다. 좀더 큰일을 하고 싶다는 생각을 했습니다. 당시에 제가 하는 둥베이 연구의 제목은 '노동력 수출 중개'였습니다. 그 배후에 놓인 사고가 정말 그리 깊지 않았습니다.

중국어로 일련의 글을 쓰면서 변화가 시작됐습니다. 「세계, 학리와 자아」라는 글은 사실 결론에 가깝습니다. 그러고 나서 「새로운 세계를 찾아서: 중국 근현대의 '세계'의 이해와 그 변화尋找一個新世界: 中國近現代對'世界'的理解及其變化」를 발표했습니다. 이 글도 자신의 위치를 탐구하는 것이었죠. 중국에서 다시 조사를 하면서, 동시에 중국 내에서 강연도 시작했습니다. 「보통 사람의 '국가' 이론普通人的'國家'理論」은 중산대학에서의 강연 내용입니다. 이 글들은 모두 세계, 국가, 글로벌라이제이션에 대한 토론입니다. 그때부터 조금 더 큰 문제를 보기 시작했습니다. 제가 원래 했던 연구와는 별 관계가 없습니다. 하지만 이런 문제들은 제가 조사하면서 관찰한 것입니다. '저장촌'이 당시 제게 남긴 커다란 교훈이 있습니다. 저와 친구들이 마을에서 작은 자원봉사 활동팀을 꾸렸습니다. 마을 주민들이 스스로를 보호하고 조직화할 수 있는 역량을 키우고 싶었습니다. 관방의 개입이 없는 체제 바깥에서 더 좋은 생활을 누리게 하고 싶었습니다. 그런데 주민들 생각은 달랐습니다.우리가 베이징대학에서 온 동아리였기 때문에 반대로 우리를 통해서 국가와 더 밀접한 관계를 맺고 싶어했습니다. 자신들을 체제 내부로 더 잘 끼워맞추고 싶어했죠. 나중에 외국으로 나와서 이민노동을 하는 케이스, 인력중개업 그리고 정부 상급 기관에 대한 민원과 다른 문제들을 조사하면서, 점차 새로운 깨달음을 얻었습니다. 그래서 좀 큰 규모의 이야기를 쓰고 싶었고, 이론적 자원이 부족하다는 것을 깨달았습니다. 역사적으로 이미 이런 큰 이야기에 대해서 재미있는 논쟁이 많이 벌어졌다는 것도 알게 됐습니다. 그런데 제가 그걸 다 이해하지는 못하기 때문에 보충학습을 해야겠다고 생각했죠. 그래서 왕후이 선생님을 비롯한 몇몇 동료와 함께 '토론중국辯論中國' 독서 토론 모임을 시작했습니다. 몇 년간 계속했는데 언제 끝날지 모르겠습니다. 그래도 대단한 영광입니다. 이 과정에서 많은 것을 배웠습니다.

이런 전환이 없었다면 홍콩이나 지식청년에 대한 글을 쓰지 못했을 겁니다. 예전 제 글의 스타일과 많이 다릅니다. 만일 그들이 없었다면 오늘날의 이 대담도 없었겠죠. 예전에는 사람들이 제가 좋은 학술 연구를 할 수 있을 거라고 생각하긴 했겠지만 공공 담론장에서 발언하는 사람이 될 거라고는 생각하지 않았을 겁니다. 저는 공공성을 좋아합니다. 베이징대학과 연관이 있지요. 이런 글들을 쓰면서 자유로움과 유쾌한 기분을 느낍니다. 하지만 지금 도전이 되는 건, 어떻게 이런 큰 생각들을 더 심화시키느냐 하는 것입니다. 그러려면 실증적인 제 연구와 결합이 돼야 하는 것이죠. 사상성이 있는 연구 주제의 소재는 여기저기 흩어져 있고 규모가 크기 때문에 상당한 상상력을 요구합니다. 그런데 실제로 입증하는 건 아주 어렵죠. 굉장히 많은 사례가 필요합니다. 한 명의 학자로서는 단기적으로 해결이 불가능합니다. 발산식 사고를 하게 되면 자기가 가진 재료도 발산하는 것을 볼 수 있습니다. 하나의 재료에서도 다른 포인트들이 생겨날 수 있습니다. 하나를 진짜로 잘하기 위해서는 새로운 재료로 보충도 해줘야 합니다. 이렇게 되면 매일매일 도대체 다음 단계에 뭘 해야 하는지 모르게 됩니다. 계속 탐색을 하고 엄청나게 많은 글을 썼습니다. 둥베이 연구와 관련해 2008년에 책을 계약했는데, 벌써 10년이 넘었지만 완성을 못 했습니다. 제 짐작으로 이 경험은 특별한 것이 아닙니다. 많은 사람이 이런 글쓰기의 위기를 겪게 되죠. 직관적으로 자기가 쓴 글에 굉장히 불만족하게 됩니다. 조사도 부족하고 이론도 부족하고 그런데 어떻게 해야 개선할 수 있을지 모르게 됩니다.

　저는 지금 사회평론도 하고 있습니다. 이게 제가 앞으로 전진할 수 있는 길을 제공합니다. 하지만 이 길은 보완적인 성격을 갖습니다. 예를 들어 제가 베이징의 외부 유입 인구(농민공) 정리(및 철거) 문제에 대해서 글을 쓰고 있는데, 어려움을 겪는 중입니다. 왜냐면 굉장히 많은 자료가 필요한데 수집이 어려운 데다 시간문제도 있기 때문입니다. 또 이 사건들이 원래 그 과정이 매우 복잡합니다. 이런 주제에 대해 만족할 만한 글을 쓰기 어렵습니다. 심란하죠.

지난 몇 달간 세 가지 일을 해왔습니다. 첫째로 굉장히 구체적인 문제를 들여다보고 있고요. 일을 좀 추진하고 있는데 절반쯤 학술적인 일이고 절반쯤은 공공 참여에 해당됩니다. 사회학자 매슈 데즈먼드(1979~)가 미국의 도시 빈민에 대해서 연구한『쫓겨난 사람들Evicted』의 중국어판 서문을 쓰고 있는데 이건 평론성 글입니다. 여기 제 생각을 좀더 추가합니다. 일종의 보충적인 작업이고, 새로운 지식과 경험이 쌓인다기보다는 기존 지식을 응용하는 것입니다. 쉬운 편이죠. 둘째는 앞서 언급한 베이징(농민공) 유동 인구 정리 문제를 계속 쫓아가는 것입니다. 2001년부터 (정책 변화가) 시작됐고, 2003년에 (호구 소재지를 벗어나 대도시로 이동한 인구를 강제) 수용收容하는 제도가 폐지된 이후 호적을 개혁하는 데 별다른 진전이 없습니다. 그래도 유동 인구 정책이 느슨해졌습니다. 아주 오랜 기간 이런 방향으로 진행해왔는데 2017년 말에 어떻게 이처럼 큰 전환이 일어났을까요? 지금 유동 인구를 단속하는 것과 2003년 이전의 단속은 전혀 다른 일일까요? 제 생각에는 거의 전적으로 다릅니다. 지금은 거의 새로운 권력의 작동 방식이 만들어졌습니다. 이걸 명확하게 설명하는 것이 어렵습니다. 이건 비교적 구체적인 프로젝트입니다. 예전에는 아무 준비 없이 갑자기 일이 터진 후에야 누군가 분석을 해야 한다고 생각했습니다만. 세 번째로 몇 개의 커다란 프로젝트들이 있습니다. 계속 유동 인구 연구를 합니다. 특히 마이클 만이 제시한, 권위주의 정부의 복합적 권력 행사 방식에 대한 것입니다. 즉 직접적인 전제적 권력despotic power으로 '사회를 지배하는' 방법뿐 아니라 '사회를 통해' 권력을 행사하는 인프라형 권력infrastructural power이 있습니다. 그리고 재생산성 유동을 연구합니다. 지금은 재생산이 세계 경제의 주요한 동력이 되고 있습니다. 그리고 종교와 민족 문제가 있습니다. 이건 거의 진전되지 못하고 있는 상태입니다. 필드 조사의 현실적 제약 탓에 더 들어가는 데 어려움이 있습니다. 그래서 고민이 많습니다. 제 주요 활동들은 이 정도입니다. 에너지를 많이 투입해서 1차 자료를 수집하고, 많이 읽고 있지만 필드 조사가 불가능합니다.

첫째 유형의 일은 모두 직접적으로 결과를 볼 수 있습니다. 하지만 보조적인 일이죠. 많이 하든 적게 하든 심리적 부담이 적습니다. 둘째 유형의 일은 중요합니다. 지식인이 사회에 임해서 응당 해야 하는 일입니다. 관건은 가장 중요한 일인 셋째 유형의 일을 추진하는 데 있습니다. 둘째, 셋째 유형의 일이 없다면, 첫째 유형의 일은 굉장히 단편적이고 산발적인 것이 되기 쉽습니다. 자기복제가 시작되는 거죠. 이게 제 고민의 근원입니다. 전환의 욕망이 나타난 것은 그래서 자연스럽습니다. 좀더 깊은 이야기, 큰 이야기를 하고 싶은 건데 이렇게 어려울 줄은 몰랐습니다.

여기서 기본기의 문제를 이야기할 수밖에 없습니다. 기본기는 큰 사상과 구체적 소재를 결합해서 한 걸음씩 깊이 내려갈 수 있고, 이를 지속하는 능력입니다. 제게는 아직 이런 능력이 부족합니다. 예전에 했던 작업들은 명확하고 구체적인 자료에서 출발해 해석했습니다. 아니면 모호하고 큰 현상에서 출발해 평론을 했습니다. 하지만 정말로 이 둘을 결합해야 한다면, 하나의 문제를 정확히 그리고 명징하게 설명할 수 있어야 합니다. 지금까지는 그런 글을 써내지 못했습니다. 지금 서구의 사회과학 훈련이 어떻게 디자인돼 있는지 들여다보고 있습니다. 어떤 특별한 훈련 방법을 감추고 있는 것은 아닐까 의문을 품어보는 것이죠. 학생들이 나중에 이런 레벨에 도달할 수 있게끔 한다든가, 아니면 그들도 별다른 비결은 없는 것인지. 아직까지 저는 이런 능력이 어떻게 길러진 것인지 밝혀내지 못했습니다. 개인의 성격, 인문학 교육 모두 관계가 있습니다. 예를 들어 종교에 대한 이해는 확실히 일종의 기질과 영감을 키워줍니다. 매우 디테일한 것들을 볼 수 있게 만들죠. 사람이 어떻게 생명, 죽음, 불행 이런 것들을 비교적 민감하고 상세하게 그리고 주의 깊게 관찰할 것인가. 종교에 대해 정서적인 공감을 하는 인류학자들의 작업이 비교적 재미있다는 사실을 깨달았습니다. 왜냐하면 이 방면으로 디테일을 살필 수 있기 때문이죠.

W: 어떤 학자, 어떤 연구가 이런 경지에 도달했습니까?

X: 고전적인 인류학 연구는 물론 많습니다. 제게 가장 큰 영향을 끼친 사람은 영국에서 교육과 문화가 계급을 고착시키는 메커니즘을 설명한 폴 윌리스(1945~)일 겁니다. 그의 책『학교와 계급 재생산Learning to labor』은 이미 중국어판이 출간돼 있습니다.

W: 말씀하신 전환의 어려움은 사실 개인 경험을 문제로 삼는 예가 될 것입니다. 전에 싱가포르에서 박사후연구원 과정을 밟을 때, 자기 개인 경험으로부터 출발해 어떤 문제를 토론한다는 것은 생각해 보지 못하셨을 겁니다. 가까운 문제를 다루면서 실제 소재와 큰 문제를 연결시킬 때, 개인의 경험이 반드시 교량 역할을 해야 한다, 최소한 문제를 제기하고 일종의 매개체 역할을 해야 한다는 생각을 하게 된 것일까요?

X: 맞습니다. 제게는 개인 경험으로부터의 문제를 만드는 기원은 스스로에 대한 불만족이었습니다. 말을 많이 하는데 깊이는 없고 재미도 없습니다. 그래서 원망하기 시작하는데, 체제를 원망하고, 부모를 원망하고, 어린 시절을 원망하고, 이렇게 문제를 삼기 시작했습니다. 개인의 경험 자체는 중요하지 않습니다. 하지만 개인 경험을 문제로 삼는 것은 하나의 중요한 방법입니다. 우리는 세계에 대해 관심을 갖지 자기에게 관심을 갖지는 않습니다. 현재 관건은 어디에서 출발해 세계를 이해하고, 동시에 자기를 더 잘 이해할 것이냐 하는 겁니다. 자기 자신의 경험을 문제로 삼는다는 것은 세계를 구체적으로 이해하는 출발점입니다. 저는 스스로 불만족스러웠기 때문에, 제 성장 경험을 보고 동시에 자신과 세계의 관계를 살폈습

니다. 다른 사람은 이런 생각을 하는데 왜 나는 그걸 보지 못했을까, 이런 식으로 끊임없이 구체적인 세계를 봤습니다.

자신의 경험은 모두 자연스럽게 생겨난 것이 아닙니다. 어떤 배경이 있고 역사가 있습니다. 기원과 한계도 있고요. 문제로 삼는다는 것은 그게 부정적인 의미의 문제가 되니까 도려내야 한다는 뜻이 아닙니다. 오히려 끌어안아야 하는 것입니다. 저도 그랬습니다. 수많은 약점과 결점을 문제로 삼고 나서 오히려 자기가 어디에서 왔는지 이해했습니다. 이런 한계들과 공존해야 합니다. 이건 나르시시즘이 아닙니다. 바깥을 향해서 바라보는 것이니까요. 자기를 대상화하고 자기의 경험을 대상화합니다. 이런 과정은 심리적으로 아주 좋은 작용을 합니다. 개인의 경험을 문제로 삼은 후에 비교적 쉽게 마음의 평안을 얻습니다. 본질을 완전히 꿰뚫어본다는 뜻이 아닙니다. 반대로 세계는 실은 복잡하고 계속 변한다는 것을 알게 됩니다. 내가 이런 위치에 있는데, 대부분의 경우 그것 때문에 불쾌해지지만 이건 어차피 큰 세계의 실상임을 받아들입니다. 소위 '운명을 받아들이지만 패배는 인정하지 않는다'는 의미입니다. 내가 고달픈 것은 본질적으로 문제가 아니고, 물론 매일같이 심란하지만 명상과 요가를 하고 녹차를 마시면서 마음을 달래게 됩니다. 하지만 삶에서의 고투는 살아 있다는 증거이고요. 저는 고민이 없는 삶보다는 지금처럼 고뇌 속의 삶을 선택할 겁니다.

W: 이번 방담을 하면서 원래 시작할 때는 개인 생활 문제는 가능하면 말씀하지 않으려고 하셨는데, 이 과정을 통해서 점차 발견하신 것

이군요. 자기를 샘플로 삼아서 개인의 경험을 문제로 삼는 이런 경로가 아마 효과가 있을 것이라고 생각하는.

X: 처음에는 분명히 그런 생각이 없었습니다. 이야기를 나누면서 이게 문제를 토론하는 아주 좋은 방법이라는 것을 깨달았습니다. 개인의 경험에서 시작해 큰 문제를 논하는 것이지요. 어떻게 이 두 가지를 연결할 것인가, 이게 문제 삼기입니다. 문제를 해석하기 위해 경험 자체가 필요해집니다. 시작할 때 우리는 주로 사상적인 이야기를 나눴습니다. 어떻게 사회에 관여할 것이냐. 당시에 개인 경험은 그냥 배경이었는데 지금은 기초적인 재료가 됐습니다. 구체적으로 어떻게 문제 삼을까를 생각하자면 많은 것을 알아야 합니다. 예를 들어 초등학교에 다닐 때 당시의 교육 체제는 어떤 것이고 경제와 사회는 어떤 기본적 상황에 놓여 있고 하는 역사 지식이 필요합니다. 또, 다른 친구들은 어떻게 했고, 나중에 어떻게 발전했는지 다 관찰을 해야 합니다. 관찰이 불충분하다면 문제 삼는 것이 한쪽으로 쏠립니다. 그래서 이게 출발점이 됩니다. 반드시 폭넓은 지식을 활용해서 더 큰 존재를 지향해야 합니다. 뿌리와 토양이 얽히고설키는 사고방식은 모두 접촉하고 있고 서로 통합니다. '통한다는 것은' 무슨 뜻일까요. 이 말은 이미 여러 번 했습니다. 실천으로 돌아온다는 뜻입니다. 왜냐하면 실천이 얽히고설킨 뿌리와 토양이 되기에 가장 좋은 방법이고 가장 통하는 방법이기 때문입니다. 어떻게 실천으로 돌아올까요? 어디에서 실천으로 돌아올까요? 책에서 배운 개념, 범주, 이론, 교조, 프레임을 떠나서 실천을

새로운 기초로 삼아야 합니다. 하지만 실천은 이렇게 유동적이고 무미무취합니다. 그러면 어떻게 파악할 수 있을까요? 개인 경험은 실천의 출발점을 파악하는 데서 시작됩니다.

새로운 연구

W: 지금까지 강연이나 미디어 인터뷰 등과 같은 사회활동에 대해서 비교적 많이 이야기했습니다. 원래 그렇게 계획했던 것이니까요. 하지만 최근의 주요 연구에 대해서는 많이 나누지 못했습니다. 이 두 영역의 일은 서로 어떻게 연관되는 것일까요?

X: 말씀하신 대로 제 연구 내용에 대해서는 많이 이야기하지 않았는데, 그 이유는 연구 대상은 비교적 구체적이기 때문이에요. 예를 들어서 출국 중개업자에 대해서 연구하자면, 아마 정부와 국제 조직, NGO가 어떻게 노동력의 유동, 채용에 대한 정부 관리와 기타 방법들을 다루는지 봐야 할 겁니다. 이들의 과정을 분석하고 정책 제안을 해야 합니다. 여기서 중심 의제는 시장의 행정화입니다. 해외 출국 노동은 현재 기본적으로 개방돼 있고, 시장화돼 있습니다. 하지만 이 시장은 전형적인 평등 시장이 아닙니다. 등급화돼 있고 행정화돼 있습니다. 일반적으로 행정화와 시장화는 두 개의 대립되는 개념으로 이해합니다. 하지만 시장화의 관계가 원래 급속도

로 등급화되고 행정화됩니다. 왜 그럴까요? 한편으로는 시장이 이런 내적 동기를 가지고 있어서입니다. 왜냐면 이윤을 극대화해야하는데, 그것을 해내기 위해서 일단 독점도 해야 하고, 밸류 체인의 상류도 장악해야 하기 때문입니다. 두 번째 원인은 현재 정부와국제 조직이 갈수록 인권과 유동의 질서, 합법성을 강조하는 데 있습니다. 정부의 통제가 많아지고 있죠. 어떤 상업적인 중개 업체는더 합법적입니다. 더 좋은 소스를 사용할 능력이 있고 소비자들에게는 좋은 인상을 심어줄 수 있습니다. 더 합법적이고 노동을 보호하며 최소한 저질스런 사건은 벌어지지 않을 만한 수준이라는 거죠. 이렇게 자원을 장악하고 나서 이 능력을 이용해 시장에서 자신의 지위를 보호하고, 폭리를 취합니다. 이렇게 돈을 버는 것이지,실제 모집이나 노동 관리와 같은 일상 업무를 통해서 수익을 얻는것이 아닙니다. 실제 업무 운영은 작은 회사들에게 아웃소싱해버리죠. 그런데 이 작은 회사들은 각종 탈법을 저지릅니다.

예를 들어 재생산과 학생의 유동은 관련이 있습니다. 지금의영어 교육과 유학은 그저 커리어를 업그레이드하는 게 아니라 사람 자체를 바꿔놓습니다. 수많은 가장이 서구사회로 자기 아이를유학 보내는 건 일자리를 쉽게 얻을 기회에 대한 기대뿐 아니라,갈수록 중국의 교육이 인성을 망친다고 생각하기 때문입니다. 아이들이 기쁨을 누리는 천성을 없애버린다는 것이죠. 그러니까 출국은 '사람'을 보호하려는 시도가 됩니다. 이건 단순한 이념 문제가 아닙니다. 사회가 근본적으로 어떻게 지속 가능할 수 있을지에 대한 질문입니다.

저는 원래 서북 지역에서 동남 연해지역으로 이주해 아랍어 통역으로 먹고사는 무슬림들, 서북 지역에서 중퇴한 문제 소년들을 연구하고 싶었습니다. 맨날 싸우고, 집안의 어른들도 소년들이 밖에서 나쁜 행실을 배울까 걱정이 많죠. 그래서 모스크로 보내서 코란을 공부하게 합니다. 여기서 아랍어 글자, 언어를 배웁니다. 그런데 2000년대 초부터 갑자기 이들에게 아랍어 통번역 일자리를 구할 기회가 생겼습니다. 저는 이 그룹의 종교에 대한 이해, 중국에 대한 이해를 관찰하고 싶었습니다. 이렇게 하나의 경제 글로벌라이제이션 무역과정에서 구체적인 중국 시장의 운영이 어떻게 조화를 이루는가 하는 것이죠. 이우義烏시장이나 광저우의 텐허天河시장 등등. 마지막으로 제 관심은 중국 사회 내부의 다양성이었습니다. 중국 내부의 객관적인 다양성에 대해서 이야기를 했는데요. 중국의 정치 이론 담론이 다양성 문제를 제대로 해결을 못 하고 있었습니다. 당시에 이 주제를 다루고 싶었습니다. 그런데 굉장히 곤란해졌죠. 오래 준비하고 글을 좀 쓰긴 했는데, 거의 진전이 없는 겁니다.

사회주의 체제하의 민족 자치, 그 배후에는 하나의 독특한 정치가 있습니다. 저는 이걸 초월성 정치라고 부르는데요. 민족 자치의 개념은 유럽의 사회주의 안에 전통이 있습니다. 레닌이 특히 민족 자치를 문화 자치라고 하면서 강조합니다. 사료를 봤는데 레닌은 아버지의 친구인 한 동방정교회 선교사의 영향을 받습니다. N.

I. 민스키라는 이름의 이 선교사는 반드시 현지 언어와 민족 언어를 사용해서 전도하는 것을 강조합니다. 라틴어나 러시아어를 사용해서는 안 됩니다. 기독교 선교도 보편적으로 이런 방법을 씁니다. 옥스퍼드대학의 윌리엄 수드힐(蘇慧廉, 1861~1935)은 원저우에서 26년을 머물면서 성경을 원저우 방언으로 번역했습니다. 우리 사무실 맞은편에 단체가 하나 있는데 전문적으로 이런 번역을 하지요. 성경을 각종 지역 방언으로 번역합니다. 그래서 초기의 선교사들은 토착민의 문화를 깊이 이해하던 준인류학자들이었습니다. 왜 지역 언어를 강조할까요? 그 동방정교회 사제가 설명하기를, 정말로 신에게 가닿으려면 반드시 자기 맥락과 언어를 사용해야 한답니다. 그게 유일한 사상의 경로라는 것이죠. 먼저 러시아어나 라틴어, 영어를 공부하는 것은 길이 아닙니다. 가까이 가지도 못하죠. 매일 사람들과 말다툼하고 파트너나 아이와 대화를 나눌 때 쓰는 언어만이 신과의 소통에 쓰일 수 있습니다. 여기 다양성에 대한 강조가 있습니다. 그리고 그 초월성도 관련이 있습니다. 이미 우리에게 공동의 미래, 공동의 이상이 있으니, 눈앞의 다양성은 두려워해야 할 일이 아닙니다. 반대로 재미있고 즐겁죠. 레닌의 사회주의 민족 자치에 대한 관점은 이런 뜻입니다. 공산주의 이상을 함께 추구하고 있으니, 언어와 생활 방식의 차이는 그리 크지 않습니다. 가장 익숙한 로컬 생활 방식으로 이해해야 합니다. 공산주의 이상에 도달하기 위해서 각자 다른 지역에서 다른 실현 방식을 취합니다. 이게 좋은 것 아니겠습니까?

당시 소련공산당이 왜 자신 있게 모두에게 민족 자치를 허락했는지에 대해 오늘날 많은 사람이 간단하게 일종의 기능주의라고 해설합니다. 레닌은 각 민족이 들고일어나 차르를 몰아내는 것을 바랐죠. 제정 러시아 체제의 해체입니다. 그런데 일이 그리 간단하게 진행되지 않았습니다. 배후에는 이념이 있습니다. 중국은 1950년대에 이걸 비교적 잘했습니다. 소수민족 주거지역에 한족 간부들이 들어가서 위구르어, 티베트어를 공부했습니다. 하지만 일단 이런 초월적 공동 이상이 사라지면 문제가 완전히 변해버립니다. 오로지 물질적 이익에 기대게 됩니다. 재분배를 통해서 문제를 해결합니다.

W: 이런 연구는 재미있군요. 내용상으로도 모두 인구 유동 현상에 관한 것이고요. 문제의식 속에 대단히 명확한 중국에 대한 관심이 있습니다. 이렇게 쭉 가다가 홍콩의 문제를 논하시는 것을 보는 것도 전혀 이상하지 않습니다.

X: 당시 홍콩에는 많은 골수 공산당원이 있었습니다. 제토와司徒華(1931~2011)가 교원노조를 조직한 것처럼요. 이상주의적 행동입니다. 명확한 정치 이념을 내세우면 많은 사람이 동의하지 않습니다. 하지만 일부는 찬동하고 따르겠죠. 나중에 왜 이렇게 골치 아프게 됐을까요? 제 생각에 심층적인 문제는 완전한 상업화에 있습니다. (공산당이) 부자들과 협력하고 있습니다. 홍콩인들이 홍콩 정치에 참여하는 것이 아니라, 상인들이 홍콩 정치를 좌지우지하게 됐습니다. 개인의 이해관계를 우선시하는 부자들에게 홍콩 정

치를 위탁한 겁니다. 극도로 상업화된 홍콩 같은 곳조차 상인들이 제대로 통치할 수는 없습니다. 제가 이해하는 다양성은 아마 글로 묘사되는 다양성과는 다를 것입니다. 그냥 문화가 다르고, 자기 정체성이 다르고 그런 단순한 이야기가 아닙니다. 어떻게 생활의 상태가 오로지 금전관계나 이해관계만으로 만들어지지 않도록 할까 하는 것입니다. 일종의 반反단일성입니다. 공공이 단일한 로직에 매몰되지 않도록 해야 합니다. 지금 우리에겐 공동의 초월적 이상이 없습니다. 그 아래는 공간이 존재하지 않고, 모두 매일 흐리멍덩한 상태입니다. 제가 서구식 다양성이 필요하다고 말하는 것은 아닙니다. 다양성이 무조건 좋다는 그런 얘기도 아닙니다. 저는 단일화가 매우 위험하다는 말씀을 드리는 것입니다.

W: 왕후이 선생님과 책을 편집하시면서 토론도 조직하지요? 그 프로젝트의 상황도 말씀해주실 수 있나요?

X: 이 독본을 통해 중국의 근현대 사회사상에 대한 토론의 개괄을 보여주고 싶었습니다. 우리는 10가지 비교적 큰 쟁점을 골랐습니다. 모두 사람들의 생활과 관련이 있습니다. 예를 들면 여성들이 전업주부가 돼야 한다는 주장에 대한 토론이죠. 이 논쟁은 1920~1930년대부터 시작됐습니다. 1930년대, 1980년대 초와 1980년대 말, 1990년대 초, 2000년경 이렇게 몇 차례의 사회적 대토론이 있었습니다. 모두 경제나 취업난과 관련이 있었죠. 최근에는 다시 어떤 정협위원이 부녀자들을 집으로 돌아가게 하자는 제안을 했습니다. 취업난을 해결하고 가정을 안정화시키겠다는

것이죠. 이런 글들을 놓고 함께 읽어봅니다. 토론의 실마리가 어떻게 변화하는지 봅니다.

　또 이혼 문제에 대해서도 이야기를 나눴습니다. 위뤄진遇羅錦 (1946~)이라는 여성 작가가 베이징인민법원에 공개적으로 이혼 소송을 제기했습니다. 이유는 애정이 식었다는 겁니다. 이혼이 금기시됐던 1980년대에 크게 화제가 된 일입니다. 당시에 허용되는 유일한 이혼 사유는 상대방이 반혁명 분자라는 것입니다. 결과적으로는 베이징시의 중급인민법원이 이혼을 허락했습니다. 2011년에 최고인민법원의「혼인법사법 세 번째 해석婚姻法司法解釋三」이 통과됐습니다. 여기서 비교적 중요한 점은 어떻게 이혼을 논하고 결혼 전 재산을 어떻게 설정할까 하는 것입니다. 부부의 재산을 개인에게 귀속시켜서, 법원이 재산에 대해 명확하게 판단하도록 돕습니다. 이렇게 되면 이혼이 전보다 쉬워집니다. 이 법은 언제라도 이혼이 가능해졌다는 것을 말해줍니다. 만일 두 사람이 20년간 결혼생활을 했다 칩시다. 여성 쪽이 일반적으로 급여가 적은 편입니다. 하지만 가사에 시간과 정력을 더 많이 들인 것은 여성 쪽인데, 이혼할 때는 이걸 따지지 않습니다. 자기 이름으로 등기된 재산만 쳐주죠.「사법의 세 번째 해석」이 통과된 배후 원인 중 하나는 수많은 여성이 부자들과 결혼해서 바로 이혼하고 절반의 재산을 챙겨가는 데 있었습니다. 법률이 이런 문제로부터 부자들을 보호하려는 겁니다. 법률이 어떤 사람들의 목소리에 더 귀 기울이는지 알 수 있습니다.

그리고 1994년부터, 정예푸鄭也夫(1950~)와 판강攀綱(1953~)
이 세단 차량과 마이카 문화에 대해서 논쟁을 벌입니다. 세단 차량
제조업을 발전시켜야 하느냐 말아야 하느냐 하는 것이었죠. 나중
에 연료소비세 증가에 대한 논쟁이 추가됩니다. 도로와 차의 문제
가 결합되죠. 이는 환경 문제 논쟁으로 번집니다. 2009년에는 중
국과학원의 딩중리丁仲禮가 국내외적으로 글로벌 기후변화에 대
해서 논쟁을 벌입니다. 우리는 이 논쟁을 모두 하나로 모아서 원자
료를 영어로 번역했습니다. 이런 사회적 논의에 대한 정리가 부족
합니다. 예전에는 주로 노선 투쟁이나 이론과 정책에 대한 논쟁이
었습니다. 사회성이 부족했죠.

W: 이 독본에 왕 선생님과 샹 선생님의 설명이나 해설은 추가되지 않
나요?

X: 편집자 노트는 있습니다. 하지만 모든 글에 대해서 언급하지는 않
습니다. 중요한 건 독본이고, 사회성을 강조한다는 겁니다. 사회
성은 바로 논쟁에 참여하는 사람들에게 달려 있습니다. 정책 결정
자, 전문가 혹은 시민 모두 자기 입장이 있고 생활 경험이 있습니
다. 이걸 모두 들고 들어와야 합니다. 1970~1980년대에 『반월담
半月談』 같은 잡지가 있었습니다. 한때 360만 부를 발행하는 중국
최대의 종합지였습니다. 이 잡지는 독자 투고를 중시했습니다. 어
떤 때는 이 잡지가 하나의 주제로 토론을 조직하는데요, 재미있는
건 참여자의 신분을 설정한다는 겁니다. 학생, 가정주부, 군인, 노
동자, 농민들. 그런데 나중에는 기본적으로 도시에서 고등교육을

받은 사람들만 토론에 참여할 수 있게 됐습니다. 소셜미디어에서도 노동자들의 목소리를 듣는 것은 쉽지 않습니다. 나중에 중국어판도 만들고 싶은데요. 이런 정보들이 지금의 독자들에게는 아주 신선할 겁니다. 당시의 참여성이나 대표성과 지금의 소셜미디어에서 이뤄지는 겉보기에만 개방적인 토론은 상당히 다릅니다. 참여는 단순한 참여가 아니고, 그냥 자연히 되는 것이 아니지요. 실은 리더십과 그 권력의 문제입니다. 리더의 권력은 어젠다를 세팅하고 어떻게 토론을 조직할지 결정합니다. 토론을 못 하게 하는 게 리더의 권력이 아닙니다. 사회주의의 수많은 좋은 전통이 전부 사장되어서는 안 됩니다.

공동의 이상

W: 방금 하신 말씀이 아주 중요한 것 같습니다. '공동의 이상을 잃어버렸다'는. 앞서 이야기한 중국이나 역사에 대한 주제 모두 관계가 있습니다. 이 관점은 어떻게 생겨난 것입니까? 구체적인 맥락이 있나요? 이 '공동의 이상'은 구체적으로 무엇을 의미합니까?

X: 주로 홍콩에 대한 것입니다. 그 당시에 케이스 연구를 하는 것에 흥미를 잃었습니다. 뭔가 시끄러운 곳 어디든 가보고 싶었습니다. 일단 큰일이 벌어지면 기본적으로는 파악을 해야 한다고 생각했

습니다. 사실은 스스로를 재교육하고 싶었습니다. 홍콩은 1997년 이후의 상황에 대한 적응이 많은 사람이 상상하는 것보다 순조로 웠습니다. 왜냐하면 공동의 이상이 있었기 때문이죠. 새로운 사회주의 강국을 건설한다. 그중에서도 명확하게 동의하는 소수의 좌파가 있었습니다. 예를 들면 교원노조입니다. 물론 반대하는 소수도 있었습니다. 이 상황에선 최소한 논쟁이 가능합니다. 그런데 공동의 이상이 사라지면 어떻게 해야 합니까? 지금은 내러티브를 만들 수 없습니다. 뭐가 원칙이고 정의라고 이야기할 수 없습니다. 이건 연구하고 분석할 가치가 있습니다. 대학의 예를 들어보겠습니다. 시장경제가 발전하면서 대학이 전문화됐습니다. 그러니까 약간 관료화되고 많이 전문화되는 겁니다. 회사 같은 방식으로 운영을 합니다. 이렇게 되면 꼭 공동의 이상이 있어야만 협력할 수 있는 게 아닙니다. 그런 게 불필요해지죠. 그런데 지금 상황을 보면 예상치 못하던 일이 벌어진 겁니다. 저 자신도 둥베이에 관한 책을 쓰면서 이걸 이야기하고 싶었습니다. 시장의 관계가 어떻게 일종의 권력관계로 전환되느냐 하는 것입니다. 분명히 순수한 상업적 구조였을 뿐인데, 모두가 노력해서 이해관계를 상하 등급관계로 전환시킵니다. 왜냐하면 이렇게 해야만 상업적 이익이 증가하고 더 안정적이 되니까요. 이건 공동 이상을 잃어버린 결과입니다.

저우언라이가 당시에 중국의 민족 정책을 제시할 때, 아주 좋은 내러티브가 있었습니다. 말씀도 아주 명확했지요 — 역사가 어떠했고, 우리는 왜 소련을 따라할 수 없는가? 소비에트연방에서 배웠는데 왜 중국은 연방과 이를 구성하는 소수민족을 위한 독립된 공화국들을 만들 수 없는가. 대신 자치주를 설립해서 민족과 지역이 결합되게 하는가. 중국의 민족 자치의 공간성은 매우 강해 자치구, 자치주 그리고 성 안에 자치현, 현 안에 자치향이 있는 그런 착종된 구조입니다. 아마 그의 설명에 동의하지 않을 수도 있겠지만 그래도 굉장히 분명히 말씀하셨습니다. 메시지가 분명한지 여부는 지식인들에게만 중요한 일처럼 생각되죠. 하지만 사실은 정치적으로도 대단히 중요합니다. 왜냐하면 정치라는 건 공공의 사건이고, 공공의 사건은 공공의 교류로 만들어지기 때문입니다. 입장이나 정책이 모호하다면 사람들은 승복하지 않습니다. 오늘은 억지로 듣는 척하지만 마음속으로는 나중에 너희에게 대가를 치르게 할 것이라고 앙심을 품죠. 이러면 문제가 더 복잡해집니다.

W: 이 문제는 더 중대한 문제와 직접적인 관련이 있습니다. 우리의 현재를 어떻게 이해할 것이냐 하는 것이죠. 그리고 공동 이상의 결과물과 상징에 대해서도 우리가 도대체 어떻게 파악할 수 있을까요? 이들과 과거는 어떤 관계가 있습니까?

X: 여기 아주 이상한 점이 있습니다. 지금 다들 공동 이상을 되찾아야 한다고 말하죠. '초심을 잃지 않겠다不忘初心'고 하고요. 이런 말이야 물론 좋습니다. 그런데 이렇게 되면 앞서 얘기했던 문제로 되돌아가게 됩니다. 모든 정치는 만들어진 것입니다. 무수한 작은 세계와 중간 과정에 의지해야 합니다. 만일 이 중간 과정이 이미 기계화돼버린 권력 기구에 의해 수행되는 것이라면 위쪽은 다시 정

치화되고 아래쪽에서는 (배우들의) 극단적인 연기가 되어버립니다. 공동 이상을 되찾을 수 없죠. 최근 20년간 기층에서 공무원으로 일하는 게 굉장히 편안했습니다. 어떻게 해도 괜찮았죠. 유일하게 필요한 건 사고가 안 나는 겁니다. 이익의 평형을 맞추면 되죠. 나도 좀 해먹고, 너도 좀 해먹고. 그런데 이렇게 부패하면 지속 가능하지 않습니다. 이제 다시 정치화해야 합니다. 이런 방향성을 가진 노력을 저는 지지합니다. 하지만 지금은 이런 요구를 일종의 단순한 정치적 구호로 만들어버리는 사람들이 있습니다. 그리고 이 구호를 전가의 보도처럼 휘두르죠. 미시적으로 그리고 중간 크기의 관점으로 보면 모든 사람이 안전하지 않다고 느낍니다. 이렇게 공포를 느끼면서 사람들이 극단적인 반응을 보이죠. 절대적으로 자기방어에 몰두합니다. 자기를 이념적으로 변화시키거나 새롭게 이상을 수립하는 것이 아니라, 자기가 이미 이상을 배반했다는 것을 알고 이제 온 힘을 다해 방어 수단을 강구합니다. 모든 사람이 발언하는 것을 허용하지 않죠. 그래서 지금 상황은 좀 복잡합니다. 어떤 사람들은 정치화를 추상적인 이념에서 출발하는 것으로 이해합니다. 또 쉽게 격정에 휩싸이죠. 정치화는 지금 이곳 보통 사람들의 생활 상태에서 출발해야 합니다. 그리고 이것이 향신의 방식입니다. 우리는 지금 할 수 있는 것부터 해야 합니다. 하나의 유기적인 언어를 만들어서 보통 사람들이 직접적으로 사회에 대한 경험을 명확하게 말할 수 있어야 합니다.

W: 중국 내의 정치적 상황과 연관을 짓는다면, 지금 보통 중국 사람들

사이에 갈수록 보편화되는, 자아를 증명하기 위한 바람을 다시 보게 됩니다. 이 문제가 더욱 흥미 있죠. 한편으로는 합리적인 것처럼 보이지만 또 한편으로는 위험하기도 합니다. 중국과 중국 사람의 이런 자아에 대한 기대를 어떻게 보십니까?

X: 중국에 대한 세계의 기대에 대해서 우리는 감사하는 따뜻한 마음과 태도를 가져야겠죠. 이 기대는 세계가 성숙해졌다는 표시입니다. 서구사회에선 많은 사람이 정말로 이렇게 보고 있습니다. 중국이 뭔가 해주기를 기대하죠. 개발도상국에도 이런 기대가 있습니다. 지금 세계의 불합리한 권력 구조에 대한 반발 같은 것이죠. 전 세계적으로 많은 문제가 있습니다. 중국은 당연히 다른 길을 걷도록 애써야 합니다. 그런데 지금 중국 주류의 마음은 대안적인 길을 걷겠다는 것이 아니라 그냥 권력을 대체하고 싶어합니다. 새로운 '원톱'이 되고 싶다는 것이죠. 기본적인 사고방식이 미국과 아주 비슷합니다. 저는 이게 공동의 이상을 상실한 것과 관련 있다고 생각합니다. 중국이 가장 세계의 존경을 받던 시기가 언제였을까요? 바로 1950~1960년대였습니다. 반둥회의에서 시작해 제3세계 이론을 내세우고 중국은 국제적으로 영향력이 굉장히 커졌습니다. 국제적인 논쟁도 많이 촉발했습니다.

자아를 증명하겠다는 이 개념은 패러독스입니다. 자기를 증명하겠다는 것은 사실 자기가 없다는 뜻입니다. 무슨 말이냐면 이미 설정한 원칙과 표준을 통해서 다른 사람들의 논리와 프로세스로 자기 존재를 증명하겠다는 것입니다. 사실은 다른 사람을 기쁘게

하겠다는 뜻이죠. 자기 자신은 없애버리고요. 개인의 관점으로 이
야기하자면 일종의 인정욕구입니다. 이게 우리 교육상의 가르침
이죠. 아주 뿌리 깊습니다. 저 자신도 예외가 아니고요. 뭔가 하게
되면 꼭 빛나야 합니다. 즐거운 게 아니라요. 어디에 여행을 가든,
사진을 찍어서 남들이 보게 해야 합니다. 이런 사고방식과 행동의
전제는 자기비하입니다. 일본 군국주의가 융성했을 때, 자기들이
유럽에 떨어지지 않는다는 것을 입증해야 했습니다. 그래서 말씀
하신 게 맞습니다. 자아를 증명하려고 하는 것은 위험합니다.

'향신'을 방법으로 삼다

W: 향신은 아마 우리가 이번 인터뷰를 진행하는 가운데 가장 핵심이
되는 개념이 아닐까 하는데요, 선생님의 특성을 잘 드러내는 키워
드이기도 하지요. 이번엔 향신에 대해서 이야기를 나눠볼까요. 오
늘의 사회 구조는 이미 과거의 향토사회와는 달라졌습니다. 철저
하게 바뀌었죠. 이런 가운데 향신의 개념과 역할이 여전히 유용할
까요?

X: 향신의 태도를 견지하는 것은 여전히 의미가 있습니다. 향신이 원
래 큰 체제와 똑같은 목소리는 내는 것은 아닙니다. 오히려 거리를
좀 두는 입장이지요. 그들이 서 있는 자리는 자신의 작은 세계입니

다. 하지만 큰 체제와 소통은 가능하지요, 또 우회하는 방법으로 큰 체제를 이용하기도 합니다. 큰 체제를 자기 나름의 언어로 해석합니다. 이런 의미로 이해한다면, 오늘날에도 향신은 당연히 가능합니다. 좋은 향신이 된다는 것은 자신의 작은 세계를 분명히 하는 것이고, 큰 체제의 권력을 철저히 이해하는 것입니다. 구별해야 할 점은, 원래 향신은 의식주의 요구 모두 향촌 커뮤니티 안에서 해결하고, 자신의 물질적 기반이 그곳에 있음을 분명히 알고 있었다는 것입니다. 하지만 오늘날에는 물자가 어디에서 유래했는지 확정하기 어렵기 때문에 새로운 개념을 요구하게 되지요. 오늘날의 작은 세계는 자급자족이 가능하지 않습니다. 새롭게 구성된 것이고, 물질의 경계 중 어느 것 하나 분명한 게 없습니다. 이 세계를 만들어내야 하기 때문에 원칙이 매우 중요하다고 여기게 됩니다. 자신의 새로운 세계를 창조해야 합니다. 그래서 새로운 정의를 내려야 합니다. 무엇을 할 것인가, 원칙은 무엇인가, 왜 이걸 해야 하는가? 그래서 입장의 문제로 돌아오게 됩니다. 향신은 하나의 입장 문제이지만, 정치적 입장이 아니라 사회적 입장입니다. 뭔가를 해야 하기 때문에 다른 그룹 사람들과 협력해야 하죠. 공동의 이익을 만들고 이 입장으로부터 출발해서 세상을 새롭게 봐야 합니다.

W: 현대사회에서는 사람들이 각기 다른 전문 기관에 속하고 회사, 학교, 서점, 쇼핑몰 등 조직마다 내부적으로 리더십을 갖게 됩니다. 이런 조직의 리더들이 모두 일종의 향신의 성격을 갖는 것일까요?

X: 관건은 아마 이 작은 리더십들이 얼마나 더 큰 리더십이 되기를 원

하느냐, 체제 내에서 지위를 얻는 것이 그들에게 얼마나 중요한가에 있을 겁니다. 향신은 스스로 조직 내의 사람들과 섞여야 하고 이 그룹을 대표해야 합니다. 이 사람들의 요구에 부응해야 하고 이들의 이해관계를 명확히 알아차려야 합니다. 이 사람들의 요구를 이용해서 체제가 이해하도록 만들고, 영향을 끼치고, 체제의 반응을 이끌어내기 위한 발언권을 확보해야 합니다. 이런 의미로 보자면, 가령 예술계의 향신과 저장성 농촌의 향신이 함께 마주앉아서 이야기하는 것이 충분히 가능합니다. 수많은 생각이 일치할 수 있지요. 그런데 말이지요, 이 새로운 향신들과 시민사회, NGO, 활동가들의 생각도 일치할까요? 제 생각에 그렇지 않을 것 같습니다. 향신이 활동가들의 역할을 대체할 수 있다는 이야기는 아닙니다. 그들의 역할은 나름대로 매우 중요하지요. 하지만 향신에게는 선험적인 예정 목표가 없습니다. 향신이 사회운동을 하는 것은 아니지요. 가장 중요한 것은 이들이 한 무리의 사람들을 대표한다는 점입니다. 항상 이들의 상황을 대변합니다. 향신은 일종의 대표인데 분석하고, 이해하고, 대표성을 갖게 됩니다. 이들의 언어를 만들어내고요 발언을 하게 됩니다. 당연히 원칙과 규칙을 만들어내는 사람이기도 합니다.

W: 듣고 보면 중국 사회에서의 인민대표에 해당되는 것 같습니다만.

X: 원래는 그런 의미죠. 하지만 인민대표 제도로 향신을 대체할 수 있는가의 문제는 간단히 답할 수 없습니다. 현대 중국을 설립하는 과정에서, 다들 악질 향신이 양질의 향신을 몰아냈다고 말합니다. 자

원을 약탈하고 자기 이익만 챙기는 향신, 그러니까 토호들이 비교적 교양 있고 문화 수준이 높은 향신을 대체했다는 것이지요. 인민대표는 지방 각계 군중의 대표임에 틀림없습니다. 만일 인민대표대회 제도를 완벽하게 만든다면, 이를 향신의 현대화라고 부를 수도 있습니다. 좋은 인민대표는 향신이기도 합니다. 인민대표는 작은 세계의 관점에서 정책을 토론해야 합니다. 하지만 지금의 인민대표는 직능 기준으로 나뉘어서 쿼터를 할당받습니다. 인민대표와 이 사람이 대표하는 그룹의 관계가 좀 소원한 것 같습니다. 그럼 이 관계를 어떻게 유기적으로 만들 수 있을까요?

W: 설명하신 부분에서, 작은 세계를 만들어내고 규합해서 그들의 목소리를 듣는 것은 지금 상황에서 아주 어려운 일은 아닌 것 같습니다. 가능한 일입니다. 더 어려운 것은 뒷부분인데요, 대표로서 체제에 피드백을 전달하고 체제와 협상하는 일들 말입니다. 만약 인민대표 제도가 유효하게 활성화될 수 없다면 현재의 정치 환경 안에서는 제대로 소통할 채널이 거의 없다고 해야겠죠.

X: 말하기 어려운 문제인데요. 첫째, 이런 소통 능력을 가진 사람이 진짜로 군중과 연대할 수 있겠느냐는 문제가 있는데 제가 보기엔 쉽지 않습니다. 둘째, 직접 체제와 대화를 나누는 것은 당연히 어렵습니다. 하지만 진짜로 이런 그룹의 사람들이 있어서, 대표성이 매우 강하고 아주 유기적으로 (군중과 결합된) 지식인들이 계속 발언하면, 우리의 언어 구조와 대화 방식을 바꿔나갈 수 있습니다. 물론 직접 체제의 답변을 얻어내는 것은 좀 어렵습니다. 하지만 이

런 사람이 많다면 상황을 바꿔나갈 수 있겠죠. 이런 유기적인 언어가 많아지면 속빈 강정 같은 말을 하는 사람들은 도태되기 때문입니다. 이런 언어들은 붕 떠버리죠. 이것만 해도 진보라고 할 수 있습니다.

꼭 향신이 있어야 중국이 개혁된다는 뜻은 아닙니다. 향신을 하나의 사회 그룹으로 다시 만들어낼 수 있느냐 없느냐 하는 것도 다른 문제입니다. 너무 큰 기대를 하면 안 됩니다. 하지만 연구자가 향신을 일종의 연구 스타일로 만들어나가는 것은 가능합니다. 관건은 자기가 서 있는 작은 세계에서 출발해 큰 체제를 보는 것입니다. 거리를 두고 독립적으로 봅니다. 단순히 항거한다는 의미가 아닙니다.

W: 이런 향신의 태도와 21세기 초 중국에서 유행한 공공 지식인의 언어는 어떻게 구별이 가능합니까?

X: 제 생각에는 차이가 큽니다. 제가 이해하는 바로 공공 지식인에게 매우 중요한 것은 보편 가치 원칙입니다. 이론을 제시하고 지식, 도덕, 행위상의 전범을 들어서 비판자가 되는 것입니다. 하지만 향신은 상당히 온건합니다. 향신은 보편 가치를 내세우지 않습니다. 작은 세계로부터 세상을 봅니다. 거대 담론을 내세우면서 세상을 내려다보는 화법을 구사하지 않습니다. 체제에 대해서도 도덕적 우월감을 갖지 않습니다. 향신이 중시하는 일은 마을의 우물물을 보호하는 것입니다. 닭서리가 심할 때 어떻게 대처할 것이냐 하는 것입니다. 그냥 원칙만 내세워서는 문제를 해결할 수 없습니다. 겨

울에 곧 설이 될 텐데 농촌에서 사람들이 닭을 훔친다면 그 배후의 원인에 대해서도 생각해봐야 합니다. 이런 문제와 공공 지식은 상당한 차이를 갖습니다. 또, 두 가지 다른 유형이라고 볼 수 있습니다. 서로 경쟁관계이기도 하죠.

유럽 대륙에서는 특히 프랑스에 소위 공공 지식인이 많습니다. 모두 거물 지식인의 관점을 가지려고 합니다. 관념이 비교적 극단적이고 사상성이 매우 강합니다. 낭만적이기도 하고, 혁명성, 비판성이 있습니다. 영국과는 사뭇 다릅니다. 영국에는 명확한 이런 식의 지식인 역할이 없습니다. 물론 언론에는 수많은 평론가가 있고, 굉장히 많은 유기적인 목소리도 있습니다. 하지만 엄청나게 자기 의견이 강한 리더가 나서서 사람들을 호령하지 않습니다. 상당히 보수적이기도 하지요. 그래서 페이샤오퉁 선생이 영국에 갔을 때 물 만난 고기가 된 것입니다. 페이 선생은 강남 향신 기질을 가진 분이었고, 영국의 젠트리들을 만났을 때 궁합이 아주 잘 맞았거든요.

W: 향신의 기질은 본래 온건하고, 급진적인 사회 개혁보다 사회의 개량을 선호하기 때문일까요?

X: 향신은 비교적 보수적이기 때문에 혁명이 필요 없다거나 혁명은 반드시 나쁜 것이라거나 그런 이야기가 아닙니다. 혁명이냐 아니냐는 향신 계급이 있나 없나와는 상관이 없습니다. 역사적으로 봤을 때, 중국 농촌에서 당시 혁명이 벌어지기 전에, 상당히 중요한 변화는 향신이 사라진 것입니다. 안정된 구조가 없는 상태에서 토호들이 지방사회를 점령하고 농촌사회가 몰락했습니다. 그래서

혁명이 벌어진 것입니다. 당시 상황에서 많은 향신 가정 출신의 청년들이 혁명가가 됐습니다. 혁명은 지식인들이 만들어낸 것이 아닙니다. 이건 확실합니다. 이게 첫 번째고요.

두 번째로 우리는 오늘날 향신 기질을 잃어버렸습니다. 지금 혁명을 이야기하는 사람이 많습니다. 하지만 불합리한 제도하에서도 왜 혁명이 불가능한지 명확하게 말하지 못합니다. 향신의 언어는 명확합니다. 서민들은 어떻게 생각하고, 그들과 체제의 관계는 무엇인지, 즉 어떻게 어울리는지 이야기합니다.

그래서 향신의 자질을 갖춘 지식인들은 역사가 전진하는데 다리를 붙잡고 늘어지지 않습니다. 원래 그런 능력이 없습니다. 하지만 그들은 우리가 놓인 현실을 전체적으로 정확하게 파악합니다. 혁명이 일어나지 않는 시기에는, 그들이 더 유효하게 변혁을 추진할 수 있습니다. 하지만 혁명의 성공이 필연적인 추세일 때는 혁명의 전조가 바로 향신과 체제의 관계에 파탄이 일어난 상황입니다. 그래서 향신이 구체적인 사회적 그룹으로 변하는 연구를 할 것이 아니라, 일종의 연구 관점으로 삼아야 합니다. 즉 향신을 하나의 방법으로 삼는 것입니다.

W: '방법으로서의 향신'이 무슨 말인지 좀더 자세히 설명해주시죠.

X: 우선, 저는 오늘날 실제하는 그룹으로 향신을 말하는 것이 아닙니다. 제가 말하고 싶은 것은 사람의 기질이자 사고방식입니다. 먼저 분노하는가 아니면 먼저 호기심을 갖는가? 최대한 온화하고 심지어는 담담한 유머감각을 가지고 상황에 대해서 명확하게 설명

할 것인가 아니면 바로 판단해버릴 것인가? 이런 의미로 저는 향신의 방법을 선호합니다. 생활 상태에 대해 안에서부터 바깥으로 일종의 체험적 관찰을 합니다. 예를 들어 우리가 서양식 근대 교육을 받았다고 합시다. 그러면 저는 농민이 항상 남자아이를 선호하는 것은 틀렸다고 생각하지만, 그들의 그런 감각을 부정하지는 않을 겁니다. 그래서 그들의 상황을 이해합니다. 즉, 어떤 부분은 바꿔나갈 수 있고, 어떤 부분은 시간이 문제를 해결해주길 기다려야 하는지 분별합니다.

두 번째로, 오늘날 향신이 실제 사회적 그룹이 될 수 있을까, 이런 사회 역량을 재건할 수 있는가라고 묻는다면, 제 생각엔 많이 어려울 것 같습니다. 물론 완전히 불가능한 것은 아닙니다. '향土鄉土'라는 말은 단지 농촌을 의미하는 것이 아닙니다. 어떤 지방에 있든지, 관찰하기를 원하고 기록하기를 원하는 사람, 이런 사람들이 향토의 사고방식을 가진 관찰자입니다. 하지만 미래지향적으로 생각하면, 결국 정당제도로 진화하는 게 맞을 것입니다. 이런 전업 단체의 방식으로 사회생활을 조직해야지, 향신과 그들이 수호하는 도덕질서와 제국 질서에 계속 의존할 수는 없습니다.

주변의 상실

원저우 방담 ——————— 2018년 12월

이번 인터뷰를 통해서 샹뱌오 선생의 최근 연구 주제와 생각에 대해 들어보고 지금까지 나눈 이야기를 보충했다. 특히 중화권에서는 찾아보기 힘든 연구 성과들을 살펴봤다. '유동'과 '사람의 재생산' 등이 그것이다. 이야기를 나누면서 구체적인 학술 연구의 추진 상황과 어려움을 살펴볼 수 있었다. 또, 고향 원저우를 베이징과 옥스퍼드의 참조 대상으로 어떻게 생각하는지 그 의미도 되새겨봤다. 긴 대화를 마무리하기 위해서 일련의 화제들을 정리했다. 특히 지식인, 인류학, 향신 등 뚜렷하게 수면 위로 떠오른 주제들은 계속 되새김질해봐도 좋을 것 같았다. 이 주제들은 그 자체로 확장성이 있어서 풍부하면서 동시에 모순적이다. 그래서 오랜 시간의 분석과 세심한 구분이 필요하고, 특히 결과적으로는 실천으로 이어질 필요가 있다.

왜 초조함을 느낄까

X: 이번 귀향은 감회가 특별합니다. 옥스퍼드에서 베이징으로 날아와, 베이징에서 다시 원저우로 왔죠. 마치 타임슬립을 한 것 같습니다. 세 개의 완전히 다른 세계를 건너뛴 것 같습니다. 옥스퍼드는 고요하고 평화롭습니다. 시간도 느리게 흐르죠. 반면 베이징은 모든 것이 아주 빠르게 진행됩니다. 이런 속도감에는 시원스러운 점이 있죠. 모든 것이 빠르게 결정되어서 분열된 세계들처럼 느껴집니다. 원저우에선 고등학교 동창회에 참석했습니다. 원저우에서는 사람들의 행위 방식이 완전히 다릅니다. 학술적으로 이런 분열된 상황을 해석하는 담론은 상당히 일관적입니다. 주류 담론에서 신자유주의라는 말을 전가의 보도처럼 휘두르지요. 하지만 하나의 개념으로 이런 세 개의 서로 다른 세계를 설명하는 것은 쉽지 않습니다. 확실히 함께 연결돼 있기는 하지만, 완전히 다릅니다. 저도 혼란을 느낍니다. 그저 담론이 사실을 대표할 수 없다는 이야기를 하는 것이 아닙니다. 한편으로는 갈수록 동질화되는 하나의 담론이 있는데, 다른 한편으로는 갈수록 분열되는 하나의 현실이 있다는 것이죠. 사람들이 사용하는 의미와 상징, 생각과 감정은 비슷하지만, 경제적 수입이나 실제 생활의 기준과 질은 아주 다릅니다. 그래서 현재 라이프스타일이 대체 같은 모습인지 아닌지 분명치 않습니다. 저는 지금은 이론적으로 설명하지 못하겠습니다. 저

같은 사회과학자들에게 던져진 굉장히 중요한 문제입니다.

W: 늘 이 세 곳을 왕래하면서 살아오셨는데요. 이번엔 느낌이 다르시다는 건가요?

X: 맞습니다. 급진적인 학생들 그리고 조금 덜 급진적인 학생들과 이야기를 나눴는데요. 한 학생이 저에게 상반된 두 가지 이야기를 해줬습니다. 첫 번째는 학생들이 2017년 베이징의 농민공 철거민을 도우려고 가서 이야기를 나눴는데, 상당히 깊은 골을 느꼈다고 합니다. 철거민들의 가족관계에 대한 이해, 그들이 필요로 하는 것 그리고 자원봉사자로 나선 학생들이 제공할 수 있는 도움 사이에, 나아가 두 집단의 담론에 커다란 간극이 있었다는 것이죠. 두 번째 이야기는 정반대입니다. 지금의 노동자들은 대학에 진학하지 않았고, 졸업장만 없다 뿐 사실 대학생들과 별 차이가 없다는 겁니다. 그들이 사용하는 언어, 즐겨 보는 대중매체와 오락 프로그램, SNS 모두 동일하다는 거죠. 다 스마트폰으로 이야기를 나누는데, 샤오미 아니면 화웨이, 아이폰을 사용하니까 이것도 차이가 없습니다. 이 상반된 두 관찰은 모두 실제적으로 느껴집니다.

한 가지 현상이 아주 이상하게 느껴집니다. 뭐냐면 중국의 일부 청년은 제 상상보다 훨씬 더 급진적이라는 겁니다. 이게 어떤 신호라고 생각하는데 '바로 현재에 집중해서 살지 못하고 부유하는 태도懸浮'가 두 가지 효과를 가져옵니다. 첫째는 초조함입니다. 모두가 바쁘게 오가기만 하죠. 어떤 기본적인 생활 이념은 대단히 보수화됐습니다. 소위 신가정주의라고 하는 건데요, 전통적인 관념에 의해 결혼을 강요받고 반드시 아이를 낳아야 한다고 생각합니다. 집도 꼭 사야 하고요. 이런 단일한 사고방식이 하나로 묶입니다. 이렇게 보수적이고 단일한 미래의 목표를 갖게 된 후에, 현재의 행위 자체가 의미를 생산하지 못하게 됩니다. 근본주의 같은 것인데, 가정을 둘러싼 여러 일만이 인생의 유일한 의미를 갖게 되죠. 둘째로, 이런 신보수주의의 대척점에 급진적인 사고방식이 있습니다. 다양하기도 하고, 모순적인 경험을 자기 안에서 정리하며 의미를 부여하기가 어려워지니까, 혁명이 필요하다고 느낍니다. 전면적이고 개벽과 같은 세상을 뒤집는 수준의 변화가 아니면 모두 가짜이거나 억압이라고 느낍니다. 그래서 이렇게 '현재를 무시하고 미래만 바라보는 상태懸浮'가 모종의 설명을 제공합니다. 왜 중국 경제가 이토록 빠르게 성장했는지 말이죠. 모든 중국인이 하나의 목표를 향해 달려간 것이죠. 모두 자신을 위해서 분투하고, 돈을 벌기 위해 목숨 걸고 일합니다. 결과적으로 이런 두 가지 잠재적인 문제에 직면하게 된 것이고요. 과연 중국의 사상계가 이런 청년들에게 어떤 도움을 줄 수 있을까요?

W: 제 생각엔, 지금과 같은 환경에서는 누구도 실제로 도움을 줄 수 없을 겁니다. 학교 밖으로 나가기 전에 교수들은 모두 이런 활동에 참여하거나 그런 담론에 귀 기울이지 말라고 권합니다. 학생들이 왜 이런 행동에 나서는지 전혀 이해하지 못하죠. 학교 밖은 상황이 더 안 좋습니다. 어떤 기관이나 시스템도 없지요. 학생들도 누구에게 도움을 청하는 게 좋을지 알지 못합니다. 아마 동년배들끼리 이

야기를 나눌 겁니다. 그들에게 필요한 건 직접적인 도움보다는 누군가 약간의 분석을 제공하는 겁니다. 그들과 경험을 나누는 거죠. 하지만 저희도 어떤 구체적인 실천은 없습니다. 상식이나 저희가 이해하는 세상에 대한 판단을 나눌 뿐입니다. 가장 기본적인 건 위로하는 거죠. 아주 많은 어려움을 겪고 있습니다.

X: 이건 진짜 도전입니다. 그리고 사회에 대한 요구죠.

W: 선생님의 구체적인 연구에 대해서 계속 이야기를 나눴으면 합니다. 지난번엔 보충하는 식이었고, 깊이 있는 소개는 아니었습니다. 그렇게 할 필요성도 못 느꼈고요. 그런데 지금 와서 보니 이런 연구의 배후에 놓인 관심과 동기가 그 자체로서 한 명의 학자가 사회 현상에 대해 직접적으로 반응하는 방식인 듯합니다. 앞서 이야기한 베이징, 옥스퍼드, 싱가포르의 생활에 대한 이야기보다 더 신속하게 직접적으로 현시대에 우리가 어떻게 문제를 제기하고 해결해야 하는지를 보여줄 것 같습니다. 그래서 실증적으로 연구하시는 내용을 이 방담 중에 하나의 실마리로 삼아 문제를 전개할 수 있었으면 합니다.

X: 그런 효과를 거둘 수 있으면 아주 좋겠습니다. 학술활동은 일종의 (세상에 대한) 개입이고, 저는 살아 숨 쉬는 사람입니다. 제가 살아가는 세계를 제 생각의 출발점으로 삼는 것이죠. 이런 '개입'은 그 작업 결과물이 독자의 마음을 움직이고 생각을 촉발해야 합니다. 앞서 얘기했던 것처럼, 예술의 기능은 하나의 아름답고 조화로운 세상을 창조하는 것이 아니라, 사람들이 용기를 가지고 이 비루하

며 초라한 세상을 바라보게 하는 능력을 키워주는 것이죠. 저는 사회과학이 사람들로 하여금 스스로 사고할 수 있는 더 좋은 도구를 제공할 수 있기를 바랍니다.

'운명에 수긍하되 패배의식에 빠지지 않는다'도 마찬가지 이야기입니다. 우리는 왜 초조함을 느낄까요? 가장 직접적인 원인은 오늘에 대한 명철한 인식이 없기 때문입니다. 지금 있는 이곳에 뭔가 문제가 있는 것 같고, 자기가 생각하는 것과 차이가 있지만 제대로 설명할 수 없습니다. 하나의 해답은 아마 불교철학에서 이야기하는 '집중專注'과 같은 것일 겁니다. 다시 말해, 자기 주변에 대한 대단히 세밀한 관찰입니다. 우리는 지금 현재, 이곳의 의미를 의식해야 합니다. 제가 논픽션 글쓰기에 관심을 갖는 것도 이 때문입니다. 제 생각에 이런 방법은 일종의 미학적 의미로 '참眞'을 중시하는 것입니다. 2010년 이후 청년들이 이런 자신감을 가지고 진리를 추구하고 있습니다. 예전에는 거대한 '가공架空'이라고 생각했습니다. 진리는 원래 의미가 없기 때문에, 반드시 거대 담론의 빛을 비춰서만 실체를 드러내게 할 수 있다고 했죠. 하지만 지금의 청년들은 이렇게 말합니다. 결론을 내릴 필요가 없다. 지고한 주류 담론의 원칙에서 출발할 필요도 없다. 그냥 자기 경험에서 이야기를 시작하면 된다. 그 경험이 사소한 것이고, 엉망진창이라고 해도 상관없다. 진짜 경험이라는 것이 의미가 있다. 이건 상당히 담담한 자신감인 것 같습니다. 상대적으로 새롭기도 하고요. 청년들의 교육 수준이나 도시화된 생활 방식과 관련이 있는 것 같습니다. 이 자체로 솔루션이라고 할 수는 없습니다. 오히려 현실적인 초조함과 관계가 있습니다. 그래도 사람들이 한 걸음 더 나아가서 사고할 수 있는 대단히 좋은 기초를 제공했습니다.

W: 저는 그렇게 관찰하신 것에 대해 반론을 제기하고 싶습니다. 매번 논픽션 글쓰기를 칭찬하시는데요, 제 생각은 좀 다릅니다. 아마 제가 언론인으로서 그 업계에 한 발 담그고 있었기 때문일지도 모릅니다. 한편으로 지금 청년들의 담론이 이전 세대에 비해 더 진정성 있다는 말씀에는 동의합니다. 하지만 이 '진정성'이 얼마나 '진짜眞'인가에 대해서는 의문이 있습니다. 진짜에 대해 단순한 호기심을 갖고 접근하는 것인지, 아니면 정말 참모습眞相을 추구하는 것인지 말입니다. 어쩌면 모든 세대의 청년들이 그런지도 모르죠. 쉽게 흥분하고, 뭔가에 참여하고 싶어합니다. 하지만 그들이 정말 깊숙이 문제 속으로 들어가서 구체적인 일을 하고 싶어하는지에 대해서는 물음표를 던지게 됩니다. 미디어나 문화산업 종사자들은 모두 1980~1990년대 지식인들의 영향을 받고 있습니다. 그런 '폼 잡는' 식의 선언에 영감을 받는 거죠. 그래서 어느 정도는 그런 기대가 있습니다. 많은 고통과 속 끓임은 여기서 오기도 합니다. 하지만 시대가 변함에 따라 갈수록 더 명철하게 그런 식의 선언이 별 쓸모가 없다는 것을 인식하게 됩니다. 그리고 구체적인 일에 임해서는 무력감을 느낍니다. 나약하고 심지어는 우습기까지 하죠. 제게는 이제 역사의 짐이 청년들에게 주어졌다는 느낌이 듭니다. '선생님'들은 이미 뒤로 물러나셨죠. 어떤 모범이나 가이드도 제공

할 수 없습니다. 추상적인 문제는 더 이상 아무도 토론하지 않습니다. 더 실제적인 계산이 이를 대체하죠. 선배 지식인들은 다시 '너희는 안 돼!'라면서 청년들을 질책합니다. 그래서 그들이 더 마음속 깊은 저항감을 느끼게 만듭니다. 지식인들은 세대 간에 소통이 별로 없고 서로 비판만 하는 것 같습니다. 서로 신뢰도 하지 않지요. 상대방을 최악의 거울이미지로 느낍니다. 이런 판단이 다른 업계에도 있는지는 모르겠습니다만, 대학이나 문화산업 안에서는 굉장히 두드러지고 보편적인 문제입니다.

X: 굉장히 깊고 어려운 문제입니다. 여러 생각을 하게 만드는군요. '진실眞實'과 '참됨, 즉 성실誠實' 안에는 세 가지 층위의 것들이 있습니다. 진眞과 성誠과 실實입니다. 청년들 자신도 과감하고 정직하게 표현합니다. 자기가 경험한 느낌도 굉장히 직접적입니다. 간단하게 지워버릴 수 없습니다. 정직한 자아가 그 안에 있습니다. 글자 하나하나를 잘근잘근 씹어서 음미할 때 생각나는 것들이 있습니다. 예를 들어 진眞과 실實, 가假와 허虛가 있습니다. 원래 우리가 주로 접하는 것은 '허虛'이지 '가假'가 아닙니다. 왜냐하면 거짓말假話을 하려면 전제는 진실이 뭔지 알아야 할 수 있다는 것이기 때문입니다. 뭐가 진짜眞이고 뭐가 가짜假인지 모르면 횡설수설하게 됩니다. 이게 바로 '허'의 상태입니다. 지금 사람들이 싫어하는 건 바로 이런 '허'입니다. 지금은 사람들이 거짓말假을 해도 받아들일 겁니다. 필요할 때 수단 방법을 가리지 않는 거죠. 하지만 공소한虛 이야기를 하는 건 안 됩니다. '정치적 올바름'에 대해

서 사람들이 반감을 갖는 건, 이런 이념이 틀렸거나 거짓이기 때문이 아닙니다. 너무 속 빈 강정虛 같다는 것이죠. 이런 식으로는 직접적으로 표현해야 하는 자기 자신은 표현할 수 없습니다. 하나의 참된誠實 자아가 있는데 이건 정직하지만 위축된 자아입니다. 그래도 속이 비고虛 허우대만 멀쩡한 자아보다는 백배 낫습니다.

하지만 참된誠實 자신을 선택한 후에 진실에 대해서 다시 한 걸음 더 깊이 생각해보지 못합니다. 그러면 그 참되다는 것은 거기서 멈추는 것이죠. 그래서 도대체 무엇이 '진眞'인지 알 수 없습니다. 그게 뭔지 직접적으로는 느낌이 오지 않지만 보호하고 추구해야 하는 원칙 같은 것이죠. 그리고 무엇이 '실實'인지도 모릅니다. 이것은 자기 생활 경험에서 오는 것이고 자기 마음속 깊은 곳에서 우러나는 것인데, 분명하지가 않습니다. 젊은이들이 선배들을 거스르고, 정치적 올바름에 대해서 반감을 느끼는 건 그래서 참된 것誠實입니다. 하지만 이 참된 마음이 정말로 현재의 실천에 대한 더 좋은 이해를 대표할까요? 우리 역사에 대한 새로운 인식을 표현합니까? 꼭 그렇지는 않습니다. 다들 포퓰리즘이 전 세계적 현상이 됐다고 느낍니다. 이건 상당 부분 그 '성誠'과 '진眞'의 균열이라고 이해할 수 있습니다. 트럼프에게 표를 주는 사람의 상당수가 성실한 생활인들입니다. 어떻게 해야 할까요? 학자로서 제가 생각할 수 있는 것은 사람들의 사고의 도구와 표현의 도구가 충분히 다양하지 않다는 것입니다. 고학력 중산층의 정치적 올바름이나 보편 가치가 거의 공공 담론을 독점하고 있고, '진眞'에 대한 유일한 표현 방식이 되고 있습니다. 지금 모두가 '참된 마음誠'에서 시작해 천천히 참된誠實 방식으로 자기 경험을 써내려가기 시작합니다. 많이 쓰다보면 진짜가 남을 겁니다. 그때 '쪼잔하게' 다투는 식의 '참된 태도誠實'는 지나가고 천천히 참된 느낌과 정말 중요한 일들을 결합해서 볼 수 있게 되겠죠. 이게 제가 희망하는 바입니다.

사람의 재생산

W: 이번 주제로 돌아와서, 왜 현재 연구에서 '사람의 재생산'을 특별히 강조하시는지요. 원래 '유동 인구' 현상을 연구하기 시작할 때 주목하게 된 개념인가요? 그리고 재생산을 사고의 주안점으로 삼은 것은 최근의 일입니까?

X: 아닙니다. 예전에는 물질의 생산을 강조했습니다. 가치의 전이를 강조하고요. 정치경제학적인 의미로 불평등과 제도 등 구조적 분석을 했습니다. 물론 '저장촌' 연구는 전심전력으로 했습니다. 그래서 자연히 책 속에 개인들의 성격과 같은 굉장히 풍부한 정보가 들어 있습니다. 바니가 제게 말하더군요. 「저장촌」이 『글로벌 '바디 쇼핑'』보다 훨씬 더 다양한 느낌을 준다고요. 후자의 경우에도 결혼이나 지참금 같은 이야기가 나오지만 충분한 경험이 녹아 있지는 않습니다. 책 속에서 '사람의 생산'을 이야기하는데요, 여전

히 사람을 생산 요소로 본 겁니다. 그때는 IT 교육 같은 투입을 고려했습니다. 이렇게 길러낸 사람들이 고소득 직장을 얻기 위해 대도시로 가고, 이렇게 인력의 생산을 물질화합니다. 바니가 이에 대해 굉장히 인상 깊은 평을 해줬습니다. 부모가 아이를 기를 때, IT 인재로 키울 목적은 아니었다는 거죠. 그냥 일종의 의무이고, 일종의 사랑이며, 특별히 계획한 것도 아니고요. 어떤 심오한 뜻이 있는 것도 아니고 어쩌면 집안을 빛내기 위한 것일 수는 있죠. 하지만 무슨 이유가 됐든, 아이를 키우는 목적이 단순히 IT업계 종사자를 만들려는 것은 아니었다는 겁니다. 중간에 많은 과정과 곡절이 있는데, 제 연구에는 그런 것들이 빠진 느낌이라는 거죠.

사람 자체의 중요성에 대해서 주의를 기울이게 됐습니다. 나이와도 관계가 있는 것 같습니다. '하드'한 언어는 독자들의 마음에 와닿지 않죠. 굉장히 많은 구조 분석을 할 수는 있는데, 그런데 우리가 살아가는 삶이란 그런 구조가 아닙니다. 이게 첫째고요.

둘째, 전 지구적 변화를 보면서 '사람의 재생산'이 갈수록 중요해진다는 것을 깨달았습니다. 예를 들면 다음 세대의 교육, 윗세대의 노인복지 문제입니다. '사람의 재생산'과 '사람의 생산'은 다릅니다. '사람의 생산'은 어떻게 하나의 인력 생산 요소를 길러낼 것인가의 문제이고, '사람의 재생산'은 어떻게 사람이 자신을 재생산할까의 문제입니다. 자기 자신이 목표가 되는 것입니다. 사람의 재생산은 사회학과 정치경제학 영역에서는 '사회재생산social reproduction'에 해당됩니다. 노동자가 휴식을 통해 노동능력을 회복하는 재생산이 있고, 다음 세대를 키워내는 재생산이 있는데, 1960년대부터 이런 재생산을 위한 돌봄노동의 중요성과 가치를 평가하려는 시도가 있었습니다. 이것은 한편으로 주로 가정주부를 포함한 여성들의 노동으로 이뤄진 경우가 많았기 때문에, 그때까지 자본주의 경제에 잘 포착되지 않았습니다.

인류의 역사를 보면, 우리는 '사람의 재생산'을 위해서 절대다수의 시간을 소비해왔습니다. 야생 과일을 채집하고, 사냥을 하고, 농사를 짓습니다. 이윤을 누적시키기 위한 것도 아니고, 초과이윤을 얻기 위한 것도 아니며 그저 자기를 유지하기 위한 것입니다. 조금 부유하다면 그 유지 수준이 좀 높아지고 많아지는 것뿐입니다. 조상에게 제사를 지낼 때는 돼지 한 마리를 더 잡습니다. 전체적으로 보자면 일종의 순환입니다. 이런 재생산의 순환 사이클이 근대성에 의해 파괴됐습니다. 근대성과 자본주의는 밀접한 연관이 있습니다. 사람의 활동은 더 이상 자기를 유지하기 위한 것이 아니라 초과 이윤을 얻기 위한 것이 됩니다. 그래서 농경 문명이 공업 문명으로 발전하고 구조적인 전환이 일어납니다. 사람도 갈수록 중심의 위치를 잃게 됩니다. 경제활동은 주로 자본의 운행입니다. 이게 소위 경제학자 칼 폴라니(1886~1964)가 『거대한 전환』에서 이야기한 '사회로부터 뽑혀내지는 경제disembedding'입니다. 갈수록 이런 현상이 분명해집니다. 원래 경제활동은 사회활동의 일부입니다. 사람을 위해 복무하는 것이 맞지요. 지금의 경제활동은 비경제 제도의 구속으로부터 분리되어 나왔고, 그뿐 아니라 스스로 사회관계의 주요한 역량을 만들어나가게 됩니다. 이런 상황에서 '사람의 재생산'은 무시되죠.

그 밖에 현재 세계 인구 유동의 기본 추세를 보면, 아시아와 중국 경제의 지위가 올라가고 있는데, 이는 국제 이민 시장에서의 지위와는 다소 모순된 움직임입니다. 경제가 발전하는데도 외부로 유출되는 인구가 줄어들거나 돌아오지 않습니다. 외국인들이 중국으로 들어오는 숫자가 늘지도 않고 있죠. 사람들의 수입이 증가하고 생활 수준은 오르는데, 오히려 외부로 나가고 싶어하는 욕망이 눈에 띄게 가속화되고 있습니다. 계속 유학을 가고 미국이나 홍콩에 가서 아이를 낳고 싶어합니다. 투자 이민도 늘어나죠. 이런 현상을 어떻게 설명해야 합니까? 자본주의 자체의 변화를 돌아봐야 합니다. 현재 누가 돈을 가장 많이 벌어들입니까? 플랫폼이 일등이고, 그다음은 '사람의 재생산'과 관계있는 교육과 의료, 오락 등의 각종 서비스업입니다. 아마 그다음으로는 광산업이나 농업과 같은 1차 산업일 겁니다. 고전적인 자본주의의 엔진인 제조업은 쇠락하고 있습니다. 아시아와 중국이 세계의 공장 역할을 하면서 함께 굴기했습니다. 만약 사람들의 유동이라는 관점으로 본다면 원래 선진국들은 여전히 '사람의 재생산'이 중심이 될 겁니다. 교육과 의료, 각종 지식재산권, 라이프스타일 관련 산업을 장악하는 흐름을 만들어냅니다. 이렇게 보면 설명이 가능합니다. 왜 중국인들이 부유해지면서 동시에 '빨리 벌어서 빨리 이민 가자'고 외칩니까? 이민을 가는 건 돈을 벌기 위함이 아니라 '사람을 재생산'하기 위한 겁니다. 안정적이고 더 예측 가능한 미래, 더 좋은 자녀 교육, 더 깨끗한 공기, 더 많은 녹지를 확보하기 위한 것입니다. 하지만 돈은 여전히 중국에서 법니다. 왜냐하면 중국이 서구사회보다 이윤율이 높기 때문이죠. 지금 제 개인의 경력 변화를 따라가면서 '사람의 재생산'과 전 지구적 정치경제학의 변동을 연관시키는 겁니다. 동시에 이민의 추세를 보고 자본주의 이윤의 소스를 분석합니다. 아시아의 굴기와 중국의 굴기가 아주 낙관적이지 않다는 것도 사람들에게 상기시킵니다. 왜냐하면 우리가 굴기하는 부분은 여전히 일부에 지나지 않고, '사람의 재생산'이 더 중요하다는 것입니다.

W: 개인 생활의 변화를 말씀하시는데, 구체적으로 무엇입니까? 이 방면의 연구를 추진하면 어떤 결과를 얻을 수 있습니까?

X: 일례를 들겠습니다. 제 친척 아이가 지금 중학생인데, 집에서 고등학생이 되면 유학을 보내야 하는지 고민합니다. 왜냐하면 중국의 교육 환경이 스트레스를 너무 많이 받게 하기 때문이죠. 아이의 건강을 해칠 수도 있습니다. 어떤 아이들은 성적이 꽤 좋은데도 공부효율을 높이겠다고 저녁에 일찍 자고, 새벽 3시에 일어나서 숙제를 합니다. 이렇게 오랜 기간 긴장된 생활을 유지하다보니 면역력이 떨어져서 대상포진을 앓게 됐습니다. 그래서 유학을 보내려는 목적이 아이를 '죽이지 않고 살리기' 위해서라고 합니다.

중국 유학생의 역사를 보자면, 개혁개방 후에 대략 세 단계를 거칩니다. 첫 단계는 1976년에서 1992년인데요, 교육은 개혁개방의 첫 번째 수단이었습니다. 1978년 미중 간에 구두협약이 맺어집니다. 베이징대학 총장을 단장으로 한 대표단이 파견돼, 유학생과 방문학자를 교환하기로 약속한 겁니다. 그때는 국비 유학생 위주였고, 나이도 많은 편이었습니다. 이공계, 석박사 과정 위주였습니다. 학부에서 진학하는 경우는 거의 없었습니다. 그리고 반드시 귀국해야 했죠. 당시 유학생들에게는 목적이 분명했습니다. 서구의 선진 문물과 기술, 이념, 제도, 관리 방식을 배워와서 중국의 미래 모델로 삼겠다는 것이었습니다. 다음 단계는 1990년대부터 최근까지입니다. 개인의 자비 유학이고 연령도 낮아졌을 뿐 아니라 학과도 다양해졌습니다. 그런데 더 중요한 건 어떤 이념이나 가치관이 사라졌다는 겁니다. 두 가지 측면에서 그러한데요. 첫째로는 반드시 중국으로 돌아와 조국을 위해 헌신해야 한다는 목적이 사라졌고, 이걸 위해 공부하는 것도 아닙니다. 둘째로는 그렇다고 서구 사회가 미래를 대표하거나 자신들이 살고 싶은 국가의 모델이 된다고 생각하지도 않는다는 겁니다. 나라를 위해서 봉사한다는 생각이나 보편주의적 가치 양쪽 모두 흔들리고 있었습니다. 공리주의나 도구화만 강화된 것이죠. 최근에는 더 명확합니다. 모두들 더 이상 미국의 제도가 좋은 모델이라고 생각하지 않습니다. 그래서 해외로 나가는 것에 대해 물어보면, 당연히 가고 싶고 공기도 좋고 녹지도 많고 일도 편하기 때문이라고 답합니다. 그래서 저는 '사람의 재생산' 문제를 떠올리게 됐습니다. 이건 실은 아주 중요한 정치 문제입니다. 겉보기엔 정치가 아니지만 정치가 다시 드러나게 됩니다.

그 외에 '태평양 패러독스Pacific paradox'라는 것이 있습니다. 저도 이에 대해 논문을 썼는데, 국제적인 유동과정에서 개인의 생활이 변화하는 것에 대해 저는 일찍부터 관심을 갖게 됐습니다. 1990년대 후반, 특히 2000년 이후에 수많은 사람이 출국한 후에 좌경화한 것이 보편적입니다. 처음에는 정치학자 왕샤오광王紹光(1954~)이나 간양甘陽(1953~) 같은 문과 박사 위주였습니다. 이건 우리가 원래 갖고 있던 가설과 많이 다른 현상입니다. 그래서 유학 현상과 사회생활, 개인의 지식, 정보의 소스, 유동 행위에 대한 영향에 대해서 관심을 두게 됐습니다. '태평양 패러독스'라는 것은 미중 관계가 실제적으로 전무후무하게 긴밀해졌지만 이념적으로는 또 전례가 없을 만큼 단절된 것을 의미합니다. 오늘날 이 현상이 특히 명확한데요, 수많은 청년이 미국으로 유학을 가지만 미국이 이상적인 사회라고 생각하지 않습니다. 반대로 중국의 제도가 더 낫다고 느끼죠. 그러면서도 미국에 남고 싶어합니다. 1년에 세 번씩 추첨식 영주권 신청을 합니다. 과거에 우리는 「하상」이라는 다큐멘터리를 봤죠. 태평양을 향해 나아가는 것이 미래를 향한 발걸음이라고 생각했고요. 지식인들은 반드시 서구화될 거라고 생각했습니다. 특히 유학을 거치면서요. 하지만 지금에 와서 갑자기 반대 현상이 나타난 겁니다. 원래 우리 가설은 더 밀접하게 접촉할수록 서구 사회에 대한 이해도 깊어지고, 그 원리를 알수록 친밀함이 생기리라는 것이었죠. 그런데 지금 와서 돌이켜보면 라이프스타일이 가까워질수록 정치적 대립은 더 강화된 겁니다. 이게 태평양 패러독스라는 겁니다.

　이 패러독스와 로컬의 공공성 사유화는 관련이 있습니다. 만약 세상에 개념적 집단으로 국가만이 존재하고 학급班級이나 주거단지大院 같은 그 외의 단체 단위가 사라진다면, 개인과 세계만 남게 됩니다. 이때 어떤 일이 생겨서 내가 속해야 하는 집단적 정체성이 필요해진다면 오로지 국가에 의탁할 수밖에 없습니다. 물론 국가도 수많은 담론을 제공할 수 있습니다. 아주 자연스럽게 자신의 국가 정체성을 설명할 수 있죠. 이게 신민족주의입니다. 이런 민족주의는 과거와 같은 역사, 전통, 문화와 관련된 낭만주의적 관념이나 상상에서 출발하는 대신 세계 속에서 국가의 파워 게임에 대한 이해와 지정학적 의미에 의존하게 됩니다. 그러니까, 강자가 이렇게 하니 우리도 반드시 이렇게 해야 한다는 룰이 생겨납니다. 모든 것이 권력과 이익의 투쟁이 됩니다. 세계화는 국가 간 권력 투쟁의 장이 되어버립니다. 이게 제가 유학의 역사를 보는 또 다른 관점입니다.

W: 계속 유학을 연구하는 중에 새롭게 발견한 것이 있어서, 유동과 사람의 재생산에 대한 인식을 심화시킨 내용이 있습니까? 구체적인 연구에 대해서 말씀해주실 것이 있습니까?

X: 리추얼ritual 경제에 대해 말씀드리죠. 싱가포르에 있을 때 아시아개발은행에서 저를 찾았습니다. 아시아개발은행이 2004년에 전체적인 전략을 수립하는데, 싱크탱크를 운영하고 싶어했습니다. 자

금 지원에 의한 개발뿐 아니라, 수준 높은 정책 연구를 만들어 제안하고 싶었던 것이죠. 그때 생각해낸 것이 아시아에서 유출된 인재들이 귀국해서 혹은 해외에 머물면서라도 아시아 국가의 개발을 도울 수 있겠느냐는 것이었습니다. 저는 박사 논문을 쓰면서 좀 외로웠던 탓에 뭔가 실천적인 일에 목말라 있었습니다. 이 프로젝트를 맡겠다고 약속하고 중국 사례를 책임지기로 했습니다. 중국 국무원과도 협력하기로 하고, 중국 정부가 유학생들이 돌아오도록 고무하는 정책을 살펴봤습니다.

우선 명확했던 건, 중국 정부는 유학생들이 정말로 귀국해서 정착하는 것을 기대하고 있지 않았습니다. 보통은 단기간 귀국한다든가 해외에 머물면서 중국을 돕는 것이었죠. 귀국해서 복무하는 게 아니라 그냥 나라를 위해 복무하는 것이었습니다. 이건 굉장히 큰 변화입니다. 2001년 당시에 중국 정부는 국가인사부에서 발표한 바와 같이 이미 아령 모델을 채택하고 있었습니다. 유학생 출신 인재들이 중국 내와 중국 바깥에 동시에 근거지를 가지고 있는 겁니다. 당시에 저는 이런 혁신이 재미있다고 느꼈습니다. 왜냐하면 트랜스내셔널의 사고방식을 통해서 개발도상국을 돕는 것이었으니까요. 트랜스내셔널과 인터내셔널(국제國際)은 다른 개념입니다. 인터내셔널은 두 나라 사이의 관계를 말하는 것입니다. 주권국가를 통해서 조정과 통제를 합니다. 국제무역을 조금 더 넓히면 인터내셔널이 됩니다. 미국 회사와 중국 회사의 관계는 두 나라의 법률과 정책 규정을 따라야 하니까요. 하지만 트랜스내셔널은 하나의 행위, 하나의 공간이 간단히 주권국가의 통제 범위를 벗어나게 됩니다. 예를 들어 원저우 사람이 유럽에 와서 사업할 때 원저우 인맥을 통해서 유럽의 여러 나라와 연결되는데, 이건 하나의 주권 국가의 통제권을 벗어나는 것이죠.

하지만 유학생들이 귀국해서 창업하는 정부의 수많은 프로젝트에서 저는 하나의 역설을 보게 됐습니다. 이런 프로젝트들은 한편으로는 대단히 경제적 이성을 강조합니다. 우리가 이렇게 돈을 많이 들여서 그들이 돌아오게 한 다음에는 경제 발전을 촉진해야 한다는 겁니다. 우리의 생활에도 좋은 점이 있고 반드시 윈윈 관계가 된다는 것이죠. 다른 한편으로는 구체적으로 어떻게 할 것인가? 어떻게 자금을 분배할 것인가? 당신은 이것을 했으면 좋겠다는 식으로, 통제하는 모델이 대단히 강한 리추얼의 특징을 가지고 있었습니다. 예를 들어 경제 협력만 필요하다면 직접 프로젝트에 한해 토론하면 됩니다. 왜 모든 프로젝트 참여자를 한데 모아 대회를 열고 서명식을 거행해야 했을까요? 이 회의에 참여하기 위해서 온 사람들은 일에 별 도움도 안 되는데 꽤 많은 여비를 들여야 합니다. 구체적인 행사의 활동과정도 고도로 의례화한 가운데 감정과 이념의 요소로 가득했습니다. 예컨대 '조국' '어머니' '공헌' 이런 언어가 사용되죠. 이런 유학생 귀국 정책에는 리추얼과 이성이 결합되는데, 저는 이걸 리추얼 경제라고 부른 겁니다. 이 개념은 최소한 두 가지 의미를 지닙니다. 하나는 국가에서 굉장히 많은 돈을 들여서 의례를 거행한다는 것이고, 그래서 원래 이 과정에 필요한 경제가 존재합니다. 다른 하나는 정말로 이 의례가 설득력을 갖게 하고, 사람들이 납득하게 만드는 것은 하나의 경제주의 언어이고, 이것은 경제의 윈윈이며 이념적으로는 고도의 경제주의라는 것입니다.

리추얼 경제 혹은 거꾸로, 이걸 경제 리추얼이라고 할 수도 있습니다. 그러면 국가가 어떻게 리추얼을 이용해서 자기와 세계의 관계에 경계선을 정하는지 말할 수 있게 됩니다. 국가는 우선 경제주의를 강조하고, 동시에 이런 경제이성을 절대화, 의례화합니다. 이런 방식으로 합법성을 확립하는 거죠. 국가는 다른 질문을 하지 않습니다. 경제 그리고 발전의 가능성과 여부만 묻게 됩니다. 이 과정이 진보가 되고, 내실 있는 노력이 되기 때문에 각계의 엘리트들은 반드시 지지해야 합니다. 경제주의가 자연스럽게 받아들여지고, 질문과 확인이 필요 없는 일종의 원칙이 됩니다. 이게 바로 리추얼의 기능입니다. 잠재의식 속에 이를 받아들이게 되고 이후로는 분석의 대상이 되지 않습니다. 정치적 태도가 어떻든, 경제적 리추얼을 통해서 모두가 네트워크에 포섭됩니다.

나중에 옥스퍼드에서 자주 유학생을 접했기 때문에 재미있는 현상에 주의를 기울이게 됐습니다. 역시 역설이죠. 저는 역설을 찾아내는 걸 좋아합니다. 이게 생각의 한계인지는 모르겠습니다만, 어쨌든 이런 특성이 있습니다. 우리의 생활이 반드시 역설로 가득차 있다거나 그 자체가 중요하다는 이야기는 아닙니다. 그보다는 역설이 분석의 방법이 됩니다. 모순이 두드러지게 만들지요. 유학을 가는 현상 속에서 하나의 중요한 역설이 유학 중개 업체의 존재입니다. 이론적으로는 유학 중개 업체가 존재할 이유가 없습니다. 외국의 대학들은 당연히 유학생들을 받고 싶어합니다. 유럽과 서구사회에 엄청난 수입을 가져다주기 때문이죠. 일본의 수많은 대학도 유학생의 학비에 의존해서 생존합니다. 최근까지도 미국의 과학기술 연구 역량을 뒷받침한 주요한 배후 인력 풀은 유학생들입니다. 미국이 초강대국의 지위를 유지할 수 있는 이유 중 하나입니다. 대학은 유학생의 모집, 신청과정을 아주 명확하게 모집 요강 서두에 기재합니다. 어떤 산업도 이보다 더 투명하게 절차를 공개하지 않습니다. 처리과정, 능력의 공급과 수요의 매칭상 정보의 비대칭 문제는 존재하지 않습니다.

그럼 왜 중개 업체들이 필요할까요? 우선 대학에 원인이 있습니다. 가령 싱가포르국립대학은 중개 업체를 지정해서 학생을 모집합니다. 왜냐하면 이런 중개 업체가 많은 신청서를 사전 처리할 수 있기 때문입니다. 중국이나 인도 대입학력고사의 기본과정과 고등학교의 상황을 명확하게 이해하고, 대신 필터링을 해줍니다. 그렇게 학교가 최고의 학생들을 모집하도록 보증하는 겁니다. 학생의 관점에서 보자면, 중개 업체의 역할은 미래의 취업 가능성에 대한 일종의 분석을 제공하는 것입니다. 적지 않은 투자를 하는 것이니까요. 나는 지금 이런 상황에 있는데 어느 학교에 가서 무슨 전공을 해야 투자 회수율이 더 높을지를 알려주는 거죠. 그러니까, 중개 업체가 한편으로는 전 세계의 학생 유동을 촉진하는 효과가 있습니다. 또 한편으로는 일종의 등급관계를 만들고 유지시킵니다. 어떤 대학이 어떤 학생을 모집하는지에 대해서. 또 어떤 투자가 어떤 이익을 가져올지에 대해서 말이죠. 대학 랭킹이 왜 이렇게 중요해졌을까요. 이렇게 투자 정보를 알려주기 때문입니다. 그러니까, 중개 업체는 정보 비대칭을 처리하는 게 아니라, 공급과 수요를 매칭하는 방식으로 이 시장을 키우고, 이 시장을 구조화·안정화시키는 겁니다. 어떤 학생이 어떤 대학에 가고, 어떤 대학이 어떤 학생을 뽑고, 이런 등급화를 완성합니다.

이 안에는 유학생과 사회 등급화의 관계가 있습니다. 유학은 사회의 등급화가 국경을 넘는 효과를 가져옵니다. 일국 내의 등급화 경쟁이 끝을 보면, 반드시 바깥으로 나가게 돼 있습니다. 중국에서 더 이상 게임을 지속할 수 없으니 외국으로 나가게 됩니다. 부모들은 재력이 있고 자식의 학력을 탐하게 됩니다. 공간이 국내에서 국외로 확장되는 것이고, 자본 유형상 형태를 가진 금융 자원이 무형적인 문화와 상징으로 전환됩니다. 문화 상징자본은 금융과 경제자본을 유지하고 가치를 세습하는 데 중요한 역할을 합니다. 계급 고착화는 이렇게 이루어집니다. 돈에서 명성으로, 신분으로 그리고 공간상의 전이를 이룹니다.

W: 선생님의 이 방면 연구는 중국 내에서는 쉽게 찾아볼 수 없습니다. 많이 말씀하신 적이 없고요. 주로 학술 논문과 회의상에서 발표할 내용입니까?

X: 아직 모르겠습니다. 이건 하나의 집단 작업입니다. 서로 다른 분야

의 전문가들을 불러서 수행하게 됩니다. 아마 가장 중요한 연구 방식은 대담을 나누거나 이벤트를 주최하는 것이 아닐까 합니다. 어떤 것을 만들어낼 수 있겠죠. 이 내용은 비교적 깊은 이론화와 개념화를 요합니다. 유학을 통한 이주에서 관찰한 내용을 의료와 여행으로 확장시킬 수 있을까 살펴봐야 합니다. 이런 연구 재료를 가치나 등급관계와 같은 기본 문제로 연계시킬 수 있어야 하고, 그러고 나서 다른 사례에 활용할 수 있는지 보게 될 겁니다.

W: 조금 더 들어가면서 깨닫게 됐습니다만, 연구의 맥락 안에 '사람의 재생산' 유동이 하나의 큰 흐름을 이루고, 그 밑에 분기하는 지류나 다양한 측면이 있는 것 같습니다. 다른 연구들이 그 안에서 만나 교차하고 있고요. '저장촌'처럼 하나의 사례로 진입하는 주제가 아니군요. 이렇게 보면 선생님의 연구나 사고가 새로운 단계로 진입했다는 생각이 듭니다. 구체적으로 어떤 주제 혹은 사건을 통해서 이 단계가 시작된 것일까요?

X: 싱가포르에 있을 때의 경험이 관계있을 듯합니다. 그때 적잖은 동료가 외국인 가정부나 보모에 대해서 연구하고 있었습니다. 돌봄이 하나의 주제가 된 것이죠. 당시에 주요 의제는 돌봄노동의 서비스 상품화였고 여기 젠더 문제도 있습니다. 주로 여성들이 이 일을 했으니까요. 여기에 공公과 사私의 관계도 있습니다. 왜냐하면 이분들이 기업 조직에 들어가는 게 아니라 남의 가정집, 즉 사적인 공간에서 일하는 것이니까요. 이런 직접적인 개체 행위의 각도에서 보는 수많은 연구가 있었습니다. 저는 돌봄노동자들의 국제적

유동이 하나의 더 큰 경제의 재조직화와 변화를 대표한다고 봤습니다. 지금 모두들 비물질적 생산성 활동에 주의를 기울이고 있습니다만, 저는 이걸 함께 묶어서 더 큰 흐름을 볼 수 있었으면 합니다.

국제결혼도 하나의 사례가 됩니다. 중국을 포함한 비교적 부유한 나라에서는 '노처녀剩女'는 '알파걸上女', 즉 여자 박사, 화이트칼라 여성, 심지어 골든칼라 여성을 의미하는데 '노총각剩男'은 '쩌질이下男'로 간주되죠. 도시의 하층 남성은 농촌 여성과 결혼하고, 농촌의 하층 남성은 후진국 여성들과 결혼합니다. 한국 남성들이 베트남 여성들을 결혼 상대로 찾고, 중국 남성들이 지금 미얀마, 베트남 여성과 결혼합니다. 모두 이런 국제결혼의 상품화에 관심을 갖고 있습니다. 이들이 걱정하는 점은, 결혼이 신성하고 자연스러운 것이어야 하는 인간 사이의 가장 기본적인 관계인데 지금은 이게 거래 가능한 상품이 돼버렸다는 거죠. 또, 중개 업체가 단체 맞선을 주선하면서 외국으로 나가 신랑들이 쇼핑하듯이 신부를 고릅니다. 많은 사람이 이런 형식을 받아들이지 못합니다. 하지만 여기서 제가 질문하고 싶은 것은 오히려 이와 정반대의 선택입니다. 결혼이 어렵다면 그냥 결혼을 안 하면 되는 거 아니냐는 것이죠. 왜 결혼이 그렇게 중요하고, 그렇게 많은 비용을 들여서 상품화시켜야 하는 것일까요? 상품화가 혼인에 대한 모독이 아니라 어쩌면 숭배인지도 모르죠. 국제결혼의 배후에는 보수적인 이념이 있습니다. 그래서 결혼이 더 중요해집니다. 국제결혼은 대단히 중요한 재생산 과정입니다. 이 재생산은 사람의 재생산만 의미하는 게 아니라 전체 민족의 재생산이기도 합니다. 전통적 관점으로 보자면 사람들이 결혼해서 가정을 이루고 대를 잇는 방법을 통해서 문명이 후대에 계승될 수 있습니다. 일종의 보수화한 혹은 본질주의적인 결혼입니다. 사람들이 국경을 넘어 유동하면서 재생산을 하는데, 반드시 생활이 더 개방적이 되는 것은 아닙니다. 오히려 당초의 불평등과 이념, 사회 규범이 더 강화될 수도 있습니다.

계급 유동의 역설

W: 말씀하신 유학, 결혼 등의 국경을 넘는 유동 행위는 주로 일종의 횡적 유동에 대한 분석과 묘사라고 생각합니다. 그런데 이런 흐름과 종적 방향의 사회 등급화, 계급, 평등 문제가 변증법적 관계라고도 말씀하셨습니다. 통상은 후자의 고착화라고도 하셨고요. 이 변증법적 관계를 조금 더 구체적으로 설명해주실 수 있는지요. 어떻게 고착화가 되는지, 특히 구체적으로 중국 내의 맥락에서 말이죠. 종적 계층 유동도 고찰하시는 중요한 포인트 중 하나인지요?

X: 이런 횡적 공간 유동과 종적 계급 간의 관계를 설명하려면 아마 평소에 쓰는 글보다 더 복잡한 내용을 다뤄야 할 겁니다. 개혁개방 초기에 물론 등급제도가 있었습니다. 체제 내와 체제 외가 있고. 관료, 간부, 농민 등의 구별이 있는데 아주 명확하죠. 하지만 절대

다수의 사람에게 사용 가능한 자원은 비교적 공평했습니다. 평등의식도 아주 강했죠. 개혁개방 후에 계급화가 가속화됐습니다. 여기서 네 가지 점을 살펴봐야 합니다.

하나는 지금 기본적으로 대부분의 사람은 상향 유동하고 있습니다. 경제가 계속 발전하니까요. 이 과정이 다시 두 단계로 나뉩니다. 하나는 직접 위쪽으로 유동하는 흐름입니다. 1980년대에서 1990년대 중반까지 전형적인 농촌 개혁 시기입니다. 이때 모두들 생활 수준이 향상됐고 개혁이 지지를 얻었습니다. 그리고 두 번째 단계로 1990년대 이후 지금까지, 베이징대학 사회학과의 쑨리핑 선생이 2003년에 발표한 「균열斷裂」에서 '균열사회'라고 표현했던 현상이 나타나고 있습니다. 돈 있는 사람과 없는 사람 사이의 간극이 벌어지고 있죠. 이런 설명이 말이 된다고 다들 생각합니다. 하지만 다른 한편에서는 모든 사람의 생활이 아직도 나아지고 있습니다. 인터넷 기술이나 서비스업이 새로운 성장 엔진으로 작동하고, 성장도 아주 빠릅니다. 물이 들어오고 수위가 높아지니까 배도 자연히 올라가는 거죠. 예를 들어 중국판 우버인 디디택시와 공유자전거가 막 나왔을 때, 막대한 돈을 투입해 서비스를 받은 사람들에게 혜택을 줬습니다. 사람들이 뭔가 '함께 성장의 과실을 나눈다'는 느낌을 받았습니다.

두 번째로, 중국의 사회계급 분화는 전 국민이 참여하는 방식으로 일어나고 있습니다. 시장이 기준이 된 사회적 경쟁입니다. 이런 형태는 사회주의 초기의 문화유산과 관계있습니다. 개혁개방

주변의 상실

이 시작됐을 때 사람들이 가진 자원은 다 엇비슷했습니다. 개혁개방의 기회는 모든 시민에게 주어졌습니다. 10억 인민이 거의 동시에 시장 경쟁에 뛰어든 겁니다. 모두가 이런 계급 분화 과정에서 이익을 얻게 될 권리가 있다고 느꼈습니다. 그래서 다른 사람보다 한두 걸음 빨리 앞서려고 노력했습니다. 반대로 남들보다 뒤처질까봐 겁을 냈고, 막차를 놓치면 안 된다는 강렬한 조바심을 갖게 됐습니다. 모든 사람이 자기 주위에 빠르게 스쳐 지나가는 기회가 바로 마지막 기회라고 생각했고, 그렇게 '더 나은 미래를 위해 현재의 행복을 보류하는 심리懸浮'를 갖게 됐습니다. 이처럼 온 국민이 참여하는 계급화는 인도의 카스트 제도 같은 계급과는 전혀 다릅니다. 현대 서구의 학계에서 강조하는, 배제당하거나, 구축당하거나, 주변화되거나, 직접적으로 스트레스를 받는 존재와도 다릅니다. 중국인에게는 이런 감각이 없습니다. 항상 빨리 달려야 하고 그렇지 않으면 낙후될 거라고 생각합니다. 모두 자기 책임하에서 행동하는 것이죠. 자기가 배제당했다고 생각하지 않습니다. 만일 정말로 배제당했다면 역으로 이런 상황도 꼭 나쁜 것은 아닙니다. 새로운 자아의식을 형성하고 새로운 행동을 취하게 됩니다. 항거할 수 있고 아니면 새로운 활로를 찾아 나섭니다. 어쨌든 자기가 여전히 게임에 참여하고 있다고 생각하기 때문에 즐겁게 임무를 수행할 수 있습니다. 그래서 적극적으로 참여하는데, 이게 두 번째 특징입니다.

세 번째 특징은 종적 계급화와 횡적 유동의 밀접한 관계입니다. 대중이 참여해서 경쟁하는 종적인 유동 후에는 그중 일부가 국제화의 유동에 참여해서 특수한 우월적 지위를 얻습니다. 상층부에 있는 사람들은 상층의 자원을 유지하기 위해 자본을 해외로 이전합니다. 농촌이나 소도시에 사는 중하층은 출국하고 싶으면 싱가포르나 일본에 가서 해외 노동을 합니다. 도시의 중산층은 자녀들을 유학 보내지요.

네 번째 특징은 전에 이야기한 적이 있습니다. 이런 계급 분화가 언어, 문화, 사상적으로 표현되지 않는다는 것입니다. 다들 빈부격차가 심한 것을 아는데, 같은 대중문화를 즐기고 같은 말을 합니다. 대중오락 앞에서는 사람이 모두 평등합니다.

만일 모두 다른 표현 방법, 라이프스타일을 통해서 불평등에 대한 의미를 명확하게 볼 수 있다면, 비교적 쉽게 부를 재분배하거나 불평등에 반대하는 조치를 취할 수 있습니다. 영국이 이렇게 발전해왔죠. 영국의 노동자계급은 자기 계급에 대해 대단히 자부심을 지니고 있고, 일종의 반지성적 경향이 있습니다. 지식인들과 어울리고 싶어하지 않습니다. 그걸 심리적으로 받아들일 수 없고, 자녀 세대가 중산층으로 올라가는 것을 막는 경향이 있다고 합니다. 어쨌든 그 사람들은 자기 라이프스타일, 예술 표현 형식에 모두 대단히 명확한 인식을 가지고 있습니다. 이런 것들이 노동계급이 조직화해서 중산층과 균형을 맞추는 역량이 됩니다. 그래서 공공 정책 속에서 비교적 유효하게 자기 이익을 보호하고요. 이런 전략은 재미있습니다. 너보다 더 우월해지는 것을 추구하는 게 아니라, 나를 보호하기 위해서 너랑 (자원을 놓고) 경쟁하겠다는 겁니다. 당연히 이 전략의 효과가 지금은 적어졌습니다. 글로벌라이제이션 때문이죠. 글로벌리스트들이 출현하고 나서 노동자계급의 명확한 적이 됐습니다. 동시에 노동자계급의 경제 생산과 기초가 이미 너무 작아져버렸죠.

W: 이런 특징은 중국 굴기의 시점과 관련이 있지 않나요? 주요 선진국들이 모두 자본주의 발전의 새로운 단계에 들어섰죠. 후기자본주의라고 부르는 학자들도 있습니다. 하지만 중국은 여전히 덩샤오핑 이론이 규정하는 '사회주의 초급 단계'에 머물고 있고요. 동시에 기술과 엔터테인먼트의 폭발적 성장 역시 글로벌한 현상으로 나타나고 있습니다. 이런 요소들이 전 세계를 아주 빠르게 평평하게 만들고 있습니다. 그 때문에 이런 종적, 횡적 유동성이 복잡하게 교차하는 결과를 낳았습니다. 이게 중국만의 특수한 현상이라고 생각하십니까? 혹은 인류 역사상의 새로운 현상일까요?

X: 인류 역사상의 새로운 현상인지는 감히 단정 짓지 못하겠습니다. 하지만 중국처럼 이렇게 대규모로 모든 사람이 운명의 한계를 받아들이지 못하겠다고 생각하는 것은 아마 자주 발생하는 일이 아닐 겁니다. 말씀하신 글로벌 시각이 중요합니다. 기술, 뉴스와 엔터테인먼트 산업을 볼 때 확실히 지구촌 시대로 접어들었습니다. 경제와 재화의 분배를 위해 모든 국가가 각축을 벌이고 있습니다. 정치와 이념상으로도 나뉘고 대립하죠. '태평양 패러독스'의 연장선상에서 볼 수 있을 것 같습니다.

W: 2018년 말 청화대학에서 둥베이 지역 사람들의 해외 이주 노동 관련 연구에 대해 강연하실 때, 중국 굴기가 하나의 경제적 이벤트가 되고, 또 일종의 사회의식이 됐는데 둘 사이의 간극이 있다고 하셨습니다. 이 간극은 '사람의 재생산' 개념을 통해서 이해할 수 있을까요?

X: 이런 경제성장은 확실히 물질주의적이고 주로 물질 생산의 축적을 통해서 빠른 대규모 성장을 실현합니다. 그 대가는 '사람의 재생산'을 경시하게 되는 태도입니다. 이처럼 '미래를 위한 보류적 태도懸浮'에 대해 예를 하나 들어보겠습니다. 택시 기사를 한 분 만났는데 주·야간 모두 운행을 합니다. 몹시 피곤할 텐데 몸은 괜찮냐고 제가 물었더니 다음과 같은 답변을 줬습니다. "몸이라고요? 그건 나중에 걱정해도 돼요." '사람의 재생산'을 보류하면서 바쁜 삶을 추구하는 거죠. 많은 사람은 '사람의 재생산' 따위는 지나치게 이상적인 이야기라고 말합니다. 모두 그렇게 바쁘게 살지 않으면 우리 청년들의 기본적인 물질 조건이 나아지지 않을 거라고 합니다. 대규모 실업이나 빈곤처럼 더 큰 문제도 발생할 수 있다고 하죠. 이게 약간 그럴듯하게 들리지만 사실이 아닙니다. 중국의 현재 경제 총량으로 보자면, 철저하게 재분배를 할 경우 이런 문제는 해결할 수 있습니다. 우리의 물질 총량은 모두가 그럭저럭 잘 살게 할 만큼 증가됐습니다. 지금 우리는 모두 어떤 이념의 인질이 된 것 같습니다. 반드시 더 높아지고 더 강해져야 한다고 생각하죠. 다시 (투쟁을 동반한) 격렬한 재분배가 일어나는 것은 원하

지 않기 때문에, 이미 부를 쟁취한 이들은 더 많이 쟁취하고 싶어
하고 그 아래 있는 사람들도 더 올라가야 한다고 생각합니다. 이건
확실히 어렵습니다. 미래에는 아마 천천히 재분배 사고방식으로
돌아가야 할 겁니다.

　여기에 머릿속을 '점유占有'하는 관념이 있습니다. 돈은 내가
(혼자) 번 건데 어떻게 재분배하냐는 것이죠. 인류학자로서 해줄
수 있는 말이 있습니다. 어렸을 때 사회주의식 집체생활을 했기 때
문에, 점유한다는 개념이 그리 강하진 않았습니다. 사람은 반드
시 나누는 것이 당연하다고 생각했습니다. '점유'는 확실히 개혁개
방 후에 점점 유행하게 됐습니다. 사람들이 점점 자잘한 자기 잇속
만 차리게 됐죠. 지금은 '점유'가 중요한 인생 목표가 됐습니다. 더
잘 연구해볼 가치가 있습니다. 왜냐하면 중국 전통에는 특별히 강
한 점유의 개념이 없기 때문입니다. 가장 중요한 자원은 토지이고,
토지는 지상과 지하에 대한 권리가 나뉩니다. 토지사용권 이양流
轉이 비교적 빈번했고요. 대부분의 상황을 보면 엄청난 대지주는
별로 없었습니다. 부가 삼대를 넘기도 어려웠고요. 이렇게 행운은
돌고 돌게 마련입니다. 너무 빈곤하면 일가친척들이 가문의 공유
지를 활용해서 도움을 줍니다. 지금의 '점유'라는 말에서 점과 유
는 대립적입니다. 그 땅에 거주하는 사람이 집을 가지고 있고 그게
'있는 것有'입니다. 한 사람이 집을 많이 사서 투기로 값을 올려놓
고 스스로 이익을 전유하는 게 '점하는 것占'입니다.

새로운 언어를 찾아서

W: 계급 유동의 상황과 보편적인 생활의 느낌에 대해서 말씀해주셨습니다. 일반 독자들도 공감할 수 있을 것 같습니다. 하지만 이런 상황을 인식할 도구나 프레임이 부족합니다. 1990년대나 2000년대 초만 해도 좌우 간의 토론이 있었고, 양쪽 모두 중국 사회에 대해서 묘사하며 배후의 원인을 분석했습니다. 대단히 구체적인 지향이 있어서, 예를 들어 좌파는 자본주의라는 큰 시스템에 문제가 드러나고 있다고 인식했습니다. 우파는 권력 자체의 부패와 언어의 지체가 문제라고 말했습니다. 하지만 지금 커다란 문제는, 우선 이런 대립이 천천히 사라져버렸다는 것입니다. 그리고 아마도 이런 대립이 없어졌기 때문인지 공공 담론 자체도 사라졌고, 사람들이 실제로 느끼는 것을 표현할 수 없게 됐습니다. 그래서 모두들 어쩔 줄 몰라합니다. 한편으로는 진보 같은 것을 포함해서 자기 생활에 구체적인 변화가 나타나는 것을 감지하고 있는데, 다른 한편에서는 부족하다는 느낌이 있고, 어떻게 이해해야 할지 모릅니다. 무엇에 저항해야 할지도 알 수 없고. 그냥 별생각 없는 것이 더 낫다고 생각됩니다. 이런 식으로 생활해도 꽤 편안합니다.

X: 맞습니다. 어떤 때는 꽤 편안합니다. 하지만 초조함이 사라지지 않죠. 일, 대출, 자녀 교육 등 온갖 스트레스가 여전히 존재합니다. 더 노력하지 않으면 안 될 것 같다는 생각이 들죠. 하지만 이 스트

레스는 누구의 잘못도 아닙니다. 자기와의 경쟁이죠. 말씀하신 분석에 100퍼센트 동의합니다. 지금 사상적 흐름에 이런 변화가 있습니다. 구체적인 문제들은 여전히 논쟁 중이지만 진영은 존재하지 않습니다. 그래서 우리가 반드시 새로운 언어로 현재 상황을 설명할 것을 요구합니다.

오늘날 라이프스타일은 자본, 국가권력만큼 중요합니다. 뭐가 자본과 노동의 관계인지 말하기 힘들어졌습니다. 국가와 시민의 관계, 자신과 자신의 관계도 마찬가지입니다. 라이프스타일에 모든 것이 융합돼서 나타납니다. 만약 계급 혹은 노동 분석적 시각으로만 보려고 한다면 정확하게 현상을 파악할 수 없을 겁니다. 라이프스타일이나 엔터테인먼트를 통해서 봐야 합니다. 이런 문화 분석을 할 때 예전처럼 문화를 하나의 새로운 변수로만 볼 수 없습니다. 그런데 왜 문화 분석을 끌어들여야 할까요? 실은 분석자 자신에 의해 이렇게 된 것인데, 이들이 바로 보통 사람이고 특히 청년입니다. 이제 이들이 사고의 주체가 돼야 합니다. 문화라는 이 개념이 아마 오해를 불러일으킬 수도 있을 겁니다. 문화를 바로 문학이나 예술로 받아들이는 경향이 있지요. 하지만 제가 말하는 문화는 라이프스타일, 일상의 경험, 생활의 의미 같은 것입니다. 틱톡으로 찍어서 공유하는 동영상도 포함됩니다. 1960~1970년대 영국 버밍엄대학의 레이먼드 윌리엄스 등이 제창한 대중문화 연구나 프랑크푸르트학파가 좋은 예가 됩니다. 앞서 중국의 서민들이 추구하는 이상적인 생활이 사회의식적으로 상당히 동질하고 모두

비슷하다고 말씀드렸습니다. 하지만 사람들이 가진 자산의 크기
는 차이가 있고 모두 그 점을 잘 알고 있습니다. 그러면 이 두 사실
을 어떻게 일상의 실천 속에서 통합시킬 것인가를 생각해보기 위
해 라이프스타일을 만들어나가는 과정을 살필 필요가 있습니다.

W: 서로 다른 주제의 연구는 그 배후의 관점이 아주 생동감 넘칩니다.
그리고 모두 가치 판단이 들어 있고요. 이런 비판적 관점이 단지
평론의 형식으로 발표된 것이 아니라, 디테일한 자료와 공리公理
에 의한 논리적 사유를 통해서 드러난 것이죠. 이런 사유의 순서는
어떻게 정해진 것입니까? 시작할 때부터 관점이나 정서적인 편향
에 치우치지 않고, 바로 묘사하듯이 설명하게 된 것인가요? 아니
면 우리가 비판하던, 그런 지식인으로서의 관심과 애정이 이미 사
유 속에 내재화하는 단계로 진입한 후에 묘사를 통해서 나온 것일
까요?

X: 객관적으로 말씀드리자면 아마 후자에 가까울 것 같습니다. 저도
이미 어떤 사고에 의해 프로그램화된 것이죠. 틀림없이 지식인 사
회의 사상적 흐름에 영향을 받았을 겁니다. 제가 구체적인 문제를
볼 때 가장 중요하게 흥미를 느끼는 것에는 두 가지가 있습니다.
첫째는 문제의 내재적 모순입니다. 어떤 사정이 생겼을 때는 반드
시 모든 게 순조롭지 않습니다. 다양한 힘이 뒤에서 경쟁하고 있
죠. 어느 쪽이 우위에 서는지 보고 명확하게 이야기할 수 있어야
합니다. 또 한 가지는 확실히 좀 재미있으려면 전체 질서를 설명할
수 있어야 한다는 겁니다. 가치 있는 연구란 사람들에게 지도 한

장을 제시하는 것과 같습니다. 방향 감각을 주고 사정을 판단해서 대략 어떤 방향으로 가야 한다고 이야기해줄 수 있어야 합니다.

최근에 제가 생각하는 것으로 '물류형 권력' 같은 것이 있습니다. 유동은 중국 사회의 변화 속에서 아주 중요한 하나의 실마리입니다. 원래 전반적인 중국의 사회 조직은 유동에 의존하지 않습니다. 일이나 거주지 모두 바뀌지 않습니다. 모든 물질 자원은 계획과 지시에 의해 분배됐습니다. 개혁개방 이후 농촌에서부터 시작해 사람들이 유동하기 시작했습니다. 물자도 유동하고, 그래서 1990년대 초에 쑨리핑이 '자유 유동 자원'과 '자유 활동 공간'이 중국 사회 변천의 기본 실마리라고 주장했습니다. 당시의 가설은 원래 중국의 권력이 유동하지 않는 상태에 의존해서 유지되기 때문에, 자유 유동 공간이 커지면 권력이 직접적으로 통제할 수 있는 것이 갈수록 줄어들리라는 것이었습니다. 그래서 당시에 쑨리핑이 예측하기를, 사람들이 갈수록 하나의 자주적 '사회'에서 생존 자원과 발전 기회를 얻고 시민사회가 서서히 생성되면서 국가권력이 약화될 것이라고 했습니다. 하지만 오늘날 상황은 어떻습니까? 유동성이 절대적으로 증가하고, 오늘날의 중국 사회는 1990년대 초와 비교하면 슈퍼 유동 상태라고 말할 수 있습니다. 농민공의 노동 주기도 짧아졌고 물자의 유동은 말할 필요도 없습니다. 하지만 국가권력도 강화됐습니다. 그래서 제가 가진 또 다른 문제의식은 지금의 이런 질서가 어떻게 형성됐는지 해석하는 것입니다. '물류형 권력'은 우리가 지금 일종의 유동에 기반한 권력을 생성시켰고,

이 권력은 유동을 관리 대상으로 삼지는 않는다는 것입니다. 오히려 권력의 기초로 삼고 있지요.

'정규화의 모순'도 비슷한 문제입니다. 우리 일상생활이 갈수록 정규화되고 있습니다. 예전에 기차표 한 장 사는 것도 얼마나 번거로웠습니까? 암표상을 찾아야 하고. 이제 그런 문제는 없습니다. 예전에 비해서 모든 프로세스가 아주 반듯해졌죠. 그런데 이렇게 질서를 얻은 후에 사람들이 더 불안하다고 느낍니다. 사람들이 때로는 임기응변하는 식으로라도, 자주적으로 자기 생계를 비롯한 삶의 문제를 해결하던 능력을 잃고 있습니다. 이런 모순을 어떻게 설명할 수 있을까요?

이런 문제를 내세우는 것은 아마 지식인이 가진 정서와 관계가 있을 겁니다. 하지만 의식적인 것은 아닙니다. 만일 그렇다고 하면 일종의 한계이기도 하고요. 그런 관심과 애정의 정서가 한계가 된다는 이야기는 아닙니다. 다만 제 사고방식이 어느 정도 틀에 갇힌다는 말입니다. 늘 어떤 한쪽 방향성을 갖게 된다는 것이죠. 독자들은 아마 일관된 문제의식이라고 느끼겠지만 저는 그런 일관성이 마뜩지 않습니다. 상상력이 부족하다는 뜻이거든요. 아니면 실천의 풍부함에 대한 이해가 부족하다는 뜻이기도 하죠. 예컨대 저는 탈정치화 혹은 비정치화된 주제를 들어 이야기하려는 경향이 있습니다. 가령 물류형 권력, 인프라 권력은 공공성이 점차 기술적으로 처리된다는 뜻이고, 사람들 간의 갈등을 돈으로 해결하려든다는 뜻입니다. 갈등을 만드는 이들의 주장이 말이 되든 안 되든

주변의 상실

일단 돈을 쥐버리니까, 옳고 그름은 부차적인 문제가 됩니다. 이게 제가 말하는 탈정치화입니다. 홍콩도 그렇습니다. 상인들이 홍콩을 통치하면서 원칙을 중시하기보다는 사업에 유리한 것을 무조건 좋은 것으로 치부합니다. 다른 건 아무래도 상관이 없지요. 이런 상태가 장기적으로 안정을 유지하기는 어렵습니다. 정리하자면, 제가 가진 이런 생각이 옳지 않다는 게 아니라, 사회 변화를 늘 같은 방식으로 보는 게 아닌가 경계를 한다는 것입니다.

W: 지식인의 이런 역사적인 역할은 우선 논외로 하고, 구체적으로 그들의 특성이나 공공에 대한 관심을 생각하자면, 그래도 포기하지 말아야 할 긍정적이고 건강한 면이 있지 않을까요? 이걸 우리가 지켜야 할 상식 혹은 도덕 원칙이라고 할 수 있고요. 말하자면 등대 같은 거죠. 비록 이런 지식인들의 관행이나 관습이 한계가 되기도 하지만, 한편으로는 자연스러운 측면이 있고요. 지켜야 할 혹은 늘 배울 가치가 있는 것들 말이죠.

X: 지식인의 가장 중요한 기질 혹은 특징이란 게 뭘까요? 하나의 직업 혹은 그룹으로서의 지식인들이 어느 날 모두 사라진다면, 즉 다른 그룹들로 흡수되어 흩어져버린다면, 이제 모든 사람이 지식인이 되는 겁니다. 그러면 지식인의 특질이라는 게 남을까요? 아마 그럴 것 같기도 합니다. 제 생각으로는 이를테면 반성적 사유능력이 가장 중요한 점이겠죠. 이런 능력은 사실 새로운 것입니다. 왜냐하면 전통적인 지식인의 목적은 반성이 아니라 설명이었습니다. 하나의 질서를 부여하고 사람들에게 세계관을 가르쳐주는 것

이었습니다. 이런 반성적 사유는 프랑크푸르트학파에서부터 시작된 것입니다. 대단히 현대적인 측면입니다. 이제 지식인이 세계의 기본 질서를 설명할 필요가 없어졌습니다. 대신에 세계의 질서에 대한 비판적 분석을 해야 합니다. 이건 확실히 필요합니다. 모든 사람이 매일 하루하루를 보냅니다. 그날의 임무를 완수해야 하고요. 그렇게, 모두 앞으로 전진하죠. 반성한다는 말은, 돌격 앞으로를 외치는 대신 잠시 멈춰 서서 생각해보는 겁니다. 오늘 왜 다른 방식이 아니라 이런 방식으로 일을 처리했을까 하는 식으로요.

사실 지식인이 제공하는 것은 일종의 라이프스타일입니다. 각양각색의 사람이 있고, 각양각색의 라이프스타일이 있습니다. 도사道士는 도사의, CFO는 CFO의 방법이 있는 것처럼요. 지식인 라이프스타일의 요체는 분석적으로 사유하고 반성해보는 것입니다. 이것은 질문을 던진다는 뜻입니다. 왜 이래야 하는가? 저렇게 하면 왜 안 되는 것일까? 질문을 던질 때는 논리가 필요합니다. 실제 관찰에 근거해 비교하고 연역적으로 추리해야 합니다. 이건 타인에 대한 책임감이 아니고 공동체에 대한 책임감도 아닙니다. 자기 자신이나 자기 자신의 주변, 부근에 대한 반성적 사유입니다. 사실 공동체라는 이 전통은 비지식인들 안에서 더 두텁고 깊습니다. 농민, 노동자, 같은 사무실 안에서 일하는 사람들. 이들은 지식이 많지는 않아도 공동체적 감수성은 더 강합니다. 왜냐하면 같은 물리적 공간 안에서 노동하고 상호작용하는 관계를 형성하기 때문이죠. 지식인들은 조금 이기적이고, 개성도 강합니다. 하지만 이런 지식인의 역사적 한계가 지금 세상에서는 청년들에게 더 적합한 라이프스타일을 제공할 수도 있습니다.

오늘 지식인이라는 말을 많이 썼습니다만, 저는 제 역할을 그렇게 설정한 적이 한 번도 없습니다. 지금 이 책도 지식인들이 보라고 이야기를 나누는 것이 아닙니다. 하지만 중국에서는 여전히 지식인의 발언권이 강합니다. 이를테면 '대학의 독립정신' 같은 언어들 말이죠. 어떤 때는 서구사회의 대학들을 신성시하는데요, 이런 사고방식이 꼭 건강한 것만은 아닙니다. 서구사회의 대학들이 비교적 독립적인 것은 사실입니다. 하지만 이런 독립성이 어떻게 매일매일의 실천과정에서 만들어져 나오는지 생각해봐야 합니다. 이게 상상하는 것처럼 어떤 정신적인 가치와 이념에 기대는 것이 아닙니다. 나름 방법이 있지요. 반대로 생각해보면 중국의 대학에서 독립성을 갖는다는 것은 생각보다 어렵지 않을 수도 있습니다. 누가 보직을 얻고 싶어하느냐는 것인데요, 보직을 얻으면 자원을 확보할 수 있죠. 그런데 이렇게 자원을 얻으면 손에서 놓고 싶어하지 않습니다. 그런 상태를 독립적이라고 할 수는 없죠. 그렇다면 정부에 정면으로 반대하는 식이 아니고 동시에 보직과 권력을 추구하지 않는 방식으로 아주 평범한 독립적 학자가 될 수는 없는 것일까요? 아마 가능할 겁니다. 너무 튀려고 할 필요가 없습니다.

W: 학술 연구의 전환에 대해서 여러 번 말씀하셨는데, 사람들의 인식 문제에 대한 보조적 도구 역할을 하고 싶으시다는 것이죠. 그리고 논픽션 글쓰기에 대한 기대도 이야기하셨습니다. 이런 글쓰기가

다양한 영역으로 전파되기를 바라신다는 것이지요. 저는 이런 생각들에 대해서 회의적이거나 비관적입니다. 지금 관찰할 수 있는 것은, 대부분의 경우 모두가 여전히 학자로서의 생활 그리고 원래 학술활동이나 그 활동이 가져올 이익만 추구합니다. 고고한 상아탑 위에 서서 초연하게 큰 세상을 이야기하길 원합니다. 근본적인 변화를 추구하는 사람들은 극소수에 불과하죠. 선생님이 관찰하신 상황은 어떤지 모르겠습니다. 선생님의 주장에 호응하는 사람들이 있나요?

X: 이 주장은 방금 내놓은 것이고요. 아직 집중적으로 다른 학자들을 관찰해본 적은 없습니다. 계획은 실천할 때 의미가 있습니다. 뭔가 만들어내고 나서 살펴봐야죠. 가령 다큐멘터리 드라마, 논픽션 글쓰기, 노동자 글쓰기 등등. 모두 새로운 수단이라고 생각합니다. 2000년에 「체 게바라」라는 연극이 히트를 했는데, 예술적인 성취가 있었던 것은 아닙니다. 하지만 대중 동원 능력은 뛰어났습니다. 일종의 사회적 대화로 초대하는 것이죠. 만일 이런 초대에 학술적인 요소를 많든 적든 추가한다 해도 아마 가능할 것 같습니다. 지금 체제를 한 번에 바꿀 수는 없습니다. 학자들은 평소에 다양한 글쓰기 요구에 응해야 하기 때문에 많이 바쁩니다. 그래도 여유 시간에 이런 시도를 해야 합니다. 예술가나 인문학 분야와의 다양한 협력이 필요합니다. 예를 들어 웹소설이 있습니다. 상업적 색채가 짙지만 인류학자라면 문제를 제기해볼 수 있습니다. 작품 기고를 요청하는 거죠. 예술활동을 하는 것과 마찬가지입니다. 새로운

문제를 발견할 수 있습니다. 문제는 인류학자가 관찰해내는 것이 아닙니다. 모두가 모여서 함께 이미지를 만들어내는 것이죠. 하지만 반드시 일정한 이념과 결합돼야 합니다. 그렇지 않으면 그냥 다양한 경험을 꺼내놓고 다양성이나 모순을 보여줄 뿐이지요. 재미는 있겠지만 새로운 생각이 나오지는 않습니다. 그래서 학술활동이 결합돼야 하고 참여자 모두 반성적 사유를 할 수 있게 해야 합니다.

W: 이 배후에는 사실 보편성의 문제가 있습니다. 학자들이나 전체 사회과학의 사회적 위치의 문제가 있고 아마 인문학에 한 차례 큰 전환이 필요할 것 같습니다. 하지만 개개인이 행동으로 참여해야 이런 전환이 완성될 거라고 말씀하셨습니다.

X: 반드시 개인이 시작해야 합니다. 계속 말만 앞서고 행동으로 보여주지 못하면, 아무도 들으려 하지 않을 겁니다. 그래서 작은 범위에서 우선 시도를 해봐야 합니다. 저는 아마 원저우와 옥스퍼드가 결합된 인간형이라고 할 수 있는데요, 베이징대학과는 많이 다릅니다. 원저우 사람은 라이터를 만들죠. 옥스퍼드에는 영국의 실증주의 학문 전통이 있고요. 이 지역 사람들은 과장된 언사와 허공에 붕 뜬 이야기들은 모두 회의적으로 봅니다. 실증적으로 검증해야 하고, 조작성 · 물질성을 강조합니다. 원저우 사람은 라이터를 만들기 때문에, 반드시 만든 걸 팔 수 있어야 하고, 그래서 상품 실물도 보여줄 수 있어야 하죠. 이건 인류학의 특징이기도 합니다. 이론은 여러 표현 방법이 있다고 저는 생각합니다. 구조가 아주 엄밀한 추리식 이론이 있고, 이미지를 보여주는 도경圖景식 이론도 있

습니다. 민족지가 그렇죠. 굉장히 많은 디테일의 묘사와 터치가 하나씩 쌓여서 한 폭의 거대한 벽화가 완성됩니다. 이 그림을 하나의 압축된 결론으로 정리할 수는 없습니다. 그러면 의미가 사라져버리죠. 상식적인 이야기를 할 뿐인데, 재미있는 건 그 배후의 디테일이 어떻게 쌓여서 상식이 만들어지느냐 하는 것입니다. 제가 낙관하는 지점이 여기에 있습니다. 지금의 청년들은 이런 표현 방법을 보고 싶어하는데, 이건 대단히 합리적인 요구입니다. 인류학자가 이런 요구를 만족시킬 수 있어야 합니다.

중개업으로서의 인류학

W: 귀국하실 때마다 학교들을 방문하고, 글을 발표하시면서 많은 젊은 독자의 환영을 받고 계십니다. 제가 주위에서 관찰하고 있는 현상과도 일치하는데요. 청년들이 확실히 인류학에 대해 과거에 없던 흥미를 보입니다. 가령 예전에 제가 대학에 다닐 때는 정치, 경제, 법률, 미디어 혹은 역사학조차 사회학이나 인류학보다 인기가 있었습니다. 하지만 최근 몇 년간 작은 유행이 일어서, 유학을 가서 인류학을 공부하는 학생이 늘어났습니다. 다른 전공은 이미 고정된 구조 속의 일부로 인식되는 반면, 예전에 찬밥 신세이던 인류학이 대안적 상상과 실천의 공간이 되고 있습니다. 이런 상황을 감

지하고 계셨습니까? 인류학에 열정을 가진 청년들을 직접 관찰하신 적이 있나요? 어떤 변화를 발견하셨습니까?

X: 인류학을 공부하는 사람들은 비교적 재미있습니다. 좀 유별나죠. 하지만 말씀하신 대로 지금은 이 유별난 학문이 작은 주류가 됐습니다. 인류학이 인기를 얻고 나서 모두들 정말로 경험과 직접적으로 연결된 중간 레벨 정도의 분석 도구를 얻고 싶어합니다. 그냥 경험을 글로 쓰고 싶은 것이라면, 오락적 가치가 있고, 힐링의 가치도 있습니다. 일종의 정서적 요구를 만족시킬 수 있죠. 하지만 이런 유행은 금방 지나갑니다. 코카콜라를 곁들인 빅맥세트 같은 거죠. 거대 담론은 여전히 시장이 있습니다. 이것도 정서적 만족감을 줍니다. 거대 담론들은 선동성도 있습니다. 우리가 필요로 하는 지적 분석은 점점 사람들의 경험과 유기적 관계를 맺을 수 있는 것이어야 합니다. 모두들 사회를 이해하고 싶어합니다. 당연히 우선 이해가 가능한 분석을 보고 싶어하죠. '이해'는 무언가를 인식하는 겁니다. 사람들이 이야기하는 것을 내가 인식하고, 이런 일이 잠재적으로 내게도 발생할 수 있다는 것을 의식해야 합니다. 이렇게 상대방이 도대체 무슨 이야기를 하고 싶은지 의식하게 되면 이건 자기 경험에 기반하게 됩니다. 모두가 이런 분석에 대한 갈증이 있죠.

하지만 저는 아직 청년들이 자기가 가진 풍성한 격정의 언어로 사회 분석을 하는 것을 본 적이 없습니다. 이야기를 들을 때는 재미있을 것 같은데, 과제 설계한 것을 보면 여전히 틀에 박힌 재미없는 주제로 돌아가 있더군요. 정열적이던 느낌도 다시 딱딱하게 굳어버리고, 마치 종교적 의례처럼 의미를 찾기 위해 이걸 하는 것 같습니다. 사회 현실을 대면하고 거기에 개입하기 위한 것이 아니라 말이죠. 이렇게 의미를 찾는 동기는 대단히 좋습니다. 하지만 반드시 풍부하고 복잡한 현실이 결합돼야 합니다. 그래서 이렇게 약간 부족한 면이 있으니, 우리 같은 선배들이 그들을 도와줘야 합니다.

W: 이렇게 '도움을 준다'는 말의 주요 의미는 어떤 경우든 가르침을 주고, 기타 공공활동이나 문화계 교류를 포함해서 학생들과 함께 한다는 것일 듯한데요. 다른 것도 있습니까?

X: 저는 논문 지도가 매우 중요하다고 생각합니다. 굉장히 강한 일대일 교육 방식이죠. 당연히 좋은 모범 사례를 제공하는 것이 중요합니다. 하나의 좋은 사례가 수많은 이론보다 더 힘을 발휘합니다. 우리가 주장하는 것들은 보편성이 있습니다. 하지만 보편성을 실제로 실천하도록 지도하는 것은 어려운 일입니다. 예를 들어 핸드북 같은 것을 만드는 것이죠. 이런 일종의 사고방식과 조작능력을 키우기 위해 어디서부터 시작해야 하는지, 어떻게 풍부함을 봐야 하는지 끊임없이 질문해야 합니다. 그냥 말로 이야기해서는 알아듣기 어렵습니다. 반드시 실천 안에 녹여야 합니다. 모든 사람이 이런 잠재능력을 갖게 해야 합니다. 그래서 그들에게 이런 능력을 가르쳐야 한다는 것이 아니라, 반대로 우리 자신이 그 안으로 들어가야 합니다. 그들의 능력을 끌어낼 수 있어야 합니다. 우선 스스로 초·중·고교 선생님, 유치원 선생님이 돼야 합니다. 바닥으로

스스로 기어내려가 황금을 캐내야 합니다. 그들의 약점과 결점, 그리고 어디서 반응하는지 '핫버튼'도 파악해야 합니다. 그들 머릿속에서 잠자고 있는 잠재적 사상가를 깨워야 합니다. 이건 통일적으로 가르칠 수 있는 방법이 없습니다. 하나의 모범 사례를 만들어야 합니다. 그래서 논문 지도가 상당히 중요합니다. 왜냐하면 지도과정에서 학생을 어느 정도 이해할 수 있고 진짜 교류도 일어나기 때문입니다.

또 한 가지, 제 생각엔 작은 토론 모임들을 비정기적으로 조직하는 방법이 효율적입니다. 논문이나 연구과제와는 관계없는 것입니다. 이렇게 계속 소소한 공공 담론장이 살아나야 합니다. 두 번째로 사상이 유기적이어야 합니다. 유기적이라는 의미는 사상과 현실의 경험이 일치해야 한다는 것입니다. 모든 사상은 경험에서 우러나오는 것입니다. 이게 아주 자연스러운 것 같지만 사실은 훈련이 필요합니다. 계속 훈련해야 하고 관찰의 정확성을 길러야 하고, 신속하게 추리할 수 있고, 논리적 맹점을 찾아낼 수 있어야 합니다. 무슨 일이 발생하면 함께 둘러앉아서 깊이 있게 이야기할 수 있어야 합니다. 간단한 일이 아닙니다. 그건 무슨 시사 분석 같은 게 아닙니다. 우리가 정책 건의를 하려는 건 아니니까요. 가설을 세우고 관찰과 사고능력을 키웁니다. 지금 우리에게 부족한 건 이런 끊임없는 토론입니다. 가장 큰 적은 성급하게 무언가 이루겠다는 마음입니다. 뭐든 빠르게 결론 내려 하고 시간을 들여서 생각을 정련하지 않습니다.

W: 칭화대학을 방문해서 대학원생들과 교류하셨는데요, 평소에 옥스퍼드에서 이런 일을 하시지는 않죠? 그날 토론을 나누는 것을 보니 모두 스펀지 같았습니다. 서로 마음을 열고 상대방의 생각을 충분히 흡수하려고 하더군요. 이게 비교적 이상적인 상태이지 않을까요?

X: 그렇습니다. 맞게 관찰하셨어요. 제가 중국에서 누릴 수 있는 이점은 이런 것이죠. 칭화대학의 이런 분위기는 당연히 왕후이 선생의 노력과 분리해서 생각할 수 없습니다. 왕 선생님이 쌓은 기초가 큰 공간을 만들었고 제도적으로도 지원을 얻고 있습니다. 그리고 학생들의 열정이 저를 감동시켰습니다. 생각해보지 못했던 일입니다. 제가 말한 내용은 다 소소한 것입니다. 무슨 중국의 운명에 관한 것이 아니었죠. 그래도 관심을 가지고 저를 격려해줬습니다. 당연히 이런 교류를 유지하기를 바랍니다.

하지만 한편으로는 저도 조바심 내는 면이 있습니다. 굉장히 실제적인 연구를 하고 싶다는 욕심이 있고, 늘 흥미 있는 평론만 하는 것으로는 부족하다고 느낍니다. 반드시 실제적인 것을 만들어내야 다른 사람들이 검증할 수 있습니다. 지금 얘기하는 건 모두에게 각성을 주고 하나의 방향을 제시하기 위한 것일 뿐입니다. 이런 한계에 직면한 건, 현재 제가 사는 세계가 분리돼 있기 때문입니다. 제가 지금 옥스퍼드에서 가르치는 내용은 중국과 관계가 있지만, 중국에 있을 때와는 착목점이 다릅니다.

예를 들어 제가 2018년 논문으로 발표한 '인프라화Infrastrutural

ization'를 이야기할 때, 그 의미는 아시아 정부가 인력을 키우고 기타 정책에 자원을 투입할 때 보통 사람들이 창업해서 수입을 늘리기에 좋은 환경을 만드는 것입니다. 이때 하드웨어와 소프트웨어를 망라한 각종 인프라를 제공하는 것이죠. 하지만 인프라를 제공한다고 해서 반드시 창업을 잘하고, 수입이 늘 수 있는 건 아닙니다. 그보다는 사람들이 이런 복리에 쉽게 접근하도록 가능한 조건을 제공해야 합니다. 이게 아시아 국가들의 발전과정에 대한 일종의 개괄이긴 합니다만, 이런 설명은 임팩트가 부족합니다. 다른 예를 들자면 제가 2014년에 제안한 '준이민would-be migrant' 혹은 '예비 이민'이라는 개념이 있습니다. 이민을 연구할 때 모두들 이민을 가는 시점에서 출발해서 보지, 다시 귀국한다든가 이민하기 전에 기다리는 기간을 중요하게 여기지 않고 별로 설명도 하지 않습니다. 하지만 제가 보건대 현실 생활은 정반대입니다. (상당 기간) 출국을 기다려야 하는 게 가장 보편적인 경험이고요, 이건 보통 사람들의 생활에 직접적인 영향을 미칩니다. 나가기를 기다리는 사람 중에 실제로는 소수만이 나갈 수 있고, 이것도 우연적인 변수에 의해서 결정됩니다. 지금 정부의 관리제도는 꽤 자리가 잡혀 있습니다. 어떻게 유동하는지는 전후 규정이 모두 명확합니다. 오히려 어떻게 기다리는지가 복잡한 문제이지요. 기다리면서 뭘 할 수 있을까요? 몇 년을 기다렸는데 출국이 불가능해지면 어떻게 해야 합니까? 그래서 제 분석의 핵심은 실제 유동과정이 아니라 이렇게 유동을 기다리는 과정입니다. 옥스퍼드에서는 주로 이런 내용으로

방법으로서의 자기

발표했는데 정치적으로 직접적인 임팩트는 별로 없었습니다. 아직 이 문제에 대해서 답을 얻지 못했습니다. 그쪽에서는 이곳 문제를 생각하고, 이쪽에서는 그곳의 문제를 생각합니다. 아마 상호적으로 인증할 수 있을 것 같습니다. 하지만 어떻게 더 유효하게 결합해야 할지 잘 모르겠습니다.

W: 지난번에 옥스퍼드에서 대담을 나눌 때, 전환과정의 보틀넥을 경험하고 있다고 말씀하셨습니다. 동서양 사이에서 그리고 인류학 연구와 더욱 정치적인 공공 문제의 참여 사이에서 아직 해결 방법을 찾지 못하고 계십니까?

X: 네, 아직입니다. 아마 저뿐 아니라 많은 학자가 이 문제를 고민할 겁니다. 하지만 제 문제가 좀더 첨예하긴 합니다. 왜냐하면 제가 지도하는 이 이민 연구의 석사과정 프로젝트가 명백히 서구사회 공공 담론의 영향을 받기 때문이지요. 이를테면 난민 위기, 이민사회의 통합, 2세 교육 등 모두 건너뛸 수 없는 중요한 문제입니다. 저 자신도 비교적 정치적 의식이 있고, 지역 문제의 해결을 위한 참여를 강조하고 있는데, 이 문제에 대해서 개인적으로 충분히 참여의식을 느끼지 못하고 있습니다. 그래서 긴장감을 느낍니다. 이것도 우리가 지금 이야기하는 중개자 역할로서의 사회과학과 인류학에 대한 것입니다. 첫 번째는 활동가와 기타 학과의 학자들 사이에서의 중개자 역할이고요. 두 번째는 다양한 의미를 형성하는 것과 이를 표현하는 것 사이의 중개자 역할입니다. 사회 조사와 인문예술 간의 관계처럼 말이죠. 세 번째는 아마 제게 가장 중요한

것일 텐데요, 로컬 문제와 글로벌 관점 사이의 중개 역할입니다.

어떤 문제든 그게 진짜 문제라면 모두 로컬한 것입니다. 지금 우리에게 가장 큰 문제는 사회 조사, 사회분석 이론이 모두 이미 지나치게 글로벌화돼 있다는 겁니다. 학술지든 학술 회의든 모두 같은 개념과 이론을 사용합니다. 이런 식으로는 실제 문제가 어디에 있는지 표현하기가 어렵습니다. 말하는 것도 서로 다 통하고, 글을 쓰는 데도 문제는 없습니다. 하지만 문제의 내부에 있는 디테일한 특성이 어떻게 설명될 수 있을까요? 어떻게 사람들에게 영향을 끼치고, 충격을 줄 수 있을까요? 로컬이라는 건 복잡합니다. 문제의 기원이 로컬할 뿐 아니라 문제가 발생하는 곳도 로컬입니다. 그리고 청중은 특정한 이해와 경험을 가지고 있습니다. 그래서 서사도 로컬에 기반해야 합니다. 그 지역의 로컬 문제를 파악하기 위해서는 글로벌하게 통용되는 학술 언어와 어느 정도 거리를 유지해야 합니다. 하지만 동시에 글로벌한 시점도 가질 수 있어야 합니다. 하나의 커다란 도경 안에서 어떤 위치에 있는지 볼 수 있어야 합니다. 그래야 더 좋은 판단을 할 수 있죠. 그래서 저는 인류학이 이처럼 하나의 중개자가 돼야 한다고 생각합니다. 무슨 비교 연구를 한다는 것이 아닙니다. 우선 우리가 느끼는 걸 써내고, 그리고 다른 사람들 모두 서로 참조하도록 하는 거죠.

이런 상호 참조과정에서 이론이 필요합니다. 이론과 군중 노선의 관계에 대해서 이야기한 적이 있습니다. 이론이 중개 역할을 한다는 건 마오쩌둥이 이야기한 군중 노선 이론과 비슷합니다. 군중으로부터 출발해서 군중으로 돌아간다는 말 말입니다. 이런 과정에서 우리는 이론이 필요합니다. 왜냐하면 이론을 통해서만 흩어져 있는 경험을 모아 결론을 낼 수 있기 때문입니다. 이 결론이 흥미롭고, 유기적이고, 유용할 때에만 군중이 들고 가서 사용할 수 있습니다. 더 중요한 건 군중 속으로 돌아갈 때 이 경험이 왜 유용한지, 어떻게 이용하는지, 사용한 후에 어떤 결과를 기대할 수 있는지 설명할 수 있는 이론이 필요하다는 겁니다. 이론은 이렇게 상호작용을 위한 것입니다.

왜 13세기의 유럽, 특히 14, 15세기의 파리에서 현대의 대학이 기원했을까요? 인구의 유동과 관계있습니다. 인구 유동이 사람들 간의 상호작용을 가져옵니다. 제 가설은 사람이 추상적이면서도 실증적인 이론화 능력을 발전시키게 된 하나의 주요 추진력은 사람의 유동이었다는 겁니다. 왜냐하면 서로 다른 사람들이 만나서 상호작용이 필요해지기 때문입니다. 서로 왕래하면서 교류하고 비교하고 왜 우리의 생각이 다른지 해석을 해야 했습니다. 그리고 어떻게 하면 합의를 이룰 수 있는지도 생각하게 되는데, 이 과정에서 이론이 나오게 됩니다. 만일 완전히 동질적이고 폐쇄적인 커뮤니티나 그룹 속에 있다면 이론을 만들어 생활을 해석할 필요가 없을 겁니다. 일방적으로 설명하는 종교, 전설, 규칙만 있으면 족하죠. 제가 이런 가설을 제시하는 이유는 이론이란 게 상호작용하는 것이고 일종의 권유를 위한 설명이며, 일종의 동원 능력이라는 것을 설명하기 위해서입니다. 만일 이런 상호작용의 정신이 없다면 진짜 이론이라고 할 수 없습니다.

　앞서 설명한 제가 생존하는 방법은, 낙관적으로 말하자면 일종의 중개자 역할이라고도 할 수 있습니다. 로컬 문제와 글로벌한 시각을 중개하면, 이 과정에서 새로운 이론이 싹을 틔울 겁니다. 예를 들어 제가 인프라성 권력이나 인프라화에 대한 설명을 할 때, 이게 그저 학구적이고, 글로벌 시각을 비교하는 것일 뿐이라고 생각할지 모릅니다. 하지만 이 작업은 제가 로컬 문제를 이해하는 데 도움을 주기도 합니다. 인프라화라는 모델은 사람들에게 직접 무언가를 가져다주지는 않습니다. 대신에 사람들이 일을 찾도록 돕고, 훈련을 시켜주고, 일종의 기술적인 권능을 부여empowerment합니다. 스마트폰에 위챗을 깔면 사용자는 바깥세상과 연결돼 있다고 느끼는 것과 같습니다. 그렇다고 무언가를 스스로 조직하는 것을 허락하는 것은 아니죠. 대신에 잠재적 능력potentiality을 만드는 겁니다. 취업을 하거나, 창업을 하거나, 돈을 벌 수 있도록 돕습니다. 하지만 실제 취업, 창업, 발전의 기회가 반드시 증가하는 것은 아닙니다. 국가가 발전을 위해 자원의 투입을 증가시켜도 국민의 복리가 꼭 실제로 늘어나는 것은 아닙니다. 대체 누가 이런 잠재적 능력의 실제 혜택을 보게 될 것인가는 꽤 흥미로운 문제입니다.

　저는 최근에 중국 내 회의에서 발표된 논문 몇 편을 읽었습니다. 확실히 좌파 학자들이 제기하는 문제가 우파 학자들에 비해 적지 않습니다. 그런데 그런 교조적인 방식으로 제국주의나 서방을 반대하는 논리는 중국 사람들 자신의 목소리로 느껴지지 않습니다. 기본적으로는 서구의 좌파 이론을 베껴 쓴 것이지요. 대체로 중국의 실제 경험과는 거리가 멉니다. 착취나 '몸의 정치' 같은 이야기를 보통 사람들이 이해하기는 어렵습니다. 굉장히 거친 환원주의이자 조야한 엘리트주의이기도 하고요. '여러분은 지금 속고 있습니다. 제가 진실을 말해드리죠.' 저는 이런 말과 태도가 싫습니다. 거친 언어의 세계화입니다. 중개자로서의 역할이 전혀 없습니다.

W: 그렇게 말씀하시니, 많은 학자가 글로벌라이제이션 문제를 단순히 신자유주의로 귀결시키던 것이 떠오릅니다. 신자유주의만 물리치면 모든 문제가 해결 가능할 것 같죠. 하지만 이런 이론 프레임이 충분히 유효할까요? 우리는 그럼 대체 이론을 찾아서 문제를 설명해야 할까요? 아니면 철저하게 이런 개념을 뒤엎어버려야 할까요?

X: 저는 이런 말을 사용하지 말아야 한다고 생각합니다. 글로벌 신자유주의가 대체 뭔가요? 글로벌은 뭡니까? 신자유주의는 원래 무슨 뜻인가요? 분명치 않습니다. 중국에도, 미국에도 신자유주의가 있는데 차이가 아주 큽니다. 그런데 어떻게 하나의 단어로 설명할 수 있나요? 정확하지 않습니다. 그런데 왜 모두가 사용하나요? 왜냐하면 담론 권력을 유지해야 하기 때문이죠. 학자들이 서로 인정하고 회의에서 발표하는데, 결과적으로 보통 사람들은 그걸 인정하지 않습니다. 이건 학술적인 노력이나 내공이 부족한 건 아닙니다. 학술 문제가 아니라 실제의 실천 문제입니다. 학자들은 학계에

진입하고 다른 학자들의 인정을 받기 위해서 글을 쓰는데요, 우리의 조사 대상인 보통 사람들은 우리가 무슨 이야기를 하는지 이해하지 못하죠.

저는 새로운 이론을 만들고 싶은 생각이 없습니다. 그런 방식이라면 새로운 담론 권력을 만드는 것뿐이죠. 의미가 없습니다. 그래서 로컬 문제로부터 시작해야 합니다. 제가 말하는 글로벌 시각이라는 건 하나의 답을 제시하기 위해 이미 만들어진 글로벌 개념이 아닙니다. 대신에 다양성에 주의를 기울이고, 최대한 여러 사례를 참조하면서 스스로 만들어나가는 것입니다. 중국은 어떻게 하는지, 인도는 어떻게 하는지 보고, 가다가 길을 잃어도 상관없습니다. 어차피 이건 평생 걸어가야 할 길이죠. 그러니 뭔가를 대체하고자 하는 것도 아닙니다. 우리는 반드시 이런 단일한 프레임에서 멀어져야 합니다.

다시 향신을 말하다

W: 원저우로 돌아왔으니 다시 향신 이야기를 해봤으면 합니다. 이곳에서의 생활 경험이 향신 정신의 원천인 것이죠?

X: 향신 정신은 제 내면의 자주성의 근원입니다. 그렇다면 향신 정신 자체는 어디에서 온 것일까요? 그건 일상생활의 디테일에 대한 관

심입니다. 우리가 원저우에서 절편松糕을 어떻게 만드는지, 어묵魚丸을 어떻게 뭉쳐 만드는지, 하나하나 시간과 공을 들이는 과정 같은 것 말입니다. 이게 온가족이 함께 설을 쇠기 위한過年 집단 노동이고 수백 년간 지켜져온 지역의 문화입니다. 보통 사람들이 삶의 즐거움을 얻는 원천이죠. 우리는 이런 것들을 귀하게 여기고 지켜야 합니다. 지역마다 다 다르기도 하지요. 저는 이러한 민간의 생활문화에 대해서 굉장히 흥미를 많이 느낍니다.

민속 문화는 연구 대상으로서는 유행이 지나갔다고 생각했는데요. 갑자기 인문사회과학 분야에서 가장 '핫'한 학과 중 하나가 됐습니다. 왜냐면 문화유산을 신청하거나 관련 박물관을 짓거나 지역의 브랜드 이미지를 만들기 위해서 연구를 해야 하니까요. 물건도 진열하고 논증도 해야 합니다. 저는 이 흐름을 낙관적으로 보고 있습니다. 좋은 일입니다. 이런 자원을 이용하고 이런 풍속을 발굴하는 것은 하지 않는 것보다 낫습니다. 관건은 그다음 단계인데요, 학자들에게 태극권을 수련하는 태도가 필요합니다. '세勢'가 대단히 중요하지요. 왕후이 선생도 자주 말씀하십니다. '세'는 일종의 내재적이고 잠재적인 역량인데 확정적이지는 않습니다. 항상 존재가 변화할 가능성이죠. 이 세를 좇아 일정한 방향으로 진행해야 합니다. 지금 어떻게 민속 문화 연구라는 이 자원을 충분히 이용해서 기초를 다질 것이냐 하는 것이 관건입니다. 이 흐름이 그저 박물관의 진열품 정도로 머물러서는 안 됩니다. 일련의 서사가 된다면 좋고요. 이 강렬한 자각을 언어화한 후에, 튼튼한 기반 위

　　　　　　　　　　　　　　　　　　　주변의 상실

에 설 수 있게 됩니다. 일단 그런 자신감이 생기면 외부에서 온 것들을 잘 이해할 수 없을 때, 솔직히 잘 모르겠다고 용기를 내서 말할 수 있게 됩니다.

이런 대단히 디테일한 관찰이, 좀 과장해서 말하자면 안심입명安心立明의 의미를 갖게 합니다. 생활의 재미와 맛을 느낄 수 있고, 외재적인 이미지에 홀리지 않을 수 있습니다. 왜 이런 관찰을 하는 걸까요? 여기에 묘미가 있습니다. 많은 사람이 평소에 거의 관찰을 하지 않고 삽니다. 그런데 향신의 독특성이 여기 있습니다. 이게 원래 향신의 일이기도 한데요, 지방지地方誌를 써야 하기 때문에 이런 관찰이 필요합니다. 이 작업은 다시 학습과 수양으로 돌아옵니다. 사람의 생활에 대한 호기심, 끊임없는 질문, 이게 삶의 즐거움이 되죠. 인문 교육은 여기서 시작됩니다. 소위 지식이라는 것은 이 세상에서 발생하는 어떤 일이든 근거를 가지고 이해한다는 것을 의미합니다. 여기서 시작해서 관찰하고, 내용을 다집니다. 천천히 다져진 내용으로 기반을 만들어냅니다.

W: 예전에 외삼촌에게 영향을 많이 받았다고 하셨는데 이번에 원저우에 와서 함께 그분을 뵙고 나서 깨달았습니다. 과연 원저우에 대해서는 이곳이 어떻게 돌아가는지, 뭐든 알고 계시더군요. 정말 구체적으로 향신은 어떤 분인가를 실감할 수 있는 사례였습니다. 중국 사회에 이런 분이 많아져서 각 분야에 포진하고 있다면 좋을 것 같습니다. 한마디로 통일해서 정의할 수는 없을지 몰라도, 뭐든 자기 분야와 영역에 대해서 잘 알고 있고, 그래서 그에 대해 설명할

수 있고 게다가 그 내용이 흥미롭다면 생활의 질과 깊이가 달라질 것 같습니다.

X: 이 질감이 아주 중요합니다. 예전에 지역을 홍보하는 다큐멘터리를 보면 내용이 굉장히 과장돼 있죠. 원저우의 어묵을 어떻게 만드는지 소개하는 것이었습니다만, 질감이 느껴지지 않습니다. 이런 차이는 미세한 것처럼 보입니다. 학생들에게 박물관 견학을 시키면 이 질감을 느끼지 못합니다. 그 정신은 말할 필요도 없습니다. 박물관은 그냥 옛사람들 위주의 서술 프레임을 갖고 있을 뿐입니다. 저는 실증을 강조하는데요, 전형적인 실증주의적 요구입니다. 모든 진실은 이미 일어났던 일에서 발견할 수 있다는 것이죠. 이 말이 철학적으로 뒷받침되는 건 아닙니다. 왜냐하면 머릿속에서 발생한 일들도 정말로 일어난 것이니까요. 하지만 외재적인 것들은 쉽게 말장난으로 가지고 놀 수 없습니다. 구체적인 어묵은 중요합니다. 이걸 그냥 가볍게 개념으로 치부해버릴 수 없습니다. 이게 원저우의 상징이라고 말해버리는 식으로요. 반드시 물리적 의미로 어떻게 만들어지는지 알아야 합니다. 그래야 기초와 정신이 모두 살아납니다.

W: 외삼촌의 표현 방식은 굉장히 생동감 넘치는 것 같았습니다. 모두 구어를 사용하죠. 특별히 아주 구체적인 것으로부터 출발합니다. 예를 들어 친척 중에 누가 있고, 식탁 위에 어떤 요리가 있고, 바로 하나의 이야기 혹은 지역의 지식망에서 정보를 끌어낼 수 있습니다. 이런 설명 방식이 선생님께 어떤 영향을 끼쳤는지 이해할 수

있었습니다. 그렇지만 지금 우리가 이런 설명력을 길러내려면 많은 훈련이 필요할 것 같습니다.

X: 아주 어렵습니다. 제가 옥스퍼드에서 학생들을 지도할 때, 그들에게 우선 자기 주변의 상황에 대해서 분명하게 이야기하도록 합니다. 그리고 나서야 자기 연구에 대해 명확하게 설명할 수 있죠. 이게 실증의 능력입니다. 제 외삼촌은 젊었을 때 아웃소싱 가공업을 했습니다. 원저우에는 작은 상품의 공장이 많은데, 이들이 제 외삼촌에게 위탁해서 제조 가공의 한 프로세스를 맡겼습니다. 외삼촌은 기계 작업대를 하나 사서 자기 집 부엌에서 외숙모와 함께 가공작업을 했습니다. 나중에 두 사람의 직원을 고용하기도 했고요. 굉장히 성실했습니다. 그리고 머릿속에 아주 풍부한 지식이 있었습니다. 생활 속에서 세심하게 관찰하기도 하고요. 어머니가 어렸을 때 외삼촌이 유리창을 어떻게 닦았는지 얘기해주셨는데요, 영원히 일을 끝내지 못할 것 같았답니다. 신문지를 사용해서 닦았으니까요. 외삼촌은 글자만 보이면 우선 읽기 시작했답니다. 하지만 아쉽게도 학업을 지속하지 못했습니다. 이런 사람들이 중국에는 아주 많습니다.

W: 원저우로 돌아와 가족이나 동문을 만나는 것은 어떤 면에서 자극이 됩니까? 특히 베이징과 비교하자면요.

X: 어쩐지 시간과 공간을 건너뛰어 다른 세상으로 온 느낌을 받습니다. 이렇게 저를 일깨워줍니다. 세계에는 다양한 면이 있다는 것을요. 또 한 가지는, 동문이나 가족들과 이야기하다보면, 제가 하

는 일들이 더 유기성을 갖게 됩니다. 어쨌든 저는 책벌레이니까요. 제가 아무리 평범한 언어를 사용하려고 노력해도 한계가 있습니다. 어제 동창회를 하는데, 주로 남녀관계에 대한 (야한) 농담을 나눴습니다. 평소에 이런 이야기를 듣는 일도 적고, 어떻게 참여해야 하는지도 알지 못합니다. 이런 경험을 하는 것이 인류학자에게는 굉장히 중요합니다. 왜냐하면 보통 사람들은 일상의 교류 중에 이런 화법을 많이들 구사하기 때문이죠. 실제적 의미는 없습니다. 하지만 남녀관계는 확실히 중요합니다. 터무니없는 이야기라고 할지라도 말입니다. 그래서 사람들이 어떤 그룹에 속하느냐에 따라서 교류 방식이 다르다는 것을 스스로에게 상기시킵니다.

이 경험을 통해 왜 남녀관계가 일종의 웃음거리가 되는지 생각해볼 수 있습니다. 이런 야한 얘기는 동창회 모임에서는 빼놓을 수 없는 화제가 됩니다. 아마 연령과도 관계가 있을 듯합니다. 중국에서 40대나 50대가 되면 벌써 '중성화去性別'되거나, '성별의식을 뛰어넘게超性別' 됩니다. 아이들은 이미 다 컸고, 예전의 첫사랑 얘기 같은 건 하지 않습니다. 그래도 청춘 시절을 좀 그리워하긴 하죠. 저도 예전에 같이 이런 잡담을 했는지 기억은 나지 않습니다.

그리고 중국 사람들의 섹스나 젠더에 대한 인식과도 관계가 있습니다. 서구사회에서 이런 농담은 동창들 사이, 이런 사회 계층에서는 상상하기가 어렵습니다. 남녀 동창이 같이 있으면 특히 그렇죠. 서구인들에게 섹스는 매우 직접적으로 다뤄야 하는 일이고 감출 필요가 없습니다. 그래서 특정 연령에 도달해야만 자유로워질 수 있는 게 아닙니다. 서구 사람들에게 성적 농담을 한번 해보세요, 예를 들면 성희롱과 관련된 이야기들. 우선 여러분은 사실을 이야기하고 있는 건데 상대방은 굉장히 놀랄 겁니다. 그럼 이렇게 말씀하시겠죠. 뭘 그리 긴장합니까. 그냥 농담입니다. 상대방은 더 어리둥절할 겁니다. 그들에겐 하나도 재미있는 이야기가 아닙니다. 그런데 우리는 이런 야한 농담을 하면 해방감을 느낍니다. 그리고 해방감을 통해서 그 그룹의 특수한 친밀감을 형성합니다. 그래서 재미있습니다. 이런 농담은 심지어 인도나 일본에서도 불가능합니다. 구체적으로 어떤 사람들과 함께 있느냐를 봐야 합니다. 이건 젠더 문제에 대한 이해와도 관련이 있습니다. 중국의 동창회에서는 남녀가 동등한 발언권을 부여받습니다. 주량도 평등하죠. 하지만 여성은 항시 어떤 성별 역할을 기대받습니다. 여성들도 이런 성차별적 농담에 대해 별로 신경 쓰지 않죠. 여성들이 심지어 강한 어조로 이런 주류의 젠더 역할을 받아들여야 한다고 교육을 합니다. 눈치를 보던 며느리가 나중에 억센 시어머니가 되는 식으로 말이죠. 그래서 (중국의) 젠더 관계는 평등하면서도 불평등합니다.

W: 이런 식사 모임이나 사적 교류의 현장에서 적극적인 참여자 역할을 취하십니까 아니면 방관자가 되십니까? 좀 스트레스를 받으시지 않나요?

X: 옆에서 웃으려고 노력합니다. 당연히 회식할 때 저도 중요한 역할을 부여받습니다. 외국에서 돌아왔으니까요. 왕따 당하는 것도 아니고 또 그렇다고 지나치게 깊이 들어가지도 않습니다. 이게 중요

합니다. 모임을 통해서 직접 사회의 분위기가 어떻게 만들어지는지 느낄 수 있습니다. 그렇다고 스트레스를 받는 건 아니고요. 저로서는 좋은 관찰 기회입니다. 요 몇 년간 사람들과 어울리는 능력이 떨어졌습니다. 아마 에너지의 문제일 겁니다. 이게 에너지를 많이 필요로 하거든요. 저는 이런 면에서는 비교적 행운아입니다. 제가 고급 지식인 가정에서 태어나지 않았기 때문이죠. 고급 지식인 가정은 다소 폐쇄적입니다. 사귀는 친구, 동료들이 대부분 같은 배경이니까요. 그래서 사람들과 어울리는 능력이 좀 떨어집니다.

어떤 때, 이런 모임에서 나눈 대화가 제게 굉장히 재미있는 실마리를 줍니다. 어제 밥을 먹으면서, 아이들 유학 문제에 대해 토론했는데요. 한 친구가 다른 동창생이 SNS에 쓴 글 얘기를 해줬습니다. 어쨌든 유학을 보낼 생각인데, 나가기 전에 꼭 첫사랑의 경험은 하게 해주고 싶다고요. 왜냐하면 내보내기 전에 아이들이 '정상(이성애자)'인지 아닌지는 확인을 해야 하니까요. 그래야 안심할 수 있다고. 남자 동창들은 모두 찬성하고, 두 명의 여자 동창은 반대하더군요. 그중 한 명이 만일 아이가 정말 동성애라면 받아들여야 한다고 말했습니다. 늦게 받아들일수록 괴롭다는 거죠. 남자 동창생이 다시 반박했습니다. 바깥에 나가서 나쁜 걸 배우면 받아들일 수 없는 것 아니냐고요. 만일 딸이, 인도인이나 아랍 사람 혹은 흑인을 배우자라고 데리고 오면 분명히 기분이 나쁠 거라고요. 그런데 동성애도 괜찮다고 하던 여자 동창생이 이 말에는 동의를 하더군요. 저는 궁금해서 물어봤습니다. 아랍인, 인도인이 무슨 문제가 있냐고요. 그 친구가 답하길 지능 문제가 있을 거라고 하더군요. 아시아인과 유대인의 지능은 110, 미국의 흑인은 90, 아프리카의 흑인은 80이랍니다. 이런 이야기가 저를 자극했습니다. 배후에 상당히 풍부한 의미가 있죠. 직접적으로 제 연구 과제인 '사람의 재생산'과 관련이 있습니다. 앞서 이야기한 유동성과 보수성이 긴밀한 관계를 가지고 있습니다. 유동과정에서 보수성이 어떻게 나타나느냐 하는 것이죠.

W: 이게 모두 연구의 원재료가 되는군요.

X: 데이터 수집이라기보다는 공부할 기회가 되는 거죠. 모든 사람의 나름대로의 자기합리화 이유를 짚어보는 겁니다. 이런 모임이 학자들과의 교류보다 더 재미있습니다. 좀 불편할 수도 있지만 재미있습니다. 굉장히 자극이 되니까요. 지식인들과의 교류는 자기 인증에 가깝습니다. 서로 인증하는 거죠. 학회의 패널 토론처럼요. 동창회에서 이렇게 '(새로운 것들이) 쨍하고 드러나는' 것을 보는 게 재미있습니다.

저한테 이모가 한 분 계신데, 학교에서 운영하는 공장에서 일하셨습니다. 나중에 읍내에서 소가죽 구매상을 하시다가 분식점을 열게 됐죠. 굉장히 오래 그 일을 하셨는데, 어떤 때는 이분을 통해 배우는 것이 적지 않습니다. 네덜란드인 학자인 프랑크 디쾨터(1961~)가 중국 근현대사를 연구하면서 주로 '대약진운동' 기간에 관한 자료를 언급합니다. 간부들이 회의하면서 식사를 하는데, 소고기, 밥, 차를 얼마나 사용했는지 데이터를 아주 자세히 보는 겁니다. 그 당시 기아로 많은 사람이 굶어 죽었죠. 이모부가 그때 배부르게 먹지 못했다고 얘기하면서 이상한 일이라고 불평을 합니다. 농민들이 자기가 생산한 것도 배부르게 먹지 못했으니. 이야기를 듣자마자 저는 이 연구의 데이터들을 이야기했습니다. 어떤 회의에서 얼마나 먹었는지. 그런데 이모가 바로 한마디를 합니다. 그때 그 음식들을 그 자리에서 먹은 게 아니라 다 집으로 싸들고 갔다는 겁니다. 굉장히 직관적인 반응이죠. 바로 두 가지 정보가 이 안에 있는 겁니다. 첫째, 이모는 정부의 징세와 기아의 관계를 반박하지는 않았습니다. 둘째, 프랑크가 알고 있던 것과는 다른 사실이 드러납니다. 관료들이 크게 부패해서 농부들의 생산물을 빼앗아서 많이 먹었다는 건데, 사실은 조심스럽게 집으로 싸들고 가서 나눠 먹은 거죠. 일종의 간부 가족 안의 재분배라고 볼 수 있습니다. 농민들의 수확물을 거둬서 상층에서 재분배를 한 겁니다. 이건 원래 제가 머릿속으로 상상하던 주지육림식의 추잡한 행위와는 좀 다른 거죠. 이 판단은 대단히 정확한 겁니다. 당시에 음식을 낭비할 수는 없었습니다. 자기가 혼자 먹어치울 수도 없고요. 일종의 바텀업 재분배로 혹은 역방향 재분배로 볼 수 있습니다. 이야기를 들으면서 체제가 어떻게 운영됐는지, 구체적 사실이 풍부하게 드러납니다.

이런 일상생활의 인내심과 느긋함을 베이징에서는 느낄 수 없습니다. 베이징은 대도시이고, 누구와 이야기하든 언어가 대단히 통일적입니다. 원저우는 다릅니다. 원저우어는 좀 특이한데요. 푸

통화로 바로 번역되지 않는 말이 많이 있습니다. 그래서 사람들 생각도 상대적으로 독립적인 것 같습니다. 또, 원저우와 체제 사이에서 거리도 느껴집니다. 이런 거리를 두는 느낌이 없으면, 무턱대고 체제를 변호하든지 아니면 그 반대이겠죠. 당시의 간부들이 금수만도 못한 탐욕스런 인간들이 되는 겁니다. 현실은 그보다 복잡한 것이죠. 이렇게 거리를 두고 보는 관점이 정확성을 낳은 겁니다.

2부

996과 소외異化:
도시의 새로운 빈곤층,
경제적 빈곤과 의미의 빈곤

『청년지』* 인터뷰, 2021년 1월

'내권內卷'과 '996'**으로부터 생겨난 스트레스와 불안감은 2021년이 되어서도 계속해서 이어지고 있다. 여기에 최근 핀둬둬拼多多***노동자의 돌연사와 같은 일련의 사건으로 인해 '노동'이나 '직장'의 의미를 둘러싼 여론의 분위기는 더욱 뜨거워지며 복잡해지고 있다. '노오력'이라는 말은 막 사회에 진입한 사회 초년생과 오랜 기간을 직장에서 묵묵히 일해왔던 사람 모두에게 더 이상 큰 공감을 얻지 못한다.

● 사회학과 인류학을 바탕으로 중국 청년층과 청년문화 연구에 전념하는 연구컨설팅 단체.
●● 오전 9시 출근, 오후 9시 퇴근, 주 6일 근무라는 뜻으로 중국 IT 기업들의 살인적인 야근 문화를 비판하는 용어.
●●● 중국의 신흥 전자상거래 플랫폼. 박리다매를 특징으로 한다. 저소득층, 노년층, 농촌 소비자들의 인기를 끌면서 크게 성공했다.

이제는 오히려 노동에 대해 회의감 섞인 목소리가 나오기 시작했다.

『청년지青年志, Youthology』는 오늘날 우리가 노동과 직장에 대해 그저 분노하거나 좌절하기보다는 어떻게 하면 이를 둘러싼 문제를 좀더 깊게 이해해볼 수 있을지, 또 어떠한 방식으로 일상생활에 기반해 주도적으로 행동할 수 있을지를 생각해보았다. 우리는 "일이란 무엇이고, 일의 의미란 무엇이며, 좋은 일이란 무엇인가"와 같은 심오한 문제와 마주할 필요가 있다. 이런 고민을 안고, 우리는 샹뱌오 교수를 찾아 이야기를 나누었다. 이들 문제의 해답을 찾는 데 도움이 되었으면 한다.

01 왜 도구가 되었다는 느낌을 강하게 받을까요?

'도구'는 무조건 부정적인 개념이 아니다

핀둬둬에서 한 직원이 과로사한 이후, 저는 인터넷 전자상거래互聯網大廠 업계의 업무 환경에 관심을 갖게 되었습니다. 그리고 그 과정에서 큰 규모의 전자상거래 회사들이 대부분 '소수 인원, 고강도의 노동, 높은 임금'의 형태로 사람을 고용하고 있다는 이해하기 힘든 현상을 하나 발견했습니다. 저는 이런 방식으로 고용하는 것보다 근로자 개개인에게 가는 돈이 줄어들더라도 사람들을 좀더 고용하고 인간적인 수준의 일을 시키면 안 되나 생각했습니다.

소수의 인원만을 채용하는 방식은 취업 시장의 경쟁을 더욱 심화시킵니다. 수많은 청년이 취업하기 위해 몰려들지만 소수만이 채용되죠. 그리고 회사는 이른바 '3-4-5'(3명이 4명분의 급여를 지급받으며 5명분의 일을 한다는 말)라고 해서 다시 이 소수의 인원에게 과도한 작업량을 할당합니다. 이들 근로자 개개인이 받는 임금은 일반 근로자들의 평균 임금보다는 높을 수 있어도 해야 하는 작업량은 다른 근로자들의 두 배에 육박합니다. 대체 왜 평균적인 작업량, 평균적인 임금이라는 형식으로 시스템이 돌아가지 않을까요?

저는 회사가 '소수 인원, 고강도의 노동, 높은 임금'의 형태로 사람을 고용하는 이면에는 '통제'라는 이유가 있다고 생각합니다. 물론 가설일 뿐입니다만, 업무 시간을 늘리고 근무 인원을 줄이는 대신 높은 임금을 통해 사람들을 끌어모으는 제도적 설계는 매우 팽팽한 경쟁 상황을 조성합니다. 이런 회사에 취직한 근로자들은 직장에 도착한 뒤 업무량에 치여 별다른 생각을 할 수가 없어요. 그냥 시간에 쫓겨 일할 뿐입니다. 인원도 적고, 동료들 간의 유대도 한정적이다보니 고용하는 입장에서는 통제가 더 쉬워지죠.

언뜻 보기에 이와 같은 상황은 고임금 일자리를 두고 사람들이 경쟁하는 형태 같습니다. 하지만 이들이 정말 다른 사람들과 경쟁하고 있는 것인지에 대해서는 다시 생각해볼 필요가 있습니다. 여기서 중요한 것은 경쟁을 하고 있는 A나 B가 아닙니다. 반대로 소수의 사람만이 참여할 수 있는 긴장 가득한 업무 환경을 누가 만들었냐는 것, 즉, 이 게임의 규칙을 누가 정했냐는 것이 더 중요합니다. 시간에 대한 압박과 업무 강도가 너무 세다보니 사람들은 소외

되었다는 생각과 함께 자신이 도구가 되어버렸다는 느낌을 강하게 받는 것입니다. 8시간을 일하더라도 어느 정도 완충 장치가 있으면 사람들은 도구가 되었다는 생각을 하지 않을 것입니다. 그리고 일이 모든 삶의 기초라고 생각할 필요도 없어지겠죠. 하지만 현실은 그렇지 않습니다. 따라서 사람들은 납작하게 짓눌리고 곧 도구가 됩니다.

사람들은 잠시 멈춰서 생각할 시간을 갖고 있지 못합니다. 그저 장기간의 고된 노동을 할 뿐이죠. 그리고 이것이 바로 사람들이 스스로 도구가 되었다고 느끼는 중요한 원인입니다.

02 일에 대해, 우리는 어떤 자기반성을 할 수 있을까요?

저는 '도구처럼 이용되는 사람工具人',• 즉 호구라는 말이 참 재미있다고 생각합니다. 많은 생각을 하게 만들어요. 왜냐하면 이 개념은 철학, 사회학의 범주에서도 매우 중요한 개념이기 때문입니다. 베버 이후, 사람들은 '도구적 이성'을 현대성과 현대화 과정에서 가장 두드러지는 특징이라고 생각하게 되었습니다.

'도구적 이성'의 기본적 의미는 무슨 일을 하고자 할 때 그 수

• 중국어로 공구인工具人은 '남을 돕지만 어떠한 보상도 요구하지 않고 항상 도구처럼 사용되고 부려지는 사람'을 칭하며 한국말의 '호구'와 그 의미가 가장 가깝다.

주변의 상실

단과 목적을 분리한다는 것입니다. 그렇다고 수단과 목적이 무조건 대립된다는 말은 아니에요. 어떻게 목표에 도달할지, 이를 위해서 어떠한 수단을 사용할지를 두고 이성적인 추리나 설계과정을 거친다는 뜻이죠. 베버는 초기 자본주의 사회의 자본 축적이 돈 그 자체를 위해서 발생했다기보다는 "열심히 일해 신에게 더 가까이 다가가기" 위한 하나의 수단이었다고 보았습니다. 즉 축적과정은 목적을 위한 하나의 수단이었죠.

베버의 관점에서 본다면 중국 문화에는 도구적 이성이 없었습니다. 유교 문화에서 무슨 일을 한다는 것은 그 자체로 하나의 최종적인 목적과 호응하는 것이어야 합니다. 과거 문인들은 관직에 나가 유가사상에 따라 사회적 관계를 조정하고 관리했으며, 인간의 본성을 성찰하는 동시에 백성을 교화했습니다. 여기서 관직은 유학의 가르침을 따르려는 목적과 직접적으로 연결되는 하나의 수단이었죠. 하지만 상인들은 그렇지 않았습니다. 이는 왜 과거 유교문화권에서 상인들의 사회적 지위가 낮았는지를 부분적으로 설명해줍니다.

반면 유럽은 중국과 달랐습니다. 유럽 공예 발전의 경로를 살펴보면 공예와 기술, 도구 사용이 굉장히 중시되었다는 것을 알 수 있습니다. 아시아에서는 일본만이 최소한의 조작적 의미에서 도구적 이성에 대한 이해가 매우 높았습니다. 지금도 일본인들을 보면 등산할 때 꼭 등산복을 입는 등 일상생활에서도 늘 그 상황과 목적에 맞는 복장을 착용합니다. 하나의 사물은 하나의 목적을 위한 것이죠.

직관적으로 이야기해볼 때, 도구를 강조하는 것은 현대 사회와 현대 경제의 매우 중요한 특징입니다. 물론 중국어에도 '일을 잘하려면 우선 좋은 도구가 필요하다工欲善其事, 必先利其器'는 속담이 있기는 하지만 이 말은 일상생활에서의 지혜와 관련된 말일 뿐 자신의 삶이나 인생 원칙과 관련된 것은 아닙니다. 오히려 이 속담은 초기의 도구주의를 보여주는데요, 여기서의 '도구'는 부정적인 의미로만 해석되지 않습니다. 하지만 이 개념을 어떻게 다시 활성화시킬 수 있을지에 대해서는 사고가 요구됩니다.

오늘날 우리는 도시의 새로운 빈곤층을 보고 있습니다. 하지만 그들이 겪고 있는 것은 '경제적 빈곤'이 아니라 '의미의 빈곤'입니다. 여기서 '의미의 빈곤을 겪고 있다'는 말은 사람들이 아무런 의미를 갖고 있지 못하다는 말이 아닙니다. 반대로 자신이 하는 일에 대해 직접적인 의미를 찾아야 한다는 것을 뜻하죠. 물론 사람들이 행하는 모든 일이 직접적으로 궁극적인 의미를 가질 수는 없습니다. 그럼에도 '의미의 빈곤'은 현대사회가 겪고 있는 큰 문제라고 할 수 있어요. 물론 청년들의 잘못은 아닙니다. 오히려 자신들이 하는 일의 의미를 알지 못하게 하는 우리 사회와 경제 체제의 구조가 문제입니다.

궁극적인 의미를 세우는 것은 쉬운 일이 아닙니다. 특히 우리 일상생활 속에서 의미를 찾는 것은 더 어려워요. 따라서 현대사회의 두드러진 특징인 도구적 이성의 핵심은 '연결 고리'를 구축하는 것이 되어야 합니다. 우리가 하고 있는 일은 (목적을 위한) 하나의 '수단'이에요. 하지만 수단 그 자체를 넘어 특정한 '의미'와 결합할 수 있어야 합니다. 그리고 그 결합의 방식 또한 구체적이어야 합니다. 수단들이 하나씩 연결되며 이어져야 하는 것이죠. 가령 기술의 발전이 그렇습니다. 기술도 이전의 기술을 이어받아 하나씩 이어지죠. 따라서 우리는 반드시 이 연결 고리를 넓게 펼칠 수 있어야 합니다.

한편 연결 고리의 관점에서 본다면 오늘날 청년들이 '소외'를 느끼는 것은 결코 이상한 일이 아닙니다.

과거 공장의 조립 라인에서 일하는 여성 노동자들의 작업은 전형적인 소외의 형태를 띠고 있었습니다. 조립 라인 앞에서 노동자가 느낄 수 있는 것이라곤 근육과 신경, 몸과 정신력을 동원해 똑같은 일을 끊임없이 반복하고 있다는 것뿐이었습니다. 지금 하고 있는 이 작업과 마지막에 생산되는 제품이 어떤 연관성이 있는지, 또 누가 이득을 보는 것인지 등 아무것도 아는 게 없었어요. 오늘날 전자상거래 업계에서 일하는 노동자들도 비슷합니다. 같이 일하는 동료와 특정한 관계를 맺을 수가 없어요. 회사에서도 실명을 쓰지 않으니 일을 그만두면 서로의 이름도 알지 못합니다. 마치 지하에서 비밀공작을 하는 것 같죠.

다시 '연결 고리'의 문제로 돌아가 이야기해봅시다. 연결 고리는 A의 일과 B의 일이 서로 연결되고, 동료 간 작업이 상호작용하며, 최종적으로 단기적 목표를 달성하는 것과 연관됩니다. 그리고 이 과정이 일이 의미 있다고 느끼게 되는 부분이죠. 예를 들어 몇몇 사람이 함께 머리를 맞대 창의적인 방법을 생각해내고, 상호작용을 하며 단기적인 목표를 갖게 되면 막연하게나마 자신이 하는 일이 종국적으로는 사회에 의미 있는 것이라고 느낄 수 있게 됩니다. 사실 막연하게 느끼는 것만으로도 충분해요.

하지만 현실적으로 볼 때, 우리가 매일의 업무 속에서 횡적으로 이어진 연결 고리를 직접적으로 느낄 수 있는 경우는 거의 없습니다. 그리고 이 업무의 연결 고리가 어디로 이어지는지도 일반적으로는 알 수 없어요. 왜냐하면 이 연결 고리는 실제적인 논리적 추론과정을 통해 만들어지는 것이 아니기 때문이에요. 많은 경우 자신의 업무와 다른 사람의 업무가 어떤 의미를 지니고 있는지를 알지 못합니다. 즉, 온전한 의미의 연결 고리가 형성되지 못한 것이죠.

오늘날의 청년들은 '반복적인 일'에 대해 왜 이토록 거부감을 느낄까요?

청년들은 일과 의미 사이의 연관성을 찾고 있습니다. 이들은 자신이 하는 일이 어떤 의미를 갖는지를 알고 싶어합니다. 따라서 자신이 하는 일에 대한 즉각적인 피드백을 원하죠. 자신이 하는 일의 의미에 대한 다른 사람의 명확한 대답을 필요로 하는 것입니다. 즉, '의미의 즉각성'이 필요하죠. 하지만 현실에서는 실현되기 어렵습니다.

청년들은 매일 같은 일을 반복하고 있다는 점에서 자신이 도구가 되었다고 느낍니다. 그리고 매일 같은 일을 반복적으로 하면서 업무의 반복성에 대해 반감을 갖지요.

저는 청년들이 반복성에 반감을 가지고 있다는 점이 참 흥미로 웠습니다. 왜냐하면 우리의 일이나 생활 대부분은 사실 반복적인 것의 연속이기 때문입니다. 생각해보세요, 우리는 매일 하루 세 끼의 식사를 반복하면서 살지 않습니까? 수천 년 중국의 역사에서도 가장 중요한 것은 '반복'이었습니다. 이전 세대의 생활 방식을 그대로 따르지 않는 자손은 '불초자손不肖子孫(가업을 잇지 않는 변변치 못한 자손)'이라고 불렸죠. '불초자손'에서 '불초不肖'는 닮지 않았다는 의미입니다. 아무튼 과거에는 '반복'이 정상적인 것이었어요. 오히려 선대의 일을 반복하지 않으면 문제가 생길 거라 생각했죠. 하지만 오늘날 청년들이 '반복'에 저항하고 이토록 민감하게 여기는 이유는 무엇일까요?

이를 이해하기 위해 앞서 언급한 '연결 고리'로 돌아가보죠. 자신이 하는 업무에서 즉각적인 의미를 직접적으로 보고 싶다면 일에서 직접적으로 흥분을 느끼거나, 매일 다른 일을 하며 새로운 일이 주는 신선함을 느끼고 이를 통해 정신적·감정적·심리적 만족감을 얻을 수 있어야 합니다.

하지만 큰일, 좋은 일을 하기 위해서는 반복이 필요한 법입니다. 사실 우리도 이를 알고 있어요. 반복의 의미는 매일 같은 일을 하는 데서 나옵니다. 일을 반복하다보면 그 일이 점점 깊어지고, 다른 사람이 하는 일과 계속해서 연결되며, 이후 하나의 큰일로 이어지는 것을 보게 되죠. 따라서 우리는 왜 사람들이 '반복성'에 대해 이토록 민감한지를 분석할 필요가 있습니다.

일반적으로 사람들은 의미에 대해 갈증을 느끼고 있습니다. 그리고 이런 심리적 갈망은 개체화個體化와 밀접한 관련이 있습니다.

언뜻 보기에 '도구화'와 '개체화'는 대립적인 것 같습니다만 실제로는 하나입니다. 현대사회의 사람들은 수많은 도구에 의지해 생활하고 다른 사람과 관계를 형성하지 않습니다. 늘 도구와 함께 붙어 있다보니, 개인의 자아의식은 갈수록 강해지죠. 한 사람이 하루 종일 자신의 머릿속이나 정신 공간 속에서만 생활하면 필연적으로 의미를 갈구해 자신을 지탱할 필요를 느낍니다. 이때 사람들은 하나의 폐쇄적인 '체계'가 되어버리죠.

그렇다면 여기서 체계란 무엇일까요? 독일의 사회학자 니콜라스 루만은 생물학의 '체계' 개념을 가져와 생명을 정의했습니다. 루만은 외부의 개입이나 간섭이 없는 상황에서 지속적으로 자기 순환을 유지할 수 있는 것을 하나의 생명이자 폐쇄된 '체계'로 봤어요.

청년들은 거대한 체계 속에서 일하며 생활을 이어나가고 있습니다. 그리고 청년들 또한 하나의 폐쇄된 '체계'가 되죠. 하루 종일 자신의 정신 공간과 머릿속 세계에서만 생활하다보면 사소한 심리적 문제도 큰 위기로 변할 수 있어요. 왜냐하면 청년들의 의식이 끊임없이 자기 강화를 하고, 폐쇄된 체계 속에서 계속 회전하며 스스로를 감정의 원자로로 만들기 때문입니다. 우리는 농촌이나 집

주변의 상실

근처 골목 귀퉁이에서 수다를 떨고 있는 아주머니들을 쉽게 찾아볼 수 있는데요, 이분들은 대체로 굉장히 활발하고 하루 종일 이야기하며 수다 떨길 원해요. 이 아주머니들은 청년들과는 다르게 자신의 머릿속에만 갇혀 생활하지 않습니다.

최근 중국을 보면 반려동물을 키우는 사람이 많아졌는데요, 사실 이런 문화 현상도 제 나이대 사람들에게는 신기한 일입니다. 사람과 동물의 관계는 중국의 전통문화와 서양이 서로 다릅니다. 하지만 오늘날의 청년 세대는 제가 생각했던 것 이상으로 반려동물에 관심을 갖고 있어요. 특히 코로나 바이러스 확산이 심각하던 시기에 더욱 그랬죠. 왜 우리는 반려동물을 필요로 할까요? 그리고 반려동물에게 자신의 감정을 투사하는 이유는 무엇일까요? 이는 반려동물이 사람의 '체계' 내부로 들어올 수 있는 몇 안 되는 생명 중 하나이기 때문입니다. 따라서 심리치료에 반려동물이 사용되기도 하죠. 하지만 솔직히 말해 저는 안타까운 마음이 듭니다. 젊은 사람들이 반려동물을 통해서라도 자신에게 자그마한 창문을 열어줘야 하는 상황에 이른 것이니까요.

오늘날의 소외는 이전의 소외와 다릅니다. 이전의 소외는 기계에 대한 증오와 물질·돈에 대한 숭배와 관련됩니다. 표면적으로 볼 때, 오늘날의 소외는 이전의 소외와 반대되는 것 같아요. 오늘날의 소외는 매우 거대한 개인을 만들어내는 것 같습니다. 여기서 거대한 개인이라는 의미는 삶 속에서 자기 자신만을 보고, 자신의 주체성과 개체성이 최소한 생활과 인식의 범위 내에서는 우주의 중심이라고 느끼는 것을 말합니다. 하지만 직장에서 혹은 자신이 하는 일 속에서 자신은 매우 작은 존재죠. 오늘날 청년들의 구체적인 표현(형식)들을 보면 이들이 겪고 있는 소외는 이전의 '소외됨'의 감정과는 다릅니다.

우리는 소외가 '사람의 소실'이라고 생각하며 사람의 중심성과 주체성을 반드시 다시 만들어야 한다고 생각하곤 합니다. 하지만 실제로는 그렇지 않을 수도 있습니다. 우리는 자신의 정신 공간에서 나와 다른 사람과 관계를 맺어야 합니다. 다른 사람에게 관심을 갖고 배려하며 그들에게 흥미를 느껴야 해요.

하지만 솔직히 말해, 오늘날 전자상거래 업계의 업무 환경을 보면 앞서 말한 것들을 실현되기가 쉽지 않습니다. 경쟁은 자신을 다른 사람에게 개방하거나 다른 사람과 연결할 기회를 주지 않습니다. 그러므로 우리는 지금과 같은 비판적인 토론과 반성을 시작할 필요가 있어요. 그리고 사회 구조를 변화시키기 위한 사회적 압력을 형성하는 것이 매우 중요합니다.

03 우리에게 '좋은 일'이란 무엇인가?

이 일이 나에게 좋은 일인지 아닌지는 다음과 같은 방식으로 확인해볼 수 있습니다. 바로 '반복하더라도 싫지 않은 일이 무엇인가?'라는 질문을 스스로에게 던져보는 것입니다. 반복해서 같은 일을 하더라도 두렵지 않다면 곧 좋은 일입니다. 왜냐하면 의미의 연결 고리 속에서 반복이 하는 역할을 볼 수 있기 때문입니다.

또한 협력해서 하는 것은 좋은 일입니다. 예술가의 작업을 예로 들어볼게요. 사람들은 예술가의 작업이 굉장히 개인적이고 창조적인 작업이라고 생각하곤 합니다. 하지만 예술가의 작업은 사실 협력적인 작업입니다.

일본 요리를 예로 들어볼게요. 일본 요리는 재료의 구매에서부터 모든 과정이 고려됩니다. 2~3명의 사람이 신선한 해산물을 전담하고 일부는 빵가루와 튀김가루를, 또 몇몇은 요리를 담당하죠. 화가들 또한 이와 같습니다. 광물과 식물 추출물에서 안료를 추출하는 사람이 있고, 누군가는 종이를 공급합니다. 만약 예술가가 자신의 작업이 적성에 맞는다는 생각을 한다면, 그 작업 속에서의 기쁨은 사실 다른 사람과 협력하고 공동체를 이룬다는 것에서 나옵니다.

모든 사람은 결국 '도구'가 될 수도 있습니다. 왜냐하면 사회 속에서 우리는 모두 상호 의존적이기 때문입니다. 따라서 다른 사람에게 쓸모 있는 일은 좋은 일입니다.

최근 사람들이 자신을 한 기계의 부품이라며 자조적으로 '나사'라는 단어를 사용하기 시작했습니다. 하지만 과거 사회주의 중국 시기, 나사는 "사회주의라는 거대한 기계에서 이름이 알려지지 않은 하나의 나사가 되는 것"이라는 레이펑雷鋒● 정신의 주요 상징이었습니다. 당시 나사라는 단어에서 사람들이 느꼈던 감정은

'소외'가 아니라 '자부심'이었을 것입니다. 물론 자부심을 느꼈다는 표현이 당시 노동자들의 상황을 얼마만큼 반영하고 있는지에 대해서는 재차 실증 연구를 할 수도 있겠습니다만, 제가 했던 몇몇 인터뷰에 따르면 완전히 허구라고 볼 수도 없습니다. 많은 노동자는 정말로 자부심을 느꼈습니다. 그리고 이러한 감정은 노동자들의 일상적 일, 생활과 연관되어 있습니다.

이와 비슷하게, 학문에 있어서도 '쓰임'에 대한 의식이 매우 중요합니다. 자신의 작업이 후속 학자들에게 어떤 공헌을 하고, 어떤 의미를 가질지를 고려하지 않고, 단지 자신의 똑똑함만을 뽐내고 싶어한다면 훌륭한 학자라고 할 수 없습니다. 자신이 쓴 글이 다른 사람의 글과 어떤 점에서 다르고, 어떤 점에서 창의적인지만을 상상해서는 안 됩니다. 왜냐하면 연구의 측면에서 학문의 목적은 혁신이 아니라 타인과 세계에 유용하게 사용되는 것이기 때문입니다.

가령 최근 들어 많은 청년이 자원봉사에 참여하는 것을 볼 수 있는데요, 운동회 같은 행사에서 보조 역할을 하는 일이더라도 굉장히 많은 청년이 참여합니다. 주요 역할이 아니라 도구로 쓰이는 업무인데도 말이에요. 학문도 마찬가지입니다. 학문은 순전히 저 개인의 일인 것만 같기도 합니다. 하지만 학문이라는 것도 결국 학자를 하나의 도구로 삼아 진행되는 것입니다. 제가 오늘 이 자리에

● 인민해방군의 모범 병사. 자신을 희생해서 공동체를 위해 봉사하는 정신을 상징하는 인물.

주변의 상실

있는 것도 마찬가지예요. 저와 여러분과의 이 대담이 사람들에게 하나의 도구를 제공할 수 있기를 바랍니다.

도구가 반드시 나쁜 것만은 아닙니다. 우리의 의미는 세계를 바꾸는 사람이 되는 데 있는 것도, 자신의 가치를 실현하는 것 자체에 있는 것도 아닙니다. 우리의 의미는 자신을 주체로 가치를 실현해 다른 사람들에게 쓰임이 되는 데 있습니다.

물론 우리는 여전히 경각심을 가질 필요가 있습니다. 앞서 말씀드렸듯 최근 청년들이 스스로를 도구라고 여기는 주요 원인은 시간의 압박 때문입니다. 24시간을 대기하고 있어야 하는 경우가 많아요. 상사가 데이터 자료를 바로 찾아오라고 하는 경우도 있고 배달원의 업무 또한 그렇습니다. 모두 강한 시간적 압박을 느끼죠. 이런 요인들이 '나는 도구가 되었다'라고 느끼는 주요 원인입니다.

추가로, 우리는 자신의 자율성을 타인에 의해 박탈당해서는 안 됩니다. 상사가 우리의 모든 것을 통제할 수는 없습니다. 우리에게는 이 일이 정말 이런 식으로 진행되어야 하는지를 되돌아보고, 관찰하고, 토론할 수 있는 공간이 있어야 합니다.(질문자: 리이李頤·장안딩張安定)

세 가지 질문

2021년 1월 9일, 샹뱌오 교수는 '텐센트 과학기술의 문제해결向善 및 디지털 미래 대회 2021'에서 「'사회인'에서 '시스템인'까지」라는 제목의 발표를 했다. 그는 과학기술 산업에 대해 많은 궁금증을 가지고 있다며 '과학기술 업계의 사람들'에게 '세 가지 질문'을 던졌다.

아래는 발표 전문이다.

사실 저는 과학기술과 사회 변화라는 주제에 대해 이러쿵저러쿵할 자격이 없다고 생각합니다. 왜냐하면 기술에 대해 아는 게 거의 없기 때문이죠. 그럼에도 오늘 이 자리를 빌려 과학기술계에 계신 여러분께 몇 가지 질문, 특히 '시스템'과 '사람'의 관계에 대해 질문하게 되어 매우 기쁩니다.

시스템이란 알고리즘에 따라 설계된 폐쇄적인 순환 체계를 말합니다. 우리는 매일 시스템 속에서 일과 생활을 이어가고 있습니다. 그리고 동시에 알고리즘 시스템에 의해 큰 영향을 받고 있죠. 심지어 통제받기도 합니다. 하지만 알고리즘과 시스템도 사람들의 행동 데이터라는 '먹이'가 필요합니다. 사람 개개인의 활동 참여가 있어야 비로소 존재할 수 있는 것이죠.

그렇다면 대체 이 시스템과 사람은 어떤 관계를 맺고 있는 것일까요? 저는 이전에 '사회인●'이라는 개념을 제시한 적이 있는데요, 이 개념은 기본적으로 사회 속의 사람이라는 의미를 가지고 있으며 수많은 저소득 계층의 사람들과 소수의 고소득자들을 포함합니다. 이들은 기본적으로 사회의 안정적인 기구와 어떤 안정적인 관계도 형성하고 있지 않습니다. 가장 대표적인 예로 농민공이나 영세 자영업자들이 있겠네요. 그리고 오늘날 이들 수많은 '사회인'은 모두 '시스템인'으로 바뀌었습니다. 시스템은 안정적인 조직의 형태나 제도화된 관계를 통하지 않고도 수많은 개체를 한데 모을 수 있습니다. 그리고 이들의 행동을 매 순간 조율하고, 영향을 주며, 심지어는 통제하기까지 합니다. 시스템의 힘은 이전처럼 안정적인 사회관계를 통해서가 아니라 데이터를 통제하며 발현되는데요, 이는 곧 이전의 '사회인'이 '시스템인'으로 변화했다는 것을 보여줍니다. 시스템인은 시스템과 사람이 서로 다르다는 것을 나타냄과 동시에 새로운 행동 양식이나 새로운 인격 유형을

● 제1부 베이징 방담, '청년들의 상喪 문화'에서 '사회상의 인간' 참조.

의미한다고 볼 수 있습니다.

첫 번째 질문: '시스템'의 개념

오늘 저는 여러분에게 세 가지 질문을 던질 건데요, 이 질문에 대한 과학기술계의 생각을 듣고자 합니다. 첫 번째 질문은 바로 '시스템'의 개념에 관한 것입니다. 여러분은 과학기술의 관점이나 비즈니스 운영의 관점 혹은 플랫폼이나 회사의 일상적인 관리의 관점에서 이와 같은 사회적 존재 상태를 어떻게 정의할 수 있나요?

사회과학 영역에서의 체계 이론●은 과학의 영향을 받아 등장했습니다. 체계 이론은 '개체의 총합은 단순한 개체의 합보다 크며, 개체들이 모이면 곧 새로운 것이 된다'는 것을 의미합니다. 하나의 체계는 독자성을 가지고 있으며 끊임없는 자기 발전을 할 수 있고, 비교적 폐쇄적이기 때문에 외부에서의 투입이 필요하지 않습니다.

제게 큰 영향을 끼친 것은 하버마스의 '체계' 개념이었습니다. 그는 '생활세계'라는 개념에 대응하여 '체계' 개념을 제시했는데요. 그가 말하는 '생활세계'에서 사람들은 자연언어와 일상 속 언어를 통해 세상

● 중국어 원문은 '系統'으로 '시스템'이나 '체계'로 모두 번역 가능하다. 본 글에서는 문맥에 따라 '시스템'과 '체계'를 구분했다.

주변의 상실

을 이해하고 의사소통할 수 있습니다. 또한 자연언어를 통해 다른 사람들에게 왜 그 일을 하고 있는지 물어볼 수 있으며 그 동기를 이해할 수 있죠. 반대로 질문을 받은 사람은 자연언어를 통해 자신의 행동을 설명해야 할 의무가 있습니다. 이처럼 미시적 수준에서 자연언어의 의사소통을 통해 효과적인 상호작용, 효과적인 사회질서가 형성될 수 있습니다. 하지만 체계는 이러한 자연언어를 초월합니다.

하버마스가 말한 '체계'는 대규모의 행정 체제나 상업 경영, 시장, 화폐 등을 포함합니다. 그리고 이들은 자연언어로 설명할 수 있거나 이해될 수 있는 범위를 넘어선다는 특징이 있습니다. 생활세계에서 사람들이 하는 중요한 일 중 하나가 의사소통인 것과 달리 앞서 말한 체계(행정, 경영, 시장 등)에서 사람들에게 중요한 일은 '계산'입니다. 사람들은 체계 속에서 자신의 이익을 최대화하는 방법을 계산할 수 있는 능력을 가지고 있습니다. 가령 출근 후 쉽게 돈을 벌려고 하는 이른바 '월급루팡 행위摸魚'는 체계 속에서 사람들이 행하는 일종의 계산 행위라고 볼 수 있겠죠.

하지만 오늘날의 시스템은 하버마스가 말한 체계와는 다릅니다. 왜냐하면 현대의 핵심은 의식적으로 행하는 계산算計이 아니라 알고리즘에 의해 진행되는 계산計算이기 때문입니다. 체계가 알고리즘식 계산計算의 방식을 통해 설계되고 나면 주도적으로 자신의 이익을 생각할 수 있는 계산算計의 가능성은 매우 낮아집니다. 이러한 알고리즘 시스템에 직면했을 때 사람들은 이른바 "약자의 무기"•라는 대응 전략을 채택할 수 없습니다. 자신의 이익을 최대화할 수 있는 유일한 방법은 그저 알고리즘에 따르는 것이죠. 예를 들어 택시 기사는 다른 기사들이 원치 않는 경로로 가는 승객을 받아야 할 때, 자신에 대한 평점을 높여 소득을 더 올리고자 합니다. 알고리즘 속의 규칙에 순응하며 이득을 최대화하는 것이죠. 저는 개인이 능동적으로 할 수 있는 계산計算에서 알고리즘에 의해 진행되는 계산計算으로의 변화는 의미 있는 변화라고 생각합니다.

두 번째 질문: 시스템과 노동의 관계

두 번째 질문은 사람들이 '시스템'과 '노동'의 관계를 어떻게 생각하는가입니다.

얼마 전 인터넷에는 배달 라이더들의 노동 조건을 다룬 「배달 라이더, 시스템 속에 갇히다」라는 르포 형식의 글이 올라와 큰 반향을 불러일으켰습니다. 어떤 측면에서 배달 라이더들의 노동은 일회성 서비스를 제공한다는 점에서 19세기 노동자들의 상황과 비슷하다고 말할 수 있습니다. 이들은 일회성 서비스를 제공한다는 점에서 비슷합니다. 고

● 정치인류학자 제임스 스콧은 농촌 마을을 조사하며 농민들이 일상 속에서 소극적으로 저항하고 있음을 발견했다. 고의적으로 수확을 늦추거나 식량을 빼돌리는 행위 등은 대표적인 약자들의 무기로 농민들은 제한된 한도 내에서 자신들의 이득을 취한다. 상기한 '월급루팡 행위' 또한 소극적으로 행하는 약자의 저항 행위다.

객이 그 자리에서 돈을 지불하고 나면 그걸로 끝입니다. 이들의 노동은 특정 상품을 만들어내는 것도 아닐뿐더러 어떠한 사회·경제적 관계도 생겨나지 않습니다. 모든 것이 즉각적이지요. 이러한 시스템의 한 가지 이점은 즉각성이 극대화된다는 것입니다. 가령 주문을 받지 않은 배달 라이더들은 해당 시스템과 아무런 관계도 맺지 않습니다. 주문을 받은 이후 혹은 그 배달을 하는 과정에서야 비로소 IT 플랫폼과 시스템을 통한 관계가 발생하죠. 이들은 시스템 속에 갇히고 업무 상황 또한 시스템에 의해 통제되어 강한 압박감을 느낍니다. 이들은 19세기 라틴아메리카 지역에서 행해지던 사탕수수 농장의 노동자들과 크게 다르지 않습니다. 유럽 식민 지배자들이 도착한 이후, 라틴아메리카에 생겨난 사탕수수 농장은 모두 인공적으로 만들어졌습니다. 사탕수수 농장의 노동자들은 농부가 아닙니다. 농부는 한 식물이 어떻게 자라나는지, 식물과 토양, 식물과 다른 식물들이 어떻게 연관되는지를 볼 필요가 있지만 사탕수수 농장의 노동자들은 이러한 것들을 이해할 필요가 없었습니다.

　나름 과학적인 방법으로 재배되던 사탕수수 농장에는 사탕수수 이외에 다른 작물은 재배되지 않았습니다. 사탕수수 사이의 간격은 모두 사전에 계산되었고 사탕수수의 생장은 과학기술의 도움을 받기에 따로 사람의 관리를 필요로 하지 않았습니다. 하지만 사탕수수가 다 자라면 이야기는 달라집니다. 사탕수수는 품질의 문제 때문에 수확한 지 24시간 내에 제당해야 하는데요, 결국 사탕수수 농장의 노동자들은 24시간 내에 수확을 마무리해야 하고 따라서 극심한 시간적 압박을 느끼게 됩니다. 손이 빠르지 못하면 기계에 크게 다칠 수도 있습니다. 사탕수수 농장의 예시가 낯설다면 초기 공장의 조립 라인을 예로 들어보겠습니다. 찰리 채플린의 영화 「모던타임스」에도 잘 나타나 있듯 조립 라인 앞의 노동자들은 시간의 압박을 받으며 일하고 있습니다. 이 측면에서 초기 공장의 조립 라인 또한 하나의 시스템이라고 볼 수 있습니다.

당시 사탕수수 농장과 초기 공장의 조립 라인 또한 하나의 '시스템'이었고, 따라서 오늘날의 시스템 속에서 느끼는 '압력'은 새로운 현상이 아닙니다. 하지만 오늘날의 노동관계는 이전보다 더 '유동적'이라는 확연한 차이점을 가지고 있습니다. 사탕수수 농장이든, 조립 라인이든 이전에는 모두 구체적인 물리적 공간 속에 사람들이 함께 모여 일을 했습니다. 모여서 일을 했기에 향후 노동관계의 변화로 이어질 수 있었죠. 사람들은 늘 항의를 하거나 변화를 원했고, 점점 협상과 같은 작업 공간에서의 정치가 발생했습니다. 하지만 오늘날 시스템의 중요한 특징은 고정된 물리적 장소가 존재하지 않는다는 점입니다. 대신 공간이 매우 분산적이죠. 그리고 이 분산성은 많은 노동자를 유동적으로 만듭니다. 이를 이용하는 사람들 또한 다양한 플랫폼 사이를 유동적으로 오갑니다. 게다가 노동 자체도 유동적 과정입니다. 특히 물건을 운반하는 행위는 특정 시간 안에 정확히 어떤 장소로 전달되어야하는 '흐름'이라고 할 수 있는데요, 여기서 '흐른다'는 행위 자체가 바로 노동의 내용입니다.

노동, 특히 공간적으로 분산적이고 유동성이 강한 노동은 시스템의 설계과정에서 '어떻게 하면 노동의 정확도를 향상시킬지' '노동 이후의 효과를 어떻게 포착할 것인지'‘노동자의 주관적인 의지를 어떻게 피드백을 위한 데이터로 활용할지’등 여러 미시적인 요소를 고려해야 합니다. 요컨대 시스템의 내부적 설계는 노동자들이 받은 느낌이나 그들의 피드백에 주의를 기울이면서 더 다원화되어야 합니다.

———

세 번째 질문: 시스템과 사용자의 관계

세 번째 질문은 시스템과 사용자입니다. 사실 노동자 또한 일종의 시스템 사용자라고 할 수 있는데요, 오늘 제가 말하는 ‘사용자’는 소비자를 의미합니다. 전 세계적으로 배달이나 택배 업종들은 지금까지 큰 손해를 보며 투자를 해왔습니다. 그렇다면, 이토록 많은 자본을 투자한 이유는 무엇일까요?

어떤 의미에서 본다면 새로운 생활 방식이 만들어지고 있다고 말할 수도 있겠습니다. 우리 주변 생활을 둘러보면요, 사람들은 집 밖으로 나가지 않아도 뭐든 집 앞으로 불러다놓을 수 있어요. 엄청난 편리함을 누리고 있죠. 여러분도 주목하고 있을지 모르겠지만 사실 대학은 음식 배달 서비스 업계의 주요 소비자입니다. 이게 굉장히 특이한데요, 사실 중국 학생들은 대부분 학교 기숙사에 살고 있고 식당도 가까이 위치하고 있기 때문에 굳이 배달 음식을 시켜 먹을 필요가 없습니다. 그런데 더 편한 것이 없는데도 굳이 배달을 시킵니다. 배달이 더 편하다고도 볼 수 없습니다. 오히려 아래층으로 내려가서 눈에 보이는 음식을 사는 것이 더 편할 수도 있어요. 그렇다면 학생들이 배달을 시키는 이유, 다시 말해 학생들이 배달을 통해 얻는 것은 무엇일까요? 학생들은 배달을 통해 '꿀을 빨고자傭懶●' 합니다. 극단적인 경제학적 관점에서 접근해보면, 학생들은 그런 '꿀 빠는' 심리적 이득을 원한 것이고, 배달을 통해 하나의 상품을 구매한 것일 뿐입니다. 하지만 문제는 학생들이 얻는 그 편안함 뒤에 있는 것입니다. 꿀을 빠는 행위의 이면에는 배달 라이더들의 고된 노동과 전체 시스템을 기술적으로 유지 및 보수하는 인력이 있습니다. 이외에도 원재료 소모가 엄청납니다. 한 번의 배달을 위해서는 음식의 크기와 상관없이 포장을 해야 합니다. 작은 토마토 주스도 플라스틱 상자에 담겨야 하죠. 배달하는 데 필요한 전동차의 전기 소모야 말할 것도 없습니다.

이성적이고 합리적으로 판단을 해보면 꿀을 빨려는 행위의 이점이 그다지 크지 않습니다. 아마 대부분의 사람이 동의할 수 있는 부분일 텐데요. 이 꿀 빠는 행위는 그저 꿀 빠는 행위에 불과할 뿐 사람들에게 진정한 행복감을 가져다주지 못합니다. 반면 이를 위해 사회 전체가 치른 대가는 그 효용에 비해 과도하죠. 그런데도 이러한 시스템이 왜 나타났느냐면 누군가가 돈을 투자하고 있기 때문입니다. 어떤 사람은 투자라는 것이 대량의 일자리를 창출할 수 있기에 당연히 좋은 것이라

● '傭懶'는 조금의 힘도 들이지 않으면서 자기가 원하는 것을 얻는 데서 느끼는 감정이나 편안한 상태를 가리킨다.

주변의 상실

말합니다만, 이 주장에 대해서는 좀더 확실한 논증이 필요합니다. 투자된 돈을 사람들에게 직접 나누어주었을 때 모든 개개인이 얻을 수 있는 이점과 비교해본다면, 어느 것의 이점이 더 큰지는 말하기 어렵습니다. 또한 굳이 배달 산업이 아니더라도 이처럼 엄청난 규모의 자금이 투자되면 어떤 산업이든 간에 수많은 일자리가 창출될 것입니다. 따라서 저는 이런 현상의 배후에는 새로운 생활 방식을 구성하려는 의도가 숨어 있다고 봅니다. 그리고 이는 다시 새로운 인격 유형을 형성하겠죠.

저는 핵심 논리를 이해하는 것이지 성급하게 비판적인 분석을 하려는 것이 아닙니다. 가령, 사람들이 움직이지 않아도 되는 편리함을 누리도록 하고, 새로운 생활 방식을 만들어내기 위해 과학기술계는 어떤 생각과 어떤 일을 하고 있는가를 이해해야 한다는 것입니다. 따라서 '시스템 속에 갇혔다'라고 말했을 때, 그 안에 갇혀 있는 것은 노동자뿐 아니라 우리 모두일 수 있는 것이죠. 사람들은 스스로 많은 편리함과 이익을 얻고 있다고 생각하지만 사실 모두가 자신의 데이터를 시스템에 공급하는 데 이바지하고 있습니다. '갇혔다'는 말처럼 시스템과 사용자는 더 깊은 관계를 맺고 있습니다.

마지막으로 한마디 하겠습니다. 저는 사회를 연구하고 있는데요, 이를 위해서는 특히 과학기술계에 종사하고 계신 여러분과의 교류가 필요합니다. 아마 어떤 분들은 제가 방금 던진 질문들을 이해하지 못하셨을 수도 있습니다. 혹은 과학기술이 방금 말씀드린 이 질문들을 이미 해결했기 때문에 제 질문이 우스꽝스럽다고 생각하실 수도 있겠죠.

그렇게 생각하신다면 여러분이 저 같은 업계 외 사람들도 이해할 수 있도록 제 질문에 대한 답변을 좀더 명료한 언어로 설명해주셨으면 합니다. 저희에게 큰 도움이 될 것입니다. 감사합니다.

플랫폼 경제의 역노동 과정

이 글은 2021년 10월 9일, 상하이대학 커뮤니케이션新聞傳播학과, 중국사회과학원 뉴스미디어연구소, 쑤저우대학 뉴미디어와 청년문화 연구센터가 상하이에서 개최한 '스마트 미디어 커뮤니케이션 포럼: 스마트 커뮤니케이션과 디지털 플랫폼'에서 샹뱌오 교수가 발표한 기조연설 「플랫폼 경제의 역노동 과정」을 번역한 것이다.

'플랫폼 경제의 역노동 과정'이라는 주제로 발표하자니 약간 긴장이 됩니다. 사실 저는 플랫폼 경제에 관심만 있을 뿐 미디어를 잘 이해하고 있는 것도 아니고 실제 조사를 해본 적도 없어요. 그저 몇 편의 논문을 살펴봤을 뿐이죠. 방금 사회자께서 저의 이전 연구들을 소개해주셨는데요, 지금 다시 생각해보니 해당 연구들이 오늘의 주제와 어느 정도 연관 있는 것 같기는 합니다. 저는 오늘 여러분에게 몇 개의 질문을 던질 겁니다. 이 질문들에 어떻게 답할 것인지 그리고 추가적인 연구가 필요한 부분은 어떤 것인지에 대해 도움을 받을 수 있기를 기대합니다. 오늘 발표의 제목을 보니 '역노동 과정'이라는 말이 눈에 띄네요. 그렇다면 이 주제부터 시작해보도록 하겠습니다.

#1
플랫폼 경제의 핵심 과제, '안정적인 노동력 공급을 어떻게 보장할 것인가'

마르크스주의 이론인 '노동과정' 이론은 사회학에서 널리 사용되는 이론입니다. 이 이론은 자본이 노동과정에서 이윤을 어떻게 취하는가? 착취는 어떻게 발생하는가?와 같은 질문을 탐구하죠. 제2차 세계대전 이후 전 세계적으로 노동보장 체계가 구색을 갖추고 노동조합의 정치적 활동이 활발해집니다. 또한 노동 조건이 개선되고 근로계약이 안정적으로 변하면서 복지국가의 기본적인 형태가 완성되죠. 이런 변화에 따라 위에서 언급한 노동과정은 매우 현실적인 문제가 되었습니다. 노동보장 체계가 갖춰진 이후부터 순간의 '행위'로서의 노동이 아니라 '노동력', 즉 '사람'을 도매의 형태로 구매해야 했습니다. 여기서 '도매'는 한 번에 많은 수의 인원을 고용한다는 말이 아니라 노동자와 근로계약을 맺을 때, 몇 년 혹은 수십 년 동안의 노동능력을 한꺼번에 구매한다는 것을 의미합니다. 계약을 하는 순간 노동자가 수년 동안 받을 급여와 복지, 사회보장 등의 노동 조건이 모두 정해집니다. 복지나 사회보장이 없는 최악의 계약이더라도 최소한 월급만큼은 꼬박꼬박 받을 수 있죠. 심지어 유럽이나 일본은 종신고용을 실시하기도 했습니다. 어떤 의미에선 자본가에게 불리한 시스템이라고 할 수도 있는게, 일단 근로계약을 체결하면 자본가는 노동자가 작업장에서 자신을 위해 열심히 일할지 확신할 수 없습니다. 자본가가 노동자에게 먼저 돈을 지불하고 노동자는 노동을 통해 자신이 미리 받은 급여를 되갚는다는 점에서 오늘날의 근로계약은 미래 시장과정에 더 가깝습니다. 자본가라면 지불한 돈에 상응하는 노동력을 노동자로부터 어떻게 끄집어낼 수 있을까를 궁리해야 합니다. 따라서 제2차 세계대전 이후 '노동과정' 연구는 자본이 어떻게 구체적인 노동을 통제하는지를 탐구해왔습니다.

자본주의의 발전 초기인 19세기에는 이것이 문제되지 않았습니다. 노동 환경은 열악했고 고용도 보장되지 않아 자본가는 언제든 노동자를 해고할 수 있었죠. 하루 치 일거리가 있다면 일을 먼저 시키고 나중에 돈을 주면 됐습니다. 이런 측면에서 현대사회의 플랫폼 경제는 19세기의 노동 형태가 부활한 것 같기도 합니다. 오늘날 자본은 '노동력'을 도매의 형태로 구매하는 것이 아니라 '노동' 그 자체, 즉 즉각적인 노동의 실천을 구매합니다. 다시 말해, 노동이 실현되고 난 뒤 비로소 노동자에게 이에 대한 대가를 지불하는 것이죠. 플랫폼은 '어떻게 노동을 감시하고 관리할 것인가'에 초점을 두지 않습니다. 전후 자본주의가 그랬던 것처럼 어떻게 하면 노동자들을 효율적으로 일하도록 하고, 미리 지불한 돈에 상응하는 노동을 끄집어내려면 어떤 시스템을 설계해야 하는지를 고민할 필요가 없어요. 오히려 전후 자본주의와는 반대되는 문제를 가지고 있습니다. 플랫폼 경제에는 노동력(사람)보다 즉각적인 노동(행위)이 먼저 필요합니다. 따라서 노동력을 어떻게 안정적으로 공급할 것인가가 주요 문제가 되죠. 전후 자본주의의 노동 과정과 비교해볼 때, 플랫폼 경제가 해결해야 할 것은 '역노동 과정'의 문제입니다.

그렇다면 왜 안정적인 노동력의 공급이 필요할까요? 일단 일을 하는 사람은 안정성을 기대합니다. 그렇지 않으면 일을 할 수 없죠. 예를 들어보겠습니다. 배달을 하기 위해서는 일정량의 훈련이 필요합니다. 훈련을 마친 뒤에는 한 건의 배달만 완수하고 바로 일을 그만두거나, 하루만 배달하고 이튿날부터 그만둔다거나 할 수 없습니다. 일정한 안정성이 없으면 즉각적인 노동은 이루어질 수 없죠. 기업 입장에서는 잠재적 공급의 안정성이 매우 중요합니다. 물론 오늘날 중국에서는 이 문제가 명확하게 드러나지 않을 수도 있어요. 지금은 경제 변혁의 시기이고, 특히 팬데믹 시기에 이르러서는 언제든 투입될 수 있는 노동력이 대도시에 많기 때문에 노동의 공급 문제가 크게 부각되지 않습니다. 하지만 자본의 운영과 전체적인 시스템의 관점에서는 명확히 예측되고 신뢰할 수 있는 노동력의 총량이 있어야 합니다. 이것이 바로 플랫폼 경제 모델 운용의 핵심 과제예요. 정리하자면, 플랫폼은 즉각적인 통제가 아니라 총체적인 노동력을 안정적으로 공급하기 위해 고민합니다. 왜냐하면 유연성, 개체성, 즉각성, 정밀성, 수요에 따른 서비스 제공이 플랫폼 경제의 특장점이기 때문이죠. 그렇다면, 노동 공급의 안정성은 어떻게 보장될 수 있을까요?

중국의 젊은 학자들이 실시한 조사에 따르면 플랫폼 주위에는 상당수의 작은 플랫폼, 비非플랫폼, 오프라인 중개식 플랫폼이 존재합니다. 가령 배달 업계는 인력사무소 같은 것이 있고, 택배 업계에도 마찬가지로 비슷한 것들이 존재해요. 이들은 모두 플랫폼 기업을 위해 노동력을 조직하고 노동의 안정적인 공급을 보장합니다. 따라서 플랫폼은 다층적인 중개자들로 둘러싸인 시스템이라고도 할 수 있습니다. 어떤 연구는 '디지털 테일러주의' '디지털 기술과 빅토리아 시대 노동자들의 노동 조건의 결합' 등 19, 20세기의 사상에 기대어 플랫폼 경제의 작동을 설명하곤 하는데요, 이런 연구는 서술적 의미에서는 일리가 있으나 플랫폼이나 데이터 경제의 근본적인 조직 방식은 설명하지 못합니다.

#2
인적 관계성은 플랫폼 경제 이윤의 주요 원천

다음으로 제가 언급할 것은 일종의 가설입니다. 다른 사람이 이미 언급했을 수도 있어요. 예전에 저는 둥베이 지역의 노동력 수출을 연구한 적이 있는데요● 이 연구를 오늘날 플랫폼 경제와 나란히 놓고 보니 '인적 관계성human relatedness'이라는 개념을 하나 발견했습니다. 인적 관계성은 현대 경제의 주요 이윤의 원천이자 경제 운용의 핵심적인 요소라고 할 수 있는데요, 따라서 저는 이 개념이 깊이 논의되어야 한다고 생각합니다.

'관계성Relatedness'이라는 표현은 인류학의 친족제도 연구에서 유래합니다. 과거 인류학자들은 친족관계가 혈연으로만 맺어진다고 생각했습니다. 하지만 결혼을 통해서도 친족관계가 형성될 수 있기에 혈연만으로 친족관계를 봐서는 안 된다는 것을 알게 됩니다. 시간이 흘러 생리학적, 유전적, 사회적 관계가 교차하며 친족관계를 구성하기 시작합니다. 인공수정이나 시험관 아기, 정자은행, 입양, 동성 가족이라는 관계가 나타난 것이죠. 친족관계는 본래의 정의보다 더 넓어졌습니다.

'관계성'이라는 표현이 사용된 것은 '친족제도'라는 개념이 유라시아인들의 관점만을 반영하고 있다는 주장이 제기되었기 때문입니다. 실제로 아프리카와 태평양 도서지역의 일부 사회는 친족제도라는 개념으로 잘 설명되지 않습니다. 우리에게 친족제도는 매우 당연한 것으로 받아들여지지만 일부 지역의 사람들에게 더 중요한 것은 출생과 같은 혈연관계가 아니라 같이 밥을 먹고, 같은 화로를 사용하며, 함께 거주하는 것입니다. 다시 말해, 같이 거주하고, 하나의 화로를 공유하는 밥상공동체 관계가 출산으로 이어진 관계보다 더 중요한 거죠. 혈연관계는 동거 및 식사 등의 행위와 관련은 있지만 혈연관계가 있다고 해

● 제1부 옥스퍼드 방담의 '새로운 연구' 참조.

서 반드시 같이 살거나 함께 밥을 먹지는 않죠. 아프리카와 태평양 도서 지역의 사람들은 '혈연'보다 '공유'를 더 중요하다고 보는 것 같습니다.

아프리카에서 공유와 공유경제는 매우 중요한 전통입니다. 따라서 그들의 기본적인 사회관계를 친족제도를 통해 분석하는 순간 문제가 되죠. 그렇다면 친족관계 이외의 여러 관계는 어떻게 설명할 수 있었을까요? 학자들은 이를 정확히 설명해낼 단어를 찾을 수 없었고 따라서 관계성이라는 표현을 사용하기 시작했습니다. 친족관계 연구에서 관계성은 혈연과 지연, 사회적 관계, 경험의 공유 관계, 경제적 교환관계처럼 일상생활에서 형성된 각종 관계가 착종된 것을 가리킵니다. 유라시아 사람들에게 관계성의 핵심은 친족관계입니다만, 이는 관계성에 대한 여러 이해 중 하나에 불과할 뿐이죠. 관계성이라는 개념은 문화의 차이에 따른 사람과 사람 간의 관계를 어떻게 이해해야 하는지, 그리고 각 문화 속에서 관계성은 어떻게 조직되는지와 같은 질문 속에서 제기되었습니다.

저는 관계성을 더 넓은 개념으로 봅니다. 저는 관계성을 사람 간의 관계를 넘어 사람과 사물 간의 구체적인 관계를 포함하는 것으로 생각합니다. 여기서 관계란 반드시 실질적인 관계가 형성되어야 하는 것은 아닌데요, 예컨대 사람과 사람 사이의 사랑, 우정, 스트레스, 제약制約과 같은 것도 실체적인 관계라기보다는 관계성의 한 표현에 더 가깝잖아요? 사람들이 특정 애플리케이션이나 플랫폼, 각종 기구에 의지하고 여기에 깊이 빠져드는 것도 관계성의 한 부분이라고 볼 수 있습니다.

저는 이 관계성이 플랫폼 경제를 이해하는 데 도움을 줄 수 있다고 생각합니다. 최근 구글이나 페이스북 같은 플랫폼 기업들이 소비자의 데이터를 판매하고 있다는 말이 있는데요, 사실 저는 이 말을 이해하지 못하겠습니다. 이 기업들이 정말로 데이터를 팔고 있다는 실체적인 증거는 없습니다. 데이터를 파는 행위가 없다고 말하는 것이 아닙니다. 비슷한 행위를 하고 있기는 해요. 하지만 데이터 시장이라는 것은 아직 존재하지 않습니다. 또한 유럽연합은 데이터 판매를 허용하지 않겠다고 명확히 표명했는데요, 사실 대부분의 국가가 정도의 차이만 있을 뿐 이와 같은 규제를 하고 있습니다. 단지 그 정도에서의 차이만 있을 뿐이죠. 그렇다면 기업들은 왜 데이터를 팔려고 할까요? 제가 한 인터넷 플랫폼 기업을 설립했다고 가정해봅시다. 만약 이 기업이 수많은 데이터를 보유하고 있다면 저는 이것들을 팔지 않을 겁니다. 팔고 싶은 것이 있다면 오히려 소비자를 정확하게 공략하는 능력입니다. 데이터가 4차 산업혁명의 석유라는 말이 있는데요, 정말로 데이터가 석유라면, 사실 중요한 것은 석유 그 자체가 아닙니다. 핵심은 석유를 운반할 수 있는 송유관, 즉 통신 채널이에요. 데이터를 흡수하는 플랫폼의 통신 채널은 특정 개인을 추적할 수 있고 플랫폼은 시시각각 변하는 개인의 상황에 따라 업데이트됩니다. 그리고 플랫폼의 채널은 광고와 같은 기타 정보를 소비자에게 맞춤형으로 내보냅니다. 관계성이 가장 중요한 이유는 여기에 있습니다. 플랫폼 기업들은 관계성으로 인해 하나의 사회적 시장을 형성할 수 있기 때문이죠.

20세기에 우리 인류는 '시장화된 사회'를 두려워했습니다. 모든 것이 상업화되고, 모든 사회적 관계가 시장관계로 변할 것이라 생각했어

주변의 상실

요. 하지만 오늘날 사람들이 목도하고 있는 것은 '사회적인 시장'입니다. 다시 말해 시장과 기업이 사회를 구성하고 있어요. 상업적 관계와 사회적 관계 또한 구분하기 어렵습니다. 그리고 플랫폼은 독특한 조형 능력을 가지고 있는데요, 여기에 필요한 것은 데이터 자체가 아니라 데이터를 운반할 수 있는 통신 채널과 관계성입니다. 데이터 매매라는 것은 매우 실체적物化이고 객체화된 사유인데요, 그 말은 '기업이 영리를 추구하고 그렇기에 상품화와 거래를 한다'는 기본적인 논리에 근거합니다. 하지만 사실은 그렇지 않아요. 가장 중요한 것은 실체화가 아니라 관계를 형성하는 것입니다.

그렇다면, 어떤 이유에서 관계성이 자본의 이윤을 얻을 수 있는 원천이 되었을까요? 두 가지 예시를 들어보겠습니다. 과거 저는 둥베이 이주자들을 연구하며 중개의 중요성을 발견했습니다. 노동관계와 고용관계는 19세기 후반부터 20세기까지 사람들이 서로 맺었던 중요한 관계였습니다. 가령 일본 고용주들은 중개인을 통해 중국인 노동자를 고용하는데, 이는 곧 노동력을 사용하기 위해 관계성에 의존한다는 말입니다. 고용주에게 이런 관계성은 경제활동의 기초라고도 할 수 있을 만큼 매우 중요합니다. 반대로 중개인에게 관계성은 그 자체로 이익의 원천입니다. 경제적으로 돈을 벌기 위해 관계성이 필요한 것이 아니라 관계성이야말로 경제 행위의 주요 대상인 것이죠. 왜냐하면 중개가 하는 일이 바로 노동관계를 구축하는 것이기 때문입니다. 중개업 자체가 곧 관계성을 의미합니다.

동시에 중개인들은 노동자와 그 가족 간의 관계, 노동자와 동네 사람들 간의 관계를 이용할 수 있습니다. 노동자에게 보증금을 받은 뒤 이를 통해 노동자를 통제하기도 하고, 일본에서 열심히 일하지 않거나 도망가면 가족이나 동네 사람들을 괴롭힐 것이라며 노동자들에게 경고하기도 합니다. 여기에는 경제적 관계뿐만 아니라 가족 간의 관계, 노동자와 다른 노동자 사이의 관계와 같은 비경제적 관계도 있습니다. 여러 관계가 하나의 압력을 구성하고, 중개인들은 이를 통해 일본에 가 있는 노동자에게도 원격 통제를 실시할 수 있는 것이죠. 이 과정에서 사람들 간의 다자적인 관계성이 형성되고 특수한 고용관계가 만들어지는데요, 중개업자들은 이 관계성을 이용해 돈을 벌 수 있습니다.

제가 연구를 해오는 동안 중개 업계는 노동 인구의 유동량 증가를 넘어설 만큼 발전했습니다. 점점 더 많은 사람이 사람 간의 관계성을 만들며 돈을 벌고 있습니다. 반면 노동자를 고용하고 생산/소비와 직접 관련된 기업은 중개업만큼 빠르게 발전하지 못했습니다. 이런 현상을 어떻게 설명해야 할까요? 이전에 우리는 '내권화'라는 개념에 대해 이야기한 적이 있는데요, 관계성이 경제 운영의 대상이 되면 내권화되기 쉽습니다. 왜냐하면 사람과 사람 간의 관계는 무한하게 세밀해지고 강화될 수 있기 때문이죠. 상대적으로 제한적인 물질 자원과는 다르게 사람과 사람 간의 관계는 매우 복잡해질 수 있고, 따라서 이를 이용해서 많은 돈을 벌 수 있습니다.

또 다른 예시로 중국의 인터넷 셀럽인 왕훙網紅을 들 수 있습니다. 저는 왕훙 업계에 대해서도 자세히 알지는 못하지만, 매체들의 보도를 보면 '승자독식─將功成萬骨枯' 업계라는 것을 알 수 있습니다. 3~4퍼센트의 승자만이 돈을 벌 수 있고 대부분의 사람은 돈을 벌지 못합니다. 왕훙들 또한 관계성을 통해 돈을 법니다. 팬들의 관심과 덕질이 일종의 관계라고 할 수 있죠. 앞서 말했듯 돈을 많이 버는 왕훙들은 극소수입니다. 하지만 플랫폼 기업과 소셜 미디어, 전문적으로 왕훙들을 양성하는 매니지먼트 회사MCN는 엄청난 이윤을 얻을 수 있습니다. 왕훙들이 돈을 벌 수 있는지 여부와 상관없이 플랫폼 회사들의 이윤은 절대적으로 보장되어 있어요. 왜냐하면 플랫폼은 관계성을 만들기만 하면 되기 때문입니다. 이들은 많은 팬과 왕훙이 되고자 하는 사람들을 끌어모아 중개합니다. 이 두 집단이 만나서 하나의 관계성이 형성되죠. 앞서 언급한 플랫폼 회사들은 특정 왕훙이 일정한 규모의 팬들을 보유할 수 있을지, 혹은 이들이 돈을 벌 수 있을지에 대해 신경 쓰지 않습니다. 왜냐하면 인해전술의 방식으로 많은 관계성을 그저 만들어내기만 해도 돈 버는 데에는 아무런 문제가 없기 때문입니다.●

#3
플랫폼의 실험적 특징을 통한 집단적 성찰성 구축

한편 인적 관계성이 중요한 사업 자원으로서 플랫폼 운영의 기본 단위가 될 때 하나의 모순이 발생합니다. 20세기에 우리 인류는 참여와

● 중국에서는 플랫폼의 이런 특성을 유량流量경제라고 표현한다.

교류, 개방을 갈망했습니다. 그리고 21세기가 도래함에 따라 기술과 사회가 함께 진보했고 앞서 말한 참여와 교류, 개방이 가능해졌죠. 하지만 이 모든 것이 가능해진 지금, 도리어 우리는 우리가 갇혀 있다는 것을 발견합니다.

플랫폼 기업은 '큰' 기업입니다. 막대한 이윤을 벌어들일 뿐만 아니라 그 규모도 엄청나죠. 권력과 사회적 영향력 또한 전례 없이 막강합니다. 발전 속도는 타의 추종을 불허해요. 이 모든 것은 관계성과 관련됩니다. 인적 관계성은 자기 확장을 통해 기하급수적인 성장을 하기 때문이죠. 물론 여기에 대해 지나치게 걱정할 필요는 없습니다. 관계성을 핵심으로 하는 경제는 아주 강한 실험적 측면을 가지고 있는데요, 이 실험적인 측면으로 인해 계속해서 학습하고, 피드백을 받아들이며 조정될 것입니다. 하나의 고정적인 구조나 모델은 존재하지 않으며 언제든 변화가 일어날 수 있습니다. 현재 학계는 알고리즘의 사이버네틱스 특징에 대해 많은 연구를 진행하고 있고, 이를 통해 알고리즘이 자기 성찰과 조정능력을 가지고 있다는 것을 인식하고 있습니다. 그렇다면 개인 수준에서 사람들은 어떻게 플랫폼 속에서 성찰성을 가질 수 있을까요? 아니면 집단적 성찰성을 형성하는 것이 가능할까요? 저는 사람의 학습, 성찰, 조정에 대해 향후 더 많은 관심을 기울여야 한다고 생각합니다. 실증적인 측면에서 봐야 할 뿐만 아니라 미래지향적으로 어떠한 것들이 권장할 가치가 있는지 발견해야 합니다.

현재 다양한 실험이 진행 중입니다. 가령 중국은 플랫폼의 블록체인을 공공복지와 타임뱅크에 이용하며 그 효과를 테스트하고 있습니다.

제가 미약하게나마 참여한 일이기도 하지만 뉴욕의 택시 기업들은 우버에 맞서기 위해 협동조합을 결성하고 일종의 플랫폼 협력주의 혹은 플랫폼 협동조합주의를 발전시키기도 했습니다. 물론 플랫폼 경제의 실험적인 특징을 어떻게 이용할지, 그리고 어떻게 새로운 모델로 발전시킬지에 대해 잘 이해할 수 있기까지는 아직 갈 길이 멀지만요.

#4
실증적 상상을 통한 플랫폼 속 인간 이해

마지막으로 플랫폼 경제를 연구하기 위해서는 어떤 새로운 생각들이 필요한지 이야기해보겠습니다. 앞서 말씀드렸듯이 플랫폼 경제는 사물보다 인적 관계성을 중심으로 합니다. 따라서 플랫폼 경제를 연구하려면 전통적인 경제학적 사유를 재검토할 필요가 있습니다. 예를 들어 마르크스적 관점에서 교환가치는 사용가치를 뛰어넘습니다. 그리고 이는 자본주의의 주요 작동 방식이죠. 하지만 플랫폼 경제에서는 사용가치가 교환가치보다 더 중요합니다. 우리는 이를 어떻게 이해해야 할까요?

플랫폼 경제에서 사람은 단순한 개체로서의 개인으로 이해될 수 없고, '계급'과 같은 집합적 범주로서도 이해될 수 없습니다. 인적 관계성에 의해 사람은 단순한 개인을 넘어선 연결된 사람입니다. 따라서 플랫폼 경제 속에서 사람들이 어떤 경험을 하고 어떤 상상을 하는지를 포착해야 합니다. 물론 자신과 다른 사람이 연결되었다고 인식하는 것은 쉽지 않습니다. 이는 개인의 경험만으로는 느낄 수 없는 것이기 때문입니다. 알고리즘에 의해 만들어진 '사용자의 데이터 프로필用戶畫像, user personas'을 예로 들어보죠. 이 데이터 프로필은 분명 일종의 관계성을 만들어내고 있습니다. 우선 알고리즘은 데이터 프로필을 만들기 위해 연관 있는 사람들의 수많은 데이터를 종합합니다. 그리고 한 개인의 행동은 추후 동일한 데이터 프로필로 분류되어 있는 다른 사람에게도 영향을 끼칠 것입니다. 이런 관계성은 개인 차원에서는 느낄 수 없으며 개인의 행동이 스스로의 데이터 프로필에 얼마만큼의 영향을 끼치는지도 알 수 없습니다. 여기에는 추리와 철학적 사고가 필요한데요, 실증적으로 확인하기 힘든 부분이죠.

인류학적 사고는 여기에 하나의 통찰을 안겨줍니다. 예컨대 모종의 친족관계 속 관계성에 대한 사고가 있는데요, 가령 '아버지와 딸' '할머니와 손자'는 매우 구체적인 관계죠. 하지만 이런 구체적인 관계에 대한 이해는 죽은 조상과의 관련성이나 우주 전체와 연결되었다는 상상과는 뗄 수 없는 것입니다. 구체적인 관계는 이런 상상 속에서 비로소 일정한 의미를 갖는 것이죠.

마지막으로 방법과 이론 구축에 대한 문제를 통해 여러분과 함께 생각해보고자 합니다. 첫 번째는 '인적 관계성'을 어떻게 연구할 것인가입니다. 관계성은 주로 실증적 조사에 의해 발견됩니다. 하지만 개인의 경험을 통해 직접적으로 포착하기는 어렵죠. 따라서 추론과 상상력을 필요로 합니다. 향후 관계성은 미래의 이념이자 공공 인식, 토론의 기초가 될 텐데요, 이와 관련해 기존 사회과학이 행해오던 통상적인 조사 방식은 부족할 수 있습니다. 이를 메우기 위해 기술이나 철학, 윤리가 필요해질 것입니다. 두 번째는 '사물'의 문제입니다. 플랫폼에서 사람의 관계성은 휴대폰, 애플리케이션, 인터넷과 같은 사물 관계를 통해 구성됩니다. 하지만 물질과정은 물질 및 물질화物化와는 다릅니다. 왕훙들의 퍼포먼스나 대중의 소셜미디어 속 교류는 얼마만큼 물질화된 노동이라고 말할 수 있을까요? 만약 이런 행위들이 실체적인 것이라면, 여기서 이 물질화는 물질과정에서 가장 핵심적인 단계라고 말할 수 있을까요? 사람들은 자신이 물질화되고 있다는 것을 스스로 인식하고 있을까요? 그렇지 않다면 어떤 종류의 인식이 그 이면의 모순을 더 잘 반영할 수 있는 것일까요? 세 번째 질문은 사람의 능동성에 관한 것입니다. 일부 연구에서는 플랫폼 경제 속의 사람을 상대적으로 허약하고 무기력한 존재로 그립니다. 이는 물론 중요한 발견입니다. 하지만 우리가 고려해야 할 잠재적인 능동성은 존재하는지, 사람의 능동성은 어떻게 억제되는지, 혹은 어떻게 개발될 수 있는지와 같은 질문이 던져질 수 있습니다. 이는 개인이나 계급과 같은 범주로 온전히 설명되지 않는, 일종의 관계 속에 위치한 능동성입니다. 한 개인이 다른 것과 연결되면 그의 의식과 상상, 인식도 연결됩니다. 그렇다면 더 나아가 새로운 공공의식을 어떻게 포착할 수 있을까요? 이에 대한 여러분의 생각을 기대합니다.

부근의 소실: 즉각성, 관계, 정신

이 글은 2019년 말 영상 방담 프로그램 「슈산야오＋三邀」 시즌 4에서 촬영된 쉬즈위안과 샹뱌오 교수의 대담 중 이 책 1부 내용과의 중복을 제외한 '부근의 소실: 즉각성, 관계, 정신' 부분을 번역한 것이다. 특히 이 부분은 샹뱌오 교수의 고향인 원저우에서 촬영됐다.

쉬즈위안(이하 쉬): 의미 있는 사회란 (아마) 수많은 보통 사람이 자신의 생활을 명확하게 묘사할 수 있고, 자신이 생활하고 있는 세계를 면밀히 분석할 수 있는 사회일 것입니다. 하지만 자신의 주변 세계에 대한 중국인들의 묘사 능력이 일반적으로 좀 떨어지는 것 같습니다. 이곳 사람들에게 길을 물어볼 때 느끼셨겠지만, 평생을 한곳에서만 살았던 사람도 자신의 주위 세계에 대해 잘 알지 못할 수도 있습니다. 선생님께서도 중국인들의 묘사 능력이 떨어진다고 생각하시나요?

샹뱌오(이하 샹): 중국인들의 묘사 능력이 유독 떨어지는지는 잘 모르겠습니다. 하지만 지금 말씀하신 것에서 굉장히 중요한 문제는 중국인들이 자기 주위 세계에 몰입해서, 하나의 서사를 만들고자 하는 욕구나 능력이 없다는 것입니다. 제가 흥미롭게 생각하는 부분은 여기서 말하는 '능력'과 앞서 우리가 논의한 '초월성●'의 관계입니다. 만약 중국의 젊은 학생에게 부모님은 무슨 일을 하시는지, 부모님께서 이 동네에서 살기로 결정했을 때 어떤 생각을 하셨는지, 이 동네 혹은 이 도시에서 자신의 사회적 위치는 어떠한지, 근처 재래시장이나 가게, 점포들과는 어떤 관계를 맺고 있는지, 다니고 있는(혹은 졸업했던) 학교는 어떤 교육과정을 보유하고 있는지 등을 묻는다고 생각해봅시다. 아마 명확하게 묘사하지 못할 확률이 큽니다. 왜냐하면 이 질문들은 그 학생의 관심사가 아니기 때문이죠.

쉬: 그 학생에게는 중요하지 않죠.

샹: 맞아요. 학생들에게 이것들은 중요한 문제가 아닙니다. 그 학생에게 중요한 것은 이것들을 넘어선 것입니다. 학생들은 보통 대학에 가려 하기 때문에 어떻게 대학에 갈 수 있는지는 자세히 알고 있습

● 초월성에 대해서는 제1부 베이징 방담의 '1980년대로 1980년대를 비판하다' 참조.

니다. 글로벌 대입 시스템에도 매우 익숙해 세계 대학 랭킹을 꿰고 있으며 토플이나 GRE를 어떻게 봐야 하는지도 잘 알고 있습니다. 여기에는 이른바 변증법적 관계가 있습니다. 앞서 저는 이런 초월 감이 매우 중요하다고 말씀드렸습니다. 왜냐하면 초월감이 없으면 주변 사물이나 자신이 하는 일에 흥미를 느끼지 못하기 때문입니다. 하지만 이제는 또 다른 문제가 등장했습니다. 사람들이 초월 감'만' 가지고 있게 된 것이죠. 이제 사람들은 자신의 주변 세계를 돌아보지 않습니다. 주변 세계는 버리고 떠나야 하는 것이 되어버렸죠.

쉬: 사람들은 이따금 자신들의 생활 환경이나 공동체에서 벗어나려고 합니다. 심지어는 자기 자신에게서도 벗어나려 하죠. 그렇다보니 자신과 상관없는 '큰일'에 대해 말하는 것을 좋아합니다. 굉장히 흥미로운 모순인데요, 모두가 자아를 크게 강조하지만 동시에 그 자아는 집단적인 성격의 자아이자 큰 자아이기도 합니다.

샹: 맞습니다. 사실 이는 모순보다는 분열에 더 가깝습니다. (쉬: 분열! 맞아요.) 왜냐하면 각각의 개인은 폐쇄적이거나, 자족적이고 독립적인 생물체가 아니라 세상에 있는 여러 요소의 집합이자 역사적 조건하에서 이루어진 임시적인 집합체이기 때문이죠. 개인은 여러 층차를 지니고 있습니다. 하나는 순수한 자아로서의 개인이고, 다른 하나는 큰 집단의 담지체로서의 개인입니다. 이처럼 다층적인 개인들은 그 층차 간의 길항관계를 유지한 채 대부분의 시간 동안 하나로 통합되어 있어야 합니다. 하지만 오늘날엔 여기에 분열

이 생겼습니다. 원자적인 개인으로서 사람들은 자신에게 큰 관심을 갖다가도 때로는 거대한 사건에 대해 갑자기 거창한 논평을 해 댑니다. 반면 이 둘의 중간 지점, 즉 자신의 부근에 대해서는 전혀 관심이 없습니다. 오로지 자기 자신이나 가족 아니면 전 세계에만 관심을 두죠.

쉬: 맞습니다. 두 가지 극단으로 나뉘죠.

샹: 그리고 이것이 바로 부근의 소실이라는 문제입니다. 전체적으로 봤을 때 현대사회는 부근을 소멸시키는 경향이 있습니다. 저는 신자유주의라는 단어를 좋아하지 않지만, 그럼에도 '시장은 만병통치약이며 모든 것을 해결할 수 있다'라는 식의 신자유주의 이데올로기가 존재한다고는 생각합니다. (신자유주의식) 시장은 부근을 소실시키는 주요 원인 중 하나예요. 거래과정에서 별다른 마찰이 없어야 하기에 시장은 부근을 일종의 장애물로 생각합니다.

쉬: 그렇다면 오늘날 널리 이용되고 있는 위챗微信, 알리페이支付寶, 배달음식 애플리케이션인 메이퇀美團 같은 것은 부근의 소실을 추동하는 힘들이라고 할 수 있겠네요. '부근'에는 여러 층차의 감각들이 있지만 현대사회는 손가락질 몇 번이면 못 닿는 곳이 없습니다. 따라서 모든 '부근'이 소멸되었죠.

샹: 맞습니다. 그렇다면 이 '부근'은 어디로 갔을까요? 메이퇀 플랫폼 설계자에게도 부근은 아주 중요합니다. 플랫폼을 설계하기 위해선 언제 차량과 사람의 유동량이 가장 많고, 언제 사람들이 돌아다니지 않는지와 같은 부근의 교통 상황을 파악하고 있어야 합니다.

그리고 이런 설계자들에 의해 본래 우리의 신체로 직접 감지할 수 있었던 물리적 의미로서의 '부근'은 데이터화된 '부근'으로 바뀌었습니다. 부근은 단순히 증발해버린 것이 아니라 다른 것으로 '전화轉化'된 것입니다. 그리고 이 전화의 배후에는 기술의 발달이나 여러 관계의 재구성이라는 자본의 힘이 있죠. 한편 부근의 데이터화轉化는 우리에게 새로운 '편리함'을 가져다주었습니다. 내가 원하면 무엇이든 내 앞으로 가져다놓을 수 있게 되었죠.

쉬: 그렇다보니 5분이라는 시간이 갑자기 중요해졌습니다. 이제 사람들은 5분을 기다리는 것도 불편해합니다. 시간에 대한 우리의 감각 변화를 어떻게 이해해야 할까요? 1년 전의 일은 역사나 교과서에서 나오는 사건처럼 아주 오래전 일로 느끼면서도 내 눈앞의 5분은 기다릴 수조차 없는 시간이 되어버렸습니다.

샹: 말씀하신 내용은 아주 거대한 철학적 명제이지만 인류학의 관점에서 간단히 말씀드리겠습니다. 사람들은 이것을 일반적인 추세, 즉 '시간이 공간을 정복하는 과정'이라 생각합니다. 우리는 원래 공간적인 거리감을 통해 세계를 인식했습니다. 과거 사람들은 사람의 행위를 통해 멀고 가까움을 묘사했어요. 예를 들어 '담배 한 개비를 피우며 걸어가면 네가 있는 곳에 도착한다'는 말은 나와 상대 사이의 거리를 나타냅니다. 여기에는 시간이 없고 담배 피우기와 걷기라는 두 가지 행위만 존재할 뿐이죠. 하지만 시간은 점점 추상화되었고 공업화 시대에 이르러서는 시계에 따른 시간 구분을 가장 중요한 것으로 여기게 되었죠.

주변의 상실

쉬: 근대의 상징이죠.

샹: 맞습니다. 시계가 지시하는 시간 감각은 사람의 행위와 분리된 시간 감각입니다. 이제는 더 이상 사람의 행위를 통해 시간을 묘사하지 않습니다. 반대로 시간이 사람의 행동을 규범화하죠. 이를테면 직장인들은 8시까지 출근해야 합니다. 저는 과거 광둥성 둥관東莞의 이주노동자들을 조사한 적이 있는데요, 둥관의 노동자들은 화장실마저 정해진 시간에 맞춰 다녀와야 했습니다. 그들은 조립 라인의 부속품이었기 때문에 생리적인 현상 또한 조절되어야 했고, 한 번 화장실 가는 기회를 놓치면 다음 쉬는 시간까지 화장실에 갈 수 없었습니다. 반면 소셜네트워크 시대社交時代에 이르러 큰 변화가 나타났습니다. 이제 시간은 더 이상 선형적인 것이 아닙니다. 이전에 비해 파편화되었죠. 지금은 8시간 동안 공장에서 일한다고 했을 때, '2시간 동안 이 일을 하고, 15분 동안 저 일을 한다' 식으로 하지 않습니다. 8시간 사이에 여러 태스크To do task가 계속해서 추가되죠. 이처럼 시간의 일체성이나 선형성은 모두 조각조각 파편화됩니다. 하지만 이러한 변화 속에서 우리의 시간 감각은 한층 더 강렬해집니다. 저는 지금 그냥 머릿속에서 생각나는 대로 말하고 있기 때문에 하나의 가설에 지나지 않지만, 현대의 시간 감각은 산업시대의 선형적이고 일방향적인 시간 감각과는 다를 수 있습니다. 즉, 오늘날의 시간 감각은 일종의 즉각성을 추구합니다. 사람들은 5분 늦은 라이더에게 화를 내요. 이런 마음가짐은 현대사회에서야 나타난 새로운 것이죠. 사실 라이더가 늦은 고작 몇 분의

시간은 나의 하루 일과에 별다른 영향을 주지 못합니다. 그럼에도 많은 사람이 5분이라는 시간을 굉장히 따지죠. 왜일까요? 그 이유는 사람들이 이 5분을 선형적인 시간의 흐름 속에서 보지 않기 때문입니다. 사람들은 이 몇 분이 나의 하루 일과에서 어디쯤 위치해 있고, 이 시간 동안 무엇을 해야 하는가를 생각하지 않습니다. 그저 그 '몇 분'이라는 시간 자체를 중요하게 생각하죠. 다시 말해, 사람들이 원하는 것은 '지금, 바로'와 같은 일종의 즉각성입니다. 오늘날 기술이 계속해서 발전하고 있는데요, 5G가 일반화된다면 거래에 소요되는 시간은 점점 더 줄어들 테고 즉각성에 대한 요구는 점점 더 늘어나겠죠. 그리고 그만큼 '부근'도 소실될 것입니다.

쉬: 그렇다면 이러한 즉각성이 사람들을 어떻게 변화시킬까요? 제가 이런 질문을 하는 이유는, 이 즉각성이라는 것이 결국은 사람의 심리적인 측면이나 심성적인 측면에 직접적인 변화를 이끌어낼 것 같기 때문인데요, 사람들이 어떻게 변할지 혹은 인간사회의 조직 방식이 어떻게 변할지 궁금합니다.

샹: 성찰하는 능력이 저하될 것 같습니다. 왜냐하면 모든 게 거리가 없는 것처럼 느껴질 것이기 때문입니다. 배달 라이더는 당신이 주문한 것을 바로 가져다줍니다. 만약 배달이 늦어져 즉각성에 대한 욕망이 충족되지 않는다면 화를 내게 되겠죠. 하지만 화를 내면서도 나와 라이더가 어떤 관계를 맺고 있는지는 생각하지 않습니다. 왜냐하면 그 관계는 일반적인 관계가 아니기 때문입니다. 배달을 시킬 때마다 만나는 라이더가 매번 다르니 그 관계는 일회적이고 즉

각적인 것이 됩니다. 바꿔 말해, 사람들은 즉각성과 편리함에 중독됐습니다. 굉장한 편리함을 누리면서도 투덜거리고 그러면서도 계속해서 즉각성을 추구해나가죠.

쉬: 그렇다면 새로운 야만이 나타날 수도 있을까요? 상호 존중, 공감과 같은 시민의 미덕은 장기적인 관계 속에서 형성되는 것들인데요. 하지만 지금처럼 즉각성이 추구되는 세상에서는 어떠한 공감이나 이해 능력도 기를 필요가 없겠죠. 어쩌면 사람들이 동물적이고, 야만적이며 본능만 추구하는 모습으로 되돌아갈 수 있을 것 같습니다. 사실 이런 추세는 이미 어느 정도 나타났다고 생각합니다.

샹: 이론적으로는 그럴 수 있다고 생각합니다. 하지만 다른 한편으로 즉각성의 추구는 도덕을 매우 감정적이고 극단적으로 만들 수도 있습니다.

쉬: 이미 모든 중국 사회가 매우 감정적으로 변했습니다. 가령 사람들은 마치 자신들이 피해를 입은 것처럼 어떤 일에 대해서 갑자기 공감하거나 분노를 느끼곤 합니다. 그러나 이 감정들은 실제 행동으로 전환될 수 없기 때문에 빠르게 식어버립니다. '부근'이나 '주변'은 우리 삶에 큰 영향을 줄 수 있는 것이기에 우리는 단순한 방관자가 아니에요. 하지만 이 세계에 대해서는 모든 사람이 방관자가 되어야 합니다. 왜냐하면 우리는 여기에 참여할 어떤 기회도 없기 때문이죠. 사람들은 알리바바에 대해 왈가왈부하지만 사실 어떻게 할 수 있는 방법이 없지 않습니까?

샹: 맞는 말씀입니다. 막연한 느낌이지만 저는 세상이 점점 원자화·개

체화되고 있으며 사람들 사이의 구체적이고 미시적인 관계도 상대적으로 느슨해지고 있다고 생각합니다. 반대로 신뢰나 의미 체계의 영역만큼은 극단적으로 집중화되고 있습니다. 예를 들어 사람들은 서로를 그다지 신뢰하지 않습니다. 하지만 알리페이는 신뢰합니다. 결국 우리는 사람 대신 추상적인 시스템을 크게 신뢰하고 있는 겁니다(물론 추상적일지라도 이 시스템은 매우 구체적이고 복잡한 기술로 구성되어 있겠지만요). 만약 이 시스템을 신뢰하지 않는다면 즉각성과 편리함을 누릴 수 없겠죠. 그리고 마지막으로 저는 가장 원초적인 사회관계가 본질화될 수 있다고 생각합니다. 즉, 부모와 자식 관계처럼 생물학적으로 정의된 관계들만이 다시 매우 중요한 것으로 간주될 것입니다.

쉬: 마지막에 지적해주신 부분이 인상 깊네요. 우리 세대는 사회 전체가 점점 더 개인주의적인 방식으로 흘러갈 것이라고 생각했습니다. 원자화와 같은 개인주의가 아니라 개인의 노력이 더 중시되고 사람과 사람 간의 관계는 더 평등해지며, 혈연관계의 영향력은 약해지는 형태로 말이죠. 하지만 지난 몇 년간을 돌이켜보면 우리가 사라지거나 약해지리라 생각했던 것들이 갑자기 다시 등장하기 시작했습니다. 가령 요즘 젊은 세대들은 결혼에 대해서도 부모가 결정해주길 원한다고 하는데요, 우리 세대에서는 상상도 할 수 없는 일입니다.

샹: 맞습니다. 당시에는 전혀 생각지도 못한 것이었죠. 우리가 젊었을 때는 부모가 결혼 상대를 소개해준다는 건 굉장히 창피한 일이었

어요. (쉬: 위스키 한 잔만 주문해주시겠어요? 샹: 술을 마시고 싶을 정도예요? 쉬: 그냥 한잔하고 싶습니다. 너무 기쁘네요.) 듣고 보니 참 이상합니다. 어떻게 시간 감각의 변화가 결혼관의 변화로 이어질 수 있을까요? 하지만 사람들의 삶이라는 게 원래 이렇습니다. 삶 전반에 대한 인식이 변화하고 이에 따라 결혼이나 가정에 대한 이해도 새로워질 수 있죠. 우리 세대가 대학에 다니던 시절의 사람들은 어떻게 결혼 상대를 직접 만날 수 있었을까요? 그 이유는 '부근'에서 사랑의 관계를 구축할 수 있다는 자신감이 있었기 때문입니다. 직장에서, 심지어 버스 안에서도 우리는 사랑이라는 관계를 구축할 자신이 있었습니다. 하지만 오늘날 사람들은 서로 신뢰하는 관계를 구축할 능력과 자신감을 잃은 듯합니다. 때문에 점점 사회를 초월한 생물학적 관계를 의미의 기초로 삼게 되는 것이죠. 여기에는 두 가지가 있습니다. 하나는 생물학적 관계이고, 다른 하나는 이성적인 계산입니다. 예를 들어 나와 비슷한 사회경제적 지위를 가진 사람과 만나는 것도 타인의 소개와 많은 양의 정보를 비교한 끝에 이루어집니다. 아마 이 과정에서 빅데이터가 사용될 날도 머지않을 겁니다.

쉬: 바이허百合 같은 결혼정보 회사는 이미 빅데이터를 이용해 사람들을 매칭해주고 있습니다.

샹: 그렇죠. 저는 과학기술을 사용해 나와 적합한 사람을 찾는 행위의 등장은 경제적인 이성이 극단적으로 커져 자연스러운 사랑 본연의 감정을 말살시켰기 때문이라고 봅니다. 하지만 더 정확한 이유

는 앞서 언급한 자신감의 상실 때문일 것입니다.

쉬: 자신감의 상실은 곧 자유의지의 소멸로 이어집니다. 사람의 가능성을 믿지 않는 것이죠.

샹: 하지만 제가 말씀드리고 싶은 건, 어떻게 이를 마주하고 대응할 것인가입니다. 가령 최근 노처녀 담론과 부동산의 관계에 대해 흥미로운 가설을 제시한 연구들이 있는데요, 연구가 주장하는 것처럼 부동산 업계가 의도적으로 노처녀 담론의 확산을 부추겼다고는 보기 힘들지만, 실제 현실을 객관적으로 살펴보면 노처녀 담론의 가장 큰 수혜자는 부동산 업계가 맞습니다. 사람들은 노처녀가 되는 것에 큰 공포를 느끼고, 결혼에 대한 압박을 받죠. 그리고 결혼에 있어서 가장 중요한 것은 집입니다. 나이 든 여성의 어머니들은 부동산 시장을 움직이는 가장 큰 힘이 되죠. 여기서 가장 큰 피해자는 여성 자신이지만 정신적인 의미에서 본다면 모든 사람이 피해자입니다. 이 상황에서 사람들은 치욕의 감정을 느낍니다. 도덕적으로는 부모님께 죄송스럽고, 사회적 가치에 비춰 굴욕감을 느껴요. 이렇게 사회에 대한 사람들의 이해는 굉장히 획일적으로 변하고 노처녀 담론과 같은 특정 담론 앞에서는 모두가 취약한 존재가 됩니다.

쉬: 그렇다면 우리는 이런 상황에서 어떻게 저항하고 개인의 의미를 발견하거나 존엄을 다시 세울 수 있을까요?

샹: 간단한 예를 하나 들어보겠습니다. 원주민들은 한 마리의 소를 두고 '소'라고 부르지 않습니다. 그들에게 소는 '한 무리의 소'이지

주변의 상실

'한 마리의 소'는 의미를 갖지 못합니다. 우리 인류는 현대사회가 되어서야 비로소 한 개인을 하나의 개체이자 세상의 유일한 존재라고 생각하게 되었습니다. 오늘날 사람들은 독특함을 추구함으로써 자신에 대한 존엄과 자유를 얻을 수 있는데요, 이 또한 현대에 와서야 나타난 새로운 사고입니다. 하지만 저는 개인의 개성을 추구하는 행위가 문제를 해결할 수 있는 방법이라고 생각하지 않습니다. 오히려 개인의 의미와 존엄을 되찾는 방법은 개인이 아니라 관계에 있습니다. 개인의 존엄은 자연적으로 존재하는 것이 아닙니다. 그곳에 원래부터 개인의 존엄이 있었던 게 아니에요. 한 개인은 스스로 사람의 존엄성을 추구할 수 없습니다. 대신 부근을 세우고 이 관계를 재고하며 관계를 구축해야 합니다.

쉬: 현대사회의 수많은 연결은 소비의 형태로 이어져 있습니다. 예를 들어 미니쿠퍼를 모는 사람끼리는 모종의 동질감을 형성하고 자신들의 의미 시스템을 만들어냅니다. 하지만 약한 연결이 어느덧 현대사회의 보편적인 연결 방식이 되어버린 것 같습니다. 모든 것이 약하게 연결되어 있지만 반대로 생물학적 관계는 강하게 연결되어 있죠. 생물은 강한 연결의 한 방식이 되었습니다.

샹: 아주 잘 표현하셨습니다. 여기에는 중간이라는 층차가 존재하지 않습니다. 중간 고리가 존재하지 않으니 사람들이 언제든 느슨한 관계 속으로 뛰어들어가 협조하거나 동원, 협상, 관계 구축을 할 수 있습니다.

쉬: 우리 세대는 자신들이 중간 사회, 중간층, 즉 국가와 가족/개인 사

이에 존재하는 '사회'를 만들기 위해 애쓰고 있다고 믿어왔습니다. 청나라 말기, 즉 선생님 외할아버지의 부친 세대부터 시작해 중간 사회를 만들어왔죠. 하지만 40대가 된 지금, 우리가 발견한 사실은 중간 사회의 형성이란 게 불가능하단 것이었습니다. 혹은 그동안 만들어졌던 것이 소실되고 다시 양극단으로 변해버렸다는 걸 발견했죠. 여기서 말하는 양극단이란 IT 종사자들의 세계와 텐센트의 설립자 마화텅의 세계를 말합니다. 마화텅을 마윈으로 바꿔도 말이 됩니다. IT 종사자들과 마윈의 세계인 셈이죠.

샹: 중간의 소실이 곧 부근의 소실입니다. 둘은 연결되어 있어요. 경제 지표의 관점에서 보면 중간은 크게 번영했습니다. 왜냐하면 사람들은 사회를 일종의 소비 행위로 이해하고 있고, 각종 동호회 또한 많이 생겨났기 때문이죠. 하지만 정신사회의 측면에서의 중간은 미약합니다. 매우 약해요. 이 문제는 중국의 문제일 뿐만 아니라 세계적인 문제이기도 합니다. 포퓰리즘의 흥기도 이와 관련됩니다. 포퓰리즘은 엘리트와 민중, 두 요소로 이루어져 있습니다. 일단 포퓰리즘의 배후에는 엘리트주의가 있어요. 엘리트주의가 없으면 포퓰리즘은 성립되지 않습니다. 포퓰리즘이란 곧 엘리트가 자신이 민중을 직접적으로 대표한다고 말하는 것이죠. 그렇다면 포퓰리즘과 대척점에 있는 것은 무엇일까요? 바로 중간층입니다. 따라서 지식인들은 몇 마디의 말일지라도 나서서 발언할 필요가 있습니다.

쉬: 그럼 선생님께서 생각하시는 이상적인 지식인은 어떤 모습입니까?

샹: 자신이 발 딛고 있는 현장에 대한 예민한 감각을 가지고 있어야 합니다. 고전을 잘 알고 있어야 하지만 그러면서도 현실의 실천 속으로 들어갈 수 있어야 하죠. 또한 지식인의 문제의식은 시대를 따라가야 합니다. 그리고 그 출발점은 반드시 현재의 곤경, 대중의 곤경, 최신의 변화에 기반해야지 공자나 아리스토텔레스, 마르크스가 말한 무언가에서 출발해서는 안 됩니다. 공자가 과거에 말한 것들이 오늘날 우리에게 어떤 쓸모가 있는지를 더 이상 물어봐서는 안 됩니다. 지식인들은 만약 공자와 같은 지식인들이 오늘날을 살아가고 오늘날의 정보를 모두 습득했다면 현대사회에 대해 어떤 질문을 던지고, 어떤 말을 할 것이며, 어떤 대답을 할 것인가와 같은 것을 물어야 합니다.

쉬: 선생님은 이제 곧 50대가 되는데요, 가슴속의 무엇이 선생님을 연구로 이끄나요?

샹: 다른 연구자들도 그렇겠지만, 첫 번째는 지적 호기심입니다. 두 번째는 제 자신의 목소리를 내기 위해서입니다. 사람들은 매우 구체적인 방식으로 살아가고 있습니다. 그리고 특정한 역사적 환경 속에서 자신이 살아가고 있는 환경에 대해 어떤 말을 하길 원하죠. 만약 이 말을 할 수 없다면 자아를 실현하지 못하는 것과 같고 역사나 자신의 주변은 그저 스쳐지나가는 존재가 될 따름입니다. 우리는 우주가 아주 거대하고 우리는 우주에 비해 미약한 존재라는 것을 알고 있습니다. 하지만 설령 미약할지라도 모든 개체는 자신의 목소리를 가져야 한다는 것도 알고 있죠.

쉬: 오늘 이렇게 이야기할 시간을 가져서 참 기쁘네요. (샹: 정말요? 제가 잘 했는지 모르겠네요.) 원저우에는 매우 시적인 정취가 있습니다. 비록 지난 40년 동안 경제 논리에 의해 완전히 억눌려왔지만요.

샹: 맞습니다. 원저우에 산과 물이 있기 때문이죠. 그러니 방방곡곡 숨겨진 구석이 많고, 이 구석들이 곧 부근이죠. 말씀하신 것처럼 해가 지면 부근에 감춰진 수많은 사람의 생각이 떠오를 것입니다. 그렇다면 우리 인생의 황혼이란 무엇일까요?

쉬: 태양이 지기 전에 잠시 빛나는 것처럼 죽을 무렵 정신이 맑아지는 때가 있을 것입니다. 갑자기 세상을 다시 사랑하게 되고, 모든 연인을, 모든 생각을 사랑하게 되는 때 말입니다. 그 순간이 우리의 황혼입니다. 30년 후에 한 번 더 보기로 약속합시다. 그때까지 이 프로그램이 유지될까요? (웃음)

네이쥐안을 말하다:
실패와 퇴장이 허용되지 않는 경쟁
펑파이신문 인터뷰, 2020년 10월

2020년, 아마 '네이쥐안內卷, involution'만큼 화제가 됐던 유행어는 없었을 것이다. 원래 네이쥐안은 급격한 발전이나 점진적 성장 없이 단순한 수준에서 자기 반복을 하는 사회나 조직을 설명하기 위해 인류학자들이 만든 개념이다. 하지만 오늘날에는 '치열한 경쟁'을 묘사하는 데 사용되고 있다. 사람들은 매 순간순간 안간힘을 쓰며 살아간다. 사소한 경쟁에서 우위를 차지하려 하고 타인의 생존 공간을 빼앗기도 한다. 하지만 그 과정에서 자신의 정신력까지 낭비하고 소모한다. 이러한 소모적 경쟁은 유치원에 들어가는 순간부터 시작해 직장을 얻거나 결혼하는 과정에 이르기까지 끊임없이 이어진다. 이렇게 현대사회를 살아가고 있는 사람들은 자신이 생활 전반에 걸쳐 끝없이 '말려들어卷'가고 있음을 느낀다.

『펑파이신문澎湃新聞』은 인류학자인 샹뱌오 교수를 초청해 네이쥐안에 대해 이야기를 나눴다. 오늘날에 사용되는 네이쥐안과 처음 만들어질 당시의 네이쥐안은 어떤 의미상의 차이가 있을까? 또한 현대인들은 우리의 일상 속 네이쥐안을 어떻게 묘사할까? 일상에 대한 면밀한 관찰과 비유를 통해 새로운 개념에 대한 우리의 이해를 돕는 데 능숙한 샹뱌오 교수는 네이쥐안을 두고 "계속 때리지 않으면 쓰러지는 팽이처럼 '자신을 끝없이 다그쳐야 하는 팽이식 무한 루프不斷抽打自己的陀螺式的死循環'"라고 묘사한다. 그는 인류학적 시각에 입각해 경쟁이라는 큰 틀에서 네이쥐안을 이해하고 있으며, 인류사회의 예외적 현상인 네이쥐안 현상의 이면에는 탈출구를 찾을 수 없는 '고도로 일체화된 경쟁'이 있다고 지적한다. 글의 마지막에서 샹뱌오 교수는 네이쥐안에 따른 불안감을 해결하는 몇 가지 사고방식으로 '구체적으로 생각하기想細'와 '거리를 두고 명확하게 생각하기想開'를 소개한다. 이 사고방식을 통해 인류학자는 어떻게 일상 속 곤경과 불안에 대처할까?

———

네이쥐안은 때리지 않으면 멈추는 팽이와 같은 무한 루프

왕첸니王芊霓(이하 '왕'): 네이쥐안이라는 말은 인류학자들에 의해 처음 사용된 학술 용어입니다. 미국인 인류학자 클리퍼드 기어츠가 가장 먼저 이 단어를 사용했고 이후 프라센지트 두아라가 '정부 조직의 네이줘안화'라는 말을 사용했죠. 따라서 저희는 '네이줘안'에 대해 이야기를 나누고, 그 의미를 명확히 하기 위해선 인류학자에게 물어봐야 한다는 생각을 하게 되었습니다. 네이줘안은 영어로 "인볼루트Involute"인데요, 어떤 자연과학 서적에서는 네이줘안이라는 단어가 조개껍데기에서 유래했다고 합니다. 날카로운 부분이 밖으로 뻗어나와 있는 조개도 있지만, 네이줘안형 조개는 바깥으로 향해 있는 게 아니라 안쪽으로 계속 말려들어가는 형태를 띠고 있습니다. 하지만 겉보기엔 이렇게 휘감겨 있는 구조가 보이지 않죠.

샹뱌오(이하 '샹'): 네이줘안이라는 말은 기어츠가 인도네시아 자바섬의 농업경제를 묘사하면서 최초로 사용한 개념입니다. 그는 농경사회가 오랜 기간 큰 변화 없이 지속되어온 이유를 설명하기 위해 이 단어를 사용했습니다. (자바섬의) 농업경제는 갈수록 정교해졌지만 각 토지 단위에 투입되는 노동력은 줄어들기보다는 갈수록 늘어만 갔어요. 투입되는 노동력이 늘어날수록 그 생산력도 늘어난다고 생각할 수 있지만, 그 생산력의 증가 또한 노동력의 투입으로 말미암은 것이기 때문에 곧 상쇄되었습니다. 다시 말해, 먹을 입이 많아졌으니 생산이 증가했다 하더라도 투입된 노동력에 의해 다시 소비될 뿐 잉여 생산량이 늘지는 않죠. 늘어난 생산력과 증가된 노동력 간의 평형 상태는 오랫동안 지속됩니다.

그렇다면 기어츠는 이러한 현상을 두고 왜 네이줘안內卷이라

칭했을까요? 그 이유는 농사의 세세한 부분에 대한 관심이 커졌음에도 마지막으로 산출되는 생산량과 당시 자바 사람들이 투입했던 노동력 사이의 평형 상태가 별다른 변화 없이 오랫동안 지속되어 종국에는 마이너스 성장에 이르렀기 때문입니다. 반대의 경우로, 만약 황무지를 발견해 그곳을 개간하고 별다른 에너지를 들이지 않은 채 농사를 짓는다면 그 생산량은 투입된 노동력에 비해 높았을 것입니다. 제가 대학에 재학 중일 때 제 스승이었던 쑨리핑 교수께서는 중국인들이 농사짓는 모습이 "마치 꽃을 심는 것 같다"고 말씀하신 적이 있습니다. 이처럼 "정성스레 밭을 갈고 조심스레 심는다精耕細作"는 말은 아시아 사람들의 농업을 아주 잘 표현하고 있죠. 이후 황쭝즈黃宗智, Philip Huang는 창장長江강 삼각주와 그곳의 농업경제 발전을 연구하며 중국의 농업경제사 분석에 네이쥐안이라는 개념을 도입했는데요. 그의 분석은 마크 엘빈이 말한 '고수준 균형의 함정high-level equilibrium trap'의 의미와 기본적으로 같습니다. '고수준 균형의 함정'이란 농업 기술, 행정 관리, 사회 조직, 인력 동원 등의 영역에서 일찍이 높은 수준에 도달했음에도 그 이후 새로운 혁신 없이 고수준의 균형 상태가 오랜 시간 이어졌다는 것을 의미합니다. 과거 중국의 농촌생활과 농업 생산방식은 오랫동안 변함없이 유지되었습니다. 마크 엘빈의 주장은 개간할 수 있는 땅은 모두 개간했기 때문에 토지가 더 이상 증가할 수 없었지만, 이에 비해 인구는 계속 증가했던 17세기 중국의 상황을 보여줍니다. 그렇다면 이 인구의 증가가 가능했던 이유는 무

412

엇일까요? 바로 '정성스레 밭을 갈고 조심스레 심는' 매우 네이쥐안적인 방식이 있었기 때문입니다.

인구의 증가는 문화와도 관련됩니다. 왜냐하면 중국의 전통문화에선 자식을 많이 낳는 것을 복이라 여겼기 때문이죠. 인구의 증가는 노동력을 저렴하게 만듭니다. 무슨 일이든 값싼 노동력을 사용하면 되니까 기술 혁신의 동기가 생기지 않죠. 중국의 농업과 유럽 농업의 가장 큰 차이가 바로 여기에 있습니다. 이는 멜대의 존재 유무를 통해 확인할 수 있는데요, 유럽에는 기본적으로 멜대가 존재하지 않았습니다. 찾아보기 힘들죠. 하지만 중국은 어느 농가든 멜대를 가지고 있었어요. 유럽에서는 힘든 일이 있으면 동물이 하도록 했지 사람의 힘을 필요로 하는 일은 별로 없었습니다. 이는 증기와 기계 같은 기술 혁신의 동기가 되었고 이후 유럽은 자연의 물리 에너지를 통해 이 문제를 해결했습니다.

한편 두아라는 네이쥐안 개념을 행정 및 정치와 연관 지었습니다. 그는 청말 신정 당시, 청조 정부가 국가의 통제를 강화하기 위해 큰 비용을 들여 수많은 관료 기구를 설립했으나 기층 민중에 대한 국가의 행정능력은 전혀 강화되지 않았다고 지적합니다. 특히 지방사회에 대한 서비스는 하나도 개선되지 않았죠. 두아라에 따르면 이는 국가 건설에서 나타나는 네이쥐안 현상입니다. 이 네이쥐안으로 어떤 결과가 초래되었을까요? 역설적이게도 굉장히 많은 관료가 생겨났고 이들에게 봉급을 주기 위해 어쩔 수 없이 농민들에게 더 많은 세금을 거둬들여야 했습니다. 하지만 임금을 받는 관리들은 농촌사회를 위해 봉사하기보다는 자신의 사리사욕을 채우기에 급급했습니다. 수탈은 더 많아졌지만 반대급부로 돌아오는 복리가 없으니 결국 농촌사회의 해체와 혁명으로 이어졌죠.

왕: 그동안 학자들이 사용해왔던 네이쥐안의 개념은 오늘 우리가 다루려는 현대사회의 네이쥐안과는 그 개념의 맥락과 표현에서 의미의 차이가 있는 듯합니다.

샹: 이전 학자들의 네이쥐안에 대한 논의와 현재 중국에서 유행하는 네이쥐안 담론은 모두 '뚫고 나갈 수 없는 막다른 골목에 이르렀다'는 비슷한 느낌을 줍니다. 하지만 각 네이쥐안의 작동 메커니즘에는 차이가 있습니다. 기어츠와 황쭝즈, 마크 엘빈이 말한 네이쥐안의 핵심은 경제적인 의미에서의 경쟁 결핍입니다. 과거 사람들의 목표는 가정의 생존 가능성을 높이고, 아이를 많이 키우는 것이었습니다. 이들 학자는 왜 아시아 사회에서 공업화나 자본주의가 나타나지 않았는지를 설명하려 했던 것이죠. 다시 말해, 인류학에서 네이쥐안은 한 사회의 작동 방식에 왜 큰 변화가 일어나지 않았는지, 왜 양적 축적에서 질적 변화로 나아가지 못했는지, 특히 왜 농경사회에서 자본주의 경제로의 전환이 나타나지 않았는지를 설명하기 위해 등장했습니다. 이러한 네이쥐안 개념은 오늘날 유행하는 네이쥐안 담론의 내용과는 상반됩니다. 오늘날 사람들이 말하는 네이쥐안은 경쟁의 심화를 의미합니다. 다만 제가 더 흥미롭게 생각하는 점은, 우리가 말하는 네이쥐안이 대체 무엇이냐는 것입니다. '네이쥐안'은 굉장히 직관적인 단어입니다. 많은 사람이

주변의 상실

우려하고 있는 문제를 반영하고 있죠.

왕: 이전에 중국 사회과학원의 양커楊可 연구원은 「'매니저 맘'의 등장母職的經紀人化」(2018)이라는 논문에서 엄마들이 점점 아이들의 매니저로 변하고 있다고 보았습니다. 또한 엄마가 아이를 위해 해야 하는 일이 점점 더 많아진다는 점에서 엄마의 역할이 네이쥐안화됐다고 지적했습니다. 당시 저는 이 말을 이해하지 못했는데요, 지난해에 아이를 낳고 양육을 시작하고서야 엄마가 해야 하는 일이 정말 끝이 없다는 것을 비로소 알게 되었습니다. 아이에게 뭔가를 해주고 나면 다음으로 해줘야 하는 것들이 계속해서 늘어납니다. 제 경우 아이의 하루 일정을 촘촘히 짜고, 아이를 보살피며 피부에 이것저것 발라주는 데 다른 엄마들보다 더 많은 시간을 씁니다. 또 얼굴에 바르는 것과 몸에 바르는 것, 엉덩이에 발라줘야 하는 것이 다 다릅니다. 굉장히 세심하게 신경 써야 하더라고요. 선생님께서는 '엄마 역할의 네이쥐안화' 같은 네이쥐안이 의미가 있다고 보십니까? 또한 아이 돌보는 일에 네이쥐안이라는 단어를 사용할 수 있다고 보시나요? 제 말은, 사실 오늘날 매우 다양한 상황에 네이쥐안이라는 단어가 붙고 있는데요, 주로 사회에 대해 비아냥거리거나 투덜거리는 식의 부정적인 의미로 쓰이잖아요? 따라서 제가 방금 말씀드렸던 예시들에 대해서도 선생님의 생각을 말씀해주시겠습니까? 최근 사람들이 이것저것에 네이쥐안을 붙이는 데에는 어떠한 오류가 있는지 혹은 네이쥐안이라는 단어를 사용하면 안 되는 상황은 어떤 것인지, 이를 구분하는 명확한 기준이 있는지 말

입니다.

샹: 단어 사용은 하나의 사회 현상입니다. 사람들이 네이쥐안이라는 단어를 통해 자신의 불안함을 표현하고 있다면 저 같은 지식인들이 할 일은 먼저 그들의 말을 귀담아듣고, 이후 분석을 하는 것이지 처음부터 이 단어를 이런 식으로 사용해서는 안 된다고 말하는 것이 아닙니다. 다만 우리가 할 수 있는 일은 오늘날의 네이쥐안이 대체 무엇이고 과거 사용되었던 네이쥐안과는 어떤 차이가 있는지를 명확히 하도록 도와주는 것이지요.

방금 말씀하신 엄마 역할의 네이쥐안화는 대략 두 가지 측면에서 이야기해볼 수 있을 것 같습니다. 첫 번째는 투입해야 하는 것이 끊임없이 증가한다는 것이고, 두 번째는 막다른 골목으로 들어섰다는 느낌을 강하게 받는다는 것입니다. 막다른 골목에 들어선다는 말은 그 끝이 어디인지도 모르고, 지금 하는 일이 어떤 의미를 지니는지도 모르며, 이 일이 어떤 결과를 가져올지 모르지만 멈출 수 없다는 것을 뜻합니다.

이 막다른 골목은 밖으로 나가지 못하고 내부에서 계속 돌고 있는 골목입니다. 빠져나올 수 없는 무한 루프에 들어선 거예요. 네이쥐안이 무한 루프라는 말은 이처럼 빠져나가지 못한다는 말을 뜻합니다. 그리고 이 무한 루프는 에너지를 계속해서 소모하도록 하는 끝없는 순환이죠. 그렇다면 왜 중국 사람들은 에너지를 많이 소모하게 만드는 막다른 골목, 무한 루프에 들어서는 것일까요? 그 이유는 당연히 사회적으로 느끼는 집단 압력 때문입니다.

주변의 상실

다른 엄마들이 어디서 무엇을 어떻게 한다고 하니 집단 압력을 느끼는 것이죠. 여기에는 경쟁심이나 남과 비슷한 수준이 되어야 한다는 생각이 의식적, 무의식적으로 존재합니다. 이런 배경과 맥락 속에서 중국인들은 막다른 골목으로 들어서는 것이겠죠.

사람들이 엄마의 역할에 네이쥐안이라는 단어를 붙이는 것도 저는 아무런 문제가 없다고 생각합니다. 하지만 네이쥐안이 처음 만들어졌을 당시의 의미와 비교해보자면 새로운 질문을 던져볼 수 있습니다. 앞서 언급했듯, 전통적 의미의 네이쥐안이 다룬 문제는 고수준 균형의 함정이 어떤 이유에서 오랜 기간 대를 지속하며 유지되었느냐는 것이었습니다. 17세기 무렵부터 중국 사회에는 경쟁이 존재하지 않았고 모두가 입에 풀칠할 정도의 생활만을 유지했습니다. 하지만 오늘날 우리가 목도하고 있는 것은 끊임없이 반복되는 무한 루프입니다. 사실 엄마들은 육아과정에서 매일 똑같은 일을 반복하고 있는 것이 아닙니다. 계속해서 새로운 로션이나 이유식을 발견하고, 단톡방에서 다른 엄마들이 사용하고 있는 최신 용품들을 하루 종일 보고 있죠. 만약 자녀에게 매일 똑같은 제품을 사용하고 있다면 불안함을 느낄 겁니다. 게다가 아이가 좀 크면 유치원을 보내는 것부터 시작해서 어떤 초등학교로 보내느냐 하는 것까지 많은 고민을 하게 되겠죠. 중학교에 올라갈 때가 되어서는 미칠 지경에 이릅니다. 이런 것들은 농경사회에 존재했던 고수준의 균형과는 다릅니다.

전통적인 네이쥐안이 반복적이고, 경쟁이 없으며 농경사회라는 구조적 틀에서 벗어날 수 없었던 상황을 가리킨다면, 오늘날의 네이쥐안은 때리지 않으면 쓰러지는 팽이처럼 자신을 끝없이 다그쳐야 하는 무한 루프입니다. 우리는 팽이처럼 계속 돌아가도록 하기 위해 자신을 계속해서 다그치고 매일매일 바삐 움직이지 않나요? 이건 '고수준 균형의 함정'에 대비되는 '고수준의 동태적 함정高度動態的陷阱'입니다. 에너지 소모가 커요. 과거 소농사회에서는 육체적으로는 힘들었을 수도 있지만 오늘날과 같은 정신적 고통은 없었습니다.

전통적으로 중국인들에게 조상에 대한 숭배는 매우 중요한 일이었습니다. 왜냐하면 과거의 생활 방식은 선대의 일을 대물림하는 형태였기 때문입니다. "불초소자不肖子孫(가업을 이어받지 못하는 변변치 못한 자손)"라는 말에서 불초不肖는 '닮지 않았다'라는 뜻입니다. 즉, 조상들이 앞서 하던 일을 그대로 이어갈 능력이 없다는 말이죠. 하지만 오늘날의 상황은 다릅니다. 우리가 아이를 키우는 방식은 우리 부모님들의 방식과는 다릅니다. 그렇지 않나요? 나중에 커서 아빠처럼 되어서는 안 된다고 아이를 교육하는 것은 오늘날 중국 가정 교육의 특징이기도 합니다. 그리고 이런 변화는 또 다른 형태의 함정이 되어버렸습니다. 청년들은 부모님의 생활수준을 계속해서 뛰어넘어야 하는 처지가 되었죠. 더 높이 올라가야 하고 더 빨라져야 하며 더 강해져야 해요.

네이쥐안의 이면: 고도로 일체화된 경쟁

왕첸니 · 거스판葛詩凡: 네이쥐안이라는 말이 최근 정말 '핫'합니다. 배달 라이더부터 IT 업계의 프로그래머까지 모두 자신의 일을 두고 "완전 말려들어갔다太捲了"며 푸념하고 있습니다. 그러곤 은행이나 다른 좋은 일자리로 가려 합니다. 하지만 취업을 위해 보는 필기시험의 내용은 업무와 아무런 상관이 없는 것들이에요. 다시 말해, 이 시험은 단지 다른 사람들을 이기기 위한 것, 경쟁을 위한 경쟁일 뿐입니다. 이러한 상황에서 사람들은 네이쥐안이라는 단어를 통해 현실을 풍자합니다. 여기서 한 가지 여쭤볼 것이 있는데요, 우리가 네이쥐안을 이야기할 때, 실제로는 자본주의를 비판하고 있다고 보는 것이 맞을까요? 예를 들어 사람들은 밤새 야근을 하며 SNS에서 996 문화를 조롱합니다. 저희는 특히 1990년대에 출생한 청년들에 주목하고 있는데요, 이들은 거시적인 사회 구조가 어떠한지를 이미 인지하고 있습니다. 그리고 대안적인 생활 방식을 상상하죠.

샹: 직장과 관련된 이야기에 국한해서 바라본다면, 네이쥐안은 현대 자본주의를 비판하기 위해 사용되고 있다고 말할 수 있습니다. 하지만 자본주의라는 말은 지나치게 광범위하고 불명확합니다. 왜냐하면 영국 같은 자본주의의 발원지나 현대 자본주의가 잘 발달한 독일에서는 '네이쥐안' 현상이 나타나고 있지 않기 때문입니다.

다시 말해, 네이쥐안은 중국적 특색일 수도 있다는 거죠. 네이쥐안의 이면에는 '고도로 일체화된 시장 경쟁'이 삶의 지향점이 되고 더 나아가 사회의 기본적인 조직 방식이나 생활 및 자원 분배 형태의 원칙이 되어버린 상황이 있다고 볼 수 있습니다.

먼저, 시장 경쟁에 대해 이야기해보겠습니다. 사실 대다수의 경쟁은 시장적이라고 볼 수 없습니다. 예컨대 엄마들이 하는 교육은 엄밀한 의미에서 본다면 시장적인 것이 아닙니다. 아이들이 보는 시험 또한 국가나 학교가 지정한 것이죠. 다만 시장 경쟁을 모방해 교육이나 시험을 시장의 경쟁처럼 만들었고 이 경쟁에 사람들이 참여하도록 했습니다.

다음은 네이쥐안의 이면에 있는 요소들 중 가장 중요하다고 할 수 있는 '고도로 일체화된 경쟁'입니다. 오늘 우리가 이야기하는 네이쥐안의 중요 전제 조건은 '삶의 목표가 다양하지 않고 동일해야 한다는 것'입니다. 오늘날 중국 전역의 14억 인민은 모두 동일한 목표를 세우고, 하나의 목표를 위해 살아가고 있습니다. 단적인 예로, 직장에서 행복하지 않다고 해서 퇴사한 뒤 국숫집을 차리는 선택을 할 수 있을까요? 그럴 수 없습니다. 모두가 하나의 좁은 길 위에서 서로의 어깨를 밀치고 있는 거죠.

또한 사람들은 선전深圳의 인력 시장인 싼허三和의 일용직 노동자와 같은 처지로 전락하는 것에 대해 일종의 두려움을 갖고 있습니다. 이 경쟁에 참여하지 않고 물러나는 게 어떻게 가능하냐는 것이죠. 사람들은 계속해서 위로 올라가야 한다는 압력뿐 아니라

주변의 상실

아래로 떨어져서는 안 된다는 압력에도 직면해 있습니다. 최근 한 대학원생 친구가 제게 해준 이야기가 있습니다. 그 학생은 아르바이트를 하기 위해 맥도널드에 지원했는데요, 해당 지점에서 그 학생의 학력을 보더니 처음 했던 말이 "여기서 일하면 부모님이 어떻게 생각하실지 생각해봤냐"였다고 해요. 이 질문은 굉장히 무거운 내용을 담고 있습니다. 단지 공부를 헛되게 했다거나 등록금을 낭비했다는 말이 아닙니다. 반대로 감정 및 도덕의 문제와 직접적으로 연관된 질문을 던진 것이죠. 다시 말해, 당신이 사람들에게 보여지는 자신의 사회적 계층을 포기하고 낮은 계층의 삶을 선택하는 것은 도덕적인 의미에서 일종의 배신이라는 말입니다.

모든 사람이 돈을 많이 벌고, 30여 평의 집과 차를 사고, 반드시 가정을 이루어야 한다는 하나의 목표를 향해 달려가고 있습니다. 특정 나이가 되면 반드시 어느 정도의 돈을 모아야 하고 일정한 일을 해야 한다는 식의 담론들 또한 잘 짜여 있죠. 모두가 하나의 시장에서 같은 것을 차지하기 위해 분투하고 있다는 점에서 '고도로 일체화되었다'고 말할 수 있습니다.

왕: "일체화"라는 의미는 단일하다는 의미가 맞나요? '다원'과 반대되는 의미로요.

샹: 목표도 단일하고 가치를 평가하는 기준도 매우 단일하다보니 경쟁 방식도 마찬가지로 단일해졌습니다. 우리는 모두 시험을 통해 경쟁하잖아요? 그렇다보니 결국 상벌의 방식이나 인센티브의 형식 또한 단일해집니다.

인류학적으로 볼 때 이런 상황은 꽤나 특이합니다. 원시사회 같은 다른 사회에도 경쟁이 있었냐고 한다면 물론 있었습니다. 하지만 원시사회의 경쟁에는 두 가지 주목해야 할 점이 있습니다. 첫 번째는 사회생활이 일반적으로 두 개의 영역, 즉 '명성의 영역'과 '생존의 영역'으로 분화되어 있었다는 점입니다. 생존의 영역은 사냥과 농사를 뜻하는데요, 생존 영역에서 사람들은 경쟁보다는 협력을 합니다. 배불리 먹어야 하기 때문이죠. 그렇다면 이 사회에서는 어떤 사람들이 경쟁을 할까요? 일반적으로 부족장이나 씨족의 수령들과 같은 지도자들이 경쟁을 합니다. 이들은 대개 남성으로, 다른 촌락의 우두머리와 일종의 경쟁관계에 있습니다. 이들은 명성을 얻기 위해 경쟁합니다. 이것이 바로 명성의 영역에서의 경쟁인데요, 대표적으로 "항아리 부수기砸罐"가 있습니다. 족장들은 자신이 축적한 부를 부족민들에게 나눠주거나, 모두의 앞에서 불태워버리는 방식을 통해 각자의 명성을 뽐냅니다. 명성을 둘러싼 족장들의 경쟁은 재분배와 직접적으로 관련되기 때문에 더 큰 의의가 있는데요, 그들은 명성을 획득하는 방식을 통해 자신의 부를 사람들에게 나눠주죠. 그리고 이들의 명성 경쟁은 물질적인 재분배이자 종국적으로는 재화의 균형을 의미합니다.

하지만 원시사회의 사람들은 생존 영역에서만큼은 경쟁하지 않았습니다. 여기서 '능력'과 '재화의 분배' 사이의 관계가 조금 복잡한데요, 예를 들어보겠습니다. 사람들의 사냥 능력은 모두 다릅니다. 만약 사슴 한 마리를 잡을 수 있는 사람이 있다면, 그는 부족

주변의 상실

사람들로부터 많은 명성을 얻을 것입니다. 부족 사람들은 그의 용감함과 사냥 기술을 찬양하겠죠. 하지만 그가 사냥해서 잡은 고기는 반드시 균등하게 분배되어야 합니다. 반면 현대 중국은 과거 원시부족 사회와 같이 명성의 영역과 생존의 영역이 나뉘어 있지 않습니다. 모든 것은 경쟁을 통해 얻어야 해요.

왕: 선생님께서는 『방법으로서의 자기』●에서도 부자들은 더 부유해지려고 하지만 이를 나누려 하지 않는다고 말씀하였죠. 지적하셨듯 중국 사회에는 명성의 영역과 생존의 영역이 나뉘어 있지 않다 보니 모든 계층이 각자의 불안함을 가지고 있습니다. 하층 사람들은 교육을 통한 계층 상승을 원합니다. 중산층은 내가 노력하면 엘리트가 될 수 있지 않을까 생각하고 또 자식에 대해서는 내 아이가 아이비리그에 갈 수 있을까, 금융을 공부해 투자은행이나 월가에서 일할 수 있지 않을까와 같은 생각을 합니다. 엘리트들은 자신들의 위치에서 내려오려 하지 않으며 자식들이 예술 같은 것을 공부하는 걸 선호합니다. 상층계급은 자신들의 신분과 품위를 과시할 방법을 갖고 있고 이를 다른 계층과 나눌 생각이 없습니다. 이처럼 현재는 모든 계층이 초조함을 느끼고 있는 상황입니다. 자신이 어느 계층에 속하든 상관없이 두려움을 느끼는 것처럼 보여요. 이것이 바로 이전에 선생님께서 말씀하셨던 "막차를 놓치면 안 된다는

● 이 책의 제1부를 뜻한다. 책 출간 후 이뤄진 인터뷰다.

조바심**일 텐데요. 이런 조바심이 모든 계층에 존재하고 있는 것이겠죠?

샹: 맞습니다. 문제는 막차가 이미 떠났다는 것입니다. 일체화된 경쟁은 1990년대부터 일찍이 시작되었습니다. 오늘날 사람들이 갑자기 네이쥐안이라는 문제를 들고나온 이유는 뭘까요? 막차가 모두 떠났기 때문입니다. 하층계급은 자신들의 운명을 바꾸길 원합니다. 반면 중산층과 상층계급은 더 이상 위로 올라가는 것을 바라지 않습니다. 오히려 아래로 떨어지는 것을 더 두려워하죠. 이들은 다음에 오는 차를 더 이상 기다리지 않습니다. 단지 지금 타고 있는 차가 멈추지 않길, 나아가 자손 대대로도 멈추지 않길 바랍니다. 자신이 가진 것을 잃는다는 게 더 큰 두려움인 것입니다.

만약 희망이 있었다면 사람들이 지금과 같은 극도의 네이쥐안 상황에 빠지지 않았을 것입니다. 한때 인터넷에서 화제를 모았던 "985폐기물"** 담론이 내포한 의미는 공부가 힘들다는 게 아닙니

● 제1부 원저우 방담의 '계층 유동의 역설' 참조.
●● 중국에서 명문대로 인식되는 985공정에 속한 대학을 졸업한 학생들이 자신들을 자조적으로 일컫는 말. 이들 중 대부분은 지방 출신으로, 공부를 열심히 해 좋은 대학에 합격했으나 이후 직면한 현실은 순탄치 않았기에 자신들을 '실패한 학생'이라며 985폐기물이라고 불렀다. 이는 나중에 다시 小鎭做題家라는 표현으로 발전한다. "읍내의 시험문제풀이 고수"라는 뜻인데, 농촌 출신 한미한 집안의 청년들이 오로지 대학입시에서 좋은 성적을 거둬 명문대학에 진학하는 방법을 통해서만 자기가 처한 환경에서 벗어날 수 있다고 믿는 것을 말한다. 하지만 이미 계급이 나뉘고 부동산을 비롯한 대도시의 생활 비용이 지나치게 올라간 상황에서는 명문대학에 진학한 후에도 부잣집 자식富二代이 아니라면 자기 운명을 벗어날 수 없다는 자조적인 의미를 담고 있다.

다. 오히려 985공정에 속한 대학에 입학한 것이 아무런 쓸모가 없다는 말이에요. 결국 사람들이 네이쥐안을 통해 하고 싶은 말은 "나는 그토록 많은 경쟁에 참여했으나 가장 기본적인 바람도 이루지 못했다"입니다.

  방금 아주 중요한 몇 가지를 말씀해주셨는데요, 중국 사회는 수평적으로 분화되어 있지 않습니다. 반면 독일은 중국의 상황과 다릅니다. 독일에서는 견습공 제도를 아주 중시하는데요, 이 제도는 독일에서 중요한 취업 방식 중 하나입니다. 한번은 독일에서 이발한 적이 있는데요, 사실 이발하기 전에는 조금 걱정을 했습니다. 왜냐하면 아시아인들의 머릿결과 유럽인들의 머릿결이 좀 다르기 때문에 독일의 이발사가 익숙지 않은 제 머리카락을 잘 자를지 확신할 수 없었기 때문입니다. 하지만 이런 걱정이 무색하게도 이발이 아주 잘 되었습니다. 여태까지 중에서 가장 마음에 든 이발이었어요. 이발사는 제 머리를 손질하는 과정에 크게 몰입했고 그 순간을 기뻐하는 것이 눈에 보였습니다. 추측건대, 독일에서 이발사는 견습공에서부터 양성됩니다. 그들에게 이발은 일종의 자기만족과 자부심을 얻을 수 있는 생업입니다. 하지만 아시아에서는 공부를 잘하지 못하면 할 수 있는 게 없습니다. 이발소를 열어 먹고살려고 하면 그때부터 동창회에 나가지 못합니다.

실패와 퇴장을 용납하지 않는 경쟁

왕: 방금 선생님께서 막차가 이미 지나갔다고 말씀하셨는데요, 저는 여기에 100퍼센트 동의하진 않습니다. 이 점에 대해서는 논쟁의 여지가 있을 것 같은데요, 아마 한쪽에서는 막차가 아직 지나가지 않았다고 볼 것입니다. 오늘날 교육이 이토록 과열된 이유도 여기에 있습니다. 아직 기회가 있다고 생각하기 때문에 부모들은 아이들 교육에 많은 것을 투자합니다. 예를 들어 가족 모두 좋은 학군으로 이사를 가거나 좋은 사립학교로 아이를 보내기 위해 필사적으로 면접을 준비합니다. 이마저 안 되면 아이를 학교에 입학시키기 위해 엄마가 교장과 성관계를 맺는 등 각종 수단을 동원해 아이를 합격시킵니다. 이들의 생각에 막차는 아직 지나가지 않았고, 따라서 기회는 아직 남아 있죠. 하지만 선생님이 말씀하신 것처럼 막차는 이미 지나갔다는 시각도 있습니다. 그렇기 때문에 이처럼 '말려들어가는' 상황에 대해 이런저런 비판이 제기되고 있는 것이겠죠. 선생님께서는 오늘날 사회의 성격을 어떻게 규정할 수 있다고 보십니까? 그리고 대체 현대사회는 어떤 상황에 빠져 있는 걸까요? 아니면 사회의 어떤 영역은 막차가 지나갔지만, 어떤 영역에서는 막차가 아직 지나가지 않았다고 봐야 하는 것일까요?

샹: '막차'는 매우 조잡한 은유에 불과합니다. 만약 막차가 집단적인 계층 상승의 방법을 가리킨다고 한다면 저는 막차가 이미 떠나갔

으며 이와 같은 구조적인 공간 또한 이미 존재하지 않는다고 생각합니다. 다만 사람들이 그 구조 속의 틈을 찾으려고 애쓰는 것뿐이죠. 지금 매우 극단적인 예를 드셨는데요, 사실 자녀 교육에 열성인 부모도 막차를 기다린다기보다는 그 뒤를 열심히 쫓고 있는 것뿐입니다. 때문에 그렇게 극단적으로 변하는 것이죠. 예를 들어 방금 말씀하신 "아이를 학교에 입학시키기 위해 교장과 성관계를 맺었다"는 것은 반대로 구조적인 공간이 더 이상 존재하지 않는다는 것을 보여줍니다. 따라서 사람들은 집단이 아닌 개체의 차원에서 극단적인 행위를 하고 그 틈새를 찾으려 하죠. 틈새가 없더라도 어떻게든 그 틈을 파고들려 합니다.

이미 막차가 떠나가고 없다는 것을 깨닫는다고 해서 사람들의 마음이 과연 편해질까요? 상황은 그렇게 간단하지 않습니다. 쟁점은 다시 '계급 분화'의 문제로 돌아옵니다.

성숙한 사회의 사람들이 비교적 평안하게 사는 이유는 뭘까요? 이는 사람들이 희망이 없다는 것을 알고 있기 때문이 아니라 모든 사람의 희망과 노력이 재분배되기 때문입니다. 성숙한 사회에서는 자신의 특기와 흥미를 발견하면 이를 통해 나아갈 수 있는 다양한 방법이 생깁니다. 잘 사는 방법도 다양하죠. 이렇게 성숙한 사회의 사람들은 각자 자신이 갈 길을 찾아서 평안하게 살아갑니다. 이들 사회가 노력을 경시한다는 뜻이 아닙니다. 이곳의 사람들도 노력합니다. 다만 노력의 방식이 다를 뿐이죠. 그저 자신의 방법을 찾으면 되거든요. 중국의 가장 큰 문제는 막차가 이미 지나갔음에도 새로운 길을 만들고 싶어하지 않는다는 것입니다.

소위 말하는 네이줴안은 경쟁이 치열하거나 그렇지 않고의 문제를 넘어 헛된 경쟁, 즉 경쟁 이후 얻을 게 아무것도 없다는 사실을 뻔히 알면서도 계속해서 경쟁해야 한다는 점과 관련됩니다. 우리는 경쟁이 아닌 다른 방식으로 살아가는 방법을 알지 못합니다. 그 경쟁에서 탈출하려고 해도 도덕적 압력을 느껴야 하죠.

왕: 그렇다면 이어서 경쟁에서의 탈출에 대해 이야기해보고자 합니다. 선생님께서는 중국 사회가 경쟁에서의 탈출을 허용하지 않는다고 보시나요?

샹: 오늘날 네이줴안의 중요한 메커니즘은 탈출 메커니즘이 없다는 것, 즉 탈출구를 찾을 수 없다는 것입니다. 경쟁에 참여하지 않고 물러서는 것을 허용하지 않죠. 앞서 말씀드린 그 대학원생이 맥도널드에 일하러 갔을 때, 면접관이 첫 번째로 던진 질문이 '여기서 일하면 부모님이 어떻게 생각하시겠냐'는 것이었죠. 만약 사람들의 인식보다 더 낮은 사회적 계층의 삶을 선택하고 경쟁에서 탈출해 살아가고자 한다면 엄청난 도덕적 압력에 맞닥뜨릴 것입니다. 오늘날 선전의 인력 시장인 싼허에서 일용직 일을 하며 어떤 희망이나 미래에 대한 기대도 없이 살아가는 청년들에 대한 각종 토론의 이면에는 일종의 불안감이 자리하고 있습니다. 어째서 이 청년들은 자발적으로 경쟁에 참여하지 않느냐는 것이죠. 중국 사회의 안정과 발달이란 모두 이런 치열한 경쟁에 의해 유지되고 있습니다.

따라서 성공한 사람들은 실패한 사람들이 그들 자신의 실패를 꼭 인정해야 한다는 데 집착을 보입니다. 너희는 돈도 적게 벌고 물질적으로도 풍요롭지 못하니 도덕적으로 고개를 숙이고 자신의 실패와 무능함을 인정하라는 것이죠. 이들이 자신의 실패를 인정하지 않은 채 이 경쟁에서 조용히 퇴장하는 것은 허용되지 않습니다. 많은 비난을 받을 수도 있어요. 그렇다보니 오늘날 경쟁에서 탈출할 수 있는 이들은 부유한 사람들뿐입니다. 아이들을 외국에 보내거나 하면 되니까요. 경쟁에서 탈출할 수 있다는 이 메커니즘이 아주 중요합니다. 다시 말해, 아이가 공부를 잘하지 못하더라도 자신에게 맞는 다른 좋은 길을 갈 수 있도록 하는 메커니즘이 있어야 한다는 것입니다. 학교 교육이란 것도 바로 이런 부분에 맞춰져야 합니다. 교육자들은 공공 교육 체제를 확립해 모든 아이가 즐겁게 자신의 특기를 충분히 발휘하도록 해야 한다고 말하긴 합니다만 이것이 쉽지 않죠.

왕: 최근 「성적 지상주의績點爲王, 중국 최고 명문 학교 청년들이 가진 죄수의 딜레마」라는 글이 많은 관심을 받았습니다. 이 글은 베이징대학, 청화대학과 같은 명문 대학에 다니는 중국 최고의 젊은 수재들이 극심한 경쟁 속에서 성장보다는 성공을 중시하고, 동기들과 피 터지는 싸움을 하다 결국에는 기진맥진해지는 현상에 대해 이야기하고 있습니다. 고전적인 교육의 가장 중요한 역할은 학생이 '자신을 알도록know yourself' 만드는 것이었습니다. 하지만 현대 사회의 교육은 학생이 자신의 운명을 바꿀 수 있도록 하는 사명을 부여받았습니다. 오늘날 교육을 통한 계층 이동은 아주 당연한 것

이 되었죠. 학생들은 이런 현실에 말려들어가며 막막함을 느끼고, 교수들은 학문에 몰두하는 학생들을 찾기 힘드니 괴로움을 느낍니다. 베이징대학과 칭화대학에서 나타난 '성적 지상주의'가 곧 네이쥐안이라는 현실을 만들어낸 것인데요, 아마 선생님이 공부하셨을 때와는 상황이 매우 다를 것 같습니다. 왜 이런 변화가 일어났다고 생각하시나요?

샹: 성적을 최고로 여기고 이를 중시하는 경험은 제게도 완전히 낯선 것이 아닙니다. 1990년에 1년간 군사훈련을 받은 적이 있는데요, 그때 훈련을 받던 저와 동기들은 미미한 점수 차도 굉장히 중요하게 생각했습니다. 하지만 그 약간의 점수조차 중요하다고 생각했던 이유는 경쟁이나 다른 사람과의 대결 때문이 아니었습니다. 단지 권위로부터 인정받기 위해서였죠. 권위에 의해 인정을 받으면 동기들의 환심을 살 수 있었습니다. 그리고 군사훈련에서 얻은 환심은 당연히 이후 동기끼리의 관계에도 영향을 줬고요.

경쟁은 단순히 수평적이거나 양자 간의 관계에서 발생하는 것이 아닙니다. 오히려 경쟁은 늘 삼자 관계에서 발생했습니다. 왜냐하면 모든 경쟁은 제3자에 의해 정해지기 때문입니다. 스포츠와 같은 보편적인 경쟁 형태를 예로 들어보겠습니다. 이 경쟁에는 경쟁의 규칙을 정하는 심판이나 경제 집단과 같은 제3자가 필요합니다. 동기끼리의 경쟁도 사실은 제3자에 의해 완전히 통제되고 있었던 것이죠. 일반적으로 우리는 자원이 제한적이고 수요와 공급이 불균형하기 때문에 경쟁이 일어난다고 생각합니다. 하지만 그렇지 않습니다. 한 부족장이 부족민들을 서로 경쟁하도록 만들기 위한 최고의 방법은 경쟁에서 승리한 사람을 인정해주는 것입니다. 이렇게 하면 부족장은 참 편하지 않을까요? 사실 부족하다는 것은 모두 인위적인 것입니다. 무엇이 좋은 삶인지, 어떤 물건을 가져야 체면이 서는지와 같은 것도 다 인위적인 것 아닌가요?

(제3자가 개입하여 규정하는 형태의) 경쟁은 고도의 인식적, 행위적 통합을 초래합니다. 이 경쟁으로 인해 사람들은 모두 똑같은 생각을 하게 되고, 다 같이 정신과 생명을 소모하게 됩니다. 다른 것은 생각하지 못하게 만드니 너도나도 경쟁 속에서 분주해지죠.

경쟁은 자원이 유한하기에 존재한다는 것으로만 이해되어서는 안 됩니다. 자원의 유한성은 경쟁을 치열하게 만들기 위한 일종의 수단이에요. 대학 강단에도 실적에 대한 경쟁과 압박 같은 것들이 있습니다. 승진이 보장된 사람이라면 굳이 발표 실적에 의존할까요? 그렇지 않죠. 왜 젊은 교수들이 많은 스트레스를 받으며 서로 경쟁할까요? 경쟁을 이해하려면 반드시 경쟁을 둘러싼 삼자 관계를 이해해야 합니다. 어떤 삼자 관계가 구성되느냐에 따라 그 경쟁의 양상과 함의가 매우 다양해지기 때문이죠.

네이쥐안은 인류사에서 예외적인 현상

왕: 옥스퍼드대학에서 학부생들을 직접 지도하시지는 않죠? 네이쥐안 현상은 주로 학부생들에게 더 많이 나타나는 것 같은데요. 제가 궁금한 것은 서구권 명문 대학의 상황입니다. 옥스퍼드대학의 학생들에게도 네이쥐안 같은 현상이 나타나나요?

샹: 저는 옥스퍼드대학의 학부생을 잘 알지 못합니다. 하지만 성적 지향적이고 조심스럽게 권위의 환심을 사려고 하며 동기를 잠재적인 경쟁 대상으로 보는 현상은 존재하지 않을 겁니다.

　우선, 이런 성적 지상주의적 경쟁 혹은 네이쥐안이라고 부를 수도 있는 현상은 인류 역사에서도 굉장히 예외적인 일입니다. 중국에서도 네이쥐안 현상이 생긴 건 10년이 채 안 됩니다. 물론 영국에도 집단 압력은 존재합니다. 하지만 중국의 집단 압력과는 다르죠. 그렇다면 옥스퍼드의 학생들이 느끼는 집단 압력이란 뭘까요? 예를 들어보겠습니다. 한 학생이 어떤 일을 하려 할 때, 주변 학생들은 그가 어떤 이유에서 그 일에 흥미를 느끼고 있는지를 알고 싶어합니다. 만약 명확하게 말하지 못한다면 그 학생의 체면이 깎이죠. 다른 학생들은 그가 진정성이 없다고 생각할 것입니다. 그리고 그 학생이 해당 일을 하는 이유가 다른 사람의 환심을 사기 위해서거나 혹은 다른 사람이 이 일을 하는 것을 좋다고 생각하기 때문이라고 생각하겠죠. 그는 지루한 사람으로 여겨질 겁니다. 따라서 이곳 옥스퍼드에서는 무슨 일을 할 때, 반드시 좋은 '서사'를 갖고 있어야 합니다. 이는 옥스퍼드 학생들이 가지고 있는 일종의 습관입니다. 이곳의 학생들은 보고서나 연구 프로포절을 쓸 때도, 늘 그 서사를 담아내며 자신이 왜 이 일에 흥미를 느끼는지를 강조합니다. 반면 이곳으로 유학 온 중국 학생들은 자신의 서사를 담아내는 데 어려움을 겪습니다. 프로포절이나 보고서에도 서사를 드러내기보다는 자신의 작업이 사회적으로 중요한 의의가 있다는 점을 강조하죠. 하지만 사회적으로 중요한 의의를 지닌 것은 충분히 많고, 이미 수없이 연구가 진행되어왔는데, 그 학생들이 어떤 새로운 것을 할 수 있을까요? 중국 학생들은 이 점에 대해 명확하게 말하지 못할 때가 많습니다. 결국 마지막에 가서는 현실과 부합하지도 않고, 다른 사람이 이미 말했던 주류 담론들을 반복할 뿐입니다.

왕: 그 배경에는 계급 문제가 있는 게 아닐까요? 다시 말해, 좋은 가정에서 태어난 아이라면 자신이 진심으로 원하는 바를 쉽게 찾을 수 있지만, 평범한 가정에서 태어난 아이일수록 대세에 순응하거나 다른 사람들이 어디로 가는지를 더 살피게 되고 자신이 하고 싶은 대로 행동할 수 없는 경우가 많은데요, 이런 시각에서 본다면 방금 말씀하신 학생들의 차이도 계급 문제로 볼 수 있지 않을까요?

샹: 물론 계급 문제로 볼 수 있습니다. 그렇다면 불평등이란 대체 뭘까요? 상층 계급은 더 많은 자원을 가지고 여유로운 생활을 하지만 하층 계급은 잘 살고 있지 못하다는 것은 불평등의 일차적인 의미

만을 나타낼 뿐입니다. 불평등의 또 다른 의미는 상층 계급의 사람들이 잘 사는 것을 넘어 하층 계급의 사람들은 더 바쁘게 살아가도록 만든다는 것입니다. 이로 인해 하층 계급의 사람들은 물질적으로도 풍족하지 못한 것에 더해 강한 도덕적 압력에 직면하게 되죠. 그 결과 다른 사람들을 모방해야 하고 자신만의 자주성을 포기하게 됩니다. 이것이 바로 불평등의 또 다른 의미입니다.

불평등이 정의롭지 못한 이유는 그것이 자원의 불평등을 의미할 뿐만 아니라 하층 계급 사람들의 생각과 생활 방식을 왜곡시키기 때문입니다. 따라서 저는 하층 계급 사람들이 이 경쟁에서 반드시 탈출해야 한다고 생각합니다. 상층 계급과 같은 게임을 해서는 안 됩니다. 만약 게임을 한다면 높은 확률로 패배합니다. 그리고 이 패배는 물질적인 의미의 패배일 뿐만 아니라 정신적인 의미의 패배가 될 수도 있습니다.

방금 하나의 계급 문제가 출현한 것이 아니냐는 질문을 하셨는데요, 물론 계급 문제의 측면도 존재합니다. 특히 영국의 옥스퍼드 대학에서도 계급 문제가 선명하게 드러납니다. 고전이나 역사를 공부하는 학생들의 가정 환경을 보면 최소한 중산층 이상은 됩니다. 먹고사는 문제를 크게 걱정할 필요가 없는 경우가 많아요. 반면 이민 2세와 같이 사회적 계급이 비교적 낮은 학생들은 대개 금융이나 컴퓨터, 의료, 법률과 같은 실용적인 학문을 공부합니다. 계급 간 차이가 나타난 것이죠.

중국은 재화의 분배가 매우 불평등하게 이루어지지만 하층 계급이 먹고살 수 없을 정도로 불평등하지는 않습니다. 여기에는 중국만의 독특한 배경이 있는데요, 사회주의 중국 시기에 형성된 일종의 평등 관념과 최근 몇 년간 개선된 국가의 복지제도로 인해 하층 계급의 기본적인 생활이나 소비생활은 크게 나쁘지 않습니다. 특히 남아시아나 남미, 아프리카 국가들과는 달리 중국은 사회보장을 통해 기층을 포용하는 힘이 강합니다. 하지만 다른 한편에서 중국은 상층 계급에 대한 모방과 계층 상승에 대한 욕망이 매우 강하고 자신을 왜곡시키는 힘이 극단적으로 나타나는 나라입니다.

왕: 이것을 유교 문화에서 비롯된 것으로 볼 수 있을까요? 예를 들어 몇몇 글은 중국, 일본, 한국과 같은 동아시아의 문화가 유교 문화의 영향을 받아 교육을 매우 중시하게 되었다고 말하고 있습니다. 한편 동남아시아에는 또 다른 상황이 만들어졌기 때문에 일이나 공부에 대해 그리 필사적이지 않죠. 이와 같은 네이쥐안도 유교 문화와 관련이 있을까요?

샹: 관련 있다고 볼 수 있습니다. 유교 문화는 어떤 사람도 크게 뒤처져서는 안 된다는 함의를 내포하고 있는데요, 이는 좋은 전통입니다. 한편 유교 문화의 강한 통합성은 모두를 위로 올라가고 싶게 만들기도 합니다. 경쟁을 강조하지는 않지만 (네이쥐안 현상에) '일체화'라는 배경을 제공하죠.

오늘 우리는 매우 개인주의적이면서도 성적이 인생의 전부라고 여기게 만드는 네이쥐안에 대해 이야기하고 있는데요, 네이쥐안의 이러한 특성은 유교적인 면모가 아니면서도 굉장히 유교적

입니다. 개인주의와 성적 지상주의는 유교적이지 않습니다. 하지만 사람들을 하나의 사상 공간 속에 밀어넣고 한가지 생각만을 강요한다는 점에서 경쟁이 결합된 유교 문화로 볼 수 있습니다.

하지만 유교는 굉장히 광범위한 개념이에요. 예컨대 일본인들이 업무와 학업에서 겪는 스트레스는 중국의 네이쥐안 현상과 온전히 같다고 볼 수 없습니다. 일본에도 과로사가 있지만 이는 경쟁이 아니라 주로 집단 압력 때문입니다. 이 집단 압력은 일종의 유교 문화로, 공과 사 중에서 공을 더 강조하고 동일해야 한다는 것을 도덕적으로 매우 중시합니다. 가령 다른 사람이 퇴근하지 않고 있으면 나도 퇴근하면 안 됩니다. 혼자 퇴근하면 다른 사람들에게 실례가 되죠. 반대로 권위의 환심을 사려고 하거나, 경쟁에서 이기기 위해 다른 사람을 짓밟고 올라서고자 하는 욕망을 가진 일본인은 그리 많지 않습니다.

일본에는 아무런 성취욕도 없는 히키코모리가 많습니다. 마침 어제도 일본인 아내에게 "피곤에 쩌들어 있으면서도 어떤 경쟁의식도 갖고 있지 않은 일본을 어떻게 생각하냐"고 물었는데요, 일본의 교육은 매우 평균주의적입니다. 어느 누구도 낙오되도록 하지 않습니다. 수업은 가장 공부를 못 하는 학생에게 맞춰지며 다른 학생들은 해당 학생이 따라올 때까지 기다려야 하죠. 중국의 교육은 일본의 교육과 정반대입니다. 남들보다 뛰어나야 해요. 중국은 유교 문화를 기초로 하고 있지만 개혁개방 이후 매우 (신)자유주의적인 시장 경쟁 속으로 뛰어들어갔어요.

주변의 상실

왕: 사실, 마침 일본의 네이쥐안이 중국보다 더 심한지를 여쭤보려 했는데요, 방금 말씀을 들으니 각국의 내재적 맥락이 다르기 때문에 이런 비교가 어렵다는 것을 알게 되었습니다. 방금 신자유주의를 언급하셨는데요, 『방법으로서의 자기』●에서는 "좌파 학자들의 문제가 우파 학자들에 비해 결코 적지 않다. 교조적인 방식으로 서방을 반대하는데 이는 기본적으로 서구의 좌파 이론을 베껴온 것이다"라고 말씀하시며 신자유주의를 통해 너무 많은 것을 해석하려는 것에 거부감을 느낀다고 하셨습니다. 제 느낌에 선생님께서는 우리가 신자유주의라는 용어를 사용해서는 안 된다고 여기는 것 같습니다. 네이쥐안을 이야기할 때, 우리는 아마 자신도 모르게 신자유주의를 통해 네이쥐안을 이해할 가능성이 높은데요, 왜냐하면 신자유주의에 따르면 모든 사람은 스스로를 관리(경영)해야 하고, 개인에 대한 모든 책임은 전적으로 자신에게 있기 때문입니다. 가령 최근 수차례 발생한 박사과정생들의 자살 사건에서도, 그 학생들은 분명 일정 부분 자기 탓을 했을 겁니다. 따라서 우울증에 걸렸겠죠. 이런 일들을 보면 저도 모르게 신자유주의와 네이쥐안을 연관 짓곤 합니다. 선생님께서는 어떤 이유로 신자유주의를 통해 네이쥐안을 이해하면 안 된다고 생각하시는지 듣고 싶습니다.

샹: 신자유주의처럼 거대한 개념은 상황을 너무 쉽게 설명합니다. 경쟁은 양자 간의 관계가 아니라 권위에 환심을 사고 표준화된 하나

● 제1부 원저우 방담 '중개업으로서의 인류학' 참조.

의 규칙을 제정하는 것인데요, 이는 자유주의만으로는 설명될 수 없는 것입니다. 신자유주의에 대해 우리가 상상하는 것은 완전히 개방된 시장이지만 현실에서는 굉장히 많은 규제가 존재하죠. 자살한 박사과정생은 자신이 자유주의의 압박을 받고 있다고 생각했을까요? 아마 부모의 기대를 만족시키지 못했고, 밖에 나갈 수도 없었으며, 학창 시절 동창이나 대학 동기들과 의사소통을 할 수 없었던 것이 더 직접적인 원인일 수 있습니다. 그 학생이 건물에서 뛰어내린 이유는 경쟁 그 자체에 실패해서가 아닙니다. 중국 사회를 지배하고 있는 담론 속에서 자신의 경쟁 실패를 설명할 수 없었거나 혹은 왜 이 경쟁을 원치 않는지를 설명할 수 없었기 때문입니다.

이런 것들은 신자유주의로 설명될 수 없습니다. 거대한 개념은 세세한 것들을 너무나도 쉽게 소거해버리죠. 하지만 우리는 디테일이 있는 삶 속에서 살아가고 있는 존재입니다. 중요한 것은 거창한 개념을 통한 일반화가 아니라 사소한 것들을 세밀하게 풀어내는 것입니다.

미시적 메커니즘은 특히 중요합니다. 남녀의 차이로 예를 들어 보겠습니다. 사실 여성들의 경쟁관이 상당히 흥미로운데요, 일반적으로 우리는 남성이 여성보다 더 경쟁적이라고 생각합니다. 가령 여성은 한 부서를 맡는 것에만 욕심이 있고 더 위로 올라가려 하지 않는다는 생각이 보편적이죠. 하지만 일상생활에서 보는 여성들의 질투나 그들 간에 행해지는 비교는 굉장히 치열합니다. 직접 현장조사를 진행할 때, 남성들이 저에게 하는 푸념 중 하나가

자동차와 관련된 것이었습니다. 한 남성이 말하길, 그가 이 차를 산 이유는 자신이 원해서가 아니라 아내의 체면을 위해서였다고 설명했습니다. 아내가 그렇게 요구했다고요. 중국과 인도에서는 실제로 이런 일이 많습니다. 남녀 간의 불평등은 여성이 피해자라 거나 사회에서 더 적은 것을 가져간다는 것을 넘어 여성에 대한 인식을 왜곡할 수 있습니다.

'구체적으로 생각하기'와 '거리를 두고 명확하게 생각하기'

왕: 인류학은 다양한 사고를 제공합니다. 저도 학교에서 인류학을 전 공했는데, 현재는 베이징에서 주류사회의 생활을 따라가고 있습 니다. 선생님의 서술 속에서 베이징이라는 공간은 하나의 통일된 장소로 그려지는데, 중심에서 멀리 떨어져 있는 원저우와는 다르 게 베이징이라는 중심에서 생활하다보니 저도 모르게 주류의 게 임 속으로 말려들어갔습니다. 인류학을 공부하는 것은 저를 더 성 찰하도록 만들었지만 그렇다고 제 모든 것이 더 쉽게 바뀌지는 않 더군요. 오히려 다른 사람에 비해 더 복잡하고 비관적으로 생각하 게 된 것 같아요. 일례로, 저는 인류학 정신이 네이쥐안에 대한 불 안을 해소하는 데 별다른 도움이 되지 않는다고 생각합니다. 이와

관련해 선생님께서는 인류학이 사람들에게 만연한 불안을 해소하는 데 도움을 줄 수 있다고 생각하시나요? 『방법으로서의 자기』에서도 선생님이 대학을 다니실 때는 학생들이 정치, 경제, 법률, 미디어, 역사 같은 인문사회과학에 더 많은 관심을 보였는데, 최근에는 인류학에 흥미를 느껴 공부하는 학생이 늘어났다고 하셨습니다. 인류학이 청년들에게 이미지를 보여주는 '도경식 사고圖景式的思考'를 제공해준다면서 말이죠.● 어쩌면 이게 바로 제가 던지고 싶은 질문일 수도 있습니다. 왜냐하면 저는 인류학을 공부하면서 여러 불안을 해소하지 못했고 도경식 사고를 얻는 데도 실패했기 때문입니다. 그래서 선생님의 말씀을 듣고 싶습니다. 저 자신을 어떻게 위로할 수 있고, 어떻게 인류학을 통해 현대사회의 불안을 해소할 수 있을까요? 어쩌면 인류학의 대중적 영향력에 대한 질문일 수도 있겠네요.

샹: 인류학은 하나의 연구일 뿐입니다. 현대인들의 삶에 대한 불안 해소는 인류학의 주요 임무가 아니에요. 물리학자나 화학자에게 우리 주변의 문제를 어떻게 직접적으로 처리할 수 있을지를 묻지 않잖아요? 그래도 충고를 원하신다면 두 가지 방법을 말씀드리겠습니다. '구체적으로 생각하기想細'와 '거리를 두고 명확하게 생각하기想開'입니다.

● 제1부 원저우 방담의 '새로운 언어를 찾아서'와 '중개업으로서의 인류학' 참조.

주변의 상실

인류학자가 하는 일 중 하나는 사람들이 구체적으로 생각하도록 돕는 것입니다. 가령 도대체 어떤 부분이 자신을 불안하게 하는지를 생각하도록 합니다. '구체적으로 생각하기'는 어떤 이유로 도움이 될까요? 먼저, 구체적으로 생각하는 것은 객관적인 세계에 대한 사람들의 인식을 심화시키고, 상황에 대한 돌파구나 해결 방안을 생각해내도록 하며, 주요 문제와 부차적인 문제가 무엇인지를 명확히 구분하도록 합니다. 또한 마음 챙김mindfulness과 구체적인 것에 초점을 맞춰 집중하는 것을 통해 불안을 해소합니다. 이는 주로 불교에서 비롯된 것인데요, 마음이 불안할 때 이를 안정시킬 수 있는 가장 좋은 방법은 도망가거나 피하는 것이 아니라 '마음 챙김'입니다. 현재 자신이 어떤 상황에 처해 있는지를 물리적인 것을 포함하여 명확히 의식하는 것이죠. 가령 당신이 방 안에서 매우 분노해 있는 상황이라고 칩시다. 화난 이유는 방금 전 동료의 불쾌한 말 때문이에요. 그렇다면 테이블 앞에 앉아서 명상을 하는 겁니다. 그리고 테이블 앞에 앉아 있다는 사실과 기분이 좋지 않다는 사실, 그 원인과 나의 상태를 구체적으로 인식하는 겁니다. 처음 잠깐은 불쾌한 감정이 사라지지 않겠지만 잠시 후에 점점 괜찮아질 것을 우리는 잘 알고 있습니다. 이렇게 화가 나 있는 자신을 깨닫는 겁니다. 명상은 자신의 존재에 관심을 갖게 하는데요, 자신의 존재에 대해 새로운 인식이 생기면 곧 마음이 가라앉습니다. 물론 인류학은 명상과는 다릅니다. 인류학은 과학적인 사고를 통해 더 분석적으로 감정을 누그러뜨릴 수 있도록 하죠. 또한 구체화 과정을 통해 자신의 고유한 존재를 깨닫고, 한 인간으로서 사회에서 자신의 위치가 무엇인지 깨닫게 합니다. 이렇게 보면 인류학도 큰 도움이 될 수 있습니다.

두 번째는 '거리를 두고 명확하게 생각하기'입니다. 이 방법은 인류 실천의 다양성을 보게 해주는 전통적인 인류학적 방법입니다. 여기서 말하는 다양성은 문화적 다양성이 아닙니다. 중국은 정말 빠르게 변했고, 10년 전과 지금의 다양성도 다르죠. 이런 식으로 사고하다보면 거리를 두고 명확하게 생각하게 되는 경우가 있습니다. 예를 들어, (강제)수용소에서의 생활을 이해한다고 칩시다. 난민들(혹은 유대인들) 사이에도 투쟁은 존재합니다. 왜냐하면 거대한 권력 아래서 그들은 모두 스스로를 보호해야 하고, 자신을 보호하기 위한 가장 직접적인 방법은 다른 사람을 공격하는 것이기 때문이죠. 인류학자는 이런 상황들을 기록할 필요가 있습니다. 이 기록은 사람들이 거리를 두고 명확하게 생각하는 데 도움을 줍니다.

이른바 '거리를 두고 명확하게 생각하기'는 자기 자신을 대상화하고 상대화하는 것입니다. 현재의 생활 방식은 일시적인 것이고 꼭 이게 정답일 이유는 없다는 것이죠. 14억의 인민이 하나의 길 위에서 부대끼고 있는 모습은 상상만 해도 피곤합니다. 하지만 장기적인 역사의 시각에서 바라보면 피곤함을 느낄 이유가 없어요. 현재 긍정되는 것도 10년만 지나면 상황이 달라지고 20년 뒤에는 또 다를 것입니다. 따라서 크게 신경 쓸 필요가 없죠. 우리 인류학자들은 많은 자료를 제공하고 사람들은 이를 통해 더 쉽게 거리를 두고 명확한 생각을 할 수 있는 것입니다.

왕: '거리를 두고 명확하게 생각하기'는 개인적인 특성과도 연관되는 것이 아닐까요? 인류학적인 훈련뿐만 아니라 개인의 성격을 이야기해볼 수도 있을 것 같습니다. 가령 선생님은 사람들을 편안하게 해주시는데요, 어쩌면 태어난 가정에서부터 선생님의 자아가 이와 같은 형태였을 수도 있습니다. 저는 성격과 관련이 있다고도 생각되는데요, 맞나요?

샹: 구체적으로 생각할 수 있느냐 없느냐는 사고의 훈련이고, 거리를 두고 명확하게 생각할 수 있느냐 없느냐는 성격의 영역일 수 있습니다. 하지만 제가 여기서 강조하고 싶은 부분은 거리를 두고 명확하게 생각하는 능력 또한 길러질 수 있다는 것입니다. 사유 과정은 하나의 물리적 과정입니다. 어떤 재료가 들어가느냐에 따라 특정한 사유의 결과물이 나옵니다. 인류학은 사람들에게 더 구체적인 재료와 구체적인 이야기를 제공합니다. 그저 사람들의 생활 방식과 이해 방식이 서로 다르다고 말하는 것만으로는 문제를 해결할 수 없습니다. 인류학은 사람들에게 세밀한 분석을 제공해줍니다. 이를 통해 다른 사람이 나와 다르다는 것을 알 수 있을 뿐만 아니라 그 다름 뒤에 일련의 이유가 존재한다는 것을 보게 됩니다. 이렇게 자신을 되돌아보고, 자신의 이면에 존재하는 특수한 원인들을 보는 것이죠.

왕: 오늘 네이쥐안의 개념과 더불어 다양한 상황에서의 네이쥐안에

대해 이야기를 나눠봤습니다. 또한 좋은 경쟁이란 어떤 기준을 가진 것인지, 경쟁에 탈출 메커니즘이 있어야 한다면 어느 시기에 그런 메커니즘이 존재해야 하는지, 우리 사회는 타인을 어떻게 대해야 하는지 등에 대해서도 말씀을 들어봤습니다. 오늘날 사람들은 장인정신을 매우 높게 봅니다. 이에 대한 토론 또한 많은데요, 이 점도 참 흥미롭습니다. 혹시 네이쥐안과 서로 관련되는 부분이 있는지 궁금하네요.

샹: 저는 장인정신을 매우 높게 평가합니다. 왜냐하면 한 그릇의 밥을 만들고 작은 가게에서 두세 가지 메뉴만을 파는 장인정신은 일부러 가게를 작게 유지해 자신이 하는 행위 속에 온전히 몰입하기 때문입니다.

　　이전에 일본에 있는 한 덴푸라 가게에 갔는데요, 그 가게는 오직 덴푸라 하나만을 팔았습니다. 그곳의 요리사들은 성게를 채취하기 위해 바다에 들어가는 해녀들부터 세토내해瀨戶內海에서 채취한 성게를 도쿄로 운반하는 사람까지, 하나의 성게가 얼마나 많은 사람의 노동을 포함하고 있는지를 잘 알고 있었습니다. 그 요리사는 덴푸라 하나를 만들 때마다 일종의 경외심을 갖고 기름이나 밀가루가 어떻게 여기까지 왔는지를 생각하며 일련의 사람들과의 관계를 만듭니다. 이런 의미에서 장인정신은 현재와 자신이 서 있는 곳, 세계 속의 나의 위치에 대해 깊게 몰입하고 이해하는 것을 돕습니다. 저는 장인정신이 오늘날의 '부유 상태懸浮 •나 불안을 해결하기 위한 좋은 방법이라고 생각합니다.(대담자: 왕첸니王芊霓,

거스판葛詩凡)

https://www.douban.com/note/781577426/

● 제1부 옥스퍼드 방담의 '인류학 학계', 원저우 방담의 '왜 초조함을 느낄까'
와 '계급 유동의 역설' 참조.

두긴을 말하다:
우크라이나 전쟁과 일상의 의미

이 인터뷰는 2022년 3월에 이뤄졌으며 『방법으로서의 자기』를 출판한 단두單讀출판사의 위챗 홈페이지와 팟캐스트를 통해 공개됐다. 우크라이나 전쟁에 대한 샹뱌오 교수의 생각, 러시아에서 영향력 있는 지식인이자 '푸틴의 브레인'이라고 불리는 알렉산더 두긴에 대한 분석을 담고 있다. 샹뱌오는 러시아 사람들이 두긴의 철학에 관심을 갖게 된 원인을 분석하고 이 전쟁이 중국 사회와 청년들에 대해 갖는 함의를 '일상생활에서의 의미 구성'의 측면에서 바라보고 있다.

우치吳琦(이하 W): 이전에 이메일을 통해 선생님과 우크라이나 사태에 대해 대화를 나누면서 궁금해진 게 있습니다. 선생님께서는 어떤 시각에서 혹은 어떤 계기를 통해 우크라이나 사태와 같은 국제적 사건에 관심을 갖게 되셨나요?

샹뱌오(이하 '샹'): 올해 2월 13일 정도였나요, 베를린 집에 있던 저는 쓰레기를 버리러 밖으로 나오다가 윗집에 사는 이웃을 만났습니다. 70세의 퇴직 엔지니어인데요, 1960~1970년대에 히피족이었던 그분은 냉전 시기 독일에서도 상당히 발전된 곳이었던 독일 남부에서 베를린으로 건너왔습니다. 저는 그 이유가 궁금했습니다. 왜냐하면 당시의 동독과 서독은 베를린을 거의 관리하지 않았기 때문이에요. 당연히 산업이나 일자리 같은 것도 없었고 베를린 사람들은 양쪽 정부가 주는 재정 지원으로만 생활했죠. 이상한 점 하나가 있다면 서베를린의 거주민들은 병역 의무를 지지 않아도 된다는 거였어요. 하나의 고립된 섬 같았죠. 아마 기술적인 이유에서였을 텐데요, 당시 베를린은 징병된 인구에 대한 관리나 호적 관리를 하기 어려웠을 것입니다. 그래서 징집되기 싫은 사람들이 모두 베를린으로 향했습니다. 그분 또한 이러한 이유로 베를린에 왔던 히피족이었습니다.

이튿날 올라프 숄츠 독일 총리가 우크라이나를 방문했습니다. 그러곤 러시아에 가 푸틴을 만나려 했죠. 당시의 상황이 참 이상했어요. 미국은 1월부터 계속 러시아가 우크라이나를 침략하려 한다고 말하기 시작했지만 이와는 반대로 우크라이나 정부는 거듭 두려움을 조성할 필요가 없다며 국제사회에 일을 크게 만들지 말라고 요청했습니다. 독일과 프랑스 또한 러시아가 침략할 것이라고 보지 않았죠. 이후 독일 외교장관이 먼저 러시아에 갔고 다음에는 마크롱이 갔습니다. 이어 숄츠도 갔죠. 그리고 잘 알려진 기다란 테이블에서 5시간 동안 이야기했습니다. 회담 이후 양측의 기자회견을 보면 이상한 것 없이 정상적이었습니다. 다들 협력과 평화를 이야기했거든요. 제가 기억하고 있는 것 중 하나는, 누군가 숄츠에게 우크라이나 상황에 대해 묻자 그는 "우크라이나의 나토 가입 문제는 우리의 논의 대상이 아니며 이로 인해 군사적 충돌이 발생하지는 않을 것"이라고 말했던 것입니다. 저와 그 이웃은 미국·영국은 러시아와 우크라이나가 싸울 것이라 말하는데 독일·프랑스·우크라이나는 그럴 일이 없다고 말하는 상황이 참 이상하다고 느꼈습니다. 그러곤 그분은 이라크 전쟁 이후 독일 사람들은 미국을 신뢰하지 않는다고 말하셨어요. 제가 쓰레기를 다 버리고 돌아가려던 순간 "그런데 러시아도 완전히 믿을 수는 없죠"라고 말씀하시더군요. 이처럼 우리는 무슨 일이 벌어지고 있는지 온전히 알지 못했습니다. 그리고 이는 우리 일상생활 속의 작은 일부분이었습니다.

이후 24일 러시아가 우크라이나를 침공했습니다. 저는 놀라긴 했습니다만 그렇다고 크게 신경 쓰지는 않았습니다. 오히려 저에게 더 놀라웠던(그리고 이 일에 큰 관심을 갖도록 한) 일은 2월 27일 숄츠 총리의 의회 연설이었습니다. 숄츠의 격앙된 연설, 몇몇 의원의 마찬가지로 격앙되고도 놀란 반응을 볼 수 있었는데요, 저는 하룻밤 사이에 독일에 이런 변화가 있으리라고는 상상도 할 수 없었습니다. 독일은 제2차 세계대전 역사에 대해 매일 이야기하고, 전

　주변의 상실

쟁에 대한 혐오의 감정이 몹시 높아 나치에 대한 죄책감을 가지고 있는 국가입니다. 지금은 독일의 사민당과 녹색당이 연정 집권해 전쟁에 절대적으로 반대하고 석탄 에너지와 원자력 에너지의 조속한 폐기를 추진하고 있는데요. 그런데 하룻밤 사이에 정책들이 갑자기 바뀌었어요. 원래 독일은 우크라이나에 5000개의 헬멧을 보내기로 했어요. 하지만 27일이 되어서는 1000억 유로를 투입해 군비 지출을 크게 확대했습니다. 당시의 상황을 보며 저는 독일인들이 속은 것 같다는 생각을 했습니다. 당시는 상황이 매우 위급해 보였죠. 저는 그런 결정의 배후에는 뭔가 이유가 있다고 생각했습니다. 실제로 독일은 오랜 기간 국제사회의 압력에도 불구하고 러시아와의 관계를 발전시켜왔습니다. 왜냐면 과거 소련은 독일 통일에 우호적인 태도를 취했거든요. 독일 사람들은 (최소한) 고르바초프에게는 고마운 마음을 가지고 있습니다. 이후 푸틴이 집권해 본격적인 개혁과 개방을 실시했고 당시 독일의 사민당과 비교적 좋은 관계를 유지했습니다. 최소한 지금까지는, 독일도 스스로 군사력 증대나 영토 확장에 대한 야욕이 없었습니다. 실용적이고 민생 중심으로 정국을 운영했죠. 독일이 이렇게 변한 것은 러시아의 행동이 독일의 생각보다 지나치게 과도했기 때문입니다. 러시아의 우크라이나 침공은 단순히 나토의 동진 때문이라거나, 돈바스 지역의 러시아인 학살을 막기 위한 것이라든가 혹은 러시아와 크림반도 간의 직접적인 교통이나 에너지 공급 통로가 없다는 이유에서만이 아닙니다. 만약 이런 이유였다면 독일이 그렇게 놀라지 않았을 겁니다. 독일의 놀라움은 자신의 생존과 관련된 충격과 공포에서 온 것 같습니다.

26일, 독일의 관영 통신사가 「러시아와 세계의 새로운 구도」라는 글을 발표합니다. 그리고 이번 군사 작전의 승리로 우크라이나가 러시아로 다시 편입되면서 서방의 패권이 완전히 제거된 세계질서가 다시 쓰였다고 선언했습니다. 당시 우리 지식인들은 놈 촘스키, 타리크 알리의 글을 봤는데요. 제가 존경하는 학자인 타리크 알리는 러시아의 우크라이나 침공 직전에 『뉴레프트리뷰』에 「나토랜드로부터의 뉴스News from Natoland」라는 글을 통해 나토의 동진東進은 큰 잘못이고 재앙적인 것이라고 말했습니다. 또한 우크라이나는 나토에 들어갈 수 없고 일정한 중립성을 유지해야 하며, 러시아를 무시해서는 안 되고 진지하게 대해야 한다고 보았습니다. 전쟁 이후 서구 좌파들 사이에는 큰 균열이 일어났는데, 이에 대해서는 나중에 이야기해보도록 합시다. 우선, 이전에 제가 관심을 가졌던 것도 미국과 나토의 동진 제국주의나 우크라이나 내부 문제 등이었습니다. 하지만 전쟁 발발 이후 중국의 몇몇 논평을 보면서 단순히 '나토의 확장'이라는 문제만으로는 이 전쟁을 이해할 수 없을 것 같다는 생각이 들었습니다. 왜 대부분의 사람이 러시아의 우크라이나 침공 때문에 놀랐을까요? 키신저나 미어샤이머처럼 나토의 확장에 반대하고, 러시아의 부활을 경고하던 사람들도 이와 같은 군사행동까지는 예상하지 못했습니다. 전쟁 발발 전에도 미국, 독일, 프랑스, 우크라이나, 러시아는 어떻게 유럽의 새로운 전략적 구도를 구축할지 이야기해왔고 모두 문제를 대화로 풀어갈 수 있다고 생각하는 듯했습니다. 러시아도 새로운 전쟁으로 목적을 달성할 필요가 없어 보였어요. 그래서 저는 푸틴의 연설이나 글을 상세히 살펴봤는데요, 제 생각은 이데올로기와 동시에 정서적 측면을 반드시 함께 살펴봐야 한다는 것이었어요. 즉, '의미'라는 측면에서 이번 우크라이나 전쟁을 이해해야 한다는 것입니다.

이번 전쟁은 단순히 (특정 목적을 위한) 도구가 아닙니다. 그 자체로 현실을 초월하는 모종의 의미 추구가 내포되어 있습니다. 사람들은 대체 푸틴이 무슨 생각을 하고 있는지를 묻습니다. 우리도 잘 모릅니다. 하지만 2021년 6월에 푸틴이 발표한 글의 내용을 살펴보면(푸틴은 이 글을 모든 병사에게 읽으라 했다고 합니다), 우크라이나는 하나의 국가가 아닙니다. 푸틴은 러시아와 우크라이나가 하나─體라고 말하고 있습니다. 여기서 주목해 봐야 할 점은 '우크라이나는 국가가 아니다'라는 푸틴의 발언의 의도가 우크라이나를 폄하하는 것이 아니라는 점입니다. 대신 (우크라이나의 수도인) 키이우를 러시아 문명의 기원이라고 보고 있습니다. 알렉산더 두긴도 이렇게 생각하고 있는데요, 두긴에 따르면 사실 우크라이나인들은 러시아인들보다 러시아 문화의 정수에 더 가까운 사람들입니다. 러시아 사람들보다 더 고귀하죠. 우크라이나의 문명이 러시아 본토의 문명보다 더 장구합니다. 이번 전쟁은 문명의 유전자를 보관하고 있는 곳이자 문명의 발원지를 탈환하기 위한 것입니다. 전쟁과정에서 주민들이 사는 지역도 폭격하고 있지만, 도심의 일부 역사 유적에 대해서는 비교적 조심스러운 것을 볼 수 있습니다. 우크라이나에 대한 푸틴의 '상상적 감정'의 깊이가 드러납니다. 푸틴이 했던 말로 되돌아가자면, 그의 글에서는 새로운 러시아에 대한 그의 상상과 그 배후에 있는 이데올로기를 볼 수 있습니다. 그리고 두긴이 수면 위로 떠올랐습니다. 『포린어페어스』는 2014년 크림반도 합병 이후 처음으로 두긴을 '푸틴의 브레인'이라고 칭했습니다. 저는 그때부터 두긴의 몇몇 글을 살펴봤는데요, 이 전쟁에 관심을 가지면서 그 전쟁 뒤에 있는 의미 구조를 이해할 필요가 있다는 생각을 하게 되었습니다.

W: 『포린어페어스』도 직접적인 증거 없이 두긴을 푸틴의 브레인이라고 칭한 것 아닌가요?

X: 맞아요. 우리가 명확히 해야 되는 점이기도 한데요, 그런 표현도 사실 그냥 해석이에요. 하지만 그가 국회 대변인의 특별 고문을 맡았던 것을 보면 고위층과 네트워크가 있는 것은 확실합니다. 이게 첫 번째예요. 두 번째로 1990년대 후반과 2000년대까지 두긴은 여러 매체에 자주 등장했습니다. 그의 저서도 스테디셀러가 되어 널리 읽혔죠. 몇몇 저명한 매체는 스스로 두긴주의자이자 신유라시아주의자라고 칭하기도 했어요. 세 번째로 주의 깊게 봐야 할 것은, 두긴이 1997년 출판한 책 『지정학의 기초The Foundation of Geopolitics』가 러시아군 총인사부의 교재였다는 것입니다. 이처럼 두긴이 어느 정도의 영향력을 가지고 있었다는 것은 확실해 보입니다. 푸틴이 연설에서 사용하는 단어들도 두긴의 그것과 흡사합

주변의 상실

니다. 그리고 전쟁 이후 두긴의 기자회견을 보면 그냥 푸틴의 대변인입니다. 단어나 수사, 일부 개념에서 푸틴의 생각과 대부분 일치합니다. 두긴은 확실히 주목할 만한 인물입니다. 실제로 1997년부터 두긴이 밝혀온 생각과 이번 전쟁의 전개는 많은 부분 일치해요. 그렇지 않다면 이 전쟁은 설명할 방법이 없습니다. 많은 사람은 푸틴이 코로나 기간의 격리로 인해 뇌에 문제가 생겼다거나 등의 이유를 말합니다만, 두긴의 이론을 통해 접근하면 설명이 됩니다. 크게 설득력 있죠.

하지만 두긴이 영향력이 있는 것과 별개로 우리에게 더 중요한 것은 그의 이론이 틀림없이 전쟁을 상당 부분 변호할 수 있다는 것과, 그가 지금도 이론적으로 이번 전쟁을 옹호하는 학자라는 것입니다. 두긴의 이론은 하나의 이론이지 일반적인 선전이 아닙니다. 이 이론은 소련의 붕괴 이후 러시아 사회의 변화과정과 밀접한 연관이 있습니다. 체계가 있고 논리적으로도 정합성이 있으며, 생명과 인간에 대한 이해와도 긴밀하게 연관되어 있죠. 그의 이론은 인류학이나 언어학, 철학적 바탕을 가지고 있습니다. 왜 그를 분석할 가치가 있냐면 그를 분석하면서 일종의 의미에 대한 이해와 그것이 어떻게 하나의 이론으로 바뀔 수 있는지, 그리고 어떻게 하나의 전쟁 이데올로기로 바뀌는지를 볼 수 있기 때문입니다. 두긴이 이 전쟁과 무슨 관계를 가지고 있는지에 대해서는 우리가 알 수 있는 방법도 없고, 이 논의는 그를 심판하자는 것도 아닙니다. 그는 그저 학자입니다. 방금 말씀드린 것은 오늘날의 상황 속에서 우리가 왜 두긴을 이야기할 필요가 있는지를 설명한 것이었습니다.

W: 다시 말해, 두긴은 우리가 이 전쟁의 배후 원인을 이해하기 위한 하나의 실마리일 수 있다는 말씀이군요. 그렇다면 구체적으로 선생님께서는 어떤 관점에서 두긴의 이론을 이해하기 시작하셨습니까? 우리가 쉽게 찾아낼 수 있는 부분은 그가 프란츠 보아스, 마르셀 모스, 클로드 레비스트로스, 제이컵스와 같은 여러 인류학자의 관점을 인용했다는 것인데요, 하지만 선생님께서 앞서 말씀하셨던 것에 따르면 단순히 인류학이라는 것 말고도 다른 경로가 있을 것 같아서요.

X: 핵심은 '의미'가 아닐까 싶습니다. 그의 사상 역정을 살펴보면 그 자신도 이렇게 말하고 있습니다. 천재였고 어릴 때부터 9개의 언어를 배웠습니다. 백과사전과 같은 학자라서 유럽의 여러 이론에도 익숙합니다. 소련 시기에 그는 소련에 반대하는 '불순분자'였고 처벌을 받기도 했습니다. 두긴이 지정학에 관심을 갖게 된 시기는 1990년대 소련의 해체 이후였는데, 그가 말하길 소련의 해체는 그에게 하나의 '거대한 공허감'을 안겨주었습니다. 어디로 가야 할지, 도대체 이 세계에 무슨 일이 벌어진 것인지 모두가 길을 잃었습니다. 그렇게 거대했던 소련이 어느 날 갑자기 사라졌으니까요. 사실 많은 사람이 이런 감정을 느꼈을 겁니다. 제 기억에 푸틴도 자서전에 이와 비슷한 말을 썼던 것 같은데요, 1989년 11월 베를린 장벽이 무너지던 시기에 푸틴은 동독에 있었습니다. 동독 사람들이 서독으로 향하는 것을 보며 그는 무엇을 해야 할지 모른 채

KGB의 명령을 기다리기만 했습니다. 하지만 모스크바는 계속 침묵했고 아무런 메시지도 보내지 않았습니다. 이때의 침묵으로 그는 모든 세계가 사라진 듯한 감정을 느꼈을 것입니다. 더 중요한 것은, 옐친 시대에 러시아 경제가 입은 피해는 독소전쟁 시기보다 심했다는 것입니다. 이 시기 러시아 사람들은 늘 술에 쩌들어 있었고 기대 수명도 급격히 감소했으며 사회가 붕괴되고, 조폭이나 올리가르히라 불리는 과두정치 세력이 증가했습니다. 푸틴이 1999년에 쓴 「천년지교의 러시아」를 보면 러시아의 모든 것이 추락하고 있었다는 것을 확인할 수 있습니다. 이러한 상황에서 두긴은 지정학을 통해 어떻게 이 모든 것을 설명할 것인지, 어떻게 희망을 찾을 것인지에 대한 단초를 발견했다고 합니다.

우선, 그는 칼 슈미트로부터 대륙 문명과 해양 문명이라는 양분된 관점을 배웠습니다. 해양 문명은 지중해부터 대서양에 이르는 이른바 '대서양주의'로 미국과 서구로 대표되며 개인주의, 상업적·개방적·민주적이라는 특징이 있습니다. 이와 대립되는 것이 바로 대륙 문명입니다. 대륙 문명은 집단주의적이고 상업 네트워크가 아니라 위계적인 권력을 통해 조직됩니다. 푸틴을 이를 '수직적 권력'이라고 부르는데요, 모든 것을 종적으로 배치해 개인은 국가와 집단에 복종해야 한다고 생각합니다. 이를 설명하면서도 두긴은 인류학과 사회학 관점을 인용하는데요, 특히 뒤르켐의 '집단이 개인에 우선한다'는 견해를 가지고 옵니다. 그리고 그것을 정치화하죠. 두긴이 머릿속에서 이 세계는 대서양주의와 유라시아주의 사이의 대결입니다. 그가 보기에 1990년대 러시아가 쇠락한 이유는 대륙과 해양의 균형이 맞지 않아서입니다. 대서양주의가 불공평하게 대륙주의를 침략했고 유라시아 문명의 질서가 무너지면서 각종 병폐가 발생했던 것이죠. 동시에 두긴은 사회주의도, 소련도 반대했습니다. 그에게는 소련 사회주의 또한 재난의 근본적인 원인이었습니다. 대륙 문명이 대륙 문명을 공고히 하지 못했기 때문에 서양의 침입을 당한 것이죠. 그는 왜 인류학이나 포스트 모던 이론에 관심이 많을까요? 왜냐하면 그는 철저한 상대주의자이기 때문입니다. 그가 생각하기에 대륙 문명과 새로운 유라시아주의의 문명은 자기만의 유전자와 규율, 언어가 있습니다. 그래서 두긴은 계속해서 언어철학을 인용합니다. 그는 해양 문명이 대륙 문명을 이해할 수 없으며 양자는 소통할 수 없고, 반드시 균형을 유지해야 한다고 생각합니다. 대륙 문명 내부의 일들은 자신의 언어를 통해서만 이해되고 평가될 수 있으며 오늘날의 가장 큰 문제는 해양 문명의 기준으로 대륙 문명을 평가한다는 것입니다.

두 번째로, 두긴의 주장은 단순히 민족주의가 아니라는 것입니다. 그에게 (근대 민족)국가는 그다지 중요하지 않습니다. 더 중요한 것은 문명이죠. 그가 지리, 환경, 기후에 관심을 갖는 것도 이 때문입니다. 두긴은 또 유라시아 대륙의 기후가 이와 같은 문명의 기질을 만들었다고 생각합니다. 이는 불변적인 것이며 존중받아야 하는 것입니다. 그는 문화다원주의자입니다만 그가 주장하는 문화적 다원성은 좀 이상합니다. 만약 당신이 문화적인 의미에서 유대인이나 무슬림이지만 유대교나 이슬람을 믿지 않는다면 두긴의 눈에는 일종의 죄악으로 비칩니다. 왜냐하면 당신은 자신의 문명적 유전자를 배반했기 때문이지요. 따라서 두긴은 해양 문명의 현대성의 가장 큰 문제가 자신의 문명적 근간을 배반한 것이라고 봅니다. 그러면서도 두긴은 이렇게 말해요. "만약 당신들이 무언가를 하고 싶다고 해도 우리는 상관하지 않습니다. 하지만 우리 대륙 문명에게도 그렇게 하라고 요구할 수는 없습니다." 이것이 두긴 이론의 일부 내용입니다. '문명'이라는, 매우 추상적이면서도 본질적인 개념이 바로 그의 모든 사상의 근간이죠.

여기서 우크라이나에 대한 그의 서술이 나옵니다. 푸틴은 일련의 글에서 레닌이 주로 우크라이나 문제를 통해 러시아의 민족 정책을 이야기했다는 점을 들어 그가 우크라이나라는 허구적 국가를 만들었다며 비난했는데요. 두긴은 러시아가 우크라이나 서쪽의 세 개 지역을 제외한 전체 지역을 점령해야 한다고 생각합니다. 그의 서술에 따르면 우크라이나 서쪽 지역은 슬라브 문명과 완전히 일치하지 않기 때문에 신경 쓰지 않아도 되는 부분이에요. 하지만 다른 부분은 반드시 점령해야 합니다. 점령은 신의 뜻을 행하는 거예요. 왜냐하면 이들은 본래 문명적으로는 같지만 이후 정당하지 못한 정치 변화가 이 관계를 왜곡시켰기 때문이죠. 최근 두긴은 "러시아는 당연히 국제법을 위반해도 된다. 왜냐하면 우리는 문명이 국제법보다 더 상위에 있다고 생각하기 때문이다"라고 명확히 말하기도 했습니다.

W: 중국의 맥락에서도 두긴 및 푸틴의 묘사와 크게 일치하는 부분이 있습니다. '그랜드 체스 게임'이 생각나는데요, 어떤 사람들은 그들이 완전히 미쳤고 이성을 잃었으며 선을 넘었다는 생각을 하는 반면, 또 일부 언론에서는 이들의 주장이 제국주의·서구 문명에 대한 반대와 배제에 기초하므로 나름의 합리성이 있다고 말하기도 합니다. 제가 원래 질문하려 했던 것은, 오늘날 두긴의 이론과 과거 파시즘 이데올로기의 흥기 사이에는 직접적으로 대조할 수 있는 부분이 있지 않을까 하는 점입니다. 그리고 막 생각이 든 것은, 두긴의 주장을 과거 중국 봉건 왕조의 '하늘의 도天道'와 같은 인식과도 비교해볼 수 있지 않을까 하는 점입니다.

X: 우선 두 번째 질문에 대해 대답하겠습니다. 저는 두긴의 이론이 (중국 봉건 왕조의) '천하' '천도'에 따른 호소, 인식 방식, 감정 구성 방식에서 비슷한 점이 있다고 생각합니다. 자신을 세상의 중심에 두고 천상천하 유아독존이라고 여기는 사람들은 자신이 세계의 절대적인 진리를 터득했다고 생각합니다. 자신을 상대화하여 다른 사람과의 공감을 형성할 능력이 결여돼 있죠. 두긴은 매우 현대적인 맥락 속에서 언어학 및 존재론적 논쟁을 통해 이와 같은 정서를 재차 논증합니다. 존재론에 대한 논쟁의 의미는 본디 하나의 세계가 존재하나 모든 사람의 생각은 다르다고 인식하는 것이지만, 존재론적 전환 이론은 우리의 생각이 다른 것이 아니라 우리가 가지고 있는 세계(관)이 다르다고 말합니다. 즉 존재론적으로 다르다는 것이지 인식론적으로 다르다는 것이 아닙니다. 본래 중국 왕

주변의 상실

조가 자신을 절대적인 천명의 담지자로 인식했던 것은 그들이 다른 존재를 몰랐기 때문이기도 하지만, 제가 강조하고 싶은 부분은 중국의 왕조뿐만 아니라 이전의 모든 문명이 이런 특징을 갖고 있었다는 점입니다. 중국은 천하를 '천하무외天下無外(천하에는 바깥이 없다)'로 이해했습니다. 모든 세상이 하나의 천하였던 것이죠. 당연히 중국의 천자를 중심으로 뻗어나가는 구조이고 경계가 없었습니다. 그리고 이른바 '무외無外'가 의미하는 것은 사람들이 유교를 공부(교화)하기만 하면 (만이蠻夷의 상태에서 빠져나와) 중화의 일부분이 될 수 있다는 것이었습니다. 하지만 두긴의 '신유라시아주의'의 근본적인 입장은 자신을 중심에 두고 외부로 뻗어나가는 것이 아니라 자신을 중심에 두고 (외부에) 대항하는 것입니다. 그의 이론의 중요한 시작점은 해양과 대륙의 이분법인데 이는 절대적인 선긋기입니다. 두긴은 이 양자가 서로 뒤섞여서는 안 되고 균형을 이루어야 한다고 봅니다. 그는 문명, 천명, 기질, 본성이라는 개념을 통해 자신의 주장을 설명하는 한편, 그 구체적인 서술과정에서 현대성, 현대 지정학의 틀을 사용해 구체적인 이해를 시도합니다. 예를 들면 영국과 미국의 관계, 유럽연합에서의 독일의 위치 같은 것이지요. 원래의 '천하' 개념은 문명론일 뿐이지 지정학적인 개념이 없었습니다.

(첫 번째 질문에 답하자면) 두긴과 나치의 이념은 크게 연관되어 있습니다. 두긴은 자신의 '제4의 이론'을 제기하며 인류의 현대사회가 자본주의, 공산주의, 나치주의, 신유라시아주의를 겪어왔다

고 말합니다. 신유라시아주의는 앞의 세 주의에 대한 '지양'이자 극복입니다. 따라서 그는 자신을 나치주의자라고 생각하지 않겠지만 그가 쓴 글들을 보면 나치의 정책에 영향을 준 사상가를 많이 인용하고 있습니다. 하지만 그가 무슨 '주의자'라거나 그가 나치냐 아니냐는 중요하지 않습니다. (중요한 점은) 그의 사상적 근원이 나치의 사상적 근원과 상당히 가깝다는 것이죠. 그게 뭐냐면 바로 문명에 대한 강조입니다. 19세기 독일의 낭만주의 사상은 이후 인류학의 발전은 물론 정치적으로도 확실히 나치에 영향을 주었습니다. 가령 게르만인의 문명적 본질과 본성은 바꿀 수 없으며 자신의 전통과 역사, 뿌리를 반드시 지켜야 한다는 말들 말입니다. 이러한 접근은 왜 나치가 1930년대에 일어났는지를 설명해줍니다. 제1차 세계대전의 패배와 전 세계적 자본주의 경제 위기에 따른 거대한 공황과 사람들이 느끼는 공허와 미망 속에서 전통을 발견합니다. 그에 따라 인종적 자부심이 되살아나며 '이토록 고귀한 민족이 어떻게 이런 굴욕을 당할 수 있는가?'라는 각성으로 이어진 것이죠. 이런 자부심에 굴욕이 더해지면 거대한 동원이 가능해지고 특히 당시의 엘리트들에게 호소력을 갖게 됩니다. 히틀러가 집권한 이후 거대 자본 또한 그를 지지했는데, 이는 경제적인 고려와 더불어 패배의 설욕이나 영광의 추구와 같은 의미세계의 구성과도 연관됩니다. 이와 관련해서는 이후에 다시 이야기할 수 있을 것입니다. 저는 중국 사회 또한 이를 경계해야 한다고 생각합니다. 앞서 언급한 것을 들으면 모두 처음에는 좀 정신 나간 이야기처럼 생각될 것

주변의 상실

입니다. 하지만 일정한 경제사회적 조건하에서는 많은 사람의 마음을 움직일 수 있습니다. 여러 번 이야기하면 하나의 집착이 됩니다. 한번 생각해보세요. 이치에도 맞지 않고, 인생의 어떠한 문제도 해결할 수 없으며, 물질적인 현실 세계와도 아무런 관련이 없지만, 하나의 집착이 되는 것입니다. 사람들은 논리나 원인, 이치도 따지지 않고 그것을 위해 희생하고 싶어합니다. 그리고 이러한 집착에 반대하는 사람은 적으로 규정됩니다. 반론의 여지는 없습니다. 그리고 이는 모두 나치즘의 근원과 연결됩니다.

W: 그렇다면 나치와 크게 비슷한 문명론의 총체적인 사회 동원이나 이데올로기적 동원이 어떻게 21세기의 맥락에서도 성공할 수 있었을까라는 문제가 뒤따릅니다. 일전에 우리는 중국에서 나타난 탕핑躺平,● 네이쥐안內卷,●● 허무와 같은 것에 대해 이야기하기 시작했는데요, 오늘날의 사람들은 정치적인 열정도 없는 것 같고 정치적 열정에 불을 지필 이론 같은 것을 알게 된 것도 아니었습니다. 정치에 대한 무관심이나 낮은 투표율은 중국은 물론 전 세계적으로 보편적인 현상이에요. 어떠한 이론이나 주의에 대한 흥미도

● "평평하게 누워 있기"를 뜻하는 중국어이며 그 속내는 "열심히 노동을 해도 대가가 없는 중국 사회의 노동 문화에서는 최선을 다해 눕는 게 현명하다"라는 뜻을 담고 있다. 삶이 나아질 희망이 없자 자포자기하여 경제활동 참여를 거부하는 이들을 탕핑족이라 부른다.

●● 네이쥐안이란 본래 '한 사회나 조직이 급진적인 발전이나 점진적인 성장 없이 행하는 단순한 자기 반복'을 의미하는 인류학 용어이지만 2020년 중국에서 유행한 네이쥐안은 극심한 경쟁의 격화와 과로사회에 내몰린 사람들을 묘사하는 단어로 쓰였다.

사라졌습니다. 심지어 자신의 생활 의미에 대한 추구도 사라졌다는 것이 일전에 우리가 함께 이야기해보며 이해했던 일종의 단계적 사회의 특징이었습니다. 이런 배경 속에서 두긴의 사상이 현실에 이토록 큰 영향력을 미칠 수 있는 이유는 뭘까요? 두긴의 사상은 한 국가의 정책, 특히 군사 정책과 밀접한 연관을 맺고 공감대를 형성했어요. 그리고 실행에 옮겨지기까지 했습니다. 오늘날 우리가 살고 있는 이 세계는 대체 어떤 세계인가 하는 생각을 하도록 만드는데요. 평화와 발전이 세계의 주요 흐름이라는 식의 호소를 다시 분석할 필요가 있는 것 같습니다.

X: 맞아요. 유럽의 주류 정치가들에게 물어보면 모두 '오늘날 우리는 평화적 발전의 흐름과 냉전 이후의 평화 배당peace dividend●을 잃었다'고 말합니다. 평화 배당이 사라졌다는 것은 우리에게 매우 가슴 아픈 일이죠. 두긴은 이에 대해 "전쟁은 전 세계를 위해 싸우는 것이고, 하늘의 뜻을 대신하는 것"이라고 봅니다. 즉, 기존의 평화 배당은 정의롭지 못했고 따라서 평화 배당을 바꿔야 한다는 것이죠. 현재 우크라이나 전쟁에 전 세계의 관심이 집중되고 있지만 우리는 이라크나 시리아, 예멘 지역에서 전쟁이 계속되고 있으며 다른 지역의 충돌 또한 확대될 수 있다는 것을 잊어서는 안 됩니다. 과학기술과 신재생 에너지, 교육, 사람들의 생활을 중요시하는 사

● 전쟁 등 갈등 상황이 마무리되면서 발생하는 경제적인 이득을 뜻하는 용어. 조지 H. W. 부시와 영국 수상 마거릿 대처는 1988~1991년 소련의 해체에 비추어 국방 지출 감소의 경제적 이점을 설명한 적이 있다.

주변의 상실

회로서 전후 세계질서의 전형典型이었던 독일이 현재 (군사적으로) 변화하고 있는 데는 나름의 이유가 있습니다. 독일 국민은 여전히 충격에 빠져 있습니다. 매일 1만4000명의 난민이 베를린 기차역에 도착하고 있고 저의 많은 동료도 자신의 집에 적지 않은 난민을 받아들이고 있습니다.

그렇다면 보편적인 정치적 무관심이라는 상황 속에서 어떻게 두긴과 같은 케이스가 나타나는 것일까요? 우선 여기에는 러시아의 특수성이 있기는 합니다. 만약 다른 국가였다면 두긴의 발언에 대해 사람들은 이상하다고 생각했을 거예요. 하지만 러시아는 여러 영역에서 지위가 불일치한다는 특징을 가지고 있습니다. 예컨대 군사적으로는 강대하고 핵무기도 가지고 있지만 경제적 위상은 이와 맞지 않습니다. 인구수와 국토의 크기, 과거의 역사와 작금의 현실이 불일치해요. 소련과 같은 초강대국의 추락처럼 다른 사회는 쉽게 경험하지 못할 거대한 추락을 경험했어요. 서방 국가와의 관계도 상당히 복잡합니다. 여기에는 나토나 미국의 책임도 부정할 수 없습니다. 이들 국가에게는 러시아를 압박할 책임이 있었으니까요.

또 한 가지는 허무주의에 관한 것입니다. 두긴과 푸틴의 서술을 보면 역사를 어떻게 봐야 하는지가 중요한 화두입니다. 방금 이 문제를 물어보셨는데, 사람들이 의미를 찾지 못해서 허무함을 느끼는 감정은 어떻게 만들어지는 것일까요. 이에 대해서는 현재 상황에 대한 그들의 역사적 서술에 주의를 기울일 필요가 있습니다.

두긴과 푸틴은 이에 대한 견해에서 일치합니다. 잘 알려진 푸틴의 명언이 있지요. "소련의 해체를 아쉬워하지 않는다면 양심이 없는 인간이고, 소련 체제로의 회귀를 꿈꾼다면 머리가 없는 인간이다." 또한 소련의 해체는 체제의 부조리, 이상의 모순, 사회 실험의 실패, 인류 역사 발전의 딜레마가 아닌 지정학의 비극일 뿐이라고도 강조해왔습니다. 푸틴은 제국주의 패권이 붕괴되어서는 안 되기 때문에 소련의 해체는 불가하다고 생각했어요. 반면 사회주의 실험으로서의 소련의 실천 결과와 구조는 해체되어야 한다고 생각했죠. 이는 좌파들의 이해와는 상반됩니다. 또한 푸틴은 존재하지 않았던 우크라이나를 만들었다는 이유로 레닌을 비판했습니다. 1913년부터 레닌은 우크라이나 문제와 관련된 일련의 논쟁을 했습니다. 1919년에는 우크라이나의 노동자-농민들에게 편지를 보내 우크라이나가 독립을 해야 하는지 그렇지 않은지에 대해서도 명확하게 이야기했는데요, 두긴-푸틴의 발언과는 흥미 있는 대조를 이루죠.

첫 번째로 레닌의 분석은 대부분 경제와 정치적 안배에 대한 것입니다. 그는 경제적으로는 지주의 토지소유제를 폐지하고 공업화를 해서 소비에트를 세워야 한다고 봤으며 정치적으로는 두 개의 볼셰비키를 언급했습니다. 하나는 우크라이나의 볼셰비키로 이들은 국가의 독립을 요구할 수 있고 여러 의견이 존재할 수 있다고 보았습니다. 다른 하나는 총체적인 볼셰비키로 이른바 소비에트 연방, 즉 소련을 의미합니다. 우크라이나의 독립 여부에 대해서는 명확한 결론을 내리지는 않았지만 이 문제에 관한 한 우크라니아 자신이 결정해야 한다고 보았습니다. 레닌에게 가장 중요한 것은 프롤레타리아 연합이 깨져서는 안 된다는 점이었습니다. 그런 의미에서 우크라이나가 현지 지주와 자본가들의 손에 들어가는 것만큼은 허락할 수 없었죠. 다만 프롤레타리아 연합만 유지되면 그만이었습니다. 이런 조건하에서라면 우크라이나는 스스로 독립을 결정할 수 있었습니다. 마지막으로, 레닌은 우크라이나가 하나의 독립된 공화국이 되는 문제가 우크라이나 스스로의 결정, 특히 우크라이나 현지에서 공산주의 운동을 하는 사람들에 의해 결정되어야 한다고 매우 명확하게 말했습니다. 우크라이나가 소련에 편입된 것은 우크라이나인과 러시아인들이 하나의 민족이라거나, 하나의 문명이라서가 아니라(레닌도 이렇게 생각하지 않았습니다) 공통된 이상이 있었기 때문입니다. 당시 몽골의 상황도 매우 비슷했습니다. 우란푸烏蘭夫⬤도 몽골이 한족과 공통된 이상을 가져야 한다고 봤지 같은 문명적 기원을 가져야 한다고 보지 않았습니다. 그는 공산주의자였기 때문에 중국의 사회주의 운동과 연대하길 원했죠. 레닌은 자신의 편지에서도 러시아는 역사적으로 다른 민족을 억압했으며 이 지역 내에서도 러시아는 우크라이나 민족을 억압한 민족이기에 우크라이나 민족의 요구를 우선적으로 다루어야 한다고 재차 말했습니다. 그의 편지와 두긴의 주장 사이에는 큰 차

⬤ 중화인민공화국 전 국가부주석(재임 1983~1988), 몽골족 출신이다.

이가 있습니다. 레닌은 토지, 권력, 당의 관계와 같이 매우 구체적인 것을 이야기한 반면, 두긴은 인종, 기후, 성질과 같은 매우 모호하고 추상적인 이야기를 합니다. 푸틴은 '패셔내러티passionarity'라는 단어를 인용하는데요, 저는 이 단어를 야성血性이라고 번역했습니다. 이 단어는 두긴이 아니라 한 역사학자에게서 나온 것입니다.

방금 말씀하신 내용으로 되돌아가서요, 두긴과 같은 인물의 사상이 어째서 이토록 강력한 영향력을 미칠 수 있을까에 대한 가장 적절한 답은 바로 허무주의라는 겁니다. 적어도 푸틴과 두긴의 언설 속에서 이 허무주의는 두 가지 측면에서 나타납니다. 하나는 사회주의 실천에 대한 부정적 평가입니다. 그들에 따르면 1917년부터 1989년까지의 60년은 비극적인 역사적 실수였습니다. 그리고 이 거대한 역사적 사건은 본래의 유라시아 문명에 대한 왜곡이었죠. 다른 하나는 당시 소련의 모든 전략과 오늘날의 국제정치를 모두 단순한 권력 투쟁으로 이해하고 있다는 것입니다. 공적인 원칙이나 정의 같은 것은 존재하지 않죠. 왜냐하면 해양과 대륙은 근본적으로 통할 수 없고 화해할 수도 없는, 오로지 목숨 걸고 경쟁해야 하는 상대이기 때문입니다. 푸틴은 2월 21일 러시아에서 TV 연설을 했습니다. 사실상 전쟁 준비를 위한 것이었는데요, 푸틴은 우크라이나가 원래 존재해서는 안 되는 국가로서 소련과 레닌의 인공적인 창조물이라고 언급했습니다. 또한 레닌이 왜 이런 국가를 만들어냈는지에 대해 자문자답합니다. 이는 당시의 볼셰비키가 어떤 대가를 치르더라도 권력을 차지하기 위해 이런 국가들에

주변의 상실

게 자결권을 준 것이라는 설명이죠. 이들을 끌어들여 차르를 타도하기 위해서였다고 말합니다. 당시 소련이 이들 소수민족에게 잘 대해주었던 것은 권력을 차지하기 위한 일종의 책략일 뿐이지 이상이나 원칙을 추구한 게 아니라는 거죠.

자유주의에 대한 두긴의 비판 중 하나는 그것이 허무주의라는 것입니다. 그는 해양 문명의 자유주의가 곧 허무주의라고 봅니다. 참 재미있는 말인데요, 두긴은 서방이 말하는 자유주의에는 사람들 간의 평등이 없다고 봅니다. 왜냐하면 서구 현대의 자유주의는 이미 공동체의 범주를 모두 해체시켰기 때문입니다. 유일하게 남은 것이라고는 개인이죠. 두긴은 서구 현대의 자유주의가 역사와 전통, 풍습, 민족을 부정하고 있기에 이를 허무주의라고 봅니다. 2017년 즈음, 두긴은 프랑스 철학자 베르나르-앙리 레비와 토론을 한 적이 있는데요,● 그들은 서로를 허무주의자라고 불렀습니다. 레비는 두긴의 담론에는 문명과 공동체만 있을 뿐 개인과 일상생활이 존재하지 않기 때문에 그를 허무주의자라고 불렀습니다. 두긴은 '민족/국가가 전부이며 개인은 아무것도 아니다Nation is everything, individual is nothing'라고 말했는데 참 흥미롭습니다. 레비는, 두긴의 허무주의에 따르면 총체적인 문명적 요구에 부합하지 못하는 개인들은 소멸될 수 있다고 말하기도 했습니다.

W: 굉장히 흥미로운 지점이 몇 가지 있는데요, 우선, 신유라시아주의

● 넥서스 토론 https://www.youtube.com/watch?v=x70z5QWC9qs&t=110s

와 파시즘, 나치즘은 서로 아주 유사하지만 러시아는 전쟁을 일으키며 우크라이나 내부의 나치화에 반대한다고 선언하기도 했거든요. 방금 이야기한 허무주의도 마찬가지입니다. 우리가 보기엔 러시아가 허무주의에 빠져 있는 것 같지만 한편으로 러시아가 상대편에게 허무주의라는 꼬리표를 붙이는 데 열중하죠. 생각해보면 오늘날 공적인 토론에서도 서로가 좋지 않다고 생각하는 개념을 상대편에게 갖다 붙이는 현상이 자주 보이는 것 같습니다.

다시 돌아와서요. 앞서 소련에 대한 몇 가지 내용에 따라 다시 여쭤보겠습니다. 선생님께서는 소련의 민족 정책이 중국에도 영향을 미쳤다고 말씀하셨는데요.● 이 사건의 이면에는 소련을 어떻게 다시 인식할 것인가 하는 문제가 또 하나 있습니다. 중국의 맥락에서 볼 때, 중국은 사회주의 국가이고, 오늘날 세계는 중국의 관점과 태도에 주목하고 있습니다. 그렇다면 우리는 도대체 어떤 층차에서 이 문제를 파악하고 있을까요? 단순히 지정학적인 문제인가요, 아니면 공통의 이상이라는 부분의 문제인가요? 그리고 한 가지 더, 이전에 여러 번 토론한 적이 있기도 한데요, 사회주의 전통을 어떻게 인식해야 할까요?

X: 우선, 우리는 소련 시절을 그리워하는 것이 아닙니다. 우리가 그리워하는 것은 일련의 원칙입니다. 저를 포함해 많은 사람은 당시 레닌이 했던 생각들에 동의하지 않습니다. 100년이 넘는 세월이 흘

● 제1부 옥스퍼드 방담, '공통의 이상' 참조.

렸고 오늘날의 상황은 그때와 다릅니다. 우리는 소련이라는 실체나 제도를 그리워하지 않습니다. 소련과 사회주의는 당연히 구분됩니다. 그리고 우리가 이야기하는 것은 사회주의 기본 원칙이죠.

여기서 두 가지를 더 짚고 넘어가겠습니다. 첫째, 저는 사회주의 원칙이 매우 중요하다고 생각하며 이는 허무주의와도 연관됩니다. 왜냐하면 현재 중국 청년들은 자신의 일상생활이나 국제사회를 논할 때 하나의 정글을 상상합니다. 일상생활은 경쟁입니다. 누구든 능력만 있다면 위로 올라갈 수 있죠. 원칙 같은 것은 우스갯소리로 치부할 뿐이에요. 국제사회도 이와 같습니다. 오늘날 왜 그리도 많은 사람이 국제 정치에 관심을 가질까요? 저는 일종의 현실 투영이라고 생각합니다. 정글을 살아가는 것 같은 개인 생활을 국제사회에 투영하는 거죠. 경쟁으로 가득 찬 '정글을 살아가는 기분叢林感'은 사람을 초조하고 불안하게 만듭니다. 자신이 직접 경험하는 것은 바라지 않습니다. 설령 경쟁에서 승리하더라도 다음번에는 실패할 수 있죠. 하지만 국제 정치에 이 감정이 투영되면 매우 강경한 민족주의적 입장이 나타납니다. 모든 것이 도덕적인 의미를 지닌 놀이로 변해버려요. 진짜 도의적인 원칙은 필요하지 않으며 이런 언설은 도리어 더 자극을 줍니다. 이런 허무주의는 사람을 정글 속의 짐승처럼 만들어버립니다. 작은 나라나 한 집단, 일개 개인이나 인생의 어떤 단계에서 이런 문제가 나타나는 것은 상관없어요. 하지만 오늘날의 중국은 너무나 강대한 힘을 가지고 있습니다. 중국의 아주 작은 정책 조정도 일정한 구조적 후과를

야기할 수 있고 원칙적인 문제로 변할 수 있습니다. 이런 상황에서 기본 원칙을 견실히 하지 않으면 나중에 곤란한 상황이 닥칠 수 있습니다. 또한 국제사회든 국내의 일이든 상황이 매우 복잡하고 빠르게 변하고 있습니다. 이때 원칙이 없다면 길을 잃을 수도 있습니다. 중국이 1950년대부터 국제적으로 자신의 입지를 굳히고 존중을 받을 수 있었던 데에는 저우언라이가 반둥회의에서 제시한 평화 5원칙●이 작용했으며 이는 매우 중요했습니다. 평화 5원칙은 국제사회에서 중국이 지닌 기본적인 명함이자 정치적 정체성입니다. 만약 이번 전쟁으로 얻을 수 있는 이익이 크고, 헤게모니 쟁탈전에서 중국의 입지를 바꿀 수 있다는 생각에 기울어, 원칙을 젖혀 두자고 하는 것은 아주 위험한 계산입니다. 상황이 매우 복잡해서 다른 사람들이 어떻게 반응할지도 모릅니다. 명확한 원칙 없이 당장의 이익에 현혹되어 결정을 내린다면 결국 모든 것이 혼란스러워집니다.

또한 사회주의 원칙이 남긴 유산에도 큰 타격을 주지 않을까 걱정됩니다. 물론 이 타격은 두긴의 이론 때문이 아닙니다. 또한 두긴은 명확히 사회주의를 반대하는 사람이기에 그를 사회주의와 연관지어 생각하는 사람은 없을 거예요. 하지만 가장 직접적인 영향이 우리 학계에 이미 나타나고 있습니다. 현재 몇몇 학자끼리는

● 평화 5원칙은 다음과 같다. 1) 영토 · 주권의 상호 존중, 2) 상호불가침, 3) 내정불간섭, 4) 평등과 호혜의 원칙, 5) 평화적 공존

주변의 상실

서로 말조차 섞지 않죠. 본래 서구 좌파들은 나토에 반대해왔습니다. 버니 샌더스와 같은 미국의 좌파들 또한 나토의 확산을 반대하고 있으며, 일부는 동시에 미국이 나토에서 탈퇴할 것을 요청하기도 했습니다. 그리고 이런 정치적 입장 때문에 현재 비난을 받고 있습니다. 한편 우크라이나 내부의 좌파들은 서구 좌파들이 서구 자체에 대한 비판을 과도하게 강조해 다른 유형의 제국주의에 대해서는 비판하고 있지 않다며 서구 좌파들을 비판하고 있습니다. 현재 이런 분열이 나타났죠. 저는 앞으로 몇 년간 글로벌 좌파들이 궁지에 몰릴 것이라고 생각합니다. 반면 신보수주의가 대두되고 이른바 '군사-공업 복합체'가 흥기할 것입니다. 미국에서는 이러한 추세가 이미 분명해졌습니다. 이후에는 신보수주의와 자유주의가 서로 연합하여 안보 문제에 대한 공감대를 형성할 것입니다.

W: 다음 질문을 해보겠습니다. 앞서 두긴을 대표로 하는 신유라시아주의와 이것이 오늘날 국제사회에 미치는 영향에 대해 이야기했는데요, 이 이론들이 그 자체로 정합적이고 나름의 논리성을 가지고 있으며 실질적인 역할도 했다고 하셨습니다. 그렇다면 구체적인 학문의 관점, 예컨대 인류학이나 사회학의 관점에서 본다면 어떤가요? 두긴의 이론에 특정 지식에 대한 오독이나 남용이 있지는 않나요? 특히 이론은 현실 정책에 활용되는 과정에서 왜곡이나 의미 전도가 발생할 수 있는데요, 이 부분에 대한 의견을 듣고 싶습니다. 이것들을 어떻게 식별할 수 있을까요? 왜냐면 중국 일부에서도 두긴의 저술을 번역하고 이에 대해 적잖은 찬성과 동의를 하

는 것을 발견했거든요.

X: 두긴의 이론은 매우 철학적이고 신비주의적인 측면이 있습니다. 칼 슈미트와 마찬가지로 두긴은 사회나 역사를 과학의 언어로는 완전히 이해할 수 없다고 생각했습니다. 과학과 이성, 추론과 실증은 원래 해양 문명의 인식론이라고 합니다. 대륙 문명의 인식론은 신비로우며 정신적 감응과 문명체 정체성을 중시하는데 이것이 야성이라는 것입니다. 야성은 러시아의 인류학자 레프 구밀료프가 제기한 개념이에요. 구밀료프는 스탈린 시절 시베리아로 유배된 적이 있는데, 그곳에서 사람들이 가혹한 환경 속에서도 어떻게 생존해나가는지를 보았습니다. 그러곤 시베리아의 각종 부락을 대상으로 민족지 조사를 실시한 뒤 야성이라 불리는 개념을 창안해냈습니다. 그는 야성을 발현하는 대표적인 역사적 예시로 알렉산드로스 대왕을 꼽았습니다. 알렉산드로스는 왜 끊임없이 정복하면서 앞으로 나아갔을까요? 사실 이건 이성적인 판단이 아닙니다. 왜냐하면 그는 그가 약탈한 것들을 다시 고향 땅으로 가지고 돌아갈 수 없었기 때문입니다. 구밀료프는 이를 일종의 야성이라고 봤습니다. 야성은 타고난 정신력의 일종으로 끊임없이 사람을 앞으로 나아가게 하고 계속해서 새로운 현실을 소유하며 추구하도록 합니다. 구밀료프는 가혹한 자연 조건 때문에 야성이 시베리아 민족들의 본질적인 요소가 되었고 유라시아 전 대륙의 사람들에겐 야성이 매우 중요하다고 보았습니다. 그래서인지 두긴의 이론에서 칭기스칸은 유라시아 대륙을 대표하는 인물이며 그의 정

복활동은 인성의 고양으로 해석됐습니다. 두긴은 자기 논리가 스스로 정합성을 갖기 때문에, 외부 논리로는 옳고 그름을 판단할 수 없다고 말했습니다. 야성을 느낄 순 있지만 그것을 보여줄 수는 없고, 이를 막을 수도 없다고 말입니다. 누군가 이에 동의하지 않는다면 야성이 발현될 것이고, 이런 상황에서의 살육은 인성 자체의 본질적 표현이라고 봅니다.

이렇게 보면 두긴이 인류학 이론을 사용하는 것을 옳다 그르다고 말할 수는 없습니다. 가령 그는 뒤르켐이나 레비스트로스 같은 사람들을 인용합니다. 뒤르켐은 『자살론』에서 자살은 하나의 사회 현상으로 이해되어야 하며 자살의 의미를 개인의 자살 행위에서 이해할 것이 아니라 자살률에서 이해해야 한다고 봅니다. 왜냐하면 자살률은 사회의 구조를 체현하기 때문입니다. 사회 구조와 사회 환경은 많은 사람을 자살하도록 이끕니다. 만약 한 개인의 자살만을 본다면 진짜 의미를 파악할 수 없다는 것이죠. 개체의 자살이 더해져서 자살 현상을 형성하는 것이 아니라 사실상 자살 현상이 사회 구조 문제의 상징으로서 먼저 존재하는 것이죠. 이런 조건 하에서 비로소 개체의 자살 행위가 벌어집니다. 참 흥미로운 생각이죠. 두긴의 논리에서 이런 설명이 조금 변용되어 나타납니다. 문명은 개체의 행위로는 이해할 수 없는 것입니다. 개체의 존재는 중요하지 않아요. 총체적인 사실, 총체적인 문명에서부터 먼저 이해해야 합니다. 뒤르켐과 모스는 총체적 사실에는 우리의 주관적인 의식들이 포함되어 있으며 집단의식은 사회 현상의 일부분이라고 보았습니다. 이에 대해서도 두긴은 우리가 사실을 간단히 볼 수 없고 볼 수 있는 것은 집단의식을 포함하는 총체적 사실이라고 말했습니다. 예를 들어 러시아 국영방송 뉴스의 주장을 거짓이라 말할 수 없습니다. 왜냐하면 원래 진실이나 거짓이 없기 때문입니다. 핵심은 그것을 믿느냐 마느냐예요. 뉴스의 보도는 종교의식에서 말하는 것과 같은 방식으로 이해되어야 합니다. 모두 우리의 의미 체계의 일부입니다. 몇몇 인류학적 생각에 대해 두긴이 이를 오용했는지 그렇지 않은지를 간단히 말할 수는 없습니다.

제 입장에서 비판해본다면 두긴의 가장 큰 문제는 그의 이론이 보통 사람들의 일상생활과 결합되지 않았다는 점입니다. 그의 출발점은 보통 사람들이 그들의 일상생활에서 무엇에 가장 관심을 가지고 무엇을 가장 원하는지, 사회를 어떻게 이해하는지, 어떻게 사실을 이해하는지가 아니에요. 물론 보통 사람들도 무엇이 절대적인 참이고 거짓인지는 확실히 말할 수 없으며 총체적 현실이라는 것에도 참과 거짓이 함께 뒤섞여 있습니다. 그럼에도 보통 사람들은 자신들이 무엇에 관심 있는지에 대해 명확히 알고 있습니다. 가정생활이나 아이, 노인, 분배의 불공정 같은 것에 대해서 말이죠. 하지만 두긴은 이런 것에 주목하지 않습니다. 오로지 어떻게 하면 러시아 문명의 핵심을 지킬 것인가에 대해서만 생각합니다. 그의 출발점은 우리의 일상적 실천과 완전히 유리되어 있습니다. 두긴은 자신의 집착에서부터 시작해 멀리 나아갔으며 논리적 추론들은 모두 뒤에 따라올 뿐입니다. 따라서 그와는 일반적인 의미의 학술 토론을 할 수 없습니다. 그저 그를 하나의 인류학적, 사회적 현상 자체로 두고 분석해야 합니다. 그가 행하고 있는 것은 연구가 아니라 의미의 구축입니다. 그에 대한 반박은 글을 통한 것이 아니라 군중 동원을 통해 이뤄져야 합니다. 사람들에게 두긴의 이러한 생각들이 어디서 온 것인지, 두긴의 의미는 도대체 어떤 의의를 가지고 있는지, 그들의 일상생활적 실천과 어떠한 관계를 가지는지 사고하도록 해야 합니다. 이런 관점 위에 두긴의 발언을 올려놓을 수 있습니다.

W: 처음에 선생님께서는 의미를 언급하셨는데요, 저는 이 의미에는 두 가지 측면이 있다고 봅니다. 하나는 이전부터 우리가 계속해서 말해왔던 중국 사회, 특히 청년층들이 어떻게 의미를 찾고 만들어내는지입니다. 다른 하나는 방금 말씀하신 집단적인 의미입니다. 최근 몇 년간 새로운 세대의 청년들의 의미 구성과 더불어 중국 여론에서도 집단의 의미가 점점 더 우세해지고 있습니다. 집단적 의미는 중앙의 권력과 그 주위의 각종 이데올로기적 장치를 통해서 점점 새로운 세대에게 익숙한 소셜미디어나 인터넷 속 파편화된 사회로 스며들었습니다. 그리고 과거처럼 시끄러운 선전 방식이 아니라 서서히 아래로 침투하는 방식으로 작동하고 있습니다. 저는 이 과정이 많은 사람으로 하여금 이중의 의미(큰 의미와 작은 의미) 사이의 긴장을 느끼게 만들었고 자신의 위치를 찾지 못한 채 혼란 속으로 빠지게 만들었다고 생각합니다. 우리가 막 대화를 시작할 때 선생님께서 아주 일상적인 일화를 묘사했던 것이 생

각나는데요, 쓰레기를 버리러 갔다가 만난 이웃 아저씨가 했던 말, '미국을 믿을 수 없지만 러시아도 믿을 수 없다'는 것을 오늘날 중국의 맥락에 놓고 보면 많은 중국 청년도 이런 문제에 자주 직면할 수 있다고 생각합니다. 예를 들면 이 국가는 믿을 수 없으며 저 국가도 믿을 수 없다, 혹은 이 매체는 믿을 수 없으며 저 매체도 믿을 수 없다, 이 선생은 믿을 수 없으며 저 선생도 의심스러워 같은 문제에 직면하게 되는 것이죠. 심지어 친구조차 믿을 수 없습니다. 그렇게 매일 수많은 의미의 상실을 마주하게 됩니다. 선생님께서는 먼 곳에서 일어난 이 전쟁과 일상생활에서의 실천을 연관 지으셨는데요, 그렇다면 이 문제가 우리의 오늘날 일상생활으로 들어왔을 때, 세상에 이러한 격변이 발생했다는 것을 감지했을 때, 구체적으로 개인의 의미 구성에는 어떤 변화가 나타날 수 있을까요? 두긴의 이론은 하나의 신념을 강하게 표출하는데요, 앞서 언급한 공통의 이상도 하나의 신념이겠습니다만, 그렇다면 오늘날은 도대체 무엇을 믿어야 할까요? 혹은 오늘날에도 우리에게 신념이 필요합니까?

X: 저는 의미의 구성 방식이 매우 중요하다고 생각합니다. 이번 전쟁을 볼 때는 반드시 푸틴의 의미 구성을 이해해야 합니다. 최소한 러시아 사회의 의미 구성을 이해해야 하죠. 또 다른 문제는, 지금과 같은 격변의 시기에 우리는 어떻게 자신의 의미 구성과 마주해야 하는가이고, 가장 중요한 것은 앞서 말한 개체의 의미 구성과 집단의 이데올로기 및 정서를 어떻게 봐야 하는가입니다. 최근

SNS에서 일어나고 있는 논쟁들을 보면 참 이상하다는 생각이 듭니다. 특히 이번 우크라이나 사태와 관련해 중국 내부의 상황을 좀 알고 싶어서 중학교 동창들의 모멘트●를 봤습니다. 원래 우리 원저우 사람들은 장사를 하기 때문에 사회성이 매우 좋습니다. 웃는 얼굴이 부를 가져다준다고 생각하죠. 그런데 이번에 본 모멘트는 생각이 다른 친구와 절교를 해야 한다는 식의 유쾌하지 못한 내용이 많더군요. 그 이면에 존재하는 것은 단순한 이데올로기적 차이보다는 감정적 충돌이었습니다. 만약 이념적 차이라면 토론이 가능합니다. 하지만 감정의 충돌이라면 서로를 이해하기 쉽지 않습니다. 감정은 이데올로기적 이론과 관련되기보다는 의미 그 자체와 연관됩니다. 좋고 나쁨, 기쁨과 언짢음, 통쾌함과 불편함같이 직관적인 반응만 있을 뿐입니다. 우리에게 지대한 영향을 끼치는 것은 사실 감정적인 의미가 어떻게 구성되느냐 하는 과정입니다.

저는 아무것도 믿는 않는다고 해서 무조건 방향감을 잃는다거나 실의에 빠지는 것은 아니라고 생각합니다. 오늘날 사회는 굉장히 복잡하기 때문에 사람들은 모든 일에 대해 일정한 의심을 품거나 거리감을 가지고 있어야 하죠. 나는 나만의 원칙이 있지만 이 원칙과 전혀 다른 타인의 원칙을 발견할 수도 있습니다. 이런 상황은 지극히 정상적입니다. 이런 상황에서 우리에게 필요한 것은 다양한 주장과 모습에 대해 일정한 거리를 유지하는 동시에 자신의

● 위챗의 기능 중 하나. 한국의 '카카오스토리'와 유사하다.

경험과 비교적 일치하고 스스로 정합성을 갖는 '완전체自洽'적 의미의 도경을 만드는 것입니다. 그렇다면 이런 것이 어떻게 가능할까요? 저는 자신의 물질적 삶이 드러나는 일상적 실천에 대한 이해로 돌아가볼 필요가 있다고 생각합니다. 사실 이는 그리 직관적이거나 간단한 것이 아닙니다. 당신이 어떤 일을 하고, 이 일을 하면서 왜 어떤 때는 기쁘지만 어떤 때는 그렇지 않은지, 월급은 얼마이며 전체적인 업무를 어떻게 배치하는지, 당신은 어디에 사는지, 그리고 그 집은 누가 지은 것이며 어떤 건축 자재가 사용되었는지, 돈을 얼마가 들었는지 등 이런 것들에 더 관심을 갖는다면 한 개인으로서 자신의 불안이 대체 어디에서 온 것인지를 알게 될 것입니다. 희로애락의 사회적 기원도 알게 되겠죠. 이에 대해 기본적인 이해가 있으면 됩니다. 이것을 가지고 논문을 쓴다거나 꼭 체계적으로 생각할 필요는 없습니다. 의식하고 있기만 하면 됩니다. 이렇게 사람들은 다양한 사건이나 서사를 접할 수 있습니다. 직접적인(즉자적인) 답을 얻을 수는 없겠지만 기본적으로 자신이 이 사회에서 어떤 위치에 서 있는지를 알게 됩니다. 다른 견해를 만났을 때도 여기에 동의할 수 있는지 없는지, 있다면 왜 그런지, 없다면 또 왜 그런지, 그 근거가 무엇인지를 기본적으로 더 명확하게 알게 됩니다. 하지만 오늘날의 문제는 SNS에서 아주 다양한 주장을 보고 있을 때 여기에 동의할지 말지에 대한 개인의 결정이 대부분 막연한 감정에 기반을 두고 있다는 것입니다. 사람들은 어떤 설명에 대해, 예를 들어 러시아가 정의를 수호하고 있다는 주장에 왜 자신이 동의하는지 제대로 알 수 없고 (심지어) <u>스스로</u>에게도 설명할 수 없어요. 이에 대해 근거를 가지고 설명할 수 있는 사람들은 극히 적지만 이런 입장에 자신을 투영하는 사람은 꽤 많습니다. 혹은 반대편 입장에 자신을 투영해 러시아가 그저 야만적이고 합리적이지 못하다고 생각하죠. 특히 저는 중국의 SNS에 나타난 우크라이나에 대한 비하들을 보고 크게 놀랐습니다. 젤렌스키 대통령을 광대라 칭하고 우크라이나를 '유럽의 자궁●'이라며 조롱하는데 저로서는 상상도 할 수 없는 일입니다. 아편전쟁을 떠올려보면 중국은 외부 세력이 주권국가에 침입한 이 사건에 대해 매우 민감하게 반응해야 합니다. 하지만 반대로 이런 현상이 일어난다는 것은 사람들이 어떤 감정적 측면에 심하게 사로잡혀 있다는 것을 의미합니다. 먼저 이런 감정에서 벗어나야 합니다.

오늘날에는 그 기준이 매우 다양해서 뭘 따라야 할지 어렵다고 말씀하셨는데요, 저는 이 문제가 크게 심각한 것은 아니라고 봅니다. 다양하다고 느낀다면 그것에 대해 생각하면 됩니다. 작금의 문제는 투영입니다. 자신의 감정을 별다른 고민 없이 절대적인 진술 속에 투영하면 일종의 집착이 되고 강렬한 충동이 생겨납니다. 자신과 생각이 다른 사람을 반드시 설득해야 할 것 같은 기분이 들

● 우크라이나는 대리모 산업이 합법이다. 러시아의 우크라이나 침범 이후 키이우의 한 아파트 지하에 대리모들이 출산한 신생아들이 누워 있는 사진이 화제가 되었는데, 이 사진을 두고 중국 웨이보에서는 우크라이나의 대리모 산업을 비꼬며 '유럽의 자궁'이라는 비하적 표현이 퍼졌다.

고, 그 사람은 누군가에게 속았기 때문이라 여기므로 그를 설득하는 것이 곧 그를 구원하는 일이라 여기게 되죠. 두긴이 그렇습니다. 그는 우크라이나 사람들이 자신도 모르게 속고, 괴롭힘 당하고, 억압받고 있다고 말하고 있으며 그래서 러시아의 우크라이나 침략이 해방전쟁이라고 말합니다.

그래서 우리는 자신의 물질세계로 되돌아가야 합니다. 물질주의를 추구해야 한다는 것이 아니라 자신의 물질적 생활에 대해 관찰하고 생각해야 한다는 말입니다. 그렇기에 저는 부근附近을 강조합니다. 부근에 대한 재검토와 부근의 발견은 의미 구축에 매우 중요합니다. 허무맹랑한 거대 서사에 대해서는 반드시 재검토가 필요합니다. 반둥회의의 평화 5원칙과 같은 기본 원칙도 비교적 추상적이긴 하지만 그래도 명료하게 이게 왜 필요하고 또 옳은지 설명될 수 있습니다. 그리고 소위 문명론, 야성론보다 명확하게 말해질 수 있는 원칙들을 보호해야 합니다. 오늘날 중국의 독자들은 두긴의 주장을 검토하면서 중국인 자신의 의미 구조 문제를 짚어봐야 합니다.

러시아의 국뽕에서 위기를 읽다

2022년 4월, 샹뱌오 교수는 알렉산더 두긴 및 러시아의 우크라이나 침공과 관련해 한국의 이병한 박사, 임명묵 작가와 토론을 가졌다. 해당 대담은 한국의 시사주간지 『시사IN』(제766호, '러시아의 국뽕에서 한중이 위기를 읽다')을 통해 공개되었으며 이 글은 해당 대담의 번역 결과물이다.

■ 사회: 이오성 기자(『시사IN』)
■ 통역: 김유익(중한 통역), 우자한(한중 통역) ■ 정리: 김명준
■ 대담 일시: 1부 2022년 4월 19일 / 2부 2022년 4월 22일
(이 대담의 내용 일부는 『시사IN』 제766호 '러시아의 국뽕에서 한중이 위기를 읽다'에 발표되었다.)

샹뱌오(이하 샹): 이 자리에 초대해주셔서서 무척 감사드립니다.

이오성(이하 시): 샹뱌오 선생님께 우선 묻겠습니다. 선생님께서는 일찍부터 알렉산드르 두긴에 주목하셨는데요. 왜 두긴과 같은 인물에 주목하게 되셨는지 말씀해주시면 좋을 것 같습니다.

샹: 제가 두긴에게 관심을 갖게 된 데에는 세 가지 이유가 있습니다. 첫째로, 푸틴의 침략전쟁에서 겉으로 드러난 이유들은 지정학적·군사적 설명이 있는데요, 저는 이 전쟁이 이것들만으로는 설명이 안 되고 더 큰 어떤 배경이 있지 않을까라는 의심을 품게 되었습니다. 그래서 전쟁 배후의 의미, 철학, 정서를 파고들고 싶었습니다. 그 과정에서 두긴이라는 사람을 알게 되었는데 두긴의 철학과 그가 느끼는 감정과 같은 것이 이 전쟁의 배경이 됐을 수도 있다는 생각을 하게 되었습니다.

두 번째로, 두긴은 원래 서방 매체에 의해서 푸틴의 브레인으로 소개되고 있었는데요, 중국 학자들이나 일부 청년이 두긴의 담론에 관심을 갖고 있었거든요. 왜냐하면 두긴이 세계를 설명하는 방식은 일부 중국인이 관심을 갖고 동의할 수 있는 내용이었기 때문입니다.

세 번째는 두긴의 철학 때문입니다. 두긴이 역사와 문명을 보는 관점은 굉장히 추상적입니다. 그럼에도 실제로 전쟁과 연결이 됐을 수도 있습니다. 증거가 있는 건 아닙니다. 하지만 그렇다고 가정한다면, 우리 일상생활의 의미들이 과연 두긴이 얘기하고 있는 것들과 어떤 관계가 있을 것인가에 관심을 가졌습니다. 또 두긴

주변의 상실

이 이야기하는 소위 지정학도 우리 삶과 과연 어떤 연관이 있는 것일까 생각해볼 필요가 있습니다.

시: 지금 저희가 두긴에게 주목하는 이유는 오늘날 청년 세대들에게 두긴과 같은 사상가가 중국이든 한국이든 매력적으로 비칠 가능성이 있지 않겠느냐는 우려 때문인데요, 그 가능성을 어떻게 보십니까?

샹: 저는 청년들이 두긴의 영향을 받는 것에 대해 큰 걱정은 하지 않아도 된다고 생각합니다. 물론 두긴을 추앙하는 사람들이 있을 수도 있습니다. 하지만 두긴의 화법을 보면 그의 이론이나 설명이 선동적인 것도 아닙니다. 설득력도 별로 없어요. 일부 청년이 두긴 같은 사람의 주장에 관심을 갖는 이유는 사실 허무주의에서 비롯됩니다. 사람들은 자신의 일상적 경험이나 주변 환경을 잘 이해하지 못합니다. 그러다보면 세상이나 생활의 의미에 대한 이해도 깊이가 떨어지죠. 전체나 사물 혹은 세계를 보는 더 명확한 관점, 그걸 저는 도경圖景●이라고 표현하는데요, 이 도경을 잘 파악하지 못하는 겁니다. 그런데 두긴의 이론 같은 것들이 그 빈 부분을 보충해준다는 느낌을 받게 됩니다. 그래서 보통 청년들이 자신의 삶을 잘 파악하고 잘 이해할 수 있다면 두긴 같은 사람의 주장에 쉽게 휩쓸려가지 않을 것입니다.

다만 제가 진짜로 걱정하는 현상이 하나 있습니다. 중국이 그

● 제1부 베이징 방담, '어린 시절의 기억과 도경' 참조.

렇고 아마 한국도 그럴 것이라 생각하는데요, 바로 공허감에 빠진 관료 체제입니다. 테크노크라트들은 시험을 통해 선발됩니다. 이들은 원래 나름의 공공 서비스를 해야 되는 사람들이고 이에 대한 복무 이념을 가져야 되지만 실제로는 그런 사람들이 관료가 되지 않습니다. 대부분 그냥 성적이 좋고 시험을 잘 봐서 그 자리에 올라간 사람들입니다. 문제는 이들이 권력을 갖고 있지만 스스로 의미 구성이나 의미 부여를 하지 못하니까 정신적 공허감을 갖게 된다는 겁니다. 이런 사람들은 대체로 상당히 높은 지위의 정책 결정권자가 되는데, 결국 모종의 '숭고한 이론'을 추구하게 됩니다. 한나 아렌트의 악의 평범성이라는 말을 아실 거예요. 악하지만 눈에 띄지 않는 평범성과 숭고한 의의를 찾는 경향, 즉 초월성 추구가 만나면, 탈정치화된 상황에서 위험한 행동으로 이어질 수 있습니다. 보통 청년들은 생활의 의미를 찾을 수만 있다면 두긴류의 주장에 대해 충분히 저항능력을 가질 수 있다고 봅니다. 하지만 관료 체제는 아직 이런 위험성을 충분히 의식하지 못하고 있죠.

시: 중요한 말씀이군요. 시진핑에게도 숭고한 이론 같은 것을 제공해 주는 브레인, 두긴 같은 사람이 있을까요?

샹: 저는 모릅니다. 하지만 비슷한 사조들은 분명히 중국 사회에 영향을 끼칠 수 있습니다. 한 가지 말씀드리자면 외교 정책에 대해 2000년대 중국에서 큰 논쟁이 벌어졌습니다. 기존에 덩샤오핑이 주장했던 외교 기조는 도광양회韜光養晦였습니다. 몸을 숙이고 우리 발전에 힘을 쓰자. 리더 역할을 자처하며 머리를 쳐들고 일을

도모하기보다는 조용히 우리 실속을 챙기자는 말이었죠. 그런데 2000년대 초반이 되면서 이제 중국이 제법 커졌는데, 그럼 앞으로 우리가 어떻게 변화해야겠느냐는 논의가 시작됐습니다. 그때 두 가지 이야기가 있었습니다.

첫 번째는 중국이 미국 모델을 따라가며 일종의 '무임승차자free rider'로서 발전을 해왔는데 이제는 중국만의 독자적인 모델을 만들어야 하지 않느냐는 것입니다. 독립 모델에 대한 첫 번째 논의는 굉장히 도덕적인 요구였어요. 우리가 너무 이기적으로 경제적 이익만 추구해서는 안 된다, 중국이 세계에 새로운 모델을 제시하면서 공헌해야 되는데 그러자면 좀더 나은 세상을 만들기 위한 리더십을 보여줘야 하는 게 아니냐는 거였죠. 이런 생각은 어떤 숭고함을 추구하는 측면이 있는 건데요, 잘못된 말은 아니죠. 당연히 권력이 생겼으니까 그에 걸맞은 책임을 져야 되는 거고요.

그런데 두 번째는 조금 더 공격적입니다. 도광양회라고 말은 했지만 우리는 원래 코끼리 같은 존재다, 머리를 숙이고 몸을 감춘다고 드러나지 않는 게 아니다. 그러니 힘을 활용해서 새로운 질서를 제안할 수 있는 역할을 해야 된다는 것이었습니다. 그래서 중국이 UN 얘기를 많이 하죠. 미국 중심의 질서가 아니라 유엔처럼 좀더 국제적인 조직과 원칙이 중요하다고 얘기합니다. 하지만 중국도 이론적으로든 실천적으로든 제3의 조직을 정말로 중시한다고 보기 어렵습니다. 그래서 뭔가 새로운 비전이나 질서를 제시해야 하는데 그게 제대로 안 되고 있습니다. 제일 큰 문제는 구체적이고 실천적인 차원의 요구에 대해 중국이 뭘 해야 하는가에 대한 논의나 노력이 부족하다는 거죠. 그러면서 (중화)문명론과 같이 굉장히 추상적인 논의를 내세웁니다. 추상적이고 도덕적인 논의에 의해 정당한 요구가 공중납치hijacking되었다고 볼 수 있죠. 이런 것들이 현재 중국의 이슈이자 향후의 과제라고 할 수 있습니다.

이병한(이하 이): 대체로는 '러시아의 우크라이나 침공'이라고 표현을 하고 있고 또 아시아나 일본에서는 러시아-우크라이나 전쟁이라고 표현을 하는데요, 호칭에서부터 이미 각자의 관점이 많이 투영되고 있다고 생각합니다. 그런데 저는 샹뱌오 박사님의 글(「두긴을 말하다」)에서 가장 인상적이었던 게, 보통 우리는 전쟁의 동기로 자원 수탈 등의 경제적 이유를 떠올리는데요, 이번 전쟁은 경제적 이익이 아니라 의미의 추구를 깊이 들여다봐야 한다고 말씀하신 부분이었습니다. 저는 '(이번 전쟁이) 러시아의 어떤 정체성 혹은 새로운 러시아상을 만들어가는 과정에서 일어나고 있는 일이다'가 가장 핵심적인 독법이라고 생각했습니다. 탈냉전 이후의 세계사에 대한 몇 가지 전망 중 모든 것이 다 서구화 혹은 미국화될 것이라는 식의 관점이 있었고 다른 한쪽에서는 냉전이 끝났기 때문에 (자유주의와 사회주의가 싸우는 게 아니기 때문에) 앞으로 더더욱 오래된 문명의 가치가 귀환해 문명의 충돌로 이어질 것이다(헌팅턴 같은 사람이 대표적이었죠)라는 관점이 있었죠. 샹뱌오 선생님은 이번 사태를 계기로 앞으로의 세계사가 어떻게 전개될 거라고 보시는지 궁금합니다.

주변의 상실

샹: 저는 문명의 충돌로 이번 전쟁을 해석하는 것에 반대합니다. 물론 두긴 자신은 헌팅턴의 이론을 어느 정도 인정하는 편입니다. 저는 지금 두긴에 대해 이야기하고 있기 때문에 그가 추구하는 의미를 얘기한 것이지 의미 자체가 전쟁의 중요한 원인이라고 생각한 것은 아닙니다. 그 점에 대해서는 좀 명확하게 말씀드려야 될 것 같고요. 제가 왜 이 전쟁과 관련해서 의미를 말씀드렸냐면 이런 전쟁의 훨씬 더 구체적인 조건들, 특히 내부의 경제 문제라든가 정치적인 조건들과 '의미'가 단절될 때 문제가 생길 수 있다고 생각하기 때문입니다.

두긴의 사상이 러시아에서 인기를 끌게 된 배경에는 소련과 동유럽의 몰락이 있습니다. 또 한 가지는 소련 역사에 대해 제대로 성찰하고 반성하지 못했다는 점입니다. 문자 그대로 몰락이 가속화되면서 러시아 사회는 비참한 상태로 전락했습니다. 그런데 더 중요한 것은, 이 몰락의 배경이 된 역사적 상황, 특히 그 정치경제적 맥락에 대한 제대로 된 분석이 너무 적었고, 또 몰락 이전 소련 사회가 발전하고 영향력을 확대시켰던 시절의 경제적·사회적 성취들이 너무나도 간단히 부정됐습니다. 푸틴 자신도 레닌을 부정적으로 설명했죠. 그렇게 물리적 실체와 변화의 디테일에 대한 설명이 거부된 채, 타락한 일상의 의미를 설명할 길이 없어 아노미 상태에 빠진 러시아 사회에 제시된 숭고하고 초월적인 사상이 바로 두긴의 신유라시아주의입니다. 두긴은 '소련 붕괴 이후의 러시아'라는 특정한 상황에서 자신만의 의의를 만들어냈고, 이런 배경과 그가 주장하는 추상적인 문명론은 직접적인 관계가 없습니다.

문명론이 등장하게 된 이유는 먼저, 냉전 이후 세계 경제나 정치가 발전하는 구체적인 내용들, 예컨대 생산 방식, 특히 세계를 좌지우지하는 금융에 대해서 제대로 이해하지 못했기 때문입니다. 문명론은 이런 내용을 설명하지 못하고 추상적인 논의에 머물 뿐입니다. 그래서 저는 1990년대에 등장했던 동아시아 문명론도 문제가 있다고 생각합니다. 동아시아의 역사적 발전과정과 그 이후의 정치경제 상황에 대한 구체적인 이해가 결여되어 있기 때문에 추상적인 논의만 진행됐지요. 그래서 나중에 생명력을 잃었습니다. 두 번째로 문명론이 힘을 얻은 이유 중 하나는 9·11 사태에 있습니다. 그 당시에 '문명 대 야만'과 같은 이원론적인 사고가 등장했고 이를 테러리즘으로 연결시켜서 사람들이 공포를 느끼게 하며 관련 정책들을 지지하도록 만들었거든요. 그래서 중요한 건 이런 문명충돌론이 왜 일정 부분 현재 상황을 설명하는 데 설득력을 얻게 됐는지를 우리가 정확히 이해해야 한다는 겁니다.

신냉전은 코앞에 닥쳐와 있을 가능성이 높습니다. 하지만 우리가 주목해야 할 것이 있습니다. 과거 냉전시대와 지금은 상황이 많이 다르다는 것입니다. 과거에는 이념 간의 대립이 있었습니다. 사회주의와 공산주의가 있고 반대편에 자본주의가 있고, 이념에 따라 진영이 나뉘고, 각 진영은 자기만의 발전 모델을 가지고 경쟁을 했습니다. 그리고 각 진영의 핵심 국가들의 상황도 그리 나쁘지 않았습니다. 꽤 괜찮았어요. 그러니까 소련은 소련대로 나름의 자기 발전 모델을 통해 근대로 들어오면서 괜찮은 사회를 만드는 거고, 서구는 서구대로 상당히 발전된 사회를 만들었습니다. 양 진영 모두 진보나 현대화의 결과를 보여주고 입증할 수 있었습니다. 그런데 지금은 서로가 설득력을 갖는 발전 모델 간의 경쟁이나 논쟁이 아니라 추상적인 문명 간의 대립입니다. 그리고 이 대립이 군사 대립으로 이어집니다. 과거의 냉전과 현재 상황의 또 한 가지 차이점은 각 나라와 각 진영 안에 굉장히 많은 국내적 문제가 존재한다는 겁니다. 대표적으로 미국이 있습니다. 미국의 불평등 문제, 'BLM(Black Lives Matter)'로 대표되는 인종차별 문제는 냉전 시기에는 잘 드러나지 않았습니다. 조금씩 나아지는 모습을 보여줬죠. 하지만 지금은 갈수록 악화되고 있습니다. 미국뿐 아니라 중국이든 러시아든 내부의 여러 정치경제적인 갈등이 존재하고 있습니다. 그래서 과거의 단순하고 선명한 이념적 냉전이 아니라 지금은 훨씬 더 복잡한 상황 속에서 갈등이 빚어지고 있다는 것을 명심해야 합니다. 우리가 문명 이야기를 할 때 문명이 정말 대립의 원인이 되는 건지 실증적으로 살펴봐야 할 필요가 있어요. 왜냐하면 문명은 굉장히 추상적인 얘기이기 때문입니다.

시: 네. 그러면 기왕 지금 신냉전 문제나 포스트 체제에 대한 이야기가 나왔으니까 이병한 선생님이 준비하셨던 질문을 바로 하셔도 될 것 같습니다.

이: 제가 2017년에 우크라이나와 러시아를 여행했거든요. 우크라이나, 러시아만 간 게 아니라 서유럽부터 쭉 돌아다녔는데요, 그때

제가 받았던 인상은 서유럽과 미국이 점점 멀어진다는 것이었습니다. 그러면서 독일을 선두로 한 서유럽과 동유럽, 러시아가 연결되고 있는, 즉 대서양은 멀어지고 유럽 대륙은 통합되어가고 있는 것 같다는 느낌이었습니다. 하지만 이번 사태를 계기로 그 흐름이 완전히 뒤집힌 것 같기도 합니다. 좀 두고 봐야겠으나, 일단 독일과 러시아 사이에 여러 긴밀한 경제적인 관계가 있음에도 불구하고 이렇게 갈등이 표출됐고, 브렉시트 이후 유럽에서 목소리가 작아지고 존재감이 거의 없어진 나라라고 간주됐던 영국이 다시 유럽의 정세에 깊이 개입해 들어오고 있습니다. 사실 영국은 미국의 의지를 대리해주고 있죠. 그래서 대서양 동맹이 다시 강화되고 그동안 동·서유럽 간 갈등에서 중립을 지키려고 했던 북유럽 국가들도 나토에 가입하겠다고 하니, 정말 명실상부한 신냉전으로 가는 것 같습니다. 저는 유럽이 어디로 나아가느냐가 세계사에 굉장히 큰 영향을 줄 것이라 보거든요. 대서양 너머의 미국과 다시 연합할 것이냐 아니면 러시아 내지는 아시아와의 관계를 돈독하게 만들어나갈 것이냐가 관건이죠. 샹뱌오 선생님께서는 지금 독일에서 활동하고 계시니, 이번 전쟁 이후 유럽에 대해서 어떻게 전망하시는지 궁금합니다.

샹: 일단 지금 질문하신 부분에 대해 제가 전문성을 가지고 답변을 드리기는 힘들 것 같습니다. 물론 굉장히 중요하고 좋은 질문이라고 생각은 하지만 저는 국제정치를 전공한 사람이 아니니까요. 이 점은 고려하고 들어주셨으면 좋겠습니다. 다만 말씀하신 대로 제가

유럽에 있고, 유럽의 정세를 좀더 가까이서 볼 수 있기 때문에 어떤 가설을 말씀드릴 수는 있을 것 같아요.

먼저, 새로운 냉전의 문제입니다. 이전 답변에서 말씀을 드렸던 새로운 냉전 체제 같은 것이 만들어지는 것이냐라고 했을 때 저는 그런 비슷한 상황이 벌어질 수도 있겠다고 봅니다. 하지만 분명히 다시 강조하건대, 1946년부터 1989년까지 유지됐던 제1차 냉전 시대와 아마도 새롭게 등장하게 될 냉전 국면은 그 양상이 많이 다를 것 같습니다. 진보가 아니라 퇴보할 가능성이 높습니다. 특히 공공 복리 같은 것이요. 재차 자세한 설명은 않겠습니다.

두 번째로 말씀드릴 것은 유럽과 미국의 관계에 대한 전망이죠. 지금 유럽, 러시아와 미국의 상황에 대해서 저는 별로 낙관적이지 않습니다. 그리고 향후 5년은 세계가 상당히 안 좋은 방향으로 흘러갈 것 같습니다. 어떤 의미로든 좀 엉망진창이 될 것 같아요.

일단 미국은 과거 10년간 굉장히 많은 사회와 국가적 변화를 경험해왔죠. 여러 문제에 직면해왔고. 그래서 현재 미국의 강점은 두 가지뿐입니다. 첫 번째는 여전히 압도적인 군사력입니다. 그리고 두 번째는 조금씩 금이 가고 있긴 하지만 달러 기반의 금융 패권이죠. 결국 이 두 가지 무기로 세계의 리더십 역할을 하고 있는데, 과거 10년간, 특히 트럼프 정권을 거치며 국제적으로 미국의 도덕적인 리더십은 상당히 힘을 잃었습니다. 이게 현 상황이고요. 그러면 향후 5년은 어떻게 될까요? 제가 보기에는 미국의 엘리트들, 특히 방위산업 엘리트들이 굉장한 이득을 얻을 것 같습니다.

즉 이번에 전쟁을 호기로 삼아서 자기네 이익을 극대화하기 위해 노력할 거라고 생각합니다. 그 사람들에게 이 전쟁은 사실 굉장히 '해피'한 상황인 거죠. 현재 세계적인 국면과 역학이 재조정되는 상황에서 각국이 군사력을 확장할 가능성이 높습니다. 미국 그리고 방산업체들은 유럽을 비롯한 각국에 무기를 엄청나게 팔아먹으면서 많은 경제적 이익을 얻을 수 있겠죠. 그런데 동시에 이들은 지금까지 관심을 기울이던 국내 문제, 즉 인종차별이나 경제 문제, 기후 위기 같은 전 지구적 문제의 우선순위를 낮추며 그 해결을 뒤로 미뤄버릴 가능성이 높습니다. 그리고 여러 제재를 통해 달러 패권을 강화하려 할 것이고요. 미국은 과거에 자랑하던 진보나 자유주의 같은 이념이 아니라 다른 방법을 통해 이익을 추구할 겁니다.

그런 의미에서 전쟁이 늘어지는 것에 미국의 의도적 역할이 있지 않나 하는 의견은 상당히 합리적인 의심입니다. 미국 엘리트들의 이익이 우크라이나 인민 보호보다 더 우선시될 가능성 말입니다. 미국의 주요 목적은 러시아를 약화시키고 자국 엘리트들의 이익을 극대화하는 것이기 때문에 우크라이나 사람들의 고통은 최우선적으로 해결해야 할 문제가 아닐 가능성이 있다는 겁니다. 그리고 미국이 향후 5년간 이런 방식을 통해 패권을 회복하는 과정에서 한편으로는 전 세계 사회주의 세력의 약화가 일어날 것이라고 봅니다. 미국에서도 버니 샌더스가 대표하는 민주사회주의 democratic socialism 진영이 힘을 잃고 있고요. 유럽의 좌파들 또한 우왕좌왕하는 상황입니다. 동유럽은 원래 군사적으로는 나토에 가입하면서 미국이나 서유럽에 의지하고 싶어했지만 독일이나 프랑스가 이를 원한 건 아니었거든요. 거리를 유지하면서 자신들의 입지를 확보하고 싶어했습니다. 문제는 이 국가들도 내부적인 갈등이 너무 심해서 정치적으로 뭔가를 하기가 힘든 상황이라는 겁니다. 따라서 방금 질문하신, 과연 유럽의 핵심 국가들이 계속 아시아와의 협력을 강화할 것이냐 아니면 영미 세력의 품으로 돌아갈 것이냐의 문제에 대해서도 내부적인 어떤 컨센서스를 이루기는 힘들고, 주체적으로 결정하기도 쉽지 않을 것 같다는 겁니다. 그럼에도 큰 흐름에서는 결국 아시아와 협력하는 걸 모색하지 않을까라는 생각이 듭니다. 이런 상황에서 중국의 역할이 중요합니다. 중국이 자신의 소소한 이익이 아니라 전 세계의 발전을 위한 정책을 만들어나갈 수 있어야 하는데 이게 제대로 되지 않고 있어서 문제입니다.

끝으로 저는 인류학자이기 때문에 국제 정치를 글로벌 엘리트들의 이익 다툼으로 보게 됩니다. 그래서 국가 관점보다는 계급의 관점으로 이 문제를 볼 필요가 있을 것 같아요. 미국의 엘리트들이 패권을 회복하는 것이 미국의 약자들, 즉 소수 인종이라든가 흑인들의 이익과 부합하는 게 아닙니다. 오히려 패권을 추구하는 과정에서 이런 국내 문제들을 제대로 돌아보지 못하게 될 거고요. 한국과 중국 같은 다른 나라들도 마찬가지입니다. 하지만 국내외적인 계급의 관점을 통해서 다시 국제 문제를 돌아볼 수 있는 좋은 프레임을 아직은 다른 학자에게서도 들어보지 못했고 저도 찾지 못하고 있습니다.

시: 네, 고맙습니다. 인류학자가 보는 국제 정치 문제도 흥미롭습니다. 이제 임명묵 선생님께서 질문해주실 차례가 된 것 같습니다. 모스크바의 변화에 대한 중국의 관점이라든지.

임명묵(이하 임): 저는 샹뱌오 선생님이 과거의 냉전과 최근의 지정학적 혹은 강대국 간의 갈등의 차이를 지적해주신 게 많이 동의가 됐습니다. 그러니까 구냉전의 어떤 이념과 지형의 대립적인 성격은 많이 줄어들었고 글로벌 자본주의의 맥락에서 체제나 이념 간의 차이는 특히 정치경제적 면에서는 굉장히 옅어졌다고 생각합니다. 그런데 최근에 러시아의 도전들을 보면 여전히 이념적인 부분이 살아 있는 것 같습니다. 다만 그것이 정치경제 체제를 어떻게 운영할 것인지의 문제라기보다는 사회의 문화나 공동체의 정체성을 어떻게 정의할 것인지를 둘러싼 도전인 것 같습니다. 그런 것들이 서구 각지에서 국내의 문화 전선들을 만들어내고 있다고 저는 생각합니다. 구체적으로는 정치적 올바름Political Correctness, 페미니즘, 글로벌리즘, 자유주의, 코즈모폴리터니즘 등을 비롯한 서구의 합의에 대해서 제기되는 도전들이 있습니다. 그런 것들이 러시아나 두긴이 제기했던 문화적·이념적 의제와 조응하면서 서구와 러시아 그리고 동유럽 국가들 사이에서 지속적인 문화적 갈등과 이념적 갈등을 만들어내고 있는 것 같습니다. 그래서 저는 우크라이나 전쟁도 이러한 문화 투쟁의 연장선상에 있다고 보는 시각을 갖고 있습니다. 한국에서 러시아나 두긴의 사상을 직접적으로 소비하는 청년들은 당연히 거의 없고요, 대신에 러시아가 보여주는 남성성, 규율과 질서에 대한 찬양, 그리고 서구 사회가 보여주는 문화적 혼란과 무질서에 대한 혐오 정서 같은 것을 발견할 수 있습니다. 한국의 인터넷, 특히 (이대남이라 불리는) 청년 남성 커뮤니티에서 자주 눈에 띄죠. 이런 것들이 한국에서도 페미니즘을 둘러싼 젠더 갈등이라는 정치적 의제로 강하게 전선이 형성되어 있기도 하고요. 모스크바가 서구에 대해서 제기하고 있는 문화적 도전, 이념적 도전, 전통에 대한 강조부터 정치적 올바름 문제에 대한 반감 등 다양한 수사와 논리를 동원하는 이런 도전에 대해 중국에서 어떤 방식으로 바라보고 있고 어떤 식으로 해석하고 있는지 궁금합니다. 제가 듣기로 중국에서도 서구의 정치적 올바름을 내면화한 이들에 대한 조소를 담은 '바이쭤白左'라는 용어가 있다고 들은 것 같은데 그러한 점을 둘러싼 중국 내부의 논의 지형이나 상황을 듣고 싶습니다.

샹: 일단 중국도 비슷한 상황이라는 게 맞고요. 그래서 중국에서 정치적 올바름에 대해서 이거는 속 빈 강정 같은 거다, 허무주의다 이런 식으로 비판을 합니다. 일단은 미국과 서구가 이중 기준을 적용한다는 비판을 하는 사람들이 있어요. 이를테면 중국에서 BLM을 들어서 미국을 많이 비판합니다. 그런데 더 극단적인 경우가 PC는 원래 백인들이 인종적으로 만들어낸 백인의 도덕이고 거짓말이다, 우리를 속이기 위한 세뇌공작이다, 그러니까 아예 이중 기준이라고 비판할 만한 가치도 없고 다 가짜다라는 조소와 비판도 존

재합니다. 이 배후의 원인으로 주목해야 할 것들이 있습니다. 첫째 PC는 확실히 지나치게 추상적입니다. 현실 속의 권력 투쟁을 제대로 설명하지 못합니다. 서구 사회가 가진 원래의 행위 양식도 마찬가지입니다. 또 청년들이 자기네 생활과 연결시키지 못합니다. 현실에서 유리된 이야기이지요. 그리고 두 번째는 높은 도덕적 원칙을 가지고 나를 무시하는 듯한 느낌 때문입니다. 담론이 생활과 밀접한 연관을 맺지 못하고 도덕적 원칙만을 구호적으로 제시할 때 위에서 내려다보는 관점이 되고, 비판 대상이 되는 사람들은 더 큰 반발을 하게 됩니다. 특히 아시아에서는 이게 우리의 역사적 과정에서 나온 것이 아니라 서구의 이론을 가져와 자기 맥락화하는 노력도 부족하다보니까 이런 반발을 불러일으키는 경우가 있는 듯합니다.

이제 반대편 입장에서 PC를 조롱하는 사람들을 비판해보겠습니다. 제가 지금 '잔혹한 도덕주의Brutal moralism'라는 제목의 글을 쓰고 있습니다. 이 사람들의 정치 제도에 대한 비판이 어느 정도냐 하면, 모든 도덕 원칙과 이런 표준에 문제가 있다고 인식하는 지경입니다. 이걸 왜 잔혹한 도덕주의라고 부르냐는 것을 알려면, 극단적인 '여혐'과 같은 소위 남성 권력의 담론을 들여다봐야 합니다. 두긴의 지정학에도 이런 경향이 있습니다. 이들의 주장은 굉장히 '도덕화'되어 있습니다. 내가 하는 말이 정확하고 이게 나의 존엄성이라는 것이죠. 여기서 존엄성을 끌어오고 영예로움을 끌어옵니다. 그리고 만일 내 주장에 동의하지 않는다면 당신은 수치스러운 사람인 것이죠. 그러니까 이렇게 영광과 치욕의 감정을 끌어오는 것이 고도의 도덕화라는 겁니다. 그러면 잔혹함이란 무슨 뜻일까요? 이들은 바로 상대에게 딱지를 붙입니다. 여기서 토론과정 따위는 없습니다. 저는 이걸 "잔혹하게 정직하다Brutally honest"라고 표현합니다. 여기서 한 가지 특징은 바로 그들이 드러내는 잔혹함이 정직함 혹은 일종의 진정성Authenticity이라는 겁니다. 그들에게 지금의 PC는 허위이자 위선입니다. 반면 그들의 도덕은 진짜라는 거죠. 여혐은 여혐이고 나는 솔직히 그렇게 말했다, 이게 나의 도덕성이다, 네가 말하는 페미니즘의 구호는 듣기는 좋아도 알맹이 없는 가짜다. 그래서 도덕적인 문제가 있다. 그리고 서방의 PC에 대한 회의가 전통을 되돌아보게 만들고 있다고 하셨죠. 중국에서도 분명히 그런 상황이 벌어지고 있습니다. 모두들 중국이 중화 문명으로 돌아가야 하고, 우리 선조들이 어떻게 했는지 봐야 한다고 말합니다. 하지만 사실은 관계가 없습니다. 이런 말은 성립되기 어렵죠.

러시아의 상황도 마찬가지입니다. 페미니즘에 반대하고 있죠. 하지만 소련의 역사에서 여성이 해방되었고 중국도 마찬가지예요. 중국도 서구의 영향을 받은 사회주의 역사의 전통 속에서 여성들을 더 존중하고 여성들의 권력을 강화해온 전통이 분명히 있거든요. 그러면 이 전통은 가짜란 말입니까? 물론 푸틴과 두긴 같은 사람들이 그걸 부정하고 있긴 하지만 이건 실존하는 역사적 경험입니다. 그러니까 고대와 중세의 예를 들어 페미니즘이 반전통이라고 얘기하는 것은 말이 안 됩니다. 이런 것들을 현재 상황으로부터 이해해야지 전통이라는 추상적인 구호에 휩쓸려 들어가서는 안 됩니다.

　주로 기층 민중들이 자기 목소리를 낼 수 없다고 생각합니다. 경제적으로 갈수록 더 불안정하죠. 하지만 기대는 여전히 높습니다. 이런 상황이 왜 동아시아에서 더 두드러질까요. 중국도 그렇고 한국도, 동아시아 다른 국가들도 마찬가지입니다. 왜냐하면 동아시아 모델이라는 게 있거든요. 동아시아 모델의 서사는 우리가 열심히 노력하면 경제가 성장하고 삶이 갈수록 나아진다는 거죠. 그런데 실제 상황, 특히 2010년 이후의 청년들의 현실은 더 이상 이 서사를 뒷받침하지 못합니다. 그래서 이들에게 새로운 목소리가 필요했던 겁니다. 자신의 존엄을 발설할 대상이 필요했고 그래서 PC를 공격 대상으로 삼게 된 것입니다.

　마지막으로 양성 관계에 대해 좀 설명을 드려야 할 것 같아요. 한국의 대선과도 관계가 있습니다. 페미니즘이 과도했기 때문에 이런 백래시가 온 것이라고 말하죠. 오늘날의 남성들이 많이 살기 어렵다고 합니다. 정말로 생활에 압력이 적지 않죠. 그래서 자기 권리와 공정에 대해서 발언하고 싶어합니다. 그리고 1960~1970년대에 자신들이 페미니즘을 외치면서 자신들이 겪는 불평등에 대해서 항의했는데 우리도 같은 이야기를 하는 것이라고 말합니다. 제 생각에 이건 다릅니다. 과거에 여성주의가 출현한 것은 단순한 남녀 문제가 아니라 정치경제적인 문제입니다. 가정 내 가족

구성원 간의 권리 문제가 있고, 이 권력이 재편되는 과정에서 그 모순을 타파하기 위해서 나온 것이 페미니즘입니다. 그런데 남권을 얘기하는 사람들은 그런 구조 안에서의 권력과 자원 배분을 둘러싼 투쟁에 대해 얘기하는 게 아니라, 그냥 너는 여자고 나는 남자다라는 식으로 편을 가르고 상대를 공격합니다. 구체적이고 실증적인 분석에 의한 것이 아닙니다. 기층 남성들이 불만을 갖게 되는 구조에서 실제 패권을 가진 사람은 누구입니까. 실제로는 대부분의 경우 성공한 남성일 가능성이 높죠. 그런데 왜 남성들은 성공한 남성을 비판하지 못하고 여성들에게 화살을 돌릴까요. 왜냐하면 성공한 남성, 즉 시스템을 비판하는 순간 자기는 초라한 '루저'가 되기 때문입니다. 그걸 견딜 수가 없는 거죠. 이게 잔혹한 도덕주의, 포퓰리즘과도 관계가 있습니다. 이들의 비판은 거대한 권력관계, 경제관계, 정치관계에 대한 디테일한 분석에 의한 것이 아닙니다. 간단한, 심지어 연성의 반역입니다. 여자니까 공격할 뿐 가정이나 경제 시스템의 문제를 보지 못합니다. 서방의 PC라고 공격하는데 구체적 분석은 없고 딱지를 붙여 비판할 뿐 불평등의 원인과 같은 근본적인 문제는 보지 못합니다. 그러니 그냥 전통으로의 회귀라기보다는 지금의 불만스럽고 좋지 않은 상황을 단순화시켜서 보고 격렬하게 표현하는 반역에 불과합니다.

임: 덧붙여서 말씀드리자면, 저는 한국 인터넷상의 논쟁을 좀 자세히 들여다보는 편인데 한국의 안티페미니즘 혹은 남권주의가 처음에는 단순한 비난과 딱지 붙이기의 형태를 취했다면 최근에는 페미

니즘의 전술 혹은 이론적 경향들을 역으로 이용해 자신들만의 정치경제적 분석 틀과 공격 논리들을 만들어내고 있습니다. 꽤 흥미로우면서도 이게 어디로 튈지 몰라 좀 불안하게 만드는 측면도 있습니다.

저는 러시아를 여행했을 때 현지 청년들과의 대화에서 두 가지 정서를 엿보았습니다. 하나는 러시아에는 어떤 희망도 없고 외국으로 탈출하는 것이 정답이라는 체념적 정서를 보이는 사람들이 있었고요. 그리고 강대국이자 제국으로서 러시아가 갖고 있는 자부심과 사명감을 정말 진지하게 이야기하고 우크라이나 문제에 대해서도 (그땐 전쟁 전이었는데) 특별한 조치를 취해서라도 문제를 해결해야 한다고 주장하는 사람이 많았습니다. 동아시아에도 이런 정서가 있는 것 같습니다. 국가와 사회에 대해서 굉장히 광범위하게 퍼져 있는 어떤 체념적 정서가 있는 것 같고요. 그러니까 말씀하신 동아시아 모델에 대한 기대가 좌절된 데서 오는 배신감이랄까 그런 정서. 동시에 전투적이라고 해도 좋을 정도의 강력한 민족주의 정서가 청년 대중 안에서 활발하게 뿜어져나오고 온라인에서 충돌이 일어납니다. 이런 것들도 현대사회에서 의미 상실 그리고 일상생활에 대한 설명 부재에서 오는 서로 다른 반응인지 궁금합니다. 같은 뿌리에서 온 다른 반응인지 아니면 조금 종류가 다른 사회적 여론의 반영인지도 모르겠고요. 저는 그런 맥락에서 동아시아 지역에서 공통적으로 관찰되는 K-pop 팬덤 문화에 관심을 두고 지켜보는 중입니다.

샹: 당연히 중국에도 이 문제가 존재합니다. 한국에서도 많이 들어보셨을 텐데요. 샤오펀훙小粉紅(리틀 핑크)이라고 하죠. 연령대로 보면 1990년대생 이하인 경우가 많습니다. 또 2020년부터는 네이쥐안이라든가 탕핑躺平 같은 유행어가 있습니다. 한국에서는 N포세대, 달관세대라 불리던 현상과 유사하죠. 그런데 두 그룹을 자세히 들여다보면 중첩이 없지 않으나 인구 구성으로는 대체로 경제사회적 조건에 따라서 나뉩니다. 지금 말씀드리는 그룹은 대략 25세 이상의 사람들입니다. 첫째, 탕핑이나 네이쥐안을 말하는 이들은 전반적으로 사회경제적 조건이 좋은 사람들이에요. 도시에서 살고 중산층 이상의 가정에서 태어났습니다. 그런데 이 사람들이 더 높은 계급으로의 신분 상승을 추구하다가 좌절을 겪으면서 이런 반응을 보입니다. 앞으로 1~2년 내에 이런 사람들이 더 급격히 늘어날 가능성이 높습니다. 팬데믹이 이 경향을 가속화할 겁니다. 두 번째 경우는 애국주의자, 샤오펀훙입니다. 원래는 숫자가 좀 많은 편이었는데 지금은 갈수록 줄어들고 있는 것 같아요. 숫자가 줄어드는 대신 주장과 자기 논리는 좀더 극단화되고 있습니다. 이 그룹은 농촌 기층 출신 청년들일 가능성이 높습니다. 그래서 동아시아 서사 안에서 자기네가 처한 상황에 대한 불만이 많고 존엄성에 상처를 입은 사람들입니다. 이들이 처한 현실에서 뛰쳐나오는 환상을 제공하는 게 바로 강대국에 대한 상상인 거죠. 방금 말씀드린 건 25세 이상의 그룹에 대한 것이고요. 좀더 어린 친구들, 18세에서 25세 사이의 청소년들, 아직 학생이거나 막 학교를 졸업한 이들에게

는 이런 경향들이 모호하게 뒤섞여 있습니다. 가정 형편이 좋은데도 중국이 강대국이 되길 바라는 정서를 가진 사람도 많습니다.

앞으로 돌아가서 얘기하자면, 같은 역사적 맥락에 처해 있지만 다른 사회경제적 배경을 갖는 사람들이 서로 다른 반응을 보이는 것이죠. 근본적인 원인은 같습니다. 자기 일과 생활의 구체적인 조건과 상황 속에서 스스로 의미를 만들어내지 못하고 있습니다. 탕핑 같은 경우 그럼 이 사람들이 나중에 어떻게 하겠어요. 실제로 대부분의 사람은 별로 선택지가 없습니다. 집에 돈이 좀 있고 조건이 되는 사람들은 이민을 가고 싶어하죠.

그래서 제가 최근 몇 년간 사회적 대화를 통해 강조하는 게 '부근'이라는 개념입니다. 청년들이 자기 주변을 다시 깊이 있게 검토해볼 수 있도록 하자는 겁니다. 만일 주변에 문제가 있다면 이 문제를 구체적인 방식으로 명확하게 설명하고 어떻게 이 문제를 직면할 것인지 생각하는 겁니다. 당연히 대부분의 젊은이가 수많은 문제의 해결은 자기 능력 밖이라고 느낄 겁니다. 여기에 학자나 예술가들이 개입해야 합니다. 청년들이 개인으로서도 여러 방면에서 능력을 발휘할 수 있다는 것을 보게 해줘야 합니다. 어떻게 개인의 노력과 자기 생존의 전체적 상태에 대한 결정 사이에 관계를 맺을 수 있을까 알게 해야 합니다. 이게 대단히 중요합니다. 그래서 모두가 자기 부근과 일상생활 속의 구체적인 문제 및 모순을 재발견하도록 고무하고 있습니다. 구체적인 문제와 모순을 통해서만 의미를 만들어낼 수 있습니다. 노력의 방식도 더 명확해지죠.

주변의 상실

그렇지 않으면 뒤로 물러나 탕핑을 하든지, 거대한 그림 속에 길을 잃게 됩니다.

시: 이제 좀 민감한 질문을 드리겠습니다. 샹뱌오 선생님 개인적으로는 전 세계적인 반중 정서를 어떻게 이해하고 계신지 궁금하고요. 중국 내에서도 해외의 반중 정서에 진지하게 대응하고 논의하는 분위기가 있는지 궁금합니다.

샹: 일단 중국 청년들의 반응에 대해서 말씀드리자면요, 외국의 반중 감정에 대해서 확실하게 의식하고 있고 기본적으로는 더 강하게 맞서야 한다는 태도를 보이고 있는 것 같습니다. 지금 중국을 비판하는 외부 논리들은 일종의 음모다, 그리고 불공정하다 혹은 중국의 굴기에 대해 질투심을 느끼는 거다, 이렇게 받아들입니다. 제가 한 대학생과 얘기를 해봤습니다. 예전에 중국 사람들이 해외로 나가면 대접이 나쁘지 않았습니다. 다들 중국인이 가난한 나라에서 왔으니 우리를 추앙해서 왔구나 생각했다는 거죠. 지금은 중국 여행객들이 돈을 많이 쓰니까 역으로 질투하는 느낌을 받고 있다고 합니다. 그래서 저는 중국을 반대하는 해외의 시각이든 아니면 이에 대한 중국 내의 시각이든 서로 악순환에 빠져 있다는 생각이 들어요. 또한 앞으로 러시아 사람들을 해외에서 어떻게 평가할 것인가에 대해서 좀 주의를 할 필요가 있다고 생각합니다. 비판을 넘어 비난하는 형식으로 접근하면 일반 러시아 민중은 방어적으로 나올 가능성이 높습니다. 외부에서 공격할수록 내부적으로는 더 단결하기도 하고 대응 담론을 강화시킬 가능성도 높지요. 그러니 다

툼이 아닌 교류를 하고 어떻게 차분하게 대화하는 방식으로 얘기를 풀어나갈 수 있을지에 대한 고민이 필요하다고 봅니다.

중국 이야기로 되돌아가서 반중 감정에 대한 중국 내 반응을 보자면요, 일단 중국 외교부 대변인의 발언 방식 같은 게 있죠. 이를 전랑외교라고 부르는데, 이런 공격적인 대응이 외부의 반중 정서를 오히려 강화시키는 경향이 있습니다. 저는 중국 외교부 대변인의 발언 방식도 앞서 설명한 잔혹한 도덕주의의 틀로 분석하려 합니다. 우리 솔직히 까놓고 얘기해보자. 나는 성과를 내고 있으니 진정성이 있고, 도덕적이야. 반대로 말만 앞세우는 너는 위선적이야라는 식의 반응이죠. 저는 중국이 대국으로서 자기의 실제 능력과 위치, 역할에 대해 좀더 설득력 있는 이론과 방안을 내놓아야 한다고 생각합니다. 중국이 자기 상황과 미래의 방향에 대해서 해석하고 설명하는 능력이 부족하다보니 손쉽게 대립적인 자세를 취합니다. 이게 외부에서는 공격적인 위협으로 받아들여지고, 중국의 확장 욕망으로 해석돼 공포의 대상이 되는 거죠.

이: 『방법으로서의 자기』라는 책 제목이 굉장히 인상적이었습니다. 제가 학창 시절에 좋아했던 중국 지식인들, 그러니까 동아시아에 천착한 쑨거, 왕후이 선생님이나 천하를 이야기한 자오팅양과 확실히 결이 다른, 신세대 지식인이 등장했다고 느꼈습니다. 이렇게 자기를 방법으로 한다는 발상도 신선했습니다. 한동안 중국 학계를 눈여겨보지 못했는데 그사이에 이런 흐름이 생겼구나 싶어 반가웠습니다.

한국 사회에서 1990년대에 대학에 진학한 저와 같은 X세대가 등장했을 때 포스트모더니즘이나 페미니즘 맥락에서 개인과 일상의 문제에 대해서 많은 논의가 있었습니다. 대화를 강조했고요. 이들이 사회에 진출하면서 K-컬처의 주역이 되기도 했죠. 그런데 이때 태어난 Z세대가 지금은 2030세대로 자라나 샹 교수님이 말씀하신 많은 문제에 직면하고 있습니다. 또 이들이 발하는 상호 적대와 혐오감의 정서가 그 어느 때보다 더 심합니다. 이 역설을 어떻게 설명해야 할까요? 이 문제를 해결하기 위해 샹 박사님이 제기하는 방법론은 그럼 포스트-포스트모던으로 봐야 합니까?

샹: 굉장히 좋은 질문을 해주셨습니다. 이 질문의 의미는 우리 책을 단순히 현재의 한·중 관계 프레임에 머무르게 하는 것이 아니라, 역사 진화의 프레임 안에 놓고 이해하게 하는 것입니다. 그리고 제가 제대로 이해했다면 말씀하신 역사는 역사의 변증법을 보여주기도 합니다. 말씀하신 1990년대의 개인과 대화는 개인의식의 각성을 강조하고 페미니즘과 연계합니다. 그리고 자기의 반성적 사고와 경험을 통해 권력 구조를 비판합니다. 이 상황과 담론은 아마 1990년대 이래 한국의 정치경제 구조 자체의 변화와 관련이 있을 겁니다. 제조업 중심의 산업이 해체되면서 IMF의 조정을 통해 금융화가 일어납니다. 원래 진보의, 개인을 강조하는 담론이 아마 일종의 개인주의 담론이 되지 않았을까 합니다. 이 개인주의는 자신의 반성적 사고를 통해 얻어진 것이 아니라 외재적으로 주어진 것입니다. 태어날 때부터 주어진 개인이고, 자기 주변과 세계에 대해

서 알지 못합니다. 그래서 개인은 사라지지 않습니다. 그러니까 비판적 개인주의가 태생적인 절대화된 개인주의가 된 겁니다. 이런 개인주의 속에서 자라난 아이들은 세상에 대한 이해가 부족합니다. 왜냐하면 세상과 사회는 단순한 개인들의 합이 아니거든요. 반드시 사람과 사람 사이의 관계를 이해해야 합니다. 그래서 이 아이들이 이런 담론 속에 놓이고 매우 잔혹한 혹은 단순화된 도덕적 요구 안에 놓입니다. 이런 역사적 발전의 맥락이 있습니다.

두 번째로 철학적 의미에 대한 질문, 포스트-포스트모더니즘에 대한 말씀이 참 재미있는데요. 우선 포스트모더니즘의 시대, 1990년대에 태어난 젊은이들이라면요, 이 시대는 자신들이 선택하거나 투쟁해서 얻어낸 것이 아닙니다. 그냥 그 환경 속에 태어난 것이죠. 이 시기에는 이미 큰 노동조합이나 사회운동이 없었죠. 개인화되고 자산화된 세상입니다. 그래서 안정적인 의미를 갖지 못하고, 이들이 이걸 반대하면서 문명론, 전통, 사람의 본성으로 돌아가게 됩니다. 젠더에 대해서도 남성은 이렇고, 여성은 이렇다는 본질주의적인 생각을 갖게 됐습니다. 하지만 이 본질주의는 1950년대 이전의 전통적인 본질주의와도 다릅니다. 여기서 다시 두긴으로 돌아가는데요, 두긴은 이렇게 말합니다. 나는 남성이다. 그리고 너는 여성이라 나를 이해하지 못한다. 우리가 진정으로 서로 소통할 수 있는 방법은 없다. 마찬가지로 나의 문명은 내 언어를 통해서만 설명이 가능하고 이해받을 수 있다. 그래서 우리가 충돌하면 오로지 폭력을 통해서만 문제를 해결할 수 있다. 여기서 포스트모더니즘의 깊은 영향을 볼 수 있습니다. 제 책은 이 문제를 지적하고 있다고 볼 수도 있는데요. 절대화된 자아를 내려놓고, 마음을 열고 경험과 반성적 사고를 통해 실증적empirical으로 자아를 재구성할 것을 권합니다. 실천을 통해 실현하는 자아입니다. 그래서 제 책의 주장은 포스트모더니즘이 아니라 모더니즘입니다. 안정적인 실증을 강조하고 이성으로 세상을 이해할 것을 권합니다. 좋은 질문을 해주셔서 감사합니다.

임: 저는 중국식으로 90허우라고 할 수 있습니다. 1994년에 태어났고 제 경우는 정말 의식이 있을 때부터 인터넷을 하는 것이 정체성 형성에 굉장히 큰 영향을 미친 것 같습니다. 항상 인터넷과 연결이 돼 있었고 고등학교 때부터는 스마트폰을 쓰면서 온라인과 오프라인의 자아가 거의 일치된 상태로 살았던 것 같아요. 제 주변의 또래들도 다 이렇게 사는 것 같습니다. 그런데 지금 말씀해주신 '부근'에 대한 감각 그리고 자기 삶의 구체적 경험과 거기서 의미를 찾는 데 있어서 온라인 세상이 굉장히 부정적인 효과를 만들어내고 있는 것 같습니다. 사실상 오프라인의 현실이 온라인 세계에 포획된 느낌이고, 진짜 삶은 SNS 안에 존재하는 것 같아요. 현실에 대한 조소와 냉소 같은 태도가 청년층 안에서 광범위하게 유통되고 있고 이 상황을 반전시킬 만한 움직임은 없습니다. 그런 상황에서 자기 주변의 삶과 경험을 상실한 이들이 엔터테인먼트라든가 민족주의에 빠지고 있는 것 같습니다. 이런 온라인 기술이나 온라인 미디어 환경에 대한 관점을 듣고 싶습니다. 그리고 거대한 온

라인 생태계를 갖고 있는 나라로서 중국 청년들과 온라인 문화 그리고 그들의 일상성의 관계에 대해서도 말씀해주셨으면 합니다.

상: 저도 이 문제를 굉장히 심각하게 보고 있습니다. 중국 혹은 중국을 포함한 아시아야말로 이 인터넷 문화가 굉장히 압도적인 영향력을 끼치고 있는 상황이죠. 그 변화도 우리의 상상을 뛰어넘고 있습니다. 우리가 예전에 생각하던 단순한 문화 현상이나 교류의 도구 역할을 이미 뛰어넘어 새로운 경제를 만들어가는 담지체가 됐습니다. 자본이 가장 많은 이윤을 얻는 새로운 소스이기도 하고, 한편으로는 자본이 가장 적극적으로 투자하는 대상이기도 합니다. 우리가 흔히 얘기하는 것이 플랫폼 경제이고 새로운 비즈니스 모델입니다. 플랫폼이 필연적으로 청년들을 포함한 우리의 사회관계에 영향을 끼치고 있고요. 사람들이 보는 콘텐츠, 뉴스가 빅데이터에 의해서 결정됩니다. 당신의 취미가 뭐고, 어떤 감정을 느끼는지, 정동이 무엇인지에 따라 예측하기 때문이죠. 이게 엄청나게 큰 문제가 됩니다. 결과적으로 정보와 자본, 감정이 결합해 사람과 사람 그리고 사람과 사회, 즉 사람과 주변의 관계를 압도하고 통제하는 역할을 하고 있습니다. 때문에 인터넷상의 토론이나 논쟁이 상당히 극단적이 되죠. 사람들이 감정에 휩쓸리면서 이성을 압도하고, 받아들이는 정보 자체도 감정에 의해 필터가 되는 상황이 벌어집니다. 그렇게 객관적인 정보라는 게 의미가 없어집니다. 또, 문제의 배후에 자본이 있어서 상황을 악화시키죠. 인터넷이 여러 상징과 기호를 만들어내고 사람들이 거기에 휩쓸리면서 의미를 찾

으려고 하는데요. 저는 여전히 사람들이 자기 부근을 돌아보고 실증적으로 생활의 의미를 발견하는 방법으로 이런 상황을 타개하고 저항할 것을 제안하고 싶습니다.

두번째 대담

시: 오늘은 일반 대중이 궁금해하는 것들 위주로 여쭤보겠습니다.

샹뱌오 선생님께서는 청년 문제에 대해서 관심이 많은 걸로 알고 있는데요. 과거 세대와 달리 경제적 풍요를 누리며 성장했다는 점에서 현재 중국이나 한국의 청년들은 비슷한 점도 있는 것 같습니다. 중국의 청년 문제를 경제적 문제와 도덕적 문제로 나눠서 설명해주실 수 있는지요.

샹: 두 가지 문제 다 존재합니다. 서로 연결돼 있다고 볼 수도 있고요. 겉으로 보기에는 도덕 문제지만 실은 경제 문제에 더 가깝다고 생각합니다. 매크로한 환경을 볼 때, 지금까지의 중국 성장 모델은 더 이상 지속 가능하지 않습니다. 즉 수출과 제조업, 가공업 위주이고, 국가가 인프라에 많은 투자를 해서 GDP가 급속히 성장하는 상황은 더 이상 기대할 수 없습니다. 중국 속담에 '물이 불어오르면 배도 떠오른다'는 말이 있는데요, 개인이 특별히 노력하지 않아도 주변 환경의 변화에 따라서 이익을 얻는다는 뜻입니다. 이제

그런 시대는 지났고, 또 지금 국제관계가 굉장히 복잡합니다. 중국을 둘러싼 복잡한 상황 속에서 경제적 문제들도 있습니다. 지금의 경제적 문제는 절대적 빈곤이 아니라 상대적 빈곤입니다. 앞으로 내가 5년 후에 어떻게 될까, 경제적 안정을 계속 누릴 수 있을까에 대해 청년들은 불안감을 갖습니다. 그리고 이런 불안감 때문에 인터넷 같은 데서 여러 사회적 논쟁이 벌어집니다. 겉으로 보기에는 뭐가 맞고 틀리고 식의 도덕적인 논쟁입니다. 앞서 이야기한 '잔혹한 도덕주의' 성격을 띠고 있습니다. 여기서 중요한 게, 젊은 이들이 도덕적인 혹은 의식의 미망에 빠져 있다고 할 때, 이건 도덕이 부족해서 그런 것이 아니라는 점입니다. 왜냐하면 수많은 논쟁이 실은 고도로 '도덕화'되어 있기 때문입니다. 문제는 경제 상황이 악화되는데 희망을 갖기 힘들다는 것이죠. 그러니 정서적이고 감정적인 반응이 생겨납니다. 그러니 가장 큰 문제는 도덕의 결핍이 아니라, 도덕적 요구와 실제 상황이 유리되는 것입니다. 결과적으로 이에 대한 반응이 극단화됩니다.

결국 해결책은 경제적인 측면일 것입니다. 지속 가능성에 중점을 둔 대안적인 경제 발전 모델과 미래에 대한 비전을 사회에서 제시해줄 수 있어야 합니다. 중국 사회도 여느 나라와 다르지 않습니다. 지속 가능한 경제로의 변화는 어떤 것일까요? 개인적으로 보자면 모든 사람이 다 큰 집, 고급 아파트를 원하고 자기 차를 갖고 싶어합니다. 그런데 특히 중국처럼 인구가 많은 나라에서는 이런 요구 자체가 불가능하다는 거죠. 모두가 표준적인 중산층의 삶을 추구할 수 없습니다. 중국 내에서도 이에 대한 대안으로, 구체적으로는 귀농하는 사람들도 있고 향촌 진흥이라는 정부 정책도 있습니다. 또 도시에 살면서도 이미 5~10년 전부터 중국 전역에서 진행되어온 마을 만들기와 같은 프로젝트에 관심을 갖는 사람이 늘고 있습니다. 이런 사회경제 모델들을 생각해봐야 합니다.

시: 말씀하셨던 도덕적 논쟁의 몇 가지 구체적인 사례를 들어주실 수 있는지요.

샹: 두 가지를 말씀드릴 수 있습니다. 첫 번째는 짐작하시겠지만 샤오펀훙과 같은 애국주의와 민족주의 이야기죠. 새로운 경제적 환경이 사람들의 요구를 만족시키지 못하면서 생활의 의미를 상실하고, 그 대체재로 국가와 민족에 대한 대서사들을 찾게 됩니다. 여기서 문제는 이 담론이 굉장히 공격적이라는 겁니다. '나는 애국자다'라고 주장을 하는데요, 내가 나를 사랑하고 민족을 사랑하는 거는 사실 개인의 문제일 뿐이죠. 그런데 다른 사회 성원들에게도 같은 요구를 하기 시작합니다. 상대방이 애국자가 아니고 민족을 사랑하지 않는다면, 그는 도덕적으로 문제가 있다는 식으로 공격합니다. 두 번째 사례는 여성에 대한 사회적 요구들입니다. 한국도 그렇지만, 중국도 인구 감소가 문제 되고 있습니다. 지난해부터 도입된 새 정책에 따라 세 자녀까지 낳을 수 있게 됐습니다. 그래서 여성들에게 아이를 더 낳을 것을 요구하는 사회적 분위기가 생겼습니다. 같은 이유로 이혼율을 낮추기 위한 이혼 숙려 기간 제도가 도입됐습니다. 이혼을 요구했을 때 바로 수리해주는 게 아니라 한

달 유예 기간을 뒀습니다. 그런데 이 기간에 가정폭력 문제가 발생하면서 여성들이 위험에 처하는 사례들이 나타납니다. 여성이 아이를 더 낳아야 한다는 사회적 압력이 있는 가운데 여성들이 육아에 부담을 느끼고 일하는 여성이라면 부담은 더 커집니다. 이런 부담 때문에 여성들이 불평하는데, 이건 아직은 육아 환경이나 가사부담의 사회 문제에 대한 비판 여론까지는 아닌 개인적인 수준입니다. 그런데도 너는 출산과 육아 부담을 회피하는 이기적인 인간이다, 이런 식의 도덕적 비난을 합니다. 지금 나라의 인구가 줄어들어서 경제 문제가 발생할 가능성이 높은데 개인이 사회적 책임을 다하지 않는다고 비난하는 거죠. 이 여성은 일종의 이기적 괴물로 취급받기도 하고, 서구 백인 여성들의 영향을 받았다며 비난이 가중됩니다.

시: 말하자면 보통 여성에게 왜 인민과 국가를 위해 복무하지 않느냐는 도덕적 압력이 가해지는 것이군요.

샹: 정확하게 표현하고 싶은데요. 이건 도덕의 문제가 아니라 '도덕화'의 문제입니다. 아이를 낳고 안 낳고는 전적으로 개인적인 선택이고 개인의 문제인데 사회가 이를 도덕화합니다. 실제 도덕이 아니라 사회경제적인 개인의 선택의 문제일 뿐인데 사회 전체가 이를 추상화하고 도덕화하는 것이죠.

시: 『방법으로서의 자기』에서 본 '모Morality 선생● 이야기가 생각납니다.

● 제1부 베이징 방담 '베이징대학 학생이 느끼는 초조함' 참조.

　　　　　　　　　　　　　　　　　　　　　　　주변의 상실

도덕과 도덕화를 구분하는 것은 한국에서는 좀 낯선 개념이네요.

어쨌든 이왕 여성 문제가 나왔으니까 바로 여쭤볼게요. 「두건을 말하다」 팟캐스트는 공개한 지 일주일 만에 10만 명에 가까운 사람이 들었더군요. 여기서 가장 '좋아요'를 많이 받은 댓글이 인상적이었습니다. '이런 정복, 확장, 야성론과 같은 언어와 사상은 느낌상 전 세계적으로 남성들이 정치를 장악하고 있다는 사실과 관련이 깊다. 그래서 더 많은 영토를 얻고 싶어하고, 전쟁을 일으키는 것이다.' 이것을 어떻게 생각하시는지 그리고 중국의 페미니즘 현황이 어떤지도 궁금합니다.

상: 저는 중국 내의 여성주의 토론이 매우 중요한 일이라고 생각합니다. 왜냐하면 페미니즘 논쟁이 여성이 남성을 공격하기 위한 게 아니라 가부장 사회의 문제를 지적하고 어떻게 해체하거나 재조직할 것이냐에 대한 질문이었으니까요. 사람들이 그런 측면을 정확히 이해하고 사회의 진보를 위해 함께 논의해야 할 문제라고 생각합니다. 왜냐하면 이건 추상적 논의가 아니라 매일매일 부딪히는 구체적인 생활의 문제거든요.

댓글에 대해서는 조금 비판적으로 말씀드리겠습니다. 정치를 장악한 것이 생물학적 여성이냐 남성이냐에 따라서 그 폭력성이 결정된다는 것은 실증적으로 말하기 쉽지 않은 명제입니다. 역사적으로 여성이 정치를 장악한 사례가 너무 적기 때문이죠. 또 사회적 발언권 측면에서도 여성의 비중이 적기 때문에 공론장에서도 여성의 목소리가 작을 수밖에 없습니다. 하지만 그 반례도 충분히 많습니다. 마거릿 대처가 가장 대표적인 예가 되겠죠. 인디라 간디, 힐러리 클린턴, 콘돌리자 라이스는 어떻습니까? 모두 전쟁을 적극적으로 지지한 사람들입니다. 어떤 이념적 입장이든 정치경제적 디테일을 생략하고 문제를 단순화시키면서, 기호화된 적을 찾는 순간 오류의 가능성이 생겨납니다.

오바마가 대통령에 당선됐다고 좋아하던 시절이 있지만, 인종 문제가 더 악화돼 '흑인의 목숨도 소중하다Black Live Matters' 운동이 다시 벌어졌습니다. 인종뿐 아니라 금융기술 엘리트와 농민, 공장 노동자들 간의 빈부격차, 문화자본의 차이가 확대되는 정치경제 문제가 전혀 해결되지 않고 있습니다. 흑인이 백악관에 들어갔으니 상징적으로 인종 문제가 많이 해결될 것 같다는 도덕적 선언을 한 건데 현실은 달랐습니다. 오히려 트럼프가 등장했죠. 복잡하고 구체적인 경제와 인종 문제를 직시하면서 문제를 해결하기 위한 노력이 부족했기 때문입니다. 마찬가지로 지정학은 지정학의 논리가 있는데 이것을 바로 젠더 문제로 치환하는 비유는 적절하지 않습니다. 안티페미니스트들이 도덕화, 추상화를 통해 논리적 비약을 하는 것과 같은 행동을 하는 것이죠.

시: 이야기를 들어보니 이런 도덕화 문제는 중국만이 아니라 전 세계적인 현상이군요.

샹: 보편적인 문제라고 확대 해석할 필요는 없고요, 다만 미국과 유럽에는 분명히 이런 문제가 있는 것 같습니다. 그리고 중국의 경우에는 원래 정부의 프로파간다에 도덕적이고 추상적인 얘기들이 많

이 포함돼 있었습니다. 그런데 변화한 지점이 지금은 오히려 민간이 자발적으로 이런 문제를 일으키고 있다는 거예요. 여성주의든 애국주의든 물론 정부가 일부 부추기는 경향이 없지 않지만 실제 벌어지는 양상은 민간이 주도하고 있습니다. 그래서 지역별, 시대별로 상황이 좀 다른 것 같기도 합니다.

시: 샤오펀훙 문제를 보면 아무튼 중국에도 애국주의 세력이 적지 않고, 그래서 한·중 청년 세대들의 인터넷 충돌이 심각해지고 있습니다. 지금 중국 청년들이 시진핑 체제, 현 중국 정부를 바라보는 시각은 어떻습니까?

샹: 일관된 건 아니고 상황에 따라서 계속 변화하고 있다고 느껴집니다. 과거에 상당히 많은 지지자가 있었던 건 사실이고요. 그중에는 청년이 많았어요. 그런데 지난해부터 청년들 중에서도 여러 관점이 나타나고 있습니다. 인터넷 플랫폼 기업과 게임 및 엔터테인먼트 산업에 대한 통제가 있었고요, 신둥방같이 교육 사업을 하는 대기업들의 업무를 모두 제한했죠. 그때부터 지지 입장을 철회하는 청년들이 눈에 띄기 시작했습니다. 최근에는 러시아-우크라이나 전쟁, 가장 최근에는 상하이 록다운 문제 때문에 불만이 많아지는 것 같습니다. 하지만 실제 정확한 지지율을 알 방법은 없습니다.

시: 민감한 질문에 답변해 주셔서 고맙습니다. 한국도 불평등 문제가 심각합니다만 최근에 한국에 『보이지 않는 중국』이라는 책이 번역 출간됐습니다. 도농 격차를 포함해서 중국의 불평등 문제도 심각하다고 알고 있는데요, 이 문제가 앞으로 어떤 영향을 끼치게 될까요.

샹: 불평등 문제의 사회적 영향은 동아시아에서 공통점이 있다고 생각합니다. 사회는 불평등한데 배제성을 갖지 못합니다. 전형적인 서구 사회는 불평등이 명확한 계급 분화를 가져오고 이때 계급 간에 배제성을 갖게 됩니다. 이를테면 영국처럼 계급이 명확하게 나뉘어 있는 사회가 있습니다. 그러면 나름의 계급의식에 기반한 문화와 정치적 요구를 갖게 됩니다. 불평등 문제가 서로를 배제하는 계급을 만들고 계급끼리 갈등하면서 문제를 해결하기 위한 요구가 형성되는 거죠. 저는 독일로 이주하기 전에 영국에 있었는데요, 아시는 바와 같이 영국 노동계급의 문화와 중산층, 귀족 문화가 모두 다릅니다. 폴로, 럭비, 축구 이런 식으로요. 즐기는 음악도 다릅니다. 노동계급은 자기만의 문화를 만들고 그 안에서 계급의식을 갖고 계급 정당 안에서 정치적 요구로 만들어내는 자연스러운 발전이 있었던 것이 서구의 역사입니다. 한 · 중 · 일의 경우에는 이게 모두 한 통 안에 있다는 거죠. 계급의식도 생기지 않고 최상층부터 최하층까지 통하는 소위 '국민XXX문화'가 있습니다. 물론 실제로는 경제적 · 사회적 권력의 계급 분화가 이뤄졌는데도 말이죠. 중국은 그렇습니다. 이건 한국이나 일본과는 조금 다를 수도 있습니다. 여전히 최하층의 기층 민중조차 노력하면 신분 상승이 가능하다고 믿습니다. 이런 믿음이 생기는 가장 중요한 이유는 대중문화가 영향을 끼치는 라이프스타일 때문입니다. 돈이 많은 사람이나 해외의 명문 대학으로 유학을 간 사람이나 시골의 매우 가난한 지역 농민들이나 모두 틱톡을 사용합니다. 물론 이건 인터넷

주변의 상실

의 특수한 오락문화의 영향으로 볼 수도 있습니다. 여하튼 같은 문화 안에 있다는 얘기는 같은 이상을 추구한다는 의미이기도 합니다. 자연스럽게 계급 정치, 계급 문화가 형성되지 않고, 모두 상향 이동하려 하고 다들 중산층이 되고 싶어하는 거죠. 그러자면 노력을 해야 하고 자신의 현재 상태에 영원히 만족하지 못합니다. 만인 대 만인의 경쟁이 지속되는 이런 상황을 네이쥐안involution이라고 묘사한 것입니다. 모든 사람이 심리적 압력에 노출되어 있는 이런 상황은 중화권과 동아시아 국가 특히, 한·중 모두 비슷한 상황이 아닌가 생각합니다.

시: 이 말씀은 우리 한국과 너무나 일치되는 이야기네요. 이른바 메리토크라시가 한국에서 논쟁을 불러일으킵니다. 얼마 전 샹뱌오 선생님도 마이클 샌델 교수와 미국과 중국의 능력주의에 대해 온라인 토론을 했다고 들었습니다.

그럼 한두 가지 정도만 더 여쭤보겠습니다. 불편하면 답하지 않으셔도 됩니다. 지금 한국은 정권 교체기인데 새 정부가 반중 지향을 뚜렷이 하고 있습니다. 이 문제에 대해서 어떻게 생각하시는지요.

샹: 제가 자세히 알지 못하는 내용이라 답하지 못하겠습니다.

시: 예, 좋습니다. 이번 대담의 주요 취지는 중국 지식인 사회와의 대화인데요. 어쨌든 중국 지식인 사회가 과거에 비해 활기가 떨어진 게 아니냐는 말이 한국에 있습니다. 동아시아에서의 지식인 교류도 많이 줄었고요. 현재 중국 내 지식인 사회의 분위기에 대해 여

쫙보고 싶습니다. 대부분의 한국인은 지금 중국 지식인 사회의 논의를 전혀 모른다고 해도 과언이 아닙니다.

샹: 일단 중국의 지식인 사회가 활력을 잃은 것처럼 보이는 건 당연합니다. 전체적으로 봤을 때 부정적이죠. 출판도 검열 문제 때문에 제약을 많이 받고 있는 상황입니다. 또 1990년대에 왕후이, 쑨거 선생님으로 대표되는 동아시아 담론이 있었는데요. 다음 세대 학자들 중에 여기 관심을 갖는 사람들이 나오지 않고 있어요. 저는 두 가지를 이야기하고 싶습니다. 하나는 중국 정부가 국가 비교연구에 자금을 많이 투입해서 중국 내에서 해외 지역학 연구는 활발히 이루어지고 있습니다. 예를 들자면 아프리카, 중앙아시아, 라틴아메리카 등 각각의 지역에 대한 것입니다. 이건 일종의 진보라고 볼 수 있습니다. 원래 지역학을 계승하는 거죠. 그런데 이건 특별하긴 합니다. 톱다운 방식을 통해서 정부가 발주하는 것이니까요. 두 번째는 중국과 바깥세계 사이의 갈등입니다. 이게 영향을 끼쳐서 중국 학자들이 동아시아나 다른 국가들과의 교류의 기회가 줄어들고 있는 건 맞습니다. 그런데 제가 흥미롭게 관찰하는 것은 학자들이 사적인 공간에서는 비교적 자유롭게 사회 문제에 대해 토론을 벌이고 있다는 사실입니다. 공론장이 물밑으로 잠수했다고나 할까요. 어느 순간 이렇게 묵혀둔 생각들이 부화되면, 환경이 나아졌을 때 사상적으로 좋은 것들이 나올 수도 있지 않을까 하는 기대는 있습니다. 그리고 한 가지 더 지적하자면, 제 관찰로는 일본 사상계도 상당히 침체돼 있는 듯합니다. 물론 중국과 다른 문제

때문일 텐데 일본 사회에도 많은 갈등과 모순이 잠재해 있는 것으로 보입니다. 일본 지식인들도 대응에 어려움을 겪고 있고요. 이렇게 전반적으로 폐색 상황에 놓여 있을 때가 오히려 사상의 재도약이 일어나기 전의 단계가 아닌가, 이런 느낌적 느낌도 있습니다.

시: 마지막으로 간단한 질문 하나만 드리겠습니다. 혹시 기회가 된다면 중국에 가서 연구하거나 활동할 생각이 있으신지, 그렇다면 어떤 연구와 활동을 생각하시는지요.

샹: 팬데믹 때문에 저도 2, 3년째 귀국을 못 하고 있는데요. 구체적으로 뭘 연구해보고 싶다는 것보다, 굉장히 많은 변화가 일어났는데 그것을 인터넷으로밖에 보지 못하니까 답답한 점이 있습니다. 직접 보고 사람들과 대화를 나눠보고 싶습니다.

시: 오히려 밖에 계시니까 상황을 더 객관적으로 보실 수도 있을 것 같습니다.

샹: 맞습니다. 갈등이 많고 감정적이 되니까요. 거리를 두고 보는 것도 중요합니다.

부록

부록
—
'보통 사람'으로서의 '낭만주의자' ●
_ 샹뱌오를 읽은 소감
우자한 연세대 국문과 박사과정

1. '보통 사람'이란 무엇인가?

서양 정치학에 따르면 국가state를 구성하는 내부적 층위는 끊임없이 유동해왔다. 그것은 서로 다른 시대와 체제, 다양한 상황적 흐름에서 영토, 민족 공동체, 억압적 국가 기구, 행정 기관 등 각양각색의 판단 기준에 따라 끊임없이 고쳐 쓰인다. 서구에서 연원한 국가에 관한 규정은 일찍이 사회society와 국가를 구분하거나, 정반대로 사회를 국가 시스템 범주에 유기적으로 연계시킴으로써 민생의 개선을 추구하려

● 이 글은 샹뱌오 교수가 발표한 두 편의 논문에 대한 비평이다. 글을 완성하기 위해서 나는 샹뱌오 교수와의 미팅에서 두 가지 질문을 던졌다. 질문한 내용과 샹뱌오 교수의 답변도 이 글에서 다뤘다.

던 학자와 정책 입안자들에게 차용되기도 했다. 1990년대 초반 이래 중국에서 시민사회의 조성, 정경 분리, 당정 분리 등의 담론이 성행하고 관련된 정치 제안이 출현한 것은 이러한 이념 성향과 직결된다.

그러나 힘겹고 각박한 현실을 살아가는 중국인에게 '성숙한 사회'라는 기획은 전혀 관심거리가 아니다. 오히려 이들에게 사회는 혼란스럽고 불안정한 공간이며, 국가는 '승인'을 해주는 존재다. 사람들은 온갖 방법으로 국가와 긴밀한 관계를 맺기 위해 고심한다. 이는 고도의 동질성을 띤 국가의 지속적 부상에 힘입어 개인적 삶의 안락함도 실현될 것이라고 생각하는 사고방식과 깊이 연관되어 있다.●
눈여겨봐야 할 점은 고도의 동질성을 지닌 '국가'의 개념이다. 미시적 통치 기구들로 이뤄진 국가 체계의 실체와는 달리, 사람들에게 '국가'는 추상적인 이미지이며 형이상학적 기호에 가깝다. 그것은 지고한 도덕 규범과 정의감을 상징하기도 한다. 그러나 역설적이게도 일부 중국인이 가시화된 정부, 특히 지방 정부와의 갈등에 놓여 있을 때나 자신의 이익과 권리가 권력과의 충돌에서 크게 손상될 때마다 이런 신뢰받는 국가의 '초월적 심판력'과 도덕 담론이 지방 정부를 때리는 도구로 불려나오곤 했다.

이와 관련하여 샹뱌오는 말했다. "그들은 한편에서 중앙 정부(추상

● '국가와의 공생共生'이란 인식은 샹뱌오의 저장촌 연구(1998)에서도 실증적으로 검토되었다. 그러나 일부 중국인의 행동 양식에 지대한 영향을 끼치던 이 관념은 과거형에 속하는 뒤처진 것이라기보다 여전히 지리적·시간적 경계를 뚫어 보편적 '생활 이론'으로 작금의 중국 청년 사이에 널리 퍼져나가며 주택, 취직 등 생활 영역의 절실한 문제와 부딪힐 때마다 공감을 얻고 있다.

적인 국가 이미지—인용자)의 정책을 윤리적 비판의 무기로 삼으면서도 다른 한편에서는 무엇보다 지방 정부가 짊어져야 하는 책임을 크게 부각시켜 지적한다. 도덕의 화신으로서의 '국가'와 일상생활 속에서 자기가 씨름하는 대상인 '국가'의 공시적 병존과 교체라는 것은 그들의 행동 전략의 핵심 원리로 이해되어야 한다.●이처럼 국가에 대해 이중적 개념을 갖고 개인의 이익을 위해 추상과 실존의 지대를 넘나드는 주체를 샹뱌오는 '보통 사람'이라고 부른다. 대립선의 교차로 유발된 문란과 역동성, 내재적 긴장이 충만한 이중적 국가 인식, 이것이 바로 보통 사람의 '국가' 이론에 접근하는 데 조명되어야 할 매우 중요한 요건이다.

샹뱌오는 보통 사람이라는 '모델'을 의미론적으로 설명하고 명확히 정의하기보다 국가와의 관계를 제시해 그것의 개념을 간접적으로만 규정했다. 여기서는 지방 정부라는 가시적 행정 기관이든 자의적으로 구축된 '머릿속의 국가상'이든 국가는 자립적인 게 아니라 항시 보통 사람과의 역학관계를 통해서 자리매김됨을 알 수 있다. 그러나 「보통 사람의 '국가' 이론」이란 논문의 맥락을 자세히 들여다보면 '보통 사람'을 규정하는 데 동원되는 기준이나 관계의 다른 축이 '국가' 이외에 더 숨겨져 있음을 확인할 수 있다.

우선 보통 사람의 동전 이면에는 엘리트가 존재한다. 엘리트와 보통 사람의 국가 인식에는 적잖은 차이가 있다. 엘리트가 국가를 여러

●　項飆, 「普通人的'國家'理論」, 『開放時代』, 2010.10, p.119.

층위로 구획된 구조물로 여긴다면 보통 사람의 국가는 이보다 훨씬 더 복잡하고 산만한 형태로 흩어져 있다. 그럼에도 샹뱌오는 엘리트를 보통 사람의 대척점에 놓지 않았다. 이유는 두 부류의 국가 인식이 각각 유럽(엘리트)과 중국(보통 사람)의 역사·지정학적 요인의 영향을 받아 형성된 결과물일 뿐이며 사회 계급적 대립이 아니기 때문이다. 더불어 그는 "예나 지금이나 엘리트는 보통 사람의 국가 개념 형성에 항상 중요한 역할을 맡는다●"는 점도 덧붙였다.

이외에 논문 속에서는 '우리 같은 보통 사람'이라는 표현도 등장한다. '우리'라는 수식어는 연구자로서 샹뱌오가 자신과 보통 사람의 관계를 어떻게 인식하는지를 드러내고 있다. 『월경한 공동체跨越邊境的社區』에서 샹뱌오가 "나는 그저 그들의 기록원記錄員일 뿐이다"라고 고백한 것을 되새겨보면 그 관계가 무엇인지는 얼추 이해된다. '그들'은 저장촌 사람들이며 「보통 사람의 '국가' 이론」에서 유일하게 제시된 '보통 사람'의 구체적인 예시다.

보통 사람의 국가 인식을 '이론화'하려는 샹뱌오의 작업은 보통 사람의 이야기를 체계화하고, 이들의 행동 양식에 따라 상향식 접근법으로 국가의 여러 문제를 간파하며 미래의 발전 방향을 모색한다는 데 의미가 있다. 그러나 '보통 사람의 국가 이론'에는 한계점도 분명히 있다. 비록 '보통 사람'을 관계의 뒤얽힌 구조 속에서 다각도로 개념화하고 있지만 여전히 한정적이며 모호하다.

● Ibid., p.122.

"소위 보통 사람의 국가 이론이라는 것은 근본적으로 우리의 현실 속 일상적 실천에 의해 이루어진 국가 이론이다"●라는 논리에 따르면 일상생활에서 자기의식을 이론화, 행동화하는 주체라면 누구든 보통 사람에 해당된다고 할 수 있다. 이런 의미에서 샹뱌오가 말한 보통 사람은 보통 사람의 일부에 불과하다. 샹뱌오의 구도에서 보통 사람은 국가 기관으로부터 수동적으로 거리 두기를 당하면서도 지방 정부 등의 국가 통치 기구와 이해 충돌에 빨려들어간다는 전제하에 등장한다. 정부와의 갈등이 어떤 온건한 방법으로도 해결되지 못하는 상황에서야 도덕 상징으로서의 국가 이미지를 이용해 지방 정부의 부당 행위나 직무상의 과실 등 구체적인 문제를 '당당'하게 지적할 '기회', 즉 보통 사람의 국가 이론이 현실화될 틈이 비로소 생길 것이기 때문이다. 서술적 편의를 위해 이러한 특징을 갖는 보통 사람은 보통 사람의 A 유형으로 일컫기로 한다. A는 물론 보통 사람이지만 보통 사람이란 근원에서부터 A 말고도 여러 지류가 동시에 뻗어 나간다.

먼저 A와 정부의 갈등이 커지다가 다양한 언론 매체에 의해 화제성이 생겼을 때, 직접 사건에 개입하진 않지만 그 화제에 관심을 쏟는 사람들도 보통 사람의 또 다른 유형(B 유형)으로 간주할 수 있다. B는 자신과 국가 기관과의 분쟁이 그 시간대에 일어나지 않았다는 점에서 A와 구분된다. 행여 사건이 극단적으로 전개되면 상황에 따라 '추상적 분노'가 집단적으로 폭발할 때도 없지 않으나 대개 B는 A의 '전투'

● Ibid., p.122.

를 인터넷의 댓글이나 일상의 수다로 만난다. 즉 방관하는 태도에 그친다.

거듭 음미해야 할 점은 정부 측의 문제가 더 크다고 여긴 일부 B가 불만·분노를 발산하면서 추상적이지만 절대적인 도덕 비판의 화신으로서의 '국가' 담론으로 정부를 힐난할 때다. 이때 B의 행동 원리는 A와 매우 흡사해진다. 그러면 두 유형의 보통 사람 내부에서 공통으로 초월적인 국가 이미지가 구축될 가능성이 있다. A는 가시적 국가 기관과 쌍방향적이고 직접적인 관계를 맺고 있지만, B는 일방적이고 간접적이라는 점이 다르다.

같은 맥락에서 C 유형에 관한 단초도 자연스럽게 잡힌다. A, B와는 달리 C는 정부와의 다툼이 사건화될 때 '부재不在'한 사람들이다. 간단히 말해 자신의 삶과 멀리 떨어진 국가와 관련된 일에는 '무관심'한 자세를 취하는 사람이 보통 사람의 C 유형이다. C의 전형적인 특징 중 하나는 침묵이다. 그 침묵은 여러 의미로 해석될 수도 있고 별 뜻 없는 단순한 무관심으로도 볼 수 있다. 다중 해설 가능성의 병존은 이것이 C 유형을 빠져나와 다른 하위 유형으로 번식할 가능성이 있다는 뜻이기도 하다. 부재 혹은 침묵 때문에 C의 '국가 이론'은 파악하고 서술하기가 어렵다.

이렇게 보면 국가와의 관계라는 측면에서 보통 사람은 '고정적인 단일체'가 아니며 끝없이 분화한다. 물론 이 글에서 보통 사람의 수많은 유형을 일일이 거론하기란 불가능하다. 그러나 나와의 만남에서 샹뱌오가 보통 사람에 대해 추가로 답변한 내용을 제시하기에 앞서 두 유형이 보여주는 양상을 더 살펴보고자 한다. 이들 유형의 보통 사람에게 국가는 단순한 초월적 표징에 그치는 게 아니라 강렬한 내부적 분열과 모순 그 자체이고 침묵과 격투, 부재와 허무의 촉발 장치이자 촉매제다.

「홍콩을 직면하다: 대중운동의 민주화 요구와 정당정치」란 논문의 서두에서 샹뱌오는 홍콩 민주화 운동과 관련된 두 가지 사건, 이른바 '중환 점령占中'과 '금종 점령占鐘'을 엄격히 구별했다. 2013년부터 홍콩의 대학교수, 지식인, 종교계 인사 등은 '홍콩특별행정구 행정장관 선거법'으로 논쟁이 불거지는 와중에 중국 본토의 관계자들과 적극적으로 접촉해 문제의 해결책을 찾고자 애썼다. 만약 일련의 시도 끝에 진전이 보이지 않는다면 핵심 상업·금융 지구인 중환中環을 차지해 정부에 압력을 넣는다는 것도 계획의 일부였다. "사랑과 평화로 중환을 점령하라讓愛與和平佔領中環"라는 구호로 처음 시작된 중환 점령 운동에는 바로 이런 배경이 있었다. '중환 점령'은 비폭력적이고 이성적인 방식을 택해 선거법·자치권 관련 요구를 제기하려 한 점진적이고 장기지속적이며 조직화된 운동이었다.

반면에 '금종 점령'은 홍콩 정부와 경찰청의 충돌이 발단이 되어 2017년 9월 26일부터 홍콩의 정치 중심지인 금종金鐘 일대에서 학생이 주도했던 우발적이고 비조직적인 운동을 의미한다. 보통 '중환 점령'에 비하면 '금종 점령'이 다소 낯선 사건이라고 여겨지나 후자의 극적인 절정, 즉 선명한 상징성을 띤 우산을 펴서 거리를 누빈 시위, 이른바 '우산 운동'을 모르는 이는 거의 없다. '중환 점령'을 민주화 운동의 온건한 전략이라고 본다면 우산 운동의 폭발로 번진 '금종 점령'은 유혈 사태로 일단락된 '혁명'으로 이해되어야 한다. 다시 말해 "중환 점령은 베이징을 대상으로 한 규모는 제한적이지만 목표는 거대했던 정치 운동이었고, 금종 점령은 상당 부분 홍콩 정부를 대상으로 규모는 크지만 목표는 제한적인 운동이었다."●

당시 각국 신문의 연이은 기사들은 홍콩을 포함한 세계의 많은 사람에게 두 운동이 같은 연장선상에서 발생한 동일한 사건의 다른 발전 단계로 오인하게 했다. 하지만 사태를 본질적으로 파악하려면 전형적인 사건사의 틀에서 벗어날 필요가 있다. 인위적으로 두 사건을 연결하기보다는 '중환 점령'과 '금종 점령'의 차별성, 내재적 균열성, 불연속성에 주목해 왜 조직적 운동이 큰 사회적 파장을 일으키지 못했고 오히려 유혈 사태의 한 시발점이 됐는지, 대규모로 전개된 우산 운동이 왜 아무런 결과를 남기지 못한 혁명이 되어버렸는지, 그 뒤에 이어진 2019년의 홍콩 민주화 운동이 어째서 더 폭력적으로 전개됐는지 등에 대한 질문을 던져봐야 한다.

물론 홍콩 사회의 대중운동을 살피는 것이 이 글의 목적은 아니다. 그럼에도 홍콩의 민주화 운동에 관한 발생론적 고찰을 수행하는 데 하나의 기본적인 배경으로 작용한, 홍콩의 보통 사람과 국가의 관계를 간단히 짚고 넘어갈 필요가 있다. 얼핏 보면 각각 홍콩과 중국 본

● 샹뱌오, 「홍콩을 직면하다: 대중운동의 민주화 요구와 정당정치」, 박석진 옮김; 백원담 외, 『중국과 비중국 그리고 인터 차이나』, 진인진, 2021, 167쪽.

토에서 삶을 영위하는 보통 사람에게는 제도를 비롯한 여러 면에서 대조적 양상이 나타나기는 하나, 국가와의 내재적 관계에서 보면 공통점도 어렵잖게 발견된다. 우선 위 내용에서 준별된 '중환 점령'과 '금종 점령'의 시위 주체를 보통 사람의 D 유형과 E 유형으로 기호화해보자. 같은 유형 내부의 상이한 하위 부류(D1, D2)가 아닌 아예 다른 유형인 것은, 두 운동의 행위 주체 사이에 근본적인 차이가 있기 때문이다. D와 E의 내면에는 국가 이미지에 대한 강렬한 의식이 똑같이 존재함에도 불구하고 표출 방식은 확연히 다르고 심지어 전혀 다른 방향으로 뻗어나가 모순적·균열적 지형도를 그려낸다.

중국 본토에서는 추상적 의미의 국가를 따로 부르는 말이 없다. 하지만 홍콩에는 있다. 일반적으로 홍콩 현지인들은 '보이지 않는' 중국의 중앙 정부를 가부장제 집안의 최고 권력자인 '조부'라는 의미에서 '아예阿爺'라 부른다. 이러한 '아예'라는 호칭은 홍콩인이 영국을 '가게 주인아줌마老闆娘'라는 의미에서 '스터우포事頭婆, Lady Boss'라고 부르는 것과 비교될 만하다. '스터우포'가 비즈니스로 맺어진 외부적 신분이라면 '아예'는 생물학적 가족, 즉 혈연집단 내부의 권력적 상징이다. 항상 '위엄스러운 표정'을 짓는 신비스럽고 다가가기 힘든 '아예'이지만, 다른 한편에서는 피를 나눴다는 이유만으로 충분한 친화성도 있다. 따라서 여러 방법을 동원해 '아예'를 향해 자신의 요구를 들려준다는 것은 일부 홍콩인의 사고방식이 된다. 이런 사고방식의 결과가 D가 계획하고 실행한 '중환 점령 운동'이라고 단정하긴 힘들다. 그러나 D가 국가와의 갈등을 '가족 공동체 내부'에서 정치적 대화로 해결하려 한 것은 분명하다.

이와 비교하면 E는 과격한 거부와 투쟁으로 '아예'의 가부장 구조에서 탈출하거나 국가 이미지를 초월하고자 했다. 그렇다고 E가 '아예'를 전혀 의식하지 않는다고 할 수는 없다. 오히려 이것은 끊임없이 의식되는 대상으로 인해 발생한 '부작용'이 얼마나 심각한지 설명해 줄 수 있는 증후에 가깝다. E는 '아예'가 부재한다는 점을 가상假像으로 삼고 '아예'와의 관계를 전면적으로 부정하려고 몸부림치지만 결국 '집안의 문턱'을 뛰어넘지 못한다. 그들 중 일부는 '피해자 의식'에 시달리다가 결국 2019년 민주화 운동의 과정에서 '가해자'로 돌변해 충동적인 폭력을 표출하게 된다. 피해자의 집착과 과도한 자기합리화가 오히려 가해의 원인으로 작용했다.

여러 이유로 대중 담론에 가려져 사람들의 시선에서 사라진 D든, 한국을 포함해 여러 나라의 주목을 받아 소위 '민주화의 전사'가 된 E든 간에 홍콩의 보통 사람에게 국가 이론이란, 도덕의 화신으로서의 국가와 갈등의 당사자인 국가, 이 둘의 역학관계가 아니다. 오히려 국가 이미지가 도덕과 정의의 상징이 되기는커녕 그 반대가 되어 경계의 대상으로 간주되는 경우가 훨씬 더 많다. 그러나 동시에 D와 E가 초월적인 그 무엇으로 국가를 인식하는 것도 사실이다. 홍콩 정부를 넘어 초월적 '아예'에게 말을 걸고 싶은 D, '아예'를 돌파해야 하는 표상으로 내세워 홍콩의 정체성 복귀와 세계 시민의 추구를 동시에 바라는 E, 이른바 홍콩의 보통 사람의 '국가' 이론도 그 어떤 엘리트적 담론으로 쉽게 규정할 수 없을 만큼 복잡하다.

주변의 상실

홍콩의 예에서 보듯 보통 사람의 개념에는 고정불변의 의미가 없다. 보통 사람의 특징은 정치적 이데올로기, 언어, 교육 수준, 가정 환경의 상호작용 속에서 끊임없이 변한다. 앞서 언급했지만 보통 사람의 각 유형 사이에도 분명한 경계선은 그어지지 않는다. 평생 한 유형에 속할 수도 있고 일상생활에서 부딪히는 아주 사소한 일 때문에 근본적인 변화를 겪을 수도 있다. 그런가 하면 보통 사람이란 개념의 구조 밑에는 서로 대조적이면서도 영향을 주고받는 관계의 동학이 기저로 깔려 있다. 그러면 계속 상대화될 수밖에 없는가 하는 질문이 자연스럽게 떠오른다. 이에 대해 샹뱌오는 '보통 사람의 국가 이론' 발표로부터 10년이 지난 시점에서 아래와 같이 답했다.

"보통 사람을 일종의 입장이나 인식 방법으로 어떻게 이해해야 하는가가 처음 제가 탐구하고 싶었던 주제입니다. 저는 보통 사람이 '입장적 의미'로도 '구체적 의미'로도 파악된다고 생각합니다. 우선 입장적 의미에서는 보통 사람·국가 정부·지식 엘리트를 삼각관계의 구도로 연결해 해석했습니다. 국가는 정책 수립 과정에서 보통 사람을 끌어와 그들의 이익을 강조하는 담론을 내놓고, 보통 사람도 국가의 그러한 '약속'에 적극적인 반응을 보여주곤 합니다. 한편 지식 엘리트도 보통 사람의 이익을 강조합니다. 지식 엘리트는 자신이 보통 사람을 대표해 그들의 요구가 실현되는 데 도움을 준다고 믿습니다. 이러한 삼각관계에서 보통 사람은 입장적인 의미를 갖고 있습니다.

동시에 보통 사람도 좀더 구체적으로 묘사하는 것이 가능합니다. 제게 가장 익숙한 보통 사람이란 중국 3선 도시에 살고 있으며 안정된 직장을 다니는, 즉 삶의 안정을 어느 정도 누리고 있는 사람들입니다. 그들은 이론서를 전혀 읽지 않지만 국가에 대한 자신의 견해를 활발하게 펼칩니다. 마지막으로 저와 보통 사람의 관계에 대해서 조금 더 얘기하면 보통 사람은 제가 서술하는 대상이고 '군중' '민중' '백성' 등과 구분된 중립적 서술 개념이기도 합니다. 보통 사람의 생활 양태는 가장 직관적인 생명 체험과 연결됩니다. 그중에 진리가 함축되어 있고 생명의 강인함과 생활의 파편성이 동시에 존재합니다. 이처럼 보통 사람의 시각에 담긴 일상생활의 여러 현상은 제가 실증적으로 관찰해야 하는 부분입니다. 보통 사람의 파편적인 생활 체험은 또한 제가 명확한 구조로 체계화해야 하는 내용입니다. 마지막으로 보통 사람이야말로 제가 꼭 대화해야 하는 대상이기도 합니다. 대화에서 보통 사람을 알아보고 대화를 통해 보통 사람에 관한 문제점을 발견할 수 있기 때문입니다."

샹뱌오의 이러한 대답에서 먼저 살펴지는 것은 보통 사람 규정에 적용된 기준인 엘리트의 '윤곽'이다. 논문을 쓸 당시를 떠올리며 회고한 샹뱌오에 따르면, 엘리트는 자본가도 정치인도 아닌 지식인에 가깝다. 여기서 지식 엘리트는 보통 사람과의 관계에서 그 내연적 의미를 두 가지로 나눠 구체화해야 하는 개념이다. 첫째는 이론에 의거해 '위'에서 보통 사람을 조감하며 분석함으로써 보통 사람의 '목소리'

를 대신 내는 엘리트다. 이 부류에 속한 엘리트를 샹뱌오는 경계한다. "전문가로 자처하고 도그마에 빠져 연구를 수행한다면 결국 도그마 그 자체와 부속품 외에는 아무것도 얻지 못한다●"는 경고를 남겼다. 둘째는 보통 사람의 삶을 자신의 삶처럼 직접 경험하고 생활이라는 현장에서 '끝없는 대화'를 통해 보통 사람으로 구성된 인간 군상을 스케치하는 엘리트다. 대화라는 방법론과 관찰에 근거한 세밀한 서술의 중요성을 역설한 샹뱌오가 어디에 속하는지는 어렵잖게 짐작할 수 있다.

이처럼 두 유형의 엘리트를 명확히 정의하고 보통 사람의 예시까지 제시했음에도, 샹뱌오의 설명이 보통 사람이라는 '전체적 개념'을 지향하는 건 아니다. 하나의 구체적인 공동체에 한정되어 있다. 보통 사람의 '국가' 이론이 갖는 한계점도 여기서 비롯된다. 원인 중 하나는 나중에 샹뱌오가 다른 글에서 "나는 한참 동안 인간의 복잡성과 다면성을 소홀히 하고 있었다●●"고 스스로 비판한 데서 찾아진다. 또한 보통 사람과 엘리트를 대립시키지 않는다고 강조하지만 그 사이에 쉽게 넘어서지 못하는 분계선이 그어진다는 것도 부정할 수 없다. 이것은 때로 '엘리트주의'로 해석되기도 할 것이다. "당시 나는 순진하게도 '보통 사람'이라는 넓은 관점을 환원적으로 도출해내려 했다"고 말하는 샹뱌오에게는 '보통 사람의 국가 이론'은 아직 미해결 문제로 남

● 項飆, 『跨越邊境的社區』, 生活書店出版有限公司, 2019, p.35.
●● 項飆, 「正規化的糾結: 北京浙江村和中國社會二十年來的變化」, 2017, 『跨越邊境的社區』, Ibid., p.XI.

아 있다.

그럼에도 샹뱌오의 '보통 사람론'에는 두 가지 강점이 있다. 첫째, 무수한 구체적 유형이 짬뽕된 '보통 사람'이지만 이 '집합체'는 새로운 인식 방법과 입장을 제공한다. 중립적 서술 개념으로 활용되는 그것은 국가, 문화, 사회, 인간관계 등에서 보통 사람의 의식화된 경험과 체험을 제한적으로나마 서술해준다. 둘째, 일상 속 실천과 대화의 역할을 부각시켰다. 일상생활이야말로 보통 사람의 출발점이자 귀착점이기 때문에 일상에서 얻은 기초 자료 없이는 어떠한 반영과 해설도 불가능하다. 따라서 보통 사람이란 주체가 세계와 부딪치면서 생겨나는 일상생활의 파편들을 하나의 유기적 형태로 그려내는 방법을 모색해야 한다. 그 방법 중 으뜸이 바로 대화다. 이 대화는 개방적인 상호작용이며, 즉 주관과 객관의 온갖 형태로 '관계 간 체계'를 만들어주는 '태반'의 역할을 한다.

현상학적 환원은 생물학적·세속적·철학적으로 우리가 모두 보통 사람이라는 사실로 귀착될 뿐이다. 그런 까닭에 '엘리트주의'의 내재적 권력성과 독백성을 근본적으로 극복하고 탈피하려면, 보통 사람의 자기의식과 행동을 관찰하고 삶에 감춰진 고유한 미학을 탐구하는 방법에 대해 진지하게 고민해야 한다. 그 방법은 외부적 규정을 통해 '질서의 파도'를 도도하게 밀어내는 게 아니라, '방법으로서의 자기'라는 말이 보여주는 것처럼 관찰의 주체가 철저하게 '보통 사람으로서의 자기'가 되어 생활하고 실천하는 것에서 직접 찾아내야 한다.

2. '쯔차自洽'는 어떻게 가능할까?

샹뱌오와 우치의 대화에는 흥미로운 화제가 많다. 그중 하나는 '완전체'를 이룬 인간의 상태에 대한 샹뱌오의 견해다. '완전체'로 번역된 중국어 '쯔차自洽'(자흡)는 물질적·정신적인 시공간에서 '자기自'가 스스로 즐기면서 생겨난 '아늑하고 유쾌한 내면적 상태洽'라는 뜻이다. 매우 이상적인 이런 심리 상태가 현대사회에서 과연 가능할까?

자본주의의 물화 현상에 노출된 현대인의 일상생활은 온갖 무의미한 허상으로 채워져 "내 행동은 과연 내 신념에서 나오는 것인가?"● 라는 회의에 더 익숙하다. 1930년대 『화관花冠』이란 소설에서 '정신적 고아'●●들이 겪는 세태를 섬세히 묘파한 이태준이라면 오늘날 인간이 보여주는 갑작스러운 흥분과 허무의 왕복운동에 대해 여러 '비가시적 신들'에게 놀림당하는 '정신적 인형'의 수동적 행위를 볼지도 모른다.

"어떤 사람의 마음에서 자기의식을 제거한다는 것은 그의 생명의 원리, 인격의 효모와 소금을 제거하는 것이다. (…) 자기의식을 파괴한다면 거기서 고분고분한 원숭이가 태어날 것이다"●●●라고 말한 알렉산드르 게르첸의 말은 '원숭이로의 이행'을 자각조차 못 하고 있는

● 최인호, 「무서운 복수」, 『타인의 방』, 민음사, 2005, 273쪽.
●● 이태준, 『이태준 문학전집16: 화관』, 깊은샘, 2001, 23쪽.
●●● 이사야 벌린, 『러시아 사상가』, 조준래 옮김, 생각의나무, 2008, 326쪽. 일부 용어는 바꿨다.

우리에게 외부와는 일정한 거리를 유지하는 '쯔차'적 삶의 소중함을 일깨운다. 물질과 정신의 반비례 관계에 의해 자기의식의 폭이 계속 축소되고 있는 이 시대의 '보통 사람'에게 어떻게 하면 원숭이에서 인간으로 되돌릴 수 있을까라는 문제는 충분히 위기의식을 갖게 하는 중대한 딜레마다.

이 문제에 대해 샹뱌오는 '쯔차' 상태로부터 파생된 거리감을 해결책으로 제시했다. 혼자라도 자신의 작은 세계에서 끊임없이 삶의 의미를 찾고 정신적으로 만족한다면 개인의 가치를 압살하는 세계를 전도시킬 수 있다는 '방법으로서의 자기'가 바로 이 해결책의 핵심이다. 그러나 '지금-이곳'에서 '쯔차'가 어떻게 가능할지는 자세히 밝혀지지 않았다. 따라서 샹뱌오와의 만남에서 이 부분을 물어보았다. 그는 '쯔차'의 의미를 새삼 강조하며 '쯔차' 상태에 도달하기 위한 기본적 조건을 덧붙였는데 다음 세 가지로 요약된다.

"저는 자신감, 독서, 개방적인 대화라고 말하고 싶습니다."

아주 평범하지만 마음먹으면 언제든 시작할 수 있는 대안으로 보인다. 그러나 세 가지 조건에 대한 피상적인 이해만으로 무턱대고 실천하다보면 그것이야말로 '정신적 인형'이 되는 지름길일지도 모른다. 안전한 방법은 '나'의 지식과 경험으로 '너'의 말을 이해해보고 '나'의 방식으로 '너'의 방법을 받아들이는 것이다.

우선 일상생활에서 자기를 성찰하고 그러한 의식을 실천으로 옮기는 사람, 즉 앞서 세속적이지만 철학적인 '보통 사람'의 입장으로 자신감을 획득하고, 독서하고, 개방적인 대화를 하는 이 세 가지 일상적 행위에 숨겨진 작동 원리 내지는 미학 작용에 주목할 필요가 있다. 또한 이들 각각은 서로 어떤 관련을 맺어 '쯔차' 상태에 이른다는 것인지도 살펴봐야, 샹뱌오의 방법을 자신의 이론으로 수용할 수 있을 것이다. 동시에 그것을 문자화하는 과정에서 자기를 주·객관적으로 인식함으로써 자기의식을 조형하거니와 순간적이지 않고 계속 의식을 반영하는 실천을 할 결심을 낳게 할 수 있을 듯하다.

여기서는 '쯔차' 상태로 대변된 생활 미학의 기본적 특징들을 면밀히 도출하기 위해 먼저 도스토옙스키의 창작 수기手記에 시선을 돌려 보려고 한다.

그(주인공—인용자)는 방 안을 이리저리 거닐면서 도대체 무슨 일이 벌어졌는가를 생각해내며 '자신의 생각을 한 점으로 집중시키려고' 노력한다. 그는 자신과 직접 이야기를 하며 사건을 이야기해주고 그것을 자신에게 해명해준다. 그의 말은 순리적으로 보이는 듯하면서도 그는 논리나 감정에 있어서 어느 정도 이율배반적이다. 생각하고 마음 쓰는 바가 거친 면이 있는 반면에 깊은 감정도 내재해 있음을 엿볼 수 있다. (…) 그는 자기 자신에게 말하기도 하고 처음 본 듯한 사람인 어떤 재판관에게 호소하기도 한다. (…) 만약 어느 속기사가 그의 말을 듣고 모조리 받아 적었다면 그것은 내가 생각했던 것보다 약간 거칠고 생경해 보이지만 내가 보기에

심리적 질서는 아마 그대로 남아 있을 것이다.●

위 인용문에서 뚜렷이 느껴지는 것은 '의식들 간의 길항'이다. 주인 공은 난해한 일의 실마리를 잡기 위해 자기의식으로부터 분화된 여러 목소리가 머릿속에서 서로 언쟁하게 하고 상호 영향을 주고받게 한 다. 도스토옙스키 소설의 특징인 '폴리포니'(다성성)와 '인간 안의 인 간'의 사유방식은 이런 의식들 사이의 끝없는 발견, 다툼, 대화, 합의 를 만들어낸다. 그러나 여기서 '특별한 의식'이 하나 더 존재한다. 그 것은 재판관 혹은 기록원으로서 복수화된 의식의 공존을 객관적인 태 도로 바라보며 메모하는 '은폐된 청자聽者'로서의 의식이다. 의식의 모놀로그도 아니고 분열된 의식의 다성악적 합창도 아닌 그 무엇이 다. 말하자면 의식은 언제나 제3자 혹은 외부의 객관성에 강하게 매 개되어 있다.

단일한 의식, 극히 '절대화된 의식'이 초래한 직선적 편협주의는 필 연적으로 개인과 집단의 허무주의와 파시즘적 사상을 수반한다. "사 상의 절대화는 닫힌 사회에서만 일어나는 현상"●●이다. 인공적으로 통합된 그 하나뿐인 의식에서 뻗어나온 '자아'에게 인생 풍경은 언제 든 '막다른 골목'의 질식감밖에 없다.

한편 단일한 의식은 관념적 주체만 잉태한다. 자기비판, 자기와의

● 미하일 바흐친, 『도스또예프스끼 詩學: 도스또예프스끼 창작의 제문제』, 김 근식 옮김, 정음사, 1988, 81~82쪽.
●● 김윤식, 『한국 근대 문예비평사 연구』, 일지사, 1976, 165쪽.

대화가 봉쇄된 관념적 주체는 외부의 사상을 수동적으로 받아들일 수밖에 없고 이로 인해 변덕스럽게 전락하는 끝에 공허만 느끼는 주체가 된다. 이런 존재가 과연 주체로 인식될 수 있을지도 의문이다. 이런 의미에서 '소소하지만 확실한 행복'(소확행)을 맹목적으로 바라는 유행도 성찰할 필요가 있다. 모방하거나 따라하기를 통해 얻은 소확행은 지속성을 비롯한 여러 면에서 역효과와 반작용을 불러일으킬 것이다.

"우리가 적응해야 할 패턴 같은 것은 없다."• "이 세계 안에 영속적이고 단단한 것은 없다"••라는 문구들에서 보듯 관념화와 단일한 의식의 악순환에 반기를 든 사람은 수없이 많다. 단일한 의식에 지배당하는 자아가 어둠에서 벗어나는 방법은 '말을 나눌 수 있는 다른 의식'의 도움을 받는 것이다. 그 '교류 대상'으로서의 다른 의식은 백일몽, 망상증, 정신분열증 따위가 아니라 외부와의 접촉이며 바로 독서와 대화다.

독서와 대화는 물론 명백히 다른 행위이지만 개방적 대화의 포괄적 범주에 함께 포함해도 무리는 없을 것이다. 역사상 독서 방식의 변화사를 살피면 낭독이나 낭송을 통해 책을 읽어주는 이른바 음독音讀에서 시작해 개인의 물리적 공간이나 마음의 여지가 점차 생긴 시대에 접어들면 바깥세상과 잠시 단절함으로써 혼자만의 독서를 경험하

●　이사야 벌린, 『낭만주의의 뿌리』, 석기용 옮김, 필로소픽, 2021, 222쪽.
●●　김철, 『국문학을 넘어서』, 국학자료원, 2000, 30쪽.

는 묵독默讀으로 이행한다. 전자는 청각 문화의 헤게모니가 뒷받침하는 공동체적 독서, 후자는 인쇄술이 마련해준 시각적 텍스트와 만나는 개인적인 독서다. 동아시아에서 이 같은 독서 방식의 이행은 20세기에 들어서면서 완료되었다.●

공공 영역에서 소리를 내거나 들으면서 이뤄지는 음독보다 담화 금지의 공약 아래서 조용하고 침착하게 내용에 집중하는 묵독은 상대적으로 고독한 편이다. 물론 표면적으로는 그렇다. 그 이면을 보면 오히려 묵독이 대화의 형식과 본질적으로 연결되어 있음을 알 수 있다. 음독의 현장에서 청자들은 한데 모여 경청의 여정을 통해 즐거움의 시간을 보냈다. 하지만 청자가 책을 읽어주는 '이야기꾼'이나 옆에 함께 듣는 관중 또는 텍스트와의 쌍방향적인 대화를 맛볼 기회는 거의 없었다. 이야기의 흥미에 빠져 '소리'를 받아들이는 데만 힘쓰기 때문이다. 반면에 묵독은 음성 문화에서 문자 문화로의 전환을 이루면서 문자 문화의 밑바탕에 있는 독자와 작자, 텍스트 간의 광범위한 대화의 지평을 열었다.

묵독에서 대화는 창작자의 서술 기법으로부터 그 통로를 마련하기 시작한다. 그 예로 아이러니와 알레고리의 '혼성 현상'을 들 수 있다. 단순히 사물을 지시하는 '모놀로그'와 달리 작자의 '글말'에는 항상 복선의 목소리가 뒤섞인다. 『동물농장』과 『당신들의 천국』 등에서 보

● '음독'과 '묵독'과 관련하여 천정환, 『근대의 책 읽기: 독자의 탄생과 한국 근대문학』, 푸른역사, 2014, 108~145쪽을 참고했다.

듯, 알레고리는 작자가 가면을 쓴 채 서술자의 신분으로 위장하여 이야기를 들려주는 동시에 자기가 서술자의 배후에 서서 전혀 '다른 목소리'를 내는 이중적 서술 주체를 만든다. 한편 루쉰과 채만식의 소설에서 나타난, 겉으로는 인정 혹은 찬양 등 긍정하는 태도이지만 내러티브의 중핵은 적나라한 비판과 폭로인지라, 서로 역방향으로 달리는 두 개의 목소리가 생생한 유동성을 만들어낸다. 이처럼 '혼자'이지만 여러 수법으로 은밀하게 '목소리의 카니발'을 조직하는 일은 떠들썩한 음독의 현장에서 만들어내기가 어렵고, 혹은 만들어내더라도 감지되기가 어렵다. '자기'라는 시공간이 있어야 작자가 꾸며낸 비밀스러운 풍경과 부분적으로 융합될 수 있다. 청자가 아닌 독자로서 작자가 만들어낸 폴리포니를 거듭 감수感受하고서야 텍스트와의 대화는 본격적으로 개막된다.

대화로 접어든 묵독은 내밀한 내면의 표현을 계발한다. 텍스트에서 아울러 나오는 '목소리들'을 들으며 독자는 저절로 그 성대한 대화의 축제에 참여하게 된다. 거기서 자기가 가진 생활 경험과 가치관으로 다른 '목소리' 배후의 의식과 논쟁하고 그들 의식이 주장한 관점에 일부 찬동하거나 또는 강렬히 반발한다. 이러한 상호작용의 끝에 일단락된 대화의 결과로서 예전과 어느 정도 구별된 자신의 '악센트'는 바로 그 내면 창출의 징표 중 하나다.

100여 년 전 근대적 주체, 근대적 자기는 '묵독 시대'의 도래와 함께 태어났다. 나중에 이처럼 탄생한 내면의 풍경은 고백체, 일기체, 편지, 기행문 등 다양한 글쓰기로 새로운 묵독에 필요한 의식들을 창조했다. 청자에서 독자로, 독자에서 작자로, 작자에서 다시 독자나 청자로 끊임없는 위치 이동은 자기 내부의 대화를 부단히 분출시키며 '다른 자기'의 형성과 성장에도 중요한 역할을 했다. 문자생활을 절대로 벗어날 수 없는 현대인은 근대의 주체가 맞닥뜨린 그러한 '대화의 원리'로부터 이미 많이 벗어나 있는 상태이지만 그 가능성에는 아직도 늘 노출되어 있는 상태다.

지금껏 샹뱌오가 말한 개방적 대화와 고독한 묵독이 모순적 관계로 보임에도 어떻게 상승 작용을 할 수 있는지 살펴봤다. 중요한 것은 거리감이다. 내부와 외부가 완전히 뒤섞여 일상이 전개되면 '내內'와 '외外'의 준별은 거의 불가능해진다. 이때 거리감은 '자기'의 존재론적 의미를 겨냥한 '자기' 내면의 탄생을 의미한다. 그다음에야 개방적 대화는 시작될 수 있다.

그러나 그 시작이 전부는 아니다. 묵독이 허용하는 개방적 대화는 여전히 '나'를 둘러싸고 진행되는 일상적 행위일 뿐이다. 자칫 그것은 오직 주체를 향한 형이상적인 회귀가 될 수 있다. 즉 '폐쇄 루프'처럼 절대적 주관의 단일한 의식으로 귀결될 가능성도 높다. 그렇기 때문에 여러 명의 '자기'를 무대에 등장시켜 의식의 공존을 이뤄낸 뒤에는, 소홀히 해선 안 되는 그 외부 관찰자, 기록원으로서의 '객관적 의식'이 요구된다.

여기서 객관은 두 가지 측면의 객관을 뜻한다. 첫째, 개방적 대화에서 자기가 보유했던 고유의 의식과 외부와의 접촉에 의해 '초대받은 의식(들)' 간에 벌어진 논쟁, 싸움, 합의를 냉정하게 인식하는 객관적 태도로서의 의식이다. 다시 말해 그것은 대화라고 이름 지어진 카니발의 감격과 흥분 등 자극적 정서에 감염되지 않고 대화의 세부를 관찰하고 기록하며 객관적 입장을 가진 의식 형태다. 도스토옙스키가 보여준 작자 의식은 바로 자기가 창조한 작중인물을 둘러싼 '의식의 대화'에 대해 객관적인 태도를 취하는 의식이다.

그러나 이것을 아무리 객관적이라고 주장하더라도 '자기' 내부에서 연유하는 소산임은 결코 부정할 수 없다. 그래서 외부 환경, 현실의 물질적 존재, 과학의 규칙성과 연관된 두 번째 객관적 의식도 요청된다. 그것은 정확히 말하면 주관과 객관의 상대적인 연결점으로 사회적 활동, 물질적 노동을 편견 없이 고찰하고 과학적으로 이해하며 반영해주는 의식적 사유에 가깝다. 입장이나 태도로서의 객관적 의식, 객관 현실의 과학적 반영으로서의 객관적 의식, 이 두 가지로 정립된 객관적 의식 형태는 주관적 의식 대화의 자연발생적 인간중심주의를 보완하는 데 중요한 의미를 갖는다.

독서 등의 일상적 행위를 통해 끊임없이 대화하는 의식들과 객관적으로 관찰하는 의식, 그리고 일상생활을 과학적으로 반영하는 객관적 의식의 상호 공존과 상호작용은 따라서 일종의 변증법적인 유동 속에서 유기적으로 발생하고 변형하면서 동시에 보통 사람이 자기를 출발점과 중심으로 한 '증발되어가는 부근', 즉 사라지고 있는 주변 세계를 환원하려는 데 시사점, 방법, 심지어 해결책까지 제공해준다. 여기서 특히 유의해야 할 것은 '증발되어가는 부근'이 샹뱌오가 인터뷰에서 말한 '집 근처의 공간', 즉 물리적 주변 세계에 대한 무관심으로 한정되지 않는다는 점이다. 부근은 또한 자기의 고유한 의식을 둘러싸고 그것과 대화를 나누는 의식, 그 대화를 관찰하는 의식, 일상생활에 관한 과학적 반영으로서 대화에 개입하는 의식, 즉 '부근으로서의 의식세계'로 확장될 수 있다.

이러한 의식세계는 일종의 무정형한 장벽으로, 외부나 자기 내부의 못난 단일성의 절대주의로부터 부분적으로 벗어나게 해준다. 즉, '쯔차'에 이르는 경로를 마련해준다. 만약에 '쯔차'라는 생활 미학에 진정으로 조금이라도 이르게 되면 그는 "주위 세계와 관계 속에 주관적 생각과 감정을 객관화함으로써 개별적 인간으로서의 자기 자신은 물론이고 유적 존재로서의 인간 전체, 즉 인류에 대한 의식을 창조"● 해낼지도 모른다. 다만 이 글에서 강조하고 살피고자 한 것은 단일한 의식이 주도한 세계에 머물지 않고, 지속적 대화, 관찰, 과학에 기초한 객관적 반영에 집중하며 끝없이 돌파하는, 변증법적으로 발전하는 자기의식에 대해서만이다. '방법으로서의 자기'를 찾으려면 '방법'에 집착하기보다 먼저 '자기'에 시선을 돌려야 하고, 그 '자기'를 인식하기 위해 무엇보다 '자기'의 의식에 직면하지 않을 수 없기 때문이다.

먹고사는 일에 발목이 잡혀 힘들어 죽겠는데 뜬구름 잡는 듯한 '방법으로서의 자기', 자기의식의 유동 과정 운운이 과연 와닿을 수 있을까? 만약 그렇다면 이것을 어떻게 행동으로 옮길까? 여기서 샹뱌오가 독서와 개방적 대화에 잇대어 말한 자신감이라는 전제 조건이 환기된

● 게오르크 루카치, 『미학』 제4권, 「역자 해설」, 이주영 외 옮김, 270쪽.

다. 이 자신감은 버릇없이 우쭐한다는 뜻이 아니다. 거만한 자기도취는 말할 것도 없이 '단일한 의식'에 속하는 것이다.

진정한 자신감의 근간은 '용기'다. 그러나 세간의 모든 가치를 결정짓는 자본의 '잔인무도한 지배력'은 숱한 '보통 사람'들의 용기를 압살하고 있다. 용기가 사라진 시대에 우리는 결국 인간관계를 신뢰감과 이해가 아니라 자본의 작동에 수반된 편견과 폭력, 혐오로 채우고 있다. 그로 인해 개방적 대화는 골동품이 되어간다. 그래서 우리는 '자기의식'과 '쯔차'를 나와 관계없는 언어유희로 받아들일 수밖에 없다. 이러한 악순환의 심연에 우리는 갇혀 있다. 지금은 과거 그 어느 때보다 용기가 필요하다.

용기는 낭만주의적 정신과 직결된다. 다정한 성격을 의미하는 '사교적 낭만'이 아니고 중세시대에 넓디넓은 대지 위에서 용맹하게 출정하거나 유랑하는 기사의 늠름한 모습과 일탈의 용기를 그리는 데 활용되었던 '로맨스romance'의 어원으로서의 낭만이다. 그것은 "실재를 산산조각 내고, 사물의 구조에서 벗어나고, 말할 수 없는 것을 말해보려고"● 하는 결심이다. 이 낭만파의 과격성에 반대하는 사람이 보여주는, 뿌리 깊은 고정된 믿음에 대한 회의와 성찰의 능력 또한 낭만주의적 정신이다.●● 낭만주의적 정신의 되찾음은 멈추지 않고 계속 어디를 향해 직진하는 용기의 원동력을 제공한다. 그 용기 자체는 자

● 이사야 벌린, 『낭만주의의 뿌리』, 227쪽.
●● 가라타니 고진, 『日本近代文学の起源』, 講談社, 2021, 43쪽 참고.

신감의 획득을 상징하고 있다.

시도의 첫걸음은 낭만주의적 정신이다. '로맨스'로부터 출발하고 독서와 개방적 대화의 추상성을 일상 행위 속에서 실체로 변화시키고 그 와중에 자기의식을 변증법적으로 유동시키며 '쯔차'의 조건인 거리감을 마련한다. 이처럼 '방법으로서의 자기'를 끊임없이 추구하는 것이 '보통 사람'의 조건이라면 '보통 사람'이 되는 것도 결코 쉬운 일은 아니다.

소설가 김승옥은 "사람들이 결국 바라는 건 필요 이상의 음식, 필요 이상의 교미, 섹스의 가수요假需要"라고 적으며 "인간은 행복할 자격이 있을까?"라고 질문했다.● 이 구절을 보자마자 나는 있다고 대답하고 싶었다. 그러면 어떻게 하면 행복할 수 있을까. 하지만 이 질문은 이제부터 타인에게 던지기만 하지 말고 자기에게 물어봐야 한다.

샹뱌오가 말한 '쯔차'의 세 가지 조건에 대해서 나는 내가 배운 문학 지식과 경험으로 이해해봤다. 따라서 이 글은 '단일적 의식'이 아닌 일종의 '대화 자료'로 읽어주길 바란다. 각자가 보통 사람의 용기와 자신감으로 자유롭게 복합적 의식을 창조했으면 한다. 우리는 모두 보통 사람으로서의 낭만주의자가 될 자격이 있다.

● 김승옥, 「서울의 달빛 0章」, 『김승옥 소설전집1』, 문학동네, 1995, 299쪽.

옮긴이의 말

나는 중매쟁이다. 다른 문화적 배경을 가진 사람들을 짝지어준다. 번역도 매칭의 한 방법이다. 중국 광저우에 살고 있는 나는 팬데믹의 시작과 함께 주로 한·중의 풀뿌리 시민사회를 이어주던 오프라인 활동을 중단하게 됐다. 마침 한 일간지에 매달 중화권 출간 서적의 서평을 쓰게 됐는데, 장안의 화제였던 샹뱌오 선생의 책이 눈에 들어왔다. 그의 인터뷰 기사에서 '부근의 소실'이란 말을 들었는데, 한국식으로는 사라져가는 마을이나 동네를 이야기하고 있다는 생각이 들었다. 나는 중국에 오기 직전에 서울의 하자센터라는 곳에서 '마을 만들기'에 참여해본 경험이 있다. 그에게 고민을 털어놓는 동시대 중국 청년들의 모습도 한국과 겹쳐졌다. '이 책을 통해 한국과 중국의 마을주의자나 청년 문제를 고민하는 인류학자들이 말을 섞어볼 수도 있지 않을까?'

우연히 내심 기대하던 번역의 기회가 내게 찾아왔다. 샹뱌오 선생이 소개를 받고 직접 연락해왔고 번역이 결정되자 줌 회의를 먼저 청해왔다. 이 책은 '대화의 정신'을 되살리기 위한 것이라는 기획자 쉬즈위안과 그의 동료인 대담자 우치의 의도가 머릿속에 떠올랐다. 샹뱌오 선생은 책을 통해 당대 중국 청년 및 보통 사람들과 이야기를 나누고 싶어했다. 같은 방식으로 한국과 중국의 보통 사람들도 대화를 나눌 수 있을까? 나는 우선 책 번역 과정이 우리가 시작할 트랜스내셔널한 대화의 마중물이 됐으면 싶었다.

하남석 서울시립대 교수님의 소개로 중국 정치를 연구하는 대학원생 김명준님을 소개받았다. 마침 조문영 연세대 교수님이 소개한 적이 있는 한국문학 연구자 중국인 우자한님이 그의 지인이기도 했다. 팀이 꾸려졌다. 내가 1부의 책 본문을 맡고, 두 분에게 2부에 실린 다른 글들을 부탁했다. 샹뱌오 선생은 책 출간을 전후한 수년간 중국 미디어와의 인터뷰와 공개 강연을 통해, 다양한 사회적 의제를 토론 테이블에 올려왔다. 한·중 두 사회의 동시대성이 잘 드러날 주제들이었다. 꼭 같이 소개해서, 한국의 중국 연구자뿐 아니라 더 많은 사람을 우리 대화에 초대하고 싶었다. 우자한님에게는 글을 하나 써줄 것을 부탁하기도 했다. 이미 한국에 소개된 샹뱌오 선생의 톈안먼 사태, 홍콩 우산혁명 관련 글●과 중국의 '보통 사람들'이 생각하는 국가에 대

● 샹뱌오, 박석진 옮김, 「홍콩을 직면하다: 대중운동의 민주화 요구와 정당정치」.

해 중국 시민의 솔직한 입장을 정리해서 들려달라 했다.

그렇게 대화가 시작됐다. 광저우와 서울, 베를린, 베이징을 잇는 화상 회의를 열었고, 수많은 문답 이메일이 오고 갔다. 우연히 끼어들어온 우크라이나 전쟁 화제를 계기로 한국 매체에 게재된 샹뱌오 선생과 한국 지식인들 간의 대화를 주선하기도 했다. 그 대화의 더 긴 전문은 이 책에 실려 있다. 책 번역 못지않게 많은 배움을 얻은 대화들이었다. 이 모든 과정을 충분히 즐길 수 있었다.

이제 더 많은 분이 이 대화에 참여하길 기대해본다. 베를린과 전 세계, 중국을 오가며 아주아주 바쁜 샹뱌오 선생이 매번 상대가 될 필요는 없다. 우리 모두, 중화도 일본도 미국도 K도 아닌 '자기를 방법'으로 삼을 마음의 준비만 돼 있으면 서로 이야기를 나눠볼 수 있다.

만일 중국의 근현대사에 대해 관심과 지식이 적거나 중국 지식인의 고민에 대해서 처음부터 공감하기 힘들다고 느끼는 독자가 계시다면, 우선 2부부터 읽을 것을 권해드린다. 샹뱌오 선생의 동시대 중국 사회와 청년 문화 읽기속에서 오늘날의 한국을 발견할 수 있다면, 중국 근현대사 속에 놓인 그의 자리에 대해서 '급관심'이 생길지도 모른다. 그러면 다시 1부로 돌아왔을 때, 독서의 집중도가 달라질 것이다.

2022년 광저우 선징深井 마을에서
김유익

주변의 상실: 방법으로서의 자기

초판인쇄 2022년 10월 15일
초판발행 2022년 10월 25일

지은이   샹뱌오 우치
옮긴이   김유익 김명준 우자한
펴낸이   강성민
편집장   이은혜
마케팅   정민호 이숙재 김도윤 한민아 정진아 이민경 정유선 김수인
브랜딩   함유지 함근아 김희숙 고보미 박민재 박진희 정승민
제작   강신은 김동욱 임현식

펴낸곳   (주)글항아리 | 출판등록 2009년 1월 19일 제406-2009-000002호

주소   10881 경기도 파주시 회동길 210
전자우편 bookpot@hanmail.net
전화번호 031-955-2696(마케팅) 031-955-1934(편집부)
팩스   031-955-2557

ISBN   979-11-6909-044-5 03300

www.geulhangari.com